아름나운 C++

가이 데이비드슨, 케이트 그레고리 지음 / 박지윤 옮김

Jpub
제이펍

아름다운 C++

BEAUTIFUL C++
by J. GUY DAVIDSON, KATE GREGORY

Copyright ⓒ 2021 Pearson Education, Inc.

Authorized translation from the English language edition, BEAUTIFUL C++ : 30 CORE GUIDELINES
FOR WRITING CLEAN, SAFE AND FAST CODE, 1st edition by J. GUY DAVIDSON, KATE GREGORY
published by Pearson Education, Inc.

All rights reserved. No part of this book may be reproduced or transmitted in any form or by
any means, electronic or mechanical, including photocopying, recording or by any information
storage retrieval system, without permission from Pearson Education, Inc.

Korean language edition published by J-Pub Co., Ltd. Copyright ⓒ 2024

Korean language translation rights arranged with PEARSON EDUCATION, INC.
through Agency-One, Seoul, Korea

이 책의 한국어판 저작권은 에이전시 원을 통한 저작권사와의 독점 계약으로 제이펍에 있습니다.
저작권법에 의해 한국 내에서 보호를 받는 저작물이므로 무단 전재와 무단 복제를 금합니다.

아름다운 C++

1판 1쇄 발행 2024년 8월 2일

지은이 가이 데이비드슨, 케이트 그레고리
옮긴이 박지윤
펴낸이 장성두
펴낸곳 주식회사 제이펍

출판신고 2009년 11월 10일 제406-2009-000087호
주소 경기도 파주시 회동길 159 3층 / **전화** 070-8201-9010 / **팩스** 02-6280-0405
홈페이지 www.jpub.kr / **투고** submit@jpub.kr / **독자문의** help@jpub.kr / **교재문의** textbook@jpub.kr

소통기획부 김정준, 이상복, 안수정, 박재인, 송영화, 김은미, 배인혜, 권유라, 나준섭
소통지원부 민지환, 이승환, 김정미, 서세원 / **디자인부** 이민숙, 최병찬

진행 이상복 / **교정·교열** 김도윤 / **내지 및 표지 디자인** 이민숙
용지 에스에이치페이퍼 / **인쇄** 해외정판사 / **제본** 일진제책사

ISBN 979-11-93926-18-5 (93000)
책값은 뒤표지에 있습니다.

제이펍은 여러분의 아이디어와 원고를 기다리고 있습니다. 책으로 펴내고자 하는 아이디어나 원고가 있는 분께서는
책의 간단한 개요와 차례, 구성과 지은이/옮긴이 약력 등을 메일(submit@jpub.kr)로 보내주세요.

차 례

PART 1   사소한 것 때문에 중요한 문제를 놓치지 말자

CHAPTER 1.1   **[P.2] ISO 표준 C++로 작성하라**   3

CHAPTER 1.2   **[F.51] 선택의 여지가 있다면 오버로딩 대신 기본 인수를 사용하라**   13

CHAPTER 1.3   **[C.45] 데이터 멤버를 초기화하기만 하는 기본 생성자를 정의하지 말고 기본 멤버 초기화자로 초깃값을 설정하라**   24

옮긴이 머리말

《아름다운 C++》는 C++의 핵심을 담은 가이드라인 중에서도 또다시 핵심을 추려서 저자의 풍부한 경험을 바탕으로 깊은 해설을 더한 책입니다. C++의 기원은 1979년으로 거슬러 올라갑니다. 역사가 오랜 언어이지만 2022년 TIOBE Index 집계 결과 올해의 프로그래밍 언어에 선정된 바 있으며 현재도 상위 5위 이내에 포진해 있습니다. C++는 꾸준히 발전했습니다. 그런데 늦게 태어날수록 공부해야 할 역사책이 더 두꺼워지는 것처럼 C++를 나중에 시작하는 입장에서 보면 오히려 풍부한 기능과 자료에 섣불리 겁을 먹을지도 모르겠습니다. 부끄럽지만, 적어도 저는 그랬습니다.

C++ 생태계에서는 이 언어를 만든 비야네 스트롭스트룹이 직접 교과서(《The C++ Programming Language》)와 핵심 가이드라인을 작성하고, 꾸준히 업데이트하고, 활발히 활동하고 있습니다. 이 책의 저자 가이 데이비드슨, 케이트 그레고리 역시 마찬가지입니다. 가이는 C++의 표준을 제정하는 ISO 표준화 위원회 멤버, 케이트는 C++ MVP로 활동합니다. 두 저자는 이 책을 통해 핵심 가이드라인의 핵심을 다시 뽑았습니다. 이들은 무엇이 중요한지를 아는 사람들입니다.

무엇이 중요한지 C++의 정수를 담은 이 책은 시작점이자 지향점이 될 수 있을 것입니다. 이제 막 시작하는 사람도, 이미 저만치 앞에 있는 사람도, 누구나 이 책을 읽고 자신의 위치에서 다시 찾아볼 거리, 생각해볼 거리가 많을 거라 생각합니다. 역자이면서 동시에 독자로서, 제 나름의 위치에서 내용을 소화하고 핵심에 다가가기 위해 필요한 작은 나름의 발판을 주석으로 덧붙였습니다.

거칠게 소화된 초고를 거듭 손보는 과정에서 애쓰신 이상복 편집자님, 그리고 좋은 의견을 전해주신 여러 베타리더분들께 진심으로 감사의 인사를 전합니다. 두 번째 역서 작업을 믿고 맡겨주신 제이펍에도 감사드립니다.

박지윤

김민규(큐셀네트웍스)

언제부턴가 항상 비슷한 방식으로만 개발하고 있는 것 같고 실력이 정체되어 있다고 느껴지는 C++ 개발자는 이 책을 통해서 한 단계 도약할 계기를 맞이할 수 있을 것이라고 믿습니다. 습관처럼 굳어진 나쁜 코딩 습관을 하나씩 깨뜨릴 수 있는 아이디어를 제공하는 책입니다.

김용현(Microsoft MVP)

C++ 핵심 가이드라인 중 정말 핵심이 되는 30개를 선발해, 지킬 때의 이점과 무시할 때 일어날 악몽을 설명하며 실용적인 지식을 제공합니다. 현대적 기능을 올바르게 사용하는 법부터 피해야 할 레거시 기능까지, 더 향상된 코드를 설계하고 작성하는 가이드를 제시합니다. 많은 실무자가 권장하는 책으로서 누구나 쉽게 읽을 수 있고, 책 내용을 발판으로 한 단계 성장한 개발자가 될 수 있습니다. C++ 기술을 다루는 모든 이에게 추천합니다. 분량이 많아 범접하기 어려운 핵심 가이드라인을 쉽게 설명한, 아름다우면서도 재밌는 놀라운 책이였습니다. 많은 독자가 책의 진가를 알아보기를 기대합니다.

박수빈(엔씨소프트)

C++가 오래된 역사만큼 너무 다양한 방식으로 사용되고 있다는 사실을 안타까워하는 개발자에게 필요한 책입니다. 잘 알려진 가이드라인 또한 방대하기 때문에 그중 핵심만을 추려서 안내해주므로 시간을 아껴준다는 느낌도 들었습니다. 이 책에서 추구하는 모던한 방식을 익히다 보면, 누구라도 아름다운 코드를 작성할 수 있다고 생각합니다. 좀 더 실력 있는 개발자를 꿈꾸는 C++ 개발자에게 필요한 책입니다. 어느 정도 난도가 높은 책이지만 꼭 필요한 주제를 다루기 때문에 이 책이 번역되어 나오는 것만 해도 C++ 개발자들에게는 축복이 아닐까 생각합니다.

양성모(현대오토에버)

C++ 프로그램을 보다 우아한 모습으로 작성하고 싶지만 멘토의 도움을 얻기 어려운 환경이라면 이 책을 꼭 읽어보기 바랍니다. 심지어 다른 언어를 주로 사용하더라도, 저자의 오랜 경험에서 우러나온 문장에서 많은 것을 얻을 수 있을 것입니다. 원서의 문체가 번역하기 까다롭다 보니 저자가 유머로 넣어둔 문장들이 번역 후에 유머로 크게 느껴지지 않는 부분은 좀 아쉽습니다.

윤승환(코드벤터)

이 책은 C++의 복잡한 개념들을 풀어 설명하기에 다소 도전적일 수 있으나, 분야 전문가에게는 새로운 통찰력을 제공할 것입니다.

이석곤(아이알컴퍼니)

C++는 강력하고 유연한 프로그래밍 언어로서, 다양한 분야에서 널리 사용되고 있습니다. 하지만 C++는 복잡한 언어이기도 하며, 코드 스타일과 최신 기능 활용에서 어려움을 겪는 개발자가 많습니다. 《아름다운 C++》는 이러한 어려움을 해결하기 위해 작성된 책입니다. C++ 프로그래밍 스타일 개선, 최신 기능 활용, 고품질 코드 작성에 필수적인 지침을 제공하며, 특히 더욱 깊이 있게 이해하고자 하는 분들에게 매우 유용할 것입니다.

장승호(MORAI)

C++ 주니어 개발자가 봤을 때 정말 유익한 내용이 많았습니다. 잘 요약된 가이드라인이 있었으면 좋겠다고 생각했었는데 바로 이 책이 그런 자료였습니다. 스스로 잘 성장하고 있는지 의문이 들 때가 있었는데, 이 책이 C++에 대한 가이드라인을 정확하게 주는 것 같아 정말 좋았습니다.

정현준(AtlasLabs)

제가 알던 C++와 모던 C++가 다르다는 건 알았지만, 책을 읽으며서 C++가 취약점을 개선하고, 추상화 수준을 높이고, 성능을 향상하기 위해 얼마나 어렵고 긴 시간을 거쳤는지 알 수 있었습니다. C++를 잘 사용하기 위한 가이드라인뿐만 아니라 저자의 수십 년 경력에서 나오는 프로그래밍 자체에 대한 통찰도 배울 수 있어서 다른 언어를 쓰는 개발자도 많은 걸 배울 수 있는 매우 좋은 책이라고 생각합니다.

조근행(한양대학교)

이 책은 실무 프로젝트에 바로 적용할 수 있는 실용적인 기술과 팁을 제공하며, 복잡한 이론보다는 실제 사례 위주로 설명하며 실제 문제를 해결하는 데 초점을 맞췄습니다. 최신 C++ 표준을 적극 활용한 예제는 현업에서의 C++ 활용도를 높이는 데 큰 도움이 될 것입니다. 실무에서 바로 사용할 수 있는 실력을 갖추고자 하는 개발자에게 매우 유용해 보입니다. 기존 C++ 도서들보다 한층 더 실무와 관련 있고, 심도도 깊은 책이었습니다. 처음에는 내용이 좀 어렵다고 느꼈지만, 반복해서 읽으며 이해를 하니 확실히 경험자들의 노하우가 실려 있음을 알 수 있었습니다.

한상곤(부산대학교)

C++ 핵심 가이드라인의 해설을 담고 있는 책입니다. C++ 명세 변경에 따른 세부적인 사항을 함께 다루기 때문에 C++ 언어에 관심 있는 분들에게 도움이 될 책입니다. 꼭 읽어보길 권합니다. 번역이 매끄럽게 되어 있다고 생각했고, 특히 유용한 역주가 많아서 읽으면서 많은 도움이 되었습니다. 제가 C++로 개발하면서 어렴풋하게 느꼈던 것들이 명쾌하게 적혀 있어서 단기간에 많은 것을 배울 수 있었습니다. 《이펙티브 C++》 이후로 C++에 대해서 이렇게 자세하고 명쾌하게 다루는 책은 처음인 듯하네요.

선정 가이드라인 목록 _____

---

1 옮긴이 전체 주소는 https://isocpp.github.io/CppCoreGuidelines/CppCoreGuidelines#Rp-Cplusplus이며, 이하 동일합니다.

[Enum.3] 단순 열거형보다는 클래스 열거형을 택하라 **(4.2장)** #Renum-class

[ES.5] 범위는 작게 유지하라 **(4.3장)** #Res-scope

[ES.10] 선언당 단 하나의 이름만 선언하라 **(1.5장)** #Res-name-one

[ES.22] 값으로 초기화하기 전까지는 변수를 선언하지 말라 **(5.4장)** #Res-init

[ES.50] `const`를 형 변환하지 말라 **(3.4장)** #Res-casts-const

[Per.7] 최적화할 수 있도록 설계하라 **(5.5장)** #Rper-efficiency

[CP.3] 쓰기 가능한 데이터의 명시적 공유는 최소화하라 **(2.5장)** #Rconc-data

[E.6] 메모리 누수를 방지하려면 RAII를 사용하라 **(5.6장)** #Re-raii

[E.28] 전역 상태에 따른 에러 처리는 피하라(예: `errno`) **(3.5장)** #Re-no-throw

[Con.5] 컴파일 타임에 계산할 수 있는 값은 `constexpr`를 사용하라 **(4.4장)** #Rconst-constexpr

[T.1] 템플릿을 사용하여 코드의 추상화 수준을 높이라 **(4.5장)** #Rt-raise

[T.10] 모든 템플릿 인수의 콘셉트를 명시하라 **(4.6장)** #Rt-concepts

[T.120] 꼭 필요할 때만 템플릿 메타프로그래밍을 사용하라 **(2.6장)** #Rt-metameta

[SF.7] 헤더 파일의 전역 범위에 `using namespace`를 사용하지 말라 **(3.6장)** #Rs-using-directive

[NR.2] 함수에 단일 반환문을 고집하지 말라 **(1.6장)** #Rnr-single-return

추천 서문(비야네 스트롭스트룹) _____

저는 이 책을 재밌게 읽었습니다. 특히 'C++ 핵심 가이드라인'(이하 CG)을 제시하는 방식이 CG 자체 방식과 다르다는 점이 흥미로웠습니다. CG는 고정된 형식으로 비교적 간결하게 규칙을 제시합니다. CG 규칙은 정적 분석static analysis을 통한 시행 방법enforcement[1]에 중점을 두고 C++의 기술적 용어로 자주 표현했습니다. 이 책은 수십 년 동안의 코드 및 기술의 진화를 바탕으로 게임 업계에서 나온 이야기를 들려줍니다. 이 책은 규칙을 따를 때 얻는 이점과 무시한 결과 발생할 수 있는 끔찍한 일에 주안점을 두고 개발자의 관점에서 규칙을 제시합니다. 해당 규칙의 동기에 대해서는 CG 자체에서 설명하는 것보다 더 폭넓게 다룹니다.

CG는 어느 정도의 완성도를 목표로 합니다. 좋은 코드를 작성하기 위한 규칙은 일반적으로 당연히 완벽할 수는 없고, 어느 정도의 완성도라는 말은 CG를 체계적으로 읽어야 하는 것은 아니라는 뜻입니다. CG의 목표와 개념적 프레임워크에 대한 인상을 얻고자 한다면 저는 소개introduction와 철학philosophy 섹션을 권합니다. 하지만 CG를 취향, 관점, 경험에 따라 선택적으로 살펴보고 싶다면 이 책을 읽어보세요. 진정한 괴짜geek라면 읽기 쉽고 재미있을 겁니다. 대부분의 소프트웨어 개발자에게 이 책은 새롭고 유용한 내용을 전합니다.

비야네 스트롭스트룹

1 　[옮긴이] 핵심 가이드라인의 각 가이드라인은 이유(reason), 예제(example), 시행 방법(enforcement) 절로 구성됩니다.

표준과 교육 자료가 새로 나올 때마다 C++로 작성하는 일은 덜 복잡해지고 있습니다. 콘퍼런스, 블로그, 책이 아주 풍부하니 좋은 일이지요. 하지만 우리가 직면한 현실의 문제를 풀기에 충분한 수준의 엔지니어는 아직 세상에 충분하지 않습니다.

C++가 계속 단순해지고는 있지만 C++를 잘 작성하기 위해 알아야 할 것은 여전히 많습니다. C++를 고안한 비야네 스트롭스트룹과 C++를 유지보수하는 표준 위원회의 위원장인 허브 서터는 C++를 학습하고 더 잘 작성하기 위한 학습 자료를 만드는 데 상당히 많은 노력을 쏟았습니다. 이러한 교재에는 《The C++ Programming Language, 4판》(에이콘출판사, 2015),[1] 《A Tour of C++, 2판》(에이콘출판사, 2019),[2] 《Exceptional C++》(인포북, 2003),[3] 《C++ 코딩의 정석》(정보문화사, 2005)[4]가 있습니다.

이러한 책들은 심지어 분량이 적당하더라도 해당 시점의 스냅숏이라는 점이 문제입니다. C++는 계속 진화하는 언어이기 때문입니다. 1998년에는 좋은 조언이었으나 현재는 더 이상 현명한 생각이 아닐 수 있습니다. 진화하는 언어에는 진화하는 가이드가 필요합니다.

온라인 자료인 'C++ 핵심 가이드라인'[5]은 2015년 CppCon 콘퍼런스에서 비야네 스트롭스트룹과 허브 서터가 두 개[6]의 기조연설[7]을 통해 발표했습니다. **이 가이드라인은 C++로 처음 작성할 때 올바르고, 성능이 좋고, 효율적인 코드를 작성할 수 있도록 C++ 스타일을 향상하는 데 도움이 되는 훌륭하고 간**

---

1   Stroustrup, B, 2013. *The C++ Programming Language, Fourth Edition*. Boston: Addison-Wesley.

2   Stroustrup, B, 2018. *A Tour of C++, Second Edition*. Boston: Addison-Wesley.

3   Sutter, H, 1999. *Exceptional C++*. Reading, MA: Addison-Wesley.

4   Sutter, H, and Alexandrescu, A, 2004. *C++ Coding Standards*. Boston: Addison-Wesley.

5   https://isocpp.github.io/CppCoreGuidelines/CppCoreGuidelines

6   https://www.youtube.com/watch?v=1OEu9C51K2A

7   https://www.youtube.com/watch?v=hEx5DNLWGgA

단한 조언을 제공합니다. 이는 바로 C++ 실무자에게 필요한 진화하는 가이드이며, 가이드의 작성자들은 수정 및 개선에 대한 풀 리퀘스트를 기꺼이 검토할 것입니다. 초보자부터 베테랑에 이르기까지, 모두가 이 가이드라인의 조언을 따를 수 있어야 합니다.

2020년 2월 말 #include <C++>[8] 디스코드에서 케이트 그레고리는 핵심 가이드라인에 대한 책을 만드는 데에 관심을 표했고 저 가이 데이비드슨은 조심스레 그 기회에 뛰어들었습니다. 케이트는 CppCon 2017의 강연[9]에서 10개의 핵심 가이드라인만을 다루었습니다. 저는 더 나은 프로그래밍을 위해 그녀의 열정을 공유했습니다. 저는 영국의 가장 오래된 큰 게임 개발 스튜디오인 크리에이티브 어셈블리의 엔지니어링 실무장Head of Engineering Practice이며, 여기서 저는 저희의 고급 엔지니어를 한층 더 뛰어난 엔지니어가 되도록 돕는 데 지난 20년 이상을 보냈습니다. 핵심 가이드라인은 찾기 쉽고 내용도 단순함에도 불구하고, 저희가 보기에는 아직 많은 개발자들이 이 핵심 가이드라인에 익숙하지 않았습니다. 우리는 핵심 가이드라인을 활용을 촉진하고자 이 책을 쓰기로 결심했습니다. 아직 핵심 가이드라인에 대해 충분한 문헌이 없기 때문입니다.

핵심 가이드라인은 https://isocpp.github.io/CppCoreGuidelines/CppCoreGuidelines에서 확인할 수 있습니다. 이 가이드라인에는 훌륭한 조언이 가득하다 보니 사실 어디서부터 시작해야 할지 잘 모를 지경입니다. 맨 위부터 아래로 읽어도 되지만, 반복해서 읽지 않고서 전체 내용을 파악하기는 힘듭니다. 가이드라인은 22개 주요 섹션으로 구성되어 있는데 제목은 각각 '인터페이스Interfaces', '함수Functions', '동시성Concurrency' 등입니다. 각 섹션은 몇 개 혹은 수십 개의 개별 가이드라인으로 이루어져 있습니다. 핵심 가이드라인은 주요 섹션 문자로 구분하고, 섹션 내에서는 온점으로 구분된 숫자로 식별합니다. 예를 들면 F.3 '함수를 작고 단순하게 유지하라'는 섹션 F '함수Functions'의 세 번째 가이드라인입니다.

각 가이드라인은 비슷한 방식으로 정리되어 있습니다. 가이드라인의 제목에 행동(이렇게 하라, 이렇게 하지 말라, 피하라, 우선시하라)이 제시되며, 이어서 그 이유나 몇 가지 예제, 가이드라인에 대한 예외 사항이 나옵니다. 마지막으로 가이드라인을 이행하는 방식에 참고 사항이 있습니다. 이에 대한 내용은 정적 분석 도구의 작성자를 위한 조언부터 코드 리뷰 수행 방법에 대한 힌트에 이릅니다. 가이드라인은 읽는 요령이 존재하나, 코드에서 무엇이 우선순위가 높은지 결정하는 것은 여러분 개인의 문제입니다. 여러분에게 이 가이드라인의 지혜를 활용하는 방법을 알려드리도록 하겠습니다.

---

8   https://www.includecpp.org
9   https://www.youtube.com/watch?v=XkDEzfpdcSg

C++는 최신 사항도 있지만, 현대 C++에서 잘 찾지 않게 되는 먼지 쌓인 오래된 구석도 있습니다. 이 책은 여러분이 이런 낡은 방식을 피할 수 있도록 하고자 합니다. 이 책을 통해 C++ 코드는 어렵거나, 복잡하거나, 개발자들이 신뢰하기 어려운 것이 아님을 보여드리고자 합니다.

이 책에 대하여

이 책에서는 필자들이 가장 좋다고 생각한 30개 C++ 핵심 가이드라인을 제공합니다. 상세한 설명을 제공하므로 여러분이 나머지를 다 살펴보지는 않더라도 최소한 이 책의 가이드라인은 준수하기를 바랍니다. 이 책에서 선택한 가이드라인이 반드시 가장 중요한 사항은 아니지만, 확실히 여러분의 코드를 즉시 더 나아지게 만들 것입니다. 나머지 가이드라인도 읽어보고 코드에 한번 시험해보기를 바랍니다. 핵심 가이드라인의 대상이 모든 수준의 C++ 개발자인 것처럼, 이 책의 대상도 마찬가지입니다. 책 내용이 진행되더라도 내용은 더 복잡해지지 않으며, 어느 장을 먼저 읽어야 하는지 정해진 순서도 없습니다. 각 장은 서로 독립적입니다만, 다른 장의 내용을 명시적으로 언급할 수는 있습니다. 각 장은 약 3천 단어로 유지했기 때문에 이 책은 교과서라기보다는 가볍게 읽을 수 있는 책입니다. 이 책은 여러분에게 C++를 가르치고자 하지 않으며, 여러분의 코드 스타일을 향상할 수 있는 방법을 조언하고자 합니다.

이 책에서는 2017년 CppCon에서 케이트가 발표했던 내용을 따라 각 6장으로 구성된 5개 부로 나누었습니다. 1부 '사소한 것 때문에 중요한 문제를 놓치지 말자Bikeshedding is bad'에서는 특정한 A와 B라는 집합에 대해 언제 A나 B를 해야 할지 간단히 결정하도록 하는 가이드라인을 제시합니다. '사소한 것 때문에 중요한 문제를 놓치는 것bikeshedding'[10]이란 말은 노스코트 파킨슨C. Northcote Parkinson의 '사소함의 법칙law of triviality'에서 유래했습니다.[11] 가령 원자력 발전소 건설 안건을 논의하는 경우, 일반적으로 조직 구성원은 핵발전소에 대한 검증 기준보다는 누구나 다 알고 있는 사항인 자전거 보관소에 어떤 색을 칠할 것인지와 같은 사소한 문제를 더 비중 있게 다룬다는 것입니다.

2부 '자기 발등을 찍지 말라Don't hurt yourself'는 코드 작성 중 처할 수 있는 위험을 예방합니다. C++에 남아 있는 복잡성에 대한 문제 중에는 쉽사리 자기 발등을 찍을 위험이 몇 군데 있습니다.

---

10 https://exceptionnotfound.net/bikeshedding-the-daily-software-anti-pattern/

11 [옮긴이] 원문 바이크셰딩(bikeshedding)을 음차하지 않고 풀어서 번역했습니다. IT 관련 문헌에 종종 언급되는 표현이므로 다음과 같은 문서도 참고하면 좋습니다. https://docs.freebsd.org/en/books/faq/#bikeshed-painting, https://bikeshed.com/

예를 들면 생성자 초기화 리스트는 어떤 순서로 채워도 문법에 맞지만, 그게 절대 현명한 방법은 아닙니다.

3부의 제목은 '그만 사용하라Stop using that'로, 하위 호환성을 위한 일부 C++ 내용과, 예전에는 유용했지만 C++가 발전함에 따라 대체된 조언을 다룹니다. C++가 진화함에 따라 한때는 좋아 보이던 것들이 원래의 예상보다 가치가 더 떨어지는 경우가 종종 있습니다. 표준화 과정에서 이를 고치지만, 레거시 코드베이스로 작업하는 경우 이에 해당하는 사례를 접할 수 있으니 모든 사람들은 변경 사항에 대해 계속 정보를 따라가야 합니다. C++는 하위 호환성을 보장합니다. 따라서 50년 전에 C로 작성된 코드는 오늘날에도 컴파일될 수 있어야 합니다.

4부의 제목은 '새로운 기능을 제대로 사용하라Use this new thing properly'입니다. 콘셉트, `constexpr`, 구조적 바인딩 등은 사용 시 주의해야 합니다. 다시 말하지만 C++는 진화하는 표준이며 배포될 때마다 새로운 기능이 나오고 이를 모두 따라가기 위해서는 가르침이 필요합니다. 이 책으로 C++20의 신규 기능에 대해 설명하려는 것은 아니지만 이러한 가이드라인을 통해 새로운 기능을 파악할 수는 있을 겁니다.

마지막 5부의 제목은 '기본적으로 코드를 잘 작성하라Write code well by default'입니다. 따르기만 한다면, 코드에 무슨 일이 일어나는지 너무 어렵게 생각하지 않고도 좋은 코드를 만들 수 있는 간단한 가이드라인입니다.

전반적으로 이 책은 다른 좋은 글과 마찬가지로 주제를 제시한 다음 점점 발전시킵니다. 이 책을 쓰면서 가이드라인이 집필된 동기를 이해하고 이를 더 폭넓게 적용할 수 있는지 성찰하는 재미가 있었습니다. 독자들에게도 이 재미가 잘 전달되기를 바랍니다. 가이드라인 대부분은 잘 살펴보면 소프트웨어의 근본적인 진리를 다양한 방식으로 분명하게 다시 고쳐 말하고 있습니다. 이러한 진리를 도출함으로써 여러분의 프로그래밍 실천 방식은 크게 향상될 것입니다.

이 책을 즐겁게 읽고 또한 도움이 되기를 진심으로 바랍니다.

예제 코드

모든 코드는 컴파일러 익스플로러Compiler Explorer 웹사이트에서 사용할 수 있습니다. 맷 고드볼트 Matt Godbolt는 친절하게도 https://godbolt.org/z/cg30-ch에 각 장의 번호를 붙인 안정적인 링크를 제공합니다. 예를 들어 https://godbolt.org/z/cg30-ch1.3에서는 1.3장의 전체 코드를 볼 수 있습니다. 웹사이트 사용법과 코드와의 상호작용에 대한 지침이 있는 `https://godbolt.org/z/`
`cg30-ch0.0`부터 시작하기를 권합니다.

감사의 글 _____

2020년과 2021년은 아주 격동의 해였으며, 우리는 이 책을 만드는 동안 자발적으로든 우연히든 도움을 주신 많은 분들께 감사의 말씀을 전합니다.

그리고 당연히, 핵심 가이드라인이 존재할 수 있게 해주고 이에 대해 저희가 집필하도록 격려해준 비야네 스트롭스트룹과 허브 서터에게 감사를 전하고 싶습니다. 그리고 이러한 내용을 살펴볼 수 있는 기회를 제공해주신 CppCon 참석자 여러분께도 감사의 인사를 전합니다.

저희 가족들은 다소 고독한 작업 과정 중에도 중요한 지원을 제공해줬으며, 가족들이 없었다면 저희는 상당히 더 힘들게 작업했을 것입니다.

2017년 7월부터 includecpp.org에 근거지를 둔 #include <C++> 디스코드의 수많은 친구들이 저희의 C++ 생활을 지속적으로 격려했습니다.[1] 우리는 이 책 수익의 10%를 여기에 기부할 예정입니다. 여러분 모두 박수 부탁드립니다.

표준을 유지하는 기구인 ISO WG21 C++ 위원회의 구성원 분들도 도움을 주셨습니다. 마이클 웡 Michael Wong과 토니 반 에어드Tony van Eerd의 통찰력에 감사드립니다.

모든 코드 예제는 컴파일러 익스플로러[2]에서 사용할 수 있습니다. 이 멋진 서비스를 만든 맷 고드볼트의 관대한 지원 덕분에 의미가 잘 표현된 안정적인 링크로 사용 가능합니다. 맷에게 감사를 전하며, 그의 부단한 노력으로 C++ 커뮤니티가 큰 덕을 보았음을 다시 말씀드립니다.

_____

1 https://twitter.com/hatcat01/status/885973064600760320
2 https://godbolt.org/z/cg30-ch0.0

각 장을 처음 시작할 때 cppreference.com은 훌륭한 리서치 도구였습니다. 따라서 이 사이트를 만들고 운영하는 네이트 콜Nate Kohl, 관리자인 카나피카스Povilas Kanapickas, 세르게이 줍코프Sergey Zubkov, 팀 송Tim Song 및 다른 모든 기여자들께 지속적인 노력과 훌륭한 리소스의 유지보수에 감사드립니다. 이들은 C++ 커뮤니티의 영웅들입니다.

3.6장을 쓰고 나니 아서 오드와이어Arthur O'Dwyer의 글에서 상당한 영감을 받았다는 것이 확실해졌습니다. 커뮤니티에 지속적으로 봉사해온 그에게 큰 감사를 표합니다. 그의 블로그에는 또한 1970년대에서 1980년대 사이의 초기 텍스트 어드벤처 게임들에 대한 연구도 담겨 있습니다.[3]

이런 책에는 수많은 교열자proofreader가 필요합니다. 따라서 비야네 스트롭스트룹, 로저 오어Roger Orr, 클레어 매크레이Clare Macrae, 아서 오드와이어, 이반 추키치Ivan Čukić, 라이너 그림Rainer Grimm, 맷 고드볼트에게 감사드립니다.

애디슨-웨슬리 출판사Addison-Wesley의 팀원들에게도 소중한 도움을 받았습니다. 그레고리 도엔치Gregory Doench, 오드리 도일Audrey Doyle, 아스위니 쿠마르Aswini Kumar, 멘카 메타Menka Mehta, 줄리 나힐Julie Nahil, 마크 테이버Mark Taber에게 감사드립니다.

---

3 https://quuxplusone.github.io/blog

사소한 것 때문에
중요한 문제를 놓치지 말자

[P.2] ISO 표준 C++로 작성하라

1.1.1 ISO 표준 C++란 무엇인가?

이 책은 좋은 코드 작성에 관한 모든 내용을 담고 있습니다. 따라서 첫 번째 조언은 ISO 표준 C++로 작성하라는 것입니다. 그런데 ISO 표준 C++는 정확히 무엇일까요?

1.1.1.1 C++의 역사

C++는 출시 당시에는 표준화된 언어가 아니었습니다. C++는 비야네 스트롭스트룹이 개발하여 C 언어를 확장한, '클래스가 있는 Cc with Classes'로 출발했습니다.[1] 당시에는 C 언어도 표준화된 언어가 아니었습니다. 비야네는 C++를 Cpre라는 전처리기로 제공했습니다. Cpre의 기능에는 공개/비공개 접근 수준public/private access level, 프렌드friend, 할당 연산자 오버로딩, 생성자/소멸자와 더불어 클래스 및 파생 클래스가 포함되었습니다. 또한 인라인 함수, 기본 함수 인수와 더불어 함수 인수의 자료형 검사type-checking 기능도 포함되었습니다.

1982년, 비야네는 C++라는 새로운 작업을 시작했습니다. C++에는 가상 함수, 함수 및 연산자 오버로딩, 참조, 상수, 동적 할당과 같은 기능이 추가되었습니다. 비야네는 C 컴파일러용 C++ 프런트엔드인 Cfront도 만들었습니다. Cfront는 전달받은 C++ 코드를 C로 컴파일했습니다. 또한 비야네는 (흔히 TCPL로 알려진) 도서 《The C++ Programming Language》(1985)를 저술했습니다. 이 책은

---

[1] Stroustrup, B, 1995. *A History of C++: 1979-1991*, www.stroustrup.com/hopl2.pdf.

C++가 무엇인지에 대한 결정적인 참고 자료가 되었습니다.

이후 상용 컴파일러가 출시되어 널리 사용되는 한편, 비야네는 C++ 작업을 계속하여 C++2.0에 더 많은 기능을 추가했습니다. 여기에는 향상된 기존 기능뿐만 아니라 다중 상속, 추상 기본 클래스, 정적 멤버 함수 및 상수 멤버 함수, `protected` 접근 지정자가 포함되었습니다. 이후 C++의 인기는 비약적으로 높아졌습니다. 비야네가 추정하기로는 사용자가 7.5개월마다 2배가 되었다고 합니다.

콘퍼런스, 저널, 도서의 등장과 컴파일러를 경쟁적으로 구현하던 상황은 TCPL보다 더 정확하고 자세한 내용이 필요하다는 방증이었습니다. 1989년 HP의 드미트리 렌코프Dmitry Lenkov는 미국 국가표준 협회American National Standard Institute, ANSI의 C++ 표준화 제안서를 작성했습니다. 그는 이 제안서에서 사용자가 언어를 제각기 사용하지 않도록 C++의 각 특성을 세심하고 구체적으로 정의할 필요를 파악하고, 예외 처리 및 표준 라이브러리 같은 추가 기능을 정리하였습니다. ANSI 위원회인 X3J16은 1989년 12월 첫 모임을 가졌습니다. 마거릿 엘리스Margaret Ellis와 비야네가 집필한 《The Annotated Reference Manual》(1990)은 C++의 모든 것을 단 한 권에 담은 책이 되었습니다. 이 책은 특히 ANSI C++ 표준화 작업을 최상의 상태로 시작하기 위해 쓰여졌습니다.

당연히 표준화란 미국만의 관심사는 아니었기에 여러 국제 대표도 참여했습니다. 1991년 ISO C++ 위원회 WG21이 소집되었으며, 이때부터 두 위원회는 공동 회의를 열었습니다. 목표는 표준화 초안을 작성하여 4년간 공개 검토public review를 거쳐 그로부터 2년 후 공식 표준을 만드는 것이었습니다. 그러나 첫 번째 표준 ISO/IEC 14882:1998은 첫 회의 이후 9년이 지난 1998년 9월에야 마침내 공표되었습니다.

그런데 이야기는 여기서 끝나지 않았습니다. 버그 수정 작업이 계속되어 2003년에 C++03이 출시되었습니다. 언어를 더 발전시키기 위해 추가 기능을 도입하려는 작업도 착수되었습니다. `auto`, `constexpr`, `decltype`, 이동 시맨틱, 범위 기반 `for` 문, 유니폼 초기화, 람다, 우측값 참조, 정적 단언, 가변 인수 템플릿 등이 개발 예정이었습니다. C++가 성장하는 언어라는 점이 모두에게 잊히기 전, 마침내 2011년에 이르러 다음 버전이 출시되었습니다.

C++03은 C++98을 수정한 버전임을 감안하면, 첫 번째 표준과 C++11 사이에는 13년의 공백이 있었습니다. 이렇게 표준 간 공백이 길다면 누구에게도 득이 되지 않으므로 '기차 모델train model'이 도입되었습니다. 새 표준은 3년마다 출시하며, 준비되지 않은 기능은 3년 후 다음 '기차'에 싣습니다. 이때부터 C++14, C++17, C++20이 예정대로 출시되었습니다.

1.1.2 차이를 캡슐화하기

1.1.2.1 런타임 환경의 차이

표준은 C++ 프로그램이 실행되는 환경에 필요한 사항은 거의 담지 않았습니다. 운영체제, 파일 저장소, 화면은 요구 사항이 아닙니다. 일반적인 데스크톱 프로그램은 마우스 입력과 윈도우 출력이 필요하기 때문에 각 운영체제에 특화된 코드가 필요합니다.

이러한 프로그램을 완전히 이식 가능한 코드로 작성하는 일은 실현하기 어렵습니다. ISO 표준 C++는 C#이나 자바Java 같은 언어에 비하면 라이브러리가 아주 작습니다. 이는 ISO 표준 C++으로 구현하는 사람들을 위한 사양입니다. C#과 자바는 해당 언어의 개발사가 표준 라이브러리를 제공하지만, C++는 자금을 지원받는 라이브러리 개발 조직이 없습니다. 표준 라이브러리에서 제공하지 않는 부분을 지원하려면 각 대상 환경별 기능을 제공해야 합니다. 이러한 기능은 헤더 파일과 라이브러리 파일의 형태로 제공되며, 시스템마다 이런 파일이 많이 있을 겁니다. 대상 환경별 기능은 가능한 한 여러분의 인터페이스 뒤로 감추세요. 시스템에 따른 코드베이스의 버전 차이도 최소화하세요.

사용자가 키보드를 눌렀을 때 그 특정 키를 알고 싶은 경우를 예로 들겠습니다. 한 가지 접근법은 사용 중인 플랫폼을 감지하는 전처리기를 사용해서 알맞은 코드를 아래와 같이 실행하는 방법입니다.

예제 1.1.1

```
#if defined WIN32
auto a_pressed = bool{GetKeyState('A') & 0x8000 != 0};
#elif defined LINUX
auto a_pressed = /*아주 길고 긴 코드*/
#endif
```

아주 보기 나쁩니다. 잘못된 추상화 수준에서 작동하기 때문입니다. 윈도우나 리눅스 전용 코드[2]는 헤더 파일에 적힌 다른 별도의 파일에 있어야 하기 때문에, 이 코드는 다음과 같아야 합니다.

예제 1.1.2

```
auto a_pressed = key_state('A');
```

---

2 https://stackoverflow.com/questions/41600981/how-do-i-check-if-a-key-is-pressed-on-c

함수 `key_state`는 이러한 확장을 캡슐화한 인터페이스입니다. 이 구현은 플랫폼에 맞춰서 작동하고, 제어 흐름control flow 바깥에 있으며 전처리 매크로로에 부담이 없습니다. 이러한 구현을 개별 파일로 분리하면 추상화를 더욱 강화할 수 있습니다.

1.1.2.2 다양한 C++ 언어 수준 및 컴파일러

C++ 컴파일러 개발자는 해당 컴파일러가 C++ 표준을 준수한다고 공표하려면 표준을 완전하고 정확하게 지원해야 합니다. 그렇다고 컴파일러의 자유가 구속되는 것은 아니라 기능이나 확장을 추가할 여지는 남아 있습니다. 예를 들어 GCC는 `__has_trivial_constructor`와 `__is_abstract`와 같은 타입 특질type trait이 표준에 추가되기 전에 포함했습니다. 이들은 C++11부터 `std::is_trivially_constructible`과 `std::is_abstract`라는 이름으로 타입 특질 라이브러리에 있습니다.

참고로 `__is_abstract`는 맨 앞에 밑줄이 2개 있습니다. 이중 밑줄은 표준에서 예약된 사항임을 나타냅니다. 구현자는 `std` 네임스페이스namespace에 새로운 식별자를 **추가할 수 없습니다.** 나중에 완전히 다른 의미로 표준에 추가될 수도 있기 때문에, 이는 매우 나쁜 생각입니다. C++ 개발자가 표준 기능을 사용하는 것처럼 보이지만 실제로는 컴파일러에 종속된 기능을 사용하는 코드를 실수로 작성할 수 있기 때문입니다. 이를 방지하려면 복수의 컴파일러와 운영체제에서 코드를 빌드 및 테스트하여 실수로 작성한 비표준 코드를 발견하는 방법이 있습니다.

이 두 가지 기능은 유용한 메타프로그래밍 도구이기 때문에 제공되었고, 결국 표준에 추가되었습니다. 표준의 언어나 라이브러리 기능 같은 부분들은 인기 있는 도구나 라이브러리에서 시작되었습니다. 때로는 비표준 기능을 사용할 수밖에 없는 경우도 있습니다.

1.1.2.3 C++의 확장

라이브러리 작성자는 자체 확장 기능을 추가하기도 합니다. 가령 Qt[3] 라이브러리는 시그널과 슬롯이라는 기능을 사용해 객체 간 통신을 합니다. 이 기능을 사용하기 위해 세 가지 심벌 `Q_SIGNALS`, `Q_SLOTS`, `Q_EMIT`이 추가되었습니다. 이 키워드를 사용하는 소스 파일을 읽어보면 다른 언어의 키워드처럼 보일 것입니다. Qt는 C++ 컴파일러가 정확히 구문 분석parse할 수 있는 출력을 생성하도록 이러한 키워드를 구문 분석하는 `moc`라는 도구를 제공합니다. 이는 Cfront가 초기 C++ 코드를 구문 분석하여 C 컴파일러가 그 출력을 사용할 수 있도록 하는 방식과 같습니다.

---

3 https://doc.qt.io/

표준은 엄격히 정의된 시맨틱스semantics[4]를 제공하는 반면 이러한 확장은 그렇지 않다는 점을 명심해야 합니다. ISO C++ 표준은 절대 모호하지 않기 때문에 읽기 어렵습니다. 물론 여러분이 이식성에 대한 비용을 고려한다면 언어의 확장 기능을 자유롭게 사용해도 됩니다. 특히 Qt는 플랫폼 간 이식성을 위해 많은 노력을 하고 있습니다. 그러나 이러한 확장 기능이 다른 구현에서도 반드시 있으리라 보장할 수 없고, 같은 의미를 갖는다고 보장할 수도 없습니다.

1.1.2.4 헤더 파일의 안정성

예를 들어 `#pragma once`를 떠올려봅시다. 이 지시자는 컴파일러로 파일을 두 번 포함(`#include`)하지 않도록 합니다. 그리하여 컴파일러가 변환 단위translation unit로 컴파일하는 시간을 줄입니다. 제가 지난 20년간 사용한 컴파일러는 모두 이 `pragma` 지시자를 구현했는데, 정확히 무슨 의미일까요? '파일 끝에 도달할 때까지 구문 분석을 중단하라'는 뜻일까요? '이 파일을 두 번 열지 말라'는 뜻일까요? 겉보기에 효과는 같지만, 모든 플랫폼에 대한 의미가 정확하게 정의되지는 않았습니다.

플랫폼에 상관없이 어떤 의미가 보존된다는 가정은 할 수 없습니다. 지금은 안전하더라도 미래에도 그럴 것이라고 보장할 수 없습니다. 이런 기능에 의존하는 것은 버그에 의존하는 것과 같습니다 (하이럼의 법칙Hyrum's law[5] 참고). 이 경우 핵심 가이드라인 SF.8 '모든 .h 파일에 `#include` 가드를 사용하라'는 설명대로 `#pragma once` 대신 헤더 가드를 사용하도록 권장합니다. 헤더 가드를 사용하면 어떤 일이 발생할지 정확히 알 수 있습니다.

1.1.2.5 다양한 기본 자료형

시스템의 차이는 운영체제 구현뿐만이 아닙니다. 알다시피 `int`나 `char`와 같은 산술 자료형의 크기width는 표준화되어 있지 않습니다. 여러분은 `int`의 크기가 32비트라고 생각하겠지만 저는 16비트이던 시절을 기억합니다. 저는 32비트짜리 자료형이 필요할 때, `int`가 항상 32비트일 것이라고 가정하는 실수를 저지를까 봐(한 번 바뀌었는데 또다시 바뀌지 않는다는 법이 있을까요?), 자료형의 크기를 표현하는 헤더를 작성하여 해당 자료형의 별칭alias을 만들었습니다.

예제 1.1.3

```
typedef __int i32; // 예전 방식입니다. 이제는 사용하지 마세요.
```

---

4 [옮긴이] 시맨틱스(의미론)는 코드의 의미 및 기능에 대한 개념입니다. 한편 신택스(구문론, syntax)는 코드의 구조 및 형식과 관련된 개념입니다.

5 https://www.hyrumslaw.com

저는 `__int`로 명명된 자료형에 대한 플랫폼 정의의 별칭인 `i32`라는 식별자를 도입했습니다. 프로 젝트가 다른 플랫폼으로 이식porting되어도 완전히 안전했습니다. 저는 대상 플랫폼이 32비트의 부 호가 있는 정수 자료형을 정의하는 방식을 알아내어 필요하다면 해당 플랫폼의 `typedef` 정의를 간단히 업데이트할 수 있었습니다.

물론 다음 표준인 C++11이 출시되었을 때 헤더 `<cstdint>`의 라이브러리에 고정 크기 정수형을 정 의한 새로운 자료형이 추가되었습니다. 저는 위의 정의를 두 가지 매력적인 방식으로 업데이트할 수 있었습니다.

예제 1.1.4

```
using i32 = std::int32_t;
```

첫 번째, 제가 정의한 방식이 미래를 대비할 수 있도록 새로운 자료형을 사용했습니다. 별칭이 부여 된 자료형은 표준에 속하며 이는 변경될 가능성이 극히 낮습니다. C++는 하위 호환성이 매우 중요 하기 때문입니다. 이러한 선언은 후속 표준 버전에서도 유효할 것입니다(실제로, 9년간 3개 표준이 나 왔지만 이 코드는 아직 유효합니다).

두 번째, 새로운 `using` 키워드를 사용하여 등호로 왼쪽은 식별자, 오른쪽은 정의로 구분했습니다. 이러한 양식은 `auto` 키워드 사용 시에도 확인 가능합니다.

예제 1.1.5

```
auto index = i32{0};
```

등호 왼쪽에는 식별자, 오른쪽에는 정의가 있습니다.

뛰어난 리팩터링 도구가 등장하면서 저는 모호함을 최소화하기 위해 모든 `i32` 인스턴스를 `std::int32_t`로 과감하게 바꿨습니다.

1.1.2.6 규제가 있는 제약 사항

ISO 표준 C++를 선뜻 사용하지 못하는 경우를 짚어야겠습니다. 라이브러리가 부족하거나 언어 기 능이 없어서가 아니라, 호스트 환경이 특정 기능의 사용을 금지하기 때문입니다. 이는 규제 사유에 해당하거나 개발 중인 플랫폼에 대한 구현이 불완전하기 때문일 수 있습니다.

예를 들어 어떤 산업 분야는 성능이 중요한 기능에는 동적 할당을 금지합니다. 할당은 메모리 부족 예외를 일으킬 수 있는 비결정론적nondeterministic 활동입니다. 즉, 호출에 얼마나 걸릴지 보장하지 못합니다. 또한 비슷한 이유로 여러 분야에서는 예외를 발생시키는 것이 금지되어 있는데, `std::operator new`가 실패 시 `std::bad_alloc`를 발생시키기 때문에 동적 할당을 즉시 배제합니다. 이러한 상황에서는 핵심 가이드라인을 해당 환경에 맞게 확장하고 사용자 정의를 추가해야 합니다.

반대로 어떤 분야는 해당 분야 규제 기관의 인증을 거치지 않은 라이브러리의 사용을 금지합니다. 가령 어떤 환경에서는 Boost[6]를 사용하면 문제가 될 수 있습니다. 이러한 이유로 ISO 표준 C++를 널리 사용하도록 합니다.

1.1.3 예전 방식 학습하기

1.1.3.1 C++의 하위 호환성

이 언어가 어디에서 왔는지, 개발 동기가 무엇인지 기억해야 합니다. 제 현재 프로젝트에는 2005년에 작성한 코드가 있습니다. 오래전 폐기된 패러다임을 사용하며 `auto`와 람다는 사용하지 않기 때문에 오늘날의 프로그래머에게는 약간 이상해 보일 수 있습니다. 하지만 소스에는 역사적인 교훈이 있습니다.

그런데, 코드는 여전히 작동합니다. 아직 컴파일도 실행도 잘 됩니다. 여러분이 경력을 쌓는 동안 연식이 다양한 코드를 접하게 될 것입니다. 최신 표준을 사용하고 가능한 한 최신 컴파일러로 빌드하는 것도 중요하지만, C++가 어디에서 시작했는지를 알고 미래를 계획해야 합니다.

최신 버전의 표준을 사용할 수 없는 때도 있습니다. 임베디드 개발, 규제, 시스템 인증, 혹은 더 오래된 인프라에서는 C++11이나 C++98까지도 사용해야 할 수 있습니다. C++는 하위 호환성에 의존합니다. C나 이전 표준과도 하위 호환됩니다. **수십 년에 걸친 안정성은 곧 기능feature입니다.** 이는 엄청난 장점입니다. 전 세계의 수십억 줄의 코드는 여전히 최신 컴파일러로 빌드되며, 때때로 약간의 조정이 필요합니다. 어느 시점에서 여러분은 이 코드를 유지보수하라는 요청을 받을 수도 있습니다.

---

6 https://www.boost.org

1.1.3.2 상위 호환성과 'Y2K'

하위 호환성의 반대 개념인 상위 호환성을 위해 오래 지속될 코드를 작성하세요. 지난 세기말, 전세계 대부분의 구형 컴퓨터 소프트웨어에서 한 가지 문제가 발견되었습니다. 연도를 나타내는 데두 자리 숫자만 사용했다는 문제였습니다.[7] 메모리가 귀했기 때문에 1974보다는 단순히 74를 저장하는 편이 효율적이었습니다. 개발자는 이에 대해 아무 생각이 없었습니다. '이런 소프트웨어가 25년이나 실행될 리가 없지. 분명히 다른 소프트웨어로 교체될 거야.'

너무나 낙관적인(어쩌면 비관적인) 관점이었죠. 당연히 시간이 흘러 2000년이 되자 연도는 00으로 표시되었습니다. 시간 간격 계산, 이자 지급 계산 등 실제로 시간의 흐름과 관련된 모든 것은 엉망이 되었습니다.

이는 Y2K 버그 또는 밀레니엄 버그라고 합니다. 이 버그는 오래된 업체에게는 노다지가 되었습니다. 이들은 상당한 비용을 받고 25년 된 시스템을 수리하러 전 세계를 돌아다녔죠. 그렇지만 그동안 문제를 파악하고 해결할 수 있는 엔지니어가 충분히 있었기 때문에 큰 문제는 대부분 피할 수 있었습니다.

그런데 만약 엔지니어가 미래를 대비했다면, 그들의 코드가 '영원히' 실행된다고 가정했다면, 4자리 정수가 2자리 정수만큼의 공간을 차지하는 시점에 코드를 작성했다면 이 문제를 피할 수 있었을 겁니다. 2자리 숫자는 분명 필요한 모든 날짜를 표현하기에 충분하지 **않았고** 최소 세 자리 숫자는 필요했으며, 실제로 밀레니엄을 맞이하면서 네 자리가 더 간단한 표현이었습니다.

덧붙여 말하자면 이는 날짜만의 문제는 아닙니다. 마찬가지로 리눅스도 시간을 1970년 1월 1일부터 초 단위로 시간을 측정한다는 문제가 있었습니다. 시간이 32비트 부호가 있는 정수로 저장되었으므로 2038년 1월 19일에 시간이 다시 처음으로 돌아가게 된다는 뜻입니다. '문제가 있었다'고 말했습니다만, 리눅스 5.6부터는 이 문제가 해결되었습니다.

따라서 미래를 대비하여 코드를 작성하고 과거의 코드를 읽으며 학습하는 일은 경력에 중요합니다.

---

7 https://www.britannica.com/technology/Y2K-bug

1.1.4 표준 개발 현황 파악하기

C++는 항상 발전하고 있습니다. 새 표준이 출시될 때마다 새로운 언어 기능과 라이브러리가 풍부하게 추가되었습니다. 단순히 최신 기능을 사용한다고 하여 특별한 미덕이 있는 것은 아닙니다. 명확하게 구체적인 이점이 있을 때 사용해야 합니다. 한편 C++ 커뮤니티는 우리에게 이 모든 새로운 내용을 공개하고 펼칠 준비가 된 뛰어난 선생님들이 많이 있다는 점에서 큰 행운입니다. 이러한 자료를 쉽게 찾을 수 있는 방법은 네 가지가 있습니다.

1.1.4.1 IsoCpp

우선 isocpp.org[8]가 있습니다. 웹상의 C++의 고향이며 표준 C++ 재단Standard C++ Foundation이 운영합니다. 워싱턴 501(c)(6) 비영리 단체에 해당하며, C++ 소프트웨어 개발자 커뮤니티를 지원하고 모든 컴파일러 및 플랫폼에서 최신 표준 C++를 사용하고 이해하도록 장려합니다. 이 사이트에는 비야네가 작성한 C++ 탐색하기a tour of C++, 방대한 C++ FAQ, 표준화 과정에 참여하는 상세한 방법이 있으며, C++ 커뮤니티에서 작성한 최신 블로그 포스트 목록이 주기적으로 업데이트됩니다. 여기서 이러한 블로그의 다른 포스트도 탐색할 수 있습니다.

1.1.4.2 콘퍼런스

두 번째로 매년 전 세계에서 열리는 여러 콘퍼런스가 있습니다. 대중이 무료로 이용할 수 있도록 모든 강연을 기록해서 유튜브로 공개하는 것이 관행이 되었습니다. 이는 정말로 놀라운 자료인데, 이 내용을 매년 따라잡기란 쉽지 않은 일입니다.

CppCon은 표준 C++ 재단이 운영합니다. 미국 콜로라도 오로라에서 매년 가을에 열리며 거의 200시간에 달하는 콘텐츠가 만들어집니다. C 및 C++ 사용자 협회Association of C and C++, ACCU는 영국 브리스톨에서 매년 봄 또는 가을에도 콘퍼런스를 개최합니다. C++ 중심이지만 폭넓은 프로그래밍 주제를 다루며 100시간에 달하는 콘텐츠를 제공합니다. Meeting C++는 독일 베를린에서 11월에 열리고 50시간 정도의 콘텐츠가 나옵니다. 꽤 까다롭게 골라야 할 겁니다. 호주, 벨라루스, 이스라엘, 이탈리아, 폴란드, 러시아, 스페인 등지의 다른 소규모 콘퍼런스는 말할 것도 없고, 하루에 1개만 봐도 1년 내내 바쁘게 지내게 될 겁니다.

---

8 https://isocpp.org/about

1.1.4.3 다른 자료

블로그나 콘퍼런스, 이 책 외에도 많은 책이 있습니다. 어떤 책은 콘퍼런스 강연을 인용한 것처럼 이 책 전반에 걸쳐 참고 문헌으로 나옵니다.

마지막으로, 디스코드나 슬랙[9]과 같은 채팅 서버에서 일상적인 논의에 참여할 수 있습니다. 디스코드 서버는 C++ 프로그래머를 위한 다양성 및 포용성 그룹 #include <C++>[10]에서 운영하며 매우 친근한 분위기의 커뮤니티가 있습니다.

이용할 수 있는 자료가 많으니 표준 C++의 개발 속도를 따라잡을 수 있을 것입니다. 누구나 ISO 표준 C++ 코드를 계속 작성할 수 있습니다. 이는 누가 되었든 미래의 유지보수 담당자분만 아니라 여러분의 코드를 사용할 미래 고객에게도 중요합니다. C++는 상업, 산업, 사회 여러 분야에서 널리 사용되고 있습니다. 안정적이고 신뢰할 수 있는 방식으로 코드를 작성하는 일은 전 세계적으로 중요합니다. 한 걸음 더, 올바른 방향으로 나아가서 ISO 표준 C++로 작성하세요.

9　https://cpplang.slack.com
10　https://www.includecpp.org

[F.51] 선택의 여지가 있다면 오버로딩 대신 기본 인수를 사용하라

1.2.1 소개

API 설계 능력은 중요합니다. 문제를 추상화된 구성 요소로 나눌 때 추상화할 대상을 식별하여 해당 인터페이스를 설계하고, 명확한 뜻을 갖도록 세심하게 명명된 함수 모음의 형태로 클라이언트에게 사용 지침을 전달해야 합니다. 코드는 코드 자신을 설명할self-documenting 수 있어야 한다는 말이 있습니다. 야망이 커 보입니다만, API 설계를 할 때에는 바로 이러한 목표를 달성하기 위해 최선을 다해야 합니다.

코드베이스는 성장합니다. 그저 그렇게 될 따름입니다. 피할 수는 없습니다. 시간이 흐르면서 더 많은 것들이 추상화되고 코드로 작성되며, 더 많은 문제가 해결되고, 더 많은 사용 사례use case를 수용하도록 도메인domain 자체가 확장됩니다. 이는 지극히 정상적입니다. 개발 및 엔지니어링의 보편적인 작업 과정입니다.

코드베이스에 이러한 추상화가 추가되면서 모호하지 않게 작명해야 한다는 문제가 싹틉니다. 작명은 어렵습니다. 여러분이 프로그래밍하는 동안 이 말을 많이 접하게 될 겁니다. 때로 여러분은 클라이언트가(때로는 여러분 자신이) 같은 일을 약간 다른 방식으로 수행하도록 하고 싶을 때가 있습니다.

바로 이럴 때 오버로딩overloading이 좋아 보입니다. 같은 일을 약간 다르게 수행하는 두 추상화는 전달되는 인수만 다르고 나머지는 의미론적으로 모두 같습니다. 함수 오버로딩을 사용하면 다른 매개변수를 가지고 함수명을 재사용할 수 있습니다. 그러나 두 추상화가 의미론적으로 같다면, 기본 인수로 그 차이를 표현할 수 있을까요? 그렇다면 여러분의 API는 더 이해하기 쉬울 겁니다.

이번 장을 시작하기 전에 매개변수parameter와 인수argument의 차이를 다시 생각해봅시다. 인수는 함수로 전달됩니다. 함수는 선언 시 매개변수 목록을 포함하며 하나 이상의 매개변수는 기본 인수로 제공됩니다. 기본 매개변수 같은 것은 없습니다.

1.2.2 추상화 다듬기: 추가 인수냐, 오버로딩이냐

다음 함수를 예로 들어 생각해봅시다.

예제 1.2.1

```
office make_office(float floor_space, int staff);
```

이 함수는 사무실office이라는 인스턴스를 반환합니다. 사무실 인스턴스는 `floor_space`로 명시된 제곱미터 단위의 특정 면적과, 특정 수의 직원을 위한 시설을 갖습니다. 사무실은 물리적으로 1개의 층에 구성되며 알맞은 주방 공간과 욕실 시설, 충분한 수의 커피 머신, 탁구대, 마사지 테라피 공간과 더불어 직원들은 모두 잘 배치되어 있습니다. 그러던 어느 날 문제 도메인이 확장되면서 어떤 사무실은 건물의 2개 층을 사용한다고 합니다. 바른 위치에 계단과 화재 대피 경로를 두어야 하고, 냉방 시설은 더 복잡해지고, 그뿐만 아니라 이제 층간 슬라이드나 미끄럼 봉이 필요하므로 문제는 더 복잡해집니다. 2층 사무실을 만든다고 생성자에게도 알려야 합니다. 세 번째 매개변수로 이를 수행할 수 있습니다.

예제 1.2.2

```
office make_office(float floor_space, int staff, bool two_floors);
```

안됐지만 코드 전체를 확인한 뒤 호출부마다 `false`를 추가해야 합니다. 아니면 마지막 인수의 기본값을 `false`로 둘 수 있는데 이러면 호출부에서 `false`를 추가하지 않아도 됩니다. 코드는 다음과 같습니다.

예제 1.2.3

```
office make_office(float floor_space, int staff, bool two_floors = false);
```

다시 한번 빠르게 컴파일되어 아무 문제 없이 작동합니다. 안타깝게도 도메인 확장은 아직 끝나지 않았습니다. 단층 사무실이 위치할 건물의 이름이 필요할 때가 있네요. 항상 수용적인 엔지니어 여러분은 함수의 매개변수 목록을 다시 한번 확장합니다.

예제 1.2.4

```
office make_office(float floor_space, int staff, bool two_floors = false,
    std::string const& building_name = {});
```

함수를 다시 구현했지만 성가십니다. 함수는 인수가 4개이고, 마지막 인수는 세 번째 인수가 `false`일 때만 필요합니다. 모두 엉망진창 복잡해 보입니다. 여러분은 함수를 오버로드하기로 합니다.

예제 1.2.5

```
office make_office(float floor_space, int staff, bool two_floors = false);
office make_office(float floor_space, int staff,
    std::string const& building_name);
```

이제 함수 오버로드 집합function overload set이 생겼습니다. 전달되는 인수에 따라 집합의 어느 멤버를 호출할지는 컴파일러가 담당합니다. 클라이언트는 건물을 식별하려면 올바른 함수를 호출해야 합니다. 여기서 식별은 단층 건물을 알아본다는 의미입니다.

예를 들어 어떤 클라이언트 코드가 200명이 사용할 24,000제곱미터의 사무실을 만들려고 합니다. 이 사무실은 'Eagle Heights'라는 건물의 한 층에 위치합니다. 따라서 올바른 호출은 다음과 같습니다.

예제 1.2.6

```
auto eh_office = make_office(24000.f, 200, "Eagle Heights");
```

당연히 각 함수는 코드의 의미가 알맞아야 하고, 작업할 때마다 의미가 달라지면divergent 안 됩니다. 이러면 유지보수에 부담이 됩니다. 단일 함수를 제공하여 호출자가 명시적으로 선택하게 하는 편이 더 적합할 것입니다.

여러분의 "잠깐만요"라는 소리가 들리네요. "비공개 구현 함수는 어떨까요? 일관된 생성을 보장할 수 있어요. 이 중 하나만 사용하면 다 해결돼요."

여러분이 옳을지도 모릅니다. 그런데 함수가 두 개라면 클라이언트가 보기에 의아할 수 있습니다. 구현이 달라질지도 모르고, 문제가 제대로 해결되지 않을 수도 있다고 걱정할 수 있습니다. '혹시 몰라서'라는 말은 클라이언트에게 두려움을 심을 수 있습니다. 하지만 알고리즘에 따라 전환되는 두 가지 기본 인수가 있는 단일 함수는 안심이 됩니다.

"말도 안 돼요" 하고 외치는 소리가 들리네요. "저는 훌륭한 코드를 짰고, 클라이언트는 저를 믿어요. 모든 곳에는 단위 테스트가 있고 아무 문제가 없어요. 고맙지만 이제 됐어요."

여러분이 코드를 훌륭하게 작성할 수 있더라도, 안타깝게도 클라이언트는 그렇지 않을 수 있습니다. `eh_office`의 초기화 부분을 다시 보고 버그를 발견할 수 있는지 확인해보세요. 이어서 오버로드 확인을 살펴보겠습니다.

1.2.3 오버로드 확인의 미묘한 차이

오버로드 확인overload resolution은 숙련하기 까다롭습니다. C++20 표준의 약 2%는 오버로드 확인의 작동 방식을 정의하는 데 할애되었습니다. 개략적인 내용은 다음과 같습니다.

컴파일러는 함수 호출 발생 시 어느 함수를 참조해야 할지 결정해야 합니다. 호출 전에 컴파일러는 도입된 모든 식별자identifier 목록을 만들었을 것입니다. 식별자 중에는 오버로드 집합에 속하는, 즉 이름은 같지만 매개변수는 다른 함수가 있을 수 있습니다. 이 중 컴파일러는 실행 가능한 함수와 호출해야 할 함수를 어떻게 선택할까요?

우선 컴파일러는 함수의 매개변수의 개수가 같거나, 줄임표 매개변수ellipsis parameter가 있어 매개변수가 더 적거나, 매개변수가 기존 개수를 초과한 부분에는 기본값이 할당된 함수 오버로드 집합에서 함수를 선택합니다. 후보 함수에 `requires` 절(C++20에 신규 추가)이 있다면 해당 조건을 만족해야 합니다. 모든 우측값 인수는 비상수non-const 좌측값 매개변수와 일치하지 않아야 하고, 좌측값 인수는 우측값 참조 매개변수와 일치하지 않아야 합니다. 각 인수는 암묵적 변환 시퀀스를 통해 해당 매개변수로 변환될 수 있어야 합니다.

예제에서는 컴파일러에 세 번째 매개변수가 서로 다른 2가지 버전의 `make_office`가 도입되었습니다. 하나는 기본값이 `false`인 `bool`을 받고, 다른 하나는 `std::string const&`을 받습니다. `eh_office`의 초기화 시 매개변수 개수는 둘 다 같습니다.

두 함수는 모두 `requires` 절이 없습니다. 이 단계는 넘어갈 수 있습니다. 참조 바인딩도 역시 별다를 게 없습니다.

마지막으로, 각 인수는 해당 매개변수로 변환할 수 있어야 합니다. 첫 번째와 두 번째 인수는 변환할 필요가 없습니다. 세 번째 인수는 `char const*`이며, 당연히 `std::string` 인터페이스에 속하는 명시적이지 않은 생성자를 통해 `std::string`으로 변환됩니다. 하지만 아직 끝이 아닙니다.

함수 집합이 있다면 매개변수로 순위를 매겨 이 중 가장 실행 가능성이 높은 함수를 찾습니다. F1의 모든 인수에 대한 암묵적 변환이 F2보다 나쁘지 않다면 F1을 선택합니다. 또한 F1에서 최소 하나의 인수는 F2의 암시적 변환보다 더 나아야 합니다.

'더 나은'이라는 말은 문제가 됩니다. 암묵적 변환 시퀀스에 어떻게 순위를 매길까요?

암묵적 변환 시퀀스는 세 가지 유형이 있습니다. 표준 변환 시퀀스standard conversion sequence, 사용자 정의 변환 시퀀스user-defined sequence, 줄임표 변환 시퀀스ellipsis conversion sequence입니다.

표준 변환 시퀀스는 완전 일치exact match, 승격promotion, 변환conversion이라는 세 가지 순위가 있습니다. 완전 일치란 변환이 불필요하다는 의미이며 순위가 가장 높습니다. 또한 왼쪽 값에서 오른쪽 값으로lvalue-to-rvalue 변환된다는 뜻이기도 합니다.

승격은 자료형의 표현을 확장한다는 뜻입니다. 가령 `short` 형의 객체는 `int` 형의 객체로 승격될 수 있으며, 이는 정수 승격이라고 합니다. 한편 `float` 형의 객체가 `double` 형으로 승격되는 경우는 부동소수점 승격이라고 합니다.

변환은 값이 변경될 수 있으므로 정확도가 떨어질 수 있다는 점에서 승격과 다릅니다. 예를 들어 부동소수점 값은 정수로 변환될 때 가장 가까운 정숫값으로 반올림됩니다. 또한 정수 및 부동소수점값, 범위가 없는 열거형unscoped enumeration, 포인터, 포인터-투-멤버pointer-to-member 형은 `bool`로 변환될 수 있습니다. 표준 변환 시퀀스의 세 가지 순위는 C의 개념이며 C와의 호환성을 유지하려면 불가피합니다.

위 내용은 표준 변환 시퀀스를 부분적으로 다룬 것입니다. 사용자 정의 변환은 명시적이지 않은 생성자 또는 명시적이지 않은 변환 연산자를 거치는 두 가지 방식으로 이루어집니다. 예제에서는 `char const*`를 받는 비명시적 생성자를 통해 `char const*`가 `std::string`으로 변환되리라 예상합니다. 이는 지극히 명백합니다. 왜 이런 식으로 오버로딩을 설명했을까요?

1.2.4 예제로 돌아가기

예제 1.2.5에서 클라이언트는 `char const*`가 사용자 정의 변환으로 `std::string`이 되리라 예상합니다. 임시 우측값temporary rvalue 인수는 예제 1.2.5의 두 번째 함수의 세 번째 매개변수 즉, `std::string const& building_name`에 대한 상수 참조로 전달됩니다.

그러나 사용자 정의 변환 시퀀스는 표준 변환 시퀀스보다 우선순위가 한 단계 낮습니다. 앞서 표준 변환 시퀀스를 살펴보며 포인터가 `bool`로 바뀌는 표준 변환을 알아봤습니다. 코드베이스에서 원시 포인터raw pointer를 전달하는 예전 코드를 본 적이 있다면 다음과 같은 것을 본 적이 있을 것입니다.

예제 1.2.7

```
if (ptr) {
  ptr->do_thing();
}
```

`if`문의 조건은 포인터이며 `bool`은 아닙니다. 그러나 포인터는 `0`인 경우 `false`로 변환될 수 있습니다. 이는 간략한 관용적 작성법입니다.

예제 1.2.8

```
if (ptr != 0) {
  ptr->do_thing();
}
```

최신 C++에서 원시 포인터는 사용 빈도가 낮지만 이는 아주 일반적이고 합리적인 변환임을 알아두면 유용합니다. 바로 이러한 표준 변환은 `char const*`를 `std::string const&`로 바꾸어, 더 명확해 보이는 사용자 정의 변환보다 우선 순위를 갖습니다. 이렇게 `bool`을 세 번째 인수로 받는 함수 오버로드가 호출되어 클라이언트를 놀라게 했습니다.

어쨌든 누구의 버그일까요? 여러분 아니면 클라이언트? 클라이언트가 **다음과 같이** 작성했다면 에러는 발생하지 않았을 겁니다. 리터럴 접미사literal suffix[1]는 실제로 이 객체가 `char const*`가 아닌 `std::string`임을 나타냅니다. 그러니 명백히 클라이언트의 잘못이네요. 클라이언트는 변환 규칙에 대해 알아야 합니다.

---

1   [옮긴이] 예제 1.2.9에서 `"Eagle Heights"s`의 큰따옴표 뒤 `s`를 뜻합니다.

예제 1.2.9

```
auto eh_office = make_office(24000.f, 200, "Eagle Heights"s);
```

그런데 이는 그리 도움 되는 접근법이 아닙니다. **인터페이스를 제대로 사용하기는 쉽게, 잘못 사용하기는 어렵게 만들어야 합니다.** 리터럴 접미사를 빠뜨리는 실수는 저지르기 쉽습니다. 게다가 `std::string const&`를 받는 생성자를 정의한 뒤 `bool`을 받도록 함수 오버로드를 추가하면 어떻게 될지 생각해보세요. 클라이언트의 코드는 리터럴 접미사가 있든 없든 예상대로 작동했을 겁니다. 불행히도 오버로드를 추가했더니 더 나은 변환이 일어났고, 갑자기 클라이언트 코드가 깨졌습니다. 아직 확신을 갖지 못했을 수 있습니다. 이제는 `bool`보다 더 나은 자료형으로 대체하려고 할지도 모르겠습니다. `bool` 대신 열거형을 정의하고 싶을 수도 있겠네요.

예제 1.2.10

```
enum class floors {one, two};
office make_office(float floor_space, int staff,
    floors floor_count = floors::one);
office make_office(float floor_space, int staff,
    std::string const& building_name);
```

여기서 정말 여러분을 말려야겠습니다. 여러분은 그저 오버로드 집합을 정확하고 손쉽게 사용하도록 새 자료형을 도입했을 뿐입니다. 그런데 그것이 아래 코드보다 정말 더 명확한지 스스로 질문해보세요.

예제 1.2.11

```
office make_office(float floor_space,int staff,bool two_floors = false,
    std::string const& building_name = {});
```

어느 쪽이 더 나은지 확신이 없다면, "사실 우리는 2층 사무실이 있을 건물의 이름을 지을 수 있다면 좋겠어요"처럼 다음 도메인 확장 때 어떻게 할지를 스스로 질문해보세요.

1.2.5 모호하지 않다는 기본 인수의 특성

기본 인수를 사용하면 검사 시에 변환이 즉시 명백하다는 장점이 있습니다. `char const*`가 `std::string`으로 변환됨을 확인할 수 있습니다. 변환이 발생할 곳은 한 지점뿐이므로 어느 변환이 선택될지 확실합니다.

게다가 앞서 언급했듯 단일 함수는 오버로드 집합보다 더 안심할 수 있습니다. 여러분의 함수가 제대로 명명과 설계가 되었다면, 클라이언트는 어느 버전을 호출할지 알거나 염려해야 할 필요가 없어야 합니다. 하지만 예제에서 그랬듯 말처럼 쉽지 않습니다. 기본 인수는 구현에 대한 대안 인터페이스를 제공하여 함수의 호출 방식에 유연성이 있음을 클라이언트로 알리고, 단일한 의미를 구현한다고 보장합니다.

단일 함수는 코드 복제도 방지할 수 있습니다. 함수를 오버로드할 때는 가장 좋은 의도로 시작해야 합니다. 물론 그럴 겁니다. 오버로드된 함수는 몇 가지 다른 작업을 수행하며 나머지 비슷한 사항은 두 함수 모두 호출하는 단일 함수에 캡슐화할 계획입니다. 그러나 시간이 지남에 따라 실제 차이를 구분하기 어려워지기 때문에 오버로드는 겹치기 매우 쉽습니다. 기능이 확장되면 결국 유지보수 문제가 생깁니다.

한 가지 제한 사항이 있습니다. 기본 인수는 함수의 매개변수 목록에서 역순으로 적용되어야 합니다.

예제 1.2.12

```
office make_office(float floor_space, int staff,bool two_floors,
    std::string const& building_name = {});
```

예를 들면 예제 1.2.12는 선언을 올바르게 했지만 예제 1.2.13은 아닙니다.

예제 1.2.13

```
office make_office(float floor_space, int staff, bool two_floors = false,
    std::string const& building_name);
```

후자의 함수가 3개의 인수만으로 호출된 경우, 마지막 인수를 매개변수로 모호하지 않게 바인딩할 방법은 없습니다. `two_floor`, 아니면 `building_name`을 바인딩해야 할까요?

함수 오버로딩을 가볍게 여기지 않기를 바랍니다. 오버로드 확인은 가볍게만 살펴봤습니다. 어떤 오버로드를 선택해야 할지 진정으로 이해하려면 더 자세히 봐야 할 내용이 많습니다. 아시겠지만 줄임표 변환 시퀀스는 다루지 않았고 기본 매개변수와 오버로드된 함수를 섞어 쓴 곳에 함수 템플릿이 있는 경우 어떤 일이 발생하는지도 다루지 않았습니다. 하지만 오버로드 사용에 자신 있다면 한 가지 요청이 있습니다. 기본 매개변수를 오버로드된 함수와 섞지 마세요. 구문 분석이 매우 어려워지고, 부주의할 경우 함정에 빠지게 됩니다. 제대로 사용하기는 쉽고 잘못 사용하기는 어려워야 하는 인터페이스 스타일에도 해당하지 않습니다.

1.2.6 오버로드의 대안

오버로드 함수는 클라이언트에게 기능의 일부인 추상화를 여러 방식으로 사용할 수 있음을 알립니다. 여러 매개변수 집합으로 하나의 함수 식별자를 호출할 수 있습니다. 사실 함수 오버로드 집합은 함수보다는 API의 기본 요소로 설명됩니다.

한편, 다음의 예제 1.2.14는 예제 1.2.15보다 명확하지 않고 자연스럽지 않습니다.

예제 1.2.14

```
office make_office(float floor_space, int staff, floors floor_count);
office make_office(float floor_space, int staff,
    std::string const& building_name);
```

예제 1.2.15

```
office make_office_by_floor_count(float floor_space, int staff,
    floors floor_count);
office make_office_by_building_name(float floor_space, int staff,
    std::string const& building_name);
```

함수 오버로딩은 훌륭한 도구지만 아껴 사용해야 합니다. 닭 잡는 데 소 잡는 칼을 쓰게 될 수도 있습니다. 심벌symbol은 여러분이 정의하는 것이고 가능한 한 엄밀하게 명시해야 합니다.

오버로딩에 대해 더 다뤄야 할 것이 있습니다. 예를 들면 실행 가능한 함수의 순위를 매기는 타이브레이커tie-breaker 목록과 같은 내용입니다. 이 책이 교과서라면 세부 사항을 살펴봤을 테지만, 교과서가 아니니 오버로딩을 가볍게 여겨선 안 된다는 점만 명심하면 충분합니다.

1.2.7 반드시 오버로드해야 하는 경우

가이드라인 F.51은 '선택의 여지가 있다면'이라는 문구로 시작합니다. 간혹 이름이 다른 함수를 제공할 수 없는 경우가 있습니다.

예를 들어 생성자 식별자는 하나뿐인데 다양한 방법으로 클래스를 생성하려면 생성자 오버로드를 제공해야 합니다.

마찬가지로 연산자는 클라이언트에게 매우 중요한 단 하나의 의미만 갖습니다. 어떤 이유로 여러분의 자체 문자열 클래스가 있고 문자열 2개를 하나로 붙인다면concatenate, 클라이언트는 예제 1.2.17보다는 예제 1.2.16처럼 작성하려고 할 겁니다.

예제 1.2.16

```
new_string = string1 + string2;
```

예제 1.2.17

```
new_string = concatenate(string1, string2);
```

비교 연산자도 마찬가지입니다. 하지만 연산자를 오버로드할 때 기본 인수가 필요한 경우는 거의 없습니다.

표준은 사용자 정의 포인터 `std::swap`을 제공하며 이 포인터로 클래스에 최적화된 함수 오버로드가 가능합니다. 사실 핵심 가이드라인 C.83 '유삿값 자료형value-like type에는 `nonexcept` 스왑 함수 제공을 고려해보세요'는 이 점을 명시적으로 나타냅니다. 다시 말하지만, 이 함수를 오버로드할 때 기본 인수가 필요한 경우는 거의 없습니다.

물론 기본 인수를 사용할 수 없는 경우도 있습니다. 그러니 여러분이 오버로딩해야 할 때는 의식적으로 해야 하고, 다시 말하지만 오버로드할 때 기본 인수를 섞어 사용하지 마세요. 그러면 위험천만한 API 설계 스타일이 되어버립니다.

1.2.8 요약

코드의 성장과 API 설계에 미치는 영향을 생각해보았고, 간단한 오버로딩 예제와 사소하게 잘못될 수 있는 부분을 살펴보았습니다. 오버로딩의 세부 사항을 알아보았고 컴파일러가 함수를 비교하여 선호하는 규칙을 훑었으며, 이러한 규칙을 사용해서 예제 함수의 호출은 예상치 못한 호출임을 밝혔습니다. 특히 함수 오버로드에서 기본 인수로 `bool`을 전달하면 버그가 발생했는데, `bool`로 전달된 값은 변환이 일어나기 쉽습니다. 오버로드된 함수보다는 기본 인수를 택해야 한다는 점을 예제로 살펴봤고, 함수 오버로딩과 기본 인수를 혼용하면 아주 위험하다는 것도 알아보았습니다.

물론 예제는 허수아비 같은 것이고, 부주의한 엔지니어가 사용하는 오버로드 집합에는 실제적인 위험이 도사리고 있습니다. 기본 인수를 분별 있게 사용하면 이러한 위험을 줄일 수 있고, 함수 오버로딩의 도입을 유예할 수 있습니다. 선호하는 온라인 자료를 통해 오버로드 확인이 어떤 결과를 가져오는지 자세히 찾아보는 것도 좋습니다. 이 가이드라인을 무시하고 싶다는 생각이 한 번이라도 들었다면, 그런 자료를 꼭 찾아보길 권합니다.

[C.45] 데이터 멤버를 초기화하기만 하는 기본 생성자를 정의하지 말고 기본 멤버 초기화자로 초깃값을 설정하라

1.3.1 어쨌거나 기본 생성자가 있는 이유는?

이번 장은 잠깐 옆길로 새서 시작하겠습니다. 가이드라인 NR.5 '2단계 초기화를 하지 말라'를 생각해봅시다. 2단계 초기화란 객체를 생성한 후 초기화 함수를 호출하는 관행을 뜻합니다. C가 단연 대세였던 지난 세기부터 시작되었죠. 스택에서 객체를 선언하거나 빈 저장소에서 메모리를 할당한 다음 초기화하는 방식이었습니다. 여러분이 이에 대해 아주 잘 알고 있다면, 구조체를 가리키는 포인터를 받고 `my_struct_init()` 혹은 비슷한 함수를 호출할 겁니다.

2단계 초기화란 할당 이후 초기화하는 방식입니다. 이 방식은 여러 가지 문제가 생길 수 있습니다. 할당과 초기화 사이에 코드를 점점 더 추가하다가 객체를 초기화하기 전에 사용하고 있음을 갑자기 알게 될 수도 있습니다. 이후 C++와 더불어 생성자가 나타났고 이 문제는 영원히 사라졌습니다.

정적 저장 기간static duration[1] 객체의 경우, 링커linker가 `main()`에 앞서 실행할 생성자 목록과 이를 반복할 함수를 만듭니다. 링커는 객체가 차지할 공간을 잘 알고 있습니다. 따라서 생성자 목록을 반복하는 함수는 해당 객체에 대한 주소 공간을 할당하고 그 주소 공간에서 객체를 생성하여 모두 초기화한 다음 `main()`을 호출합니다.

---

1 옮긴이 (storage) duration을 '(기억) 존속 기간'이라고 옮기기도 합니다.

자동 저장 기간automatic duration 객체의 경우 컴파일러는 스택 공간을 할당하고 스택 메모리 내에서 객체를 초기화합니다. 동적 저장 기간dynamic duration 객체의 경우 `new` 생성자를 호출하여 메모리를 할당하고 생성자가 뒤이어 해당 메모리 내에서 객체를 초기화합니다. 스레드 지역 저장 기간 thread-local duration 클래스는 C++11에 추가되었으며, 프로그램마다 객체 인스턴스가 있는 것이 아니라 스레드당 객체 인스턴스가 있다는 점을 제외하면 정적 저장 기간 객체와 거의 동일한 방식으로 작동합니다.

여기서 객체를 사용하기 전에 사용되는 버그 클래스를 모두 제거하는 명확하고 일관된 패턴을 이해할 수 있기를 바랍니다. 할당과 초기화를 하나의 작업으로 묶음으로써 2단계 초기화로 인한 문제는 완전히 사라졌습니다.

물론 예외적인 문제는 남아 있습니다. 엔지니어들에게는 여전히 객체를 인스턴스화하고 생성한 다음 수정하는 습관이 남아 있었습니다. 클래스는 초깃값을 갖도록 설계되어 클라이언트는 맥락 context에 따라 해당 값을 특수화specialize했습니다.

이러면 문제의 변죽만 울리는 셈입니다. 기본 생성자가 항상 클래스에 적합한 것은 아닙니다. 안타깝게도 오랜 기간 일부 C++ 공급자vendor의 구현에서 제공한 컨테이너는 포함된 클래스가 기본값을 가지고 생성되지 않는다면 작동하지 않았습니다. 기본 생성자는 문제 도메인이 아닌 솔루션 도메인으로 제공되었습니다. 물론 문제 도메인에서 사용할 수도 있지만 그러면 클래스를 어떻게 올바르게 사용해야 할지 혼란스러워집니다.

클래스에 기본 생성자가 필요한 경우도 있습니다. 예를 들면 빈 문자열은 어떻게 선언할까요? 특수 태그 매개변수가 있는 빈 문자열에만 생성자 오버로드를 하는 방법 외에 빈 문자열을 선언하는 유의미한 API는 없습니다. `std::string` API는 이런 문제를 고려해 길이가 0인 문자열을 만드는 기본 생성자를 제공합니다. 기본 생성자는 확실한 해결책입니다. 실제로 표준 컨테이너는 컨테이너가 빈 상태로 시작함을 알리는 기본 생성자를 제공합니다.

그렇다고 클래스에 기본 생성자가 필요하다고 미리 상정하지 마세요. 사용자가 명세 없이 클래스의 인스턴스를 생성할 수 있도록 한다는 것이 무슨 뜻인지 꼭 다시 생각해보세요.

1.3.2 데이터 멤버를 초기화하려면?

본론으로 돌아와 초기화 과정을 살펴봅시다. 객체가 생성되면 메모리는 저장 클래스_{storage class}에 맞게 예약됩니다. 이어서 생성자가 호출되는데, 내장 자료형의 객체는 규칙이 약간 다릅니다. 정의된 생성자가 없는 경우 클래스의 멤버가 기본값으로 초기화됩니다. 내장 자료형의 멤버가 있는 경우는 기본값으로 초기화되지 않습니다.

클래스의 모든 멤버를 확실히 초기화하지 않으면 프로그램이 비결정론적으로 작동할 위험이 있습니다. 디버깅에 행운을 빕니다. 저는 몇 년 전 동적 저장 기간에 아주 유용한 C++ 구현으로 게임을 작업한 적이 있습니다. 이 게임에는 개발용, 판매용 런타임 라이브러리가 하나씩 있었습니다. 개발용 런타임 라이브러리는 NDEBUG를 정의하지 않고 빌드했기 때문에 단언_{assert}이 실행되어 모든 디버그 정보를 표준 라이브러리에서 사용할 수 있었습니다. 연산자 `new`를 호출하면 `0xcd` 값으로 메모리를 초기화합니다. 연산자 `delete`를 호출하면 `0xdd` 값으로 메모리를 덮어씁니다. 이는 허상 포인터_{dangling pointer}의 역참조_{dereferencing}를 식별하는 데 유용했습니다. 속도 문제로 배포용 라이브러리에서는 이를 수행하지 않았고 할당_{allocation} 및 할당 해제_{deallocation} 이후 메모리를 그대로 두었습니다.

이 게임은 멀티플레이어 게임이었습니다. 각 플레이어의 머신에서 눈 깜짝할 사이에 인터넷으로 이동을 전송하고 동시에 각 머신은 이를 해결_{resolve}해야 합니다. 게임 모델상 각 머신의 상태는 동일해야 했습니다. 그렇지 않으면 각 머신마다 모델이 달라 혼란스러운 결과가 발생하여 게임이 깨지게 됩니다. 개발용 런타임 라이브러리로 빌드된 게임에서는 이런 불일치_{inconsistency} 문제가 덜 발생했습니다. 초기화되지 않은 데이터의 기본 메모리 값이 모두 `0xcd`로 동일했기 때문입니다. 따라서 판매용 버전에서만 충돌이 발생하는 경우가 생겼고, 게임 모델 간 차이가 발생한 지 한참이 지날 때까지 플레이어가 이를 알아차리지 못했기 때문에 디버깅이 극히 어려웠습니다.

이 문제가 생기기 전까지는 생성자의 데이터 멤버를 모두 초기화하는 것이 중요하다고 팀을 설득하기가 힘들었습니다. 이 문제를 이해하자 설득이 더 이상 필요하지 않았습니다. 디버깅과 결정론은 한 배를 탄 관계니 모든 객체를 결정론적으로 생성하여 결정론을 보장하고 멤버 데이터의 모든 항목을 초기화합시다.

멤버 데이터는 세 지점에서 초기화할 수 있습니다. 첫 번째로 살펴볼 곳은 생성자 함수 본문_{body}입니다. 다음 클래스를 생각해보세요.

예제 1.3.1

```cpp
class piano
{
public:
  piano();

private:
  int number_of_keys;
  bool mechanical;
  std::string manufacturer;
};
```

생성자는 다음과 같이 정의할 수 있습니다.

예제 1.3.2

```cpp
piano::piano()
{
  number_of_keys = 88;
  mechanical = true;
  manufacturer = "Yamaha";
}
```

이걸로 충분합니다. 멤버는 모두 초기화되며 초기화 순서는 선언 순서와 같습니다. 이것이 함수 본문 초기화입니다. 하지만 최적의 방식은 아닙니다. 함수 본문 실행 전에 클래스 멤버가 기본값으로 초기화되었습니다. `std::string` 기본 생성자가 호출된 뒤 할당 연산자가 `char const*`로 호출된다는 뜻입니다. 이는 초기화가 아닌 덮어쓰기overwrite입니다.

이제 똑똑한 컴파일러라면 생성-할당 패턴을 최적화할 것입니다. `std::string`은 클래스 템플릿이므로 컴파일러에서 전체적으로 실행할 가능성이 높습니다. 컴파일러는 중복redundancy 여부를 확인하고 제거합니다. 하지만 모든 클래스가 이에 해당한다고 볼 수 없습니다. 함수 본문보다는 초기화 리스트initializer list에서 초기화해야 합니다.

생성자를 알맞게 변경해봅시다.

예제 1.3.3

```cpp
piano::piano()
  : number_of_keys(88)
  , mechanical(true)
  , manufacturer("Yamaha")
{}
```

멤버 데이터를 추가할 때 기본 생성자의 유지보수 문제는 논외로 해도, 이건 소스 파일을 부풀리는 보일러플레이트 코드boilerplate code[2]처럼 보입니다.

멤버 데이터를 초기화하도록 기본 정의를 제공할 수 있는 세 번째 지점은 바로 클래스 정의 내부입니다. 생성자에 기본값을 주지 않으면 기본 멤버 초기화자default member initializer가 객체의 기본값을 제공합니다. 어떤 방식으로 동작하는지 클래스 정의로 돌아가 살펴봅시다.

예제 1.3.4

```cpp
class piano
{
public:
  // piano(); // 더 이상 필요하지 않습니다.

private:
  int number_of_keys = 88;
  bool mechanical = true;
  std::string manufacturer = "Yamaha";
};
```

훨씬 낫네요. 불필요한 여분의 멤버 함수를 제거하고 기본 피아노를 88건반 기계식 야마하 피아노로 지정했습니다. 그런데 무시할 수 없는 비용이 있습니다. 다른 소스 파일에 종속될 가능성이 높은 클래스 선언에서 이러한 기본값을 노출한다는expose 점입니다. 이 값을 변경하려면 몇 개가 될지 모를 파일을 다시 컴파일해야 할 수 있습니다. 그럼에도 이 비용을 기꺼이 치를 만한 이유가 있습니다.

1.3.3 두 사람이 클래스 하나를 유지보수하면 무슨 일이 발생하나요?

일반적인 상황이라면 한 사람이 클래스 하나를 유지보수할 것입니다. 추상화 대상을 가려내고, 클래스로 만들고, API를 설계하고, 무슨 일이 발생하는지 완전히 파악하고 있을 것입니다.

물론 문제는 생기기 마련입니다. 작업자가 일시적으로 다른 팀으로 옮길 수도 있고, 인수인계를 제대로 할 새도 없이 갑자기 떠날 수도 있습니다. 문서화, 회의, 시간을 잡아먹어 엔지니어를 괴롭게하는 모든 것들을 통해 철저하게 의사소통을 하도록 하는 엄격한 규율이 없다면 여러 복잡한 문제가 생길 수 있습니다.

---

2 [옮긴이] 보일러플레이트 코드(상용구 코드)란 거의 변경하지 않고 반복하여 재사용하는 코드를 뜻합니다. 코드 반복으로 인한 비효율을 줄이고자 자동화하여 효율성을 높이기도 합니다. 참고: https://ko.wikipedia.org/wiki/상용구_코드

뒤죽박죽 생성자

여러 사람이 클래스 하나에서 작업하는 경우 불일치 문제가 슬금슬금 생깁니다. 핵심 가이드라인의 대부분은 불일치를 줄이는 것과 관련됩니다. 일관된 코드는 읽기 쉽고 예상치 못한 부분은 더 적어집니다. 세 명의 작업자가 piano 클래스를 건드린다면 어떤 일이 생길지 생각해봅시다.

예제 1.3.5

```
class piano
{
public:
  piano()
    : number_of_keys(88)
    , mechanical(true)
    , manufacturer("Yamaha")
  {}
  piano(int number_of_keys_, bool mechanical_,
      std::string manufacturer_ = "Yamaha")
    : number_of_keys(number_of_keys_)
    , mechanical(mechanical_)
    , manufacturer(std::move(manufacturer_))
  {}
  piano(int number_of_keys_) {
    number_of_keys = number_of_keys_;
    mechanical = false;
    manufacturer = "";
  }

private:
  int number_of_keys;
  bool mechanical;
  std::string manufacturer;
};
```

이는 샘플 클래스지만 현업에서 이 같은 것을 본 적이 있습니다. 보통 생성자에는 많은 양의 코드가 있습니다. 생성자는 아마 모두 클래스 정의 내에 정의되어 있을 것이고, 긴 구현 내용에 가려서 비슷한 생성자 3개의 존재가 곧바로 명확하게 보이지는 않습니다. 실제로 위 코드의 유지보수자에 대해 몇 가지 사항을 알 수 있습니다. 세 번째 생성자를 구현한 사람은 초기화 리스트에 대해 모르는 것 같네요. manufacturer 멤버에 빈 문자열을 할당하는 것은 불필요한 중복이니, 생성자와 기본 초기화가 작동하는 방식도 모르는 것 같습니다.

하지만 더 중요한 것은 첫 번째와 세 번째 생성자의 기본값이 다르다는 점입니다. 이 간단한 예제에서도 확인할 수 있지만, 그다지 명확하지 않은 상황도 상상해볼 수 있습니다. 코드를 호출할 때 하나, 둘, 세 개의 인수를 전달하면 예상치 못한 방식으로 작동하며 이는 사용자가 원하는 방식이 아닙니다. 생성자 오버로드에 기본 인수가 있다는 것도 걱정스럽습니다.

클래스 내의 멤버 초기화자를 사용하면 어떨까요? 코드는 다음과 같습니다.

예제 1.3.6

```cpp
class piano
{
public:
  piano() = default;
  piano(int number_of_keys_, bool mechanical_, std::string manufacturer_)
    : number_of_keys(number_of_keys_) , mechanical(mechanical_)
    , manufacturer(manufacturer_)
{}
piano(int number_of_keys_) {
  number_of_keys = number_of_keys_;
}

private:
  int number_of_keys = 88;
  bool mechanical = true;
  std::string manufacturer = "Yamaha";
};
```

이제 기본값은 일관적입니다. 클래스 내 멤버 초기화자가 기본값을 선택했으니, 생성자를 작성한 사람은 자기가 직접 기본값을 선택할 필요도 없고 그래서도 안 된다는 사실을 알게 되었습니다.

1.3.3.2 기본 매개변수는 오버로드 함수에서 문제를 헷갈리게 만듭니다

생성자의 기본 매개변수는 문제를 헷갈리게 만듭니다. 기본 매개변수는 어떤 대상의 기본값을 나타내지만 기본값과 멤버 선언 간에는 인지적 거리가 존재합니다. 생성자에 기본 매개변수를 추가하는 경우, 멤버 하나를 추가할 때 클라이언트 코드 전체를 변경하는 대신 기본값을 유지하는 기술 부채technical debt를 감수하기로 하는 것과 같은 그럴듯한 이유가 있습니다. 하지만 이는 필요한 매개변수를 받는 생성자는 추가하고 기존 생성자는 모두 폐기deprecate하여 갚아야 하는 기술 부채임을 알아야 합니다.

1.3.4 요약

기본 생성자를 능동적으로 선택해야 합니다. 모든 클래스에 의미 있는 기본값이 있는 것은 아닙니다. 멤버 데이터 초기화는 세 군데에서 이루어질 수 있습니다. 생성자 함수 본문, 생성자 초기화 리스트, 기본 멤버 초기화자라고도 하는 멤버 데이터 선언 지점입니다.

기본 멤버 초기화자는 선언 지점에서 기본값을 정의합니다. 멤버를 선언 지점에서 정의할 수 없다면 기본 생성자를 정의하는 메커니즘이 올바르지 않다는 뜻입니다. 괜찮습니다. 앞서 말했듯 기본 생성자는 필요하지 않습니다.

생성자는 다른 기본값을 제공할 수 있습니다. 기본 멤버 초기화자를 통해 여러 기본값을 더 정확하게 지정할 수 있습니다. 따라서 클라이언트가 객체의 상태에 신경을 덜 쓸 수 있으므로 요구 사항에 더 가깝게 맞출 수 있다는 추가적인 이점이 있습니다.

1.4

[C.131] 자명한 getter와 setter는 피하라

1.4.1 아주 오래된 이디엄[1]

자명한trivial[2] getter와 setter는 초기 C++의 잔재입니다. 이들은 일반적으로 다음과 같습니다.

예제 1.4.1

```
class x_wrapper
{
public:
  explicit x_wrapper(int x_) : x(x_) {}
  int get_x() const { return x; } // getter입니다.
  void set_x(int x_) { x = x_; } // setter입니다.

private:
  int x;
};
```

get과 set 함수는 단순히 클래스의 구현에 접근하여 값을 반환하거나 수정합니다. 이 접근 방식은 겉으로 보기에는 칭찬할 만합니다. x를 변경하는 지점을 찾으려면 코드베이스에서 get_x나 set_x를

1 　[옮긴이] idiom은 직역하면 '관용구'이며, 프로그래밍 언어 특성에 기반하여 문제 해결을 위해 자주 사용하는 코드 패턴이라 볼 수 있습니다.

2 　[옮긴이] 공동 저자 가이 데이비슨은 저자 소개 및 4.5.5절에서 자신의 수학적 배경에 대해 언급합니다. 수학 분야에서 trivial은 '자명한'으로 옮겨 씁니다. 책 전반에 걸쳐 저자의 배경을 감안하여 '자명한'으로 옮겨 쓴 말은 대부분의 경우 '하는 일이 없는, 단순한'과 같은 의미입니다. 따라서 이 절의 trivial getter/setter는 아무 일도 하지 않는 단순한 getter와 setter로 볼 수 있습니다.

검색하면 됩니다. 또는 함수에 중단점breakpoint을 설정하여 해당 값을 가져오거나 수정하는 모든 인스턴스를 잡을 수trap 있습니다. 이는 데이터를 API 안에서 캡슐화하여 데이터를 비공개로 유지한다는 개념을 따른 것입니다.

이러한 함수는 아무 일도 하지 않습니다. 이 함수는 `x`로 직접 접근하는 경로에 걸림돌을 놓을 따름입니다. 핵심 가이드라인은 이러한 방식을 사용하지 말라고 권고합니다. 하지만 `x_wrapper`와 같은 의미 없는 클래스로는 이 설계가 잘못된 이유를 이해할 수 없으니, 나중에 더 현실적인 예시를 들겠습니다. 그러나 우선 추상화가 무엇인지, C++ 프로그래밍에서 추상화가 왜 중요한지를 이야기하겠습니다. 그러면서 몇 가지 역사와 클래스 불변성class invariant을 살펴보고, 멤버 함수 식별자를 얻고get 설정set할 때 가급적 명사와 동사를 사용해야 하는 이유에 대해 알아보겠습니다.

1.4.2 추상화

언어의 목적은 추상화입니다. 그렇다면 C++ 프로그래밍 언어로 추상화할 때, 우리는 실제로 무슨 일을 하는 것일까요?

우리는 숫자를 포함하는 메모리 청크chunks of memory를 문제 도메인에 해당하는 표현으로 변환합니다. 이는 C++의 핵심 강점일 뿐만 아니라 C++의 주요 동기에 해당합니다.

집은 숫자의 모음으로 표현할 수 있습니다. 이러한 모음에는 집이 위치한 대지의 크기, 높이, 층 바닥의 크기, 바닥, 방, 창문, 다락방의 개수 등이 포함될 수 있습니다. 다락방 개수는 집이 특별히 큰 경우가 아니라면 0이나 1이 될 겁니다.

이러한 추상화는 레코드record에 배열arrange된 일련의 숫자나 필드로 구현됩니다. 이 레코드는 필드가 배열된 순서를 지정하며, 이는 즉 메모리에 연속적으로 저장된 레코드가 있다면 간단한 연산을 통해 첫 번째 레코드부터 탐색할 수도 있고, 해당 레코드 내의 모든 필드를 자명하게 탐색할 수 있습니다.

초창기 컴퓨터 연산은 이러한 레코드 모음 혹은 테이블table을 정리하는wrangling[3] 데 시간이 많이 걸렸습니다. 단순 데이터 처리란 데이터 일부를 수집하여 레코드를 만들거나, 레코드를 읽고 데이터를 더 생성하는 것이었습니다. 단순하고 행복한 시절이었죠.

---

3 옮긴이 데이터 랭글링은 원시 데이터를 쉽게 접근하고 분석할 수 있도록 정리하는 과정입니다. 참고: https://ko.wikipedia.org/wiki/데이터_랭글링

C++에 조금이라도 익숙하다면, 구조체는 레코드로, 멤버 데이터는 필드로, 테이블은 구조체 배열로 알아볼 수 있습니다. 간단한 데이터 처리 시 레코드를 직접 읽고 쓰는 편이 현명합니다.

그런데 레코드 정리 이상의 일을 한다면요? 클래스가 나타나기 전에는 데이터를 구조체에 두고 해당 데이터에서 함수를 호출했습니다. 복사 생성자와 할당 연산자가 나타나기 전에는 구조체의 인스턴스를 함수로 전달할 수 없었고, 해당 인스턴스의 포인터만 전달할 수 있었습니다. 데이터로 무슨 일을 하는지, 그리고 다른 사람들이 데이터에 기대하는 바가 무엇인지 아는 것이 정말 정말 중요했습니다. 상당한 인지 부하였을 겁니다.

중요한 것은 현재 실행 중인 함수의 범위scope에 속하지 않은 데이터를 보통 직접 수정할 수 있었다는 점입니다. 데이터를 파일 범위에 배치하여 공유하고, 어떤 함수는 데이터에 쓰고 다른 함수는 해당 데이터를 읽는 방식이었습니다. 다음과 같이 말이죠.

예제 1.4.2

```
int modifying_factor;

void prepare_new_environment_data(int input)
{
  int result = 0;
  /* ... 입력을 통해 새로운 환경의 데이터를 준비 */
  modifying_factor = result;
}


int f2(int num)
{
  int calculation = 0;
  /* ... f2와 관련된 계산을 수행 */
  return calculation * modifying_factor;
}
```

만약 운 좋게 엔지니어가 해당 데이터를 수정할 유일한 사람이라면, 상당히 확실하게 데이터를 추론할 수 있을 것입니다. 데이터를 어디에서 수정하고 읽어야 할지를 알기 때문에, 데이터와 관련된 버그를 알아볼 수 있을 겁니다.

그러나 슬프게도 팀이 커지고 개별 데이터가 더 중요해지면서 데이터에 대한 책임을 유지하기는 더 어려워졌습니다. 데이터는 헤더 파일에 선언되어 여러 엔지니어가 접근할 수 있게 되었습니다. 데이터 추론은 가망 없이 의미를 잃고, 데이터에 대한 코딩 가이드라인이 작성되며, 누가 데이터를 건드릴지 사소한 논쟁이 벌어지고, 어떤 조건에서 누가 데이터에 쓸 수 있도록 할 것인지에 대한 정책을 정하기 위한 회의가 소집될 것입니다. 선언에는 문서가 추가되고, 모두 나 아닌 다른 사람이 해당 문서를 최신 상태로 유지하기를 바라겠죠. 엔지니어들은 다른 엔지니어가 모두 같은 방식으로 데이터에 대해 추론하기를 바랄 겁니다. 6개월 후에도 계속 같은 방식으로 추론하고 있기를 바랄 겁니다.

헤더 파일에서 데이터가 일단 extern[4]으로 선언이 되면, 통제권과 통제 가능성을 모두 잃게 됩니다. 이 데이터를 어떤 의미로 보더라도 하이럼의 법칙이 적용됩니다.

> "API 사용자가 충분히 많으면 규약contract으로 어떻게 약속하든 상관없습니다. 시스템에서 관찰 가능한 모든 동작은 (다른) 누군가에 의해 좌우됩니다."[5]

여러분은 데이터를 더 이상 소유하지 않지만 책임은 여전히 여러분에게 있습니다. 코드베이스에서 유용하지만 일반적인 이름을 갖는 식별자를 검색하는 일은 맥락 평가context assessment 시 끔찍한 일이 됩니다.

결국 일을 잘하는 엔지니어라면 데이터를 읽고 쓰는 함수 뒤로 데이터를 숨길 것입니다. 이렇게 한다고 데이터 추론이 더 쉬워지지는 않지만 코드베이스에서 해당 함수의 중단점과 더불어 호출부를 찾으면, 어떤 상황에서 데이터가 변경되는지 확인할 수 있습니다.

정말 똑똑하게 일을 잘하는 사람이라면 함수 이름이 문제 도메인에서 해당 목적이 무엇인지를 반영하는, 즉 자기 자신을 설명하는 코드를 작성하려 할 겁니다. 예를 들면 데이터가 해발 고도라면 함수는 다음과 같이 이름 붙일 수 있습니다.

예제 1.4.3

```
/* elevation.h */
void change_height(int new_height);
int height();

/* elevation.c */
int height_ = 0;

void change_height(int new_height)
{
  height_ = new_height;
```

---

4 [옮긴이] extern 선언이란 컴파일러로 함수 또는 변수가 외부에 선언 및 정의되어 있다는 사실을 알리는 것입니다.

5 https://www.hyrumslaw.com

```
  }

int height()
{
  return height_;
}
```

이렇게 하더라도 사람들이 코드베이스에서 높이를 임의로 변경하지 못하게 막을 수는 없지만 값을 가져오는query 함수에는 명사를, 값을 수정하는 함수에는 동사를 사용함으로써 적어도 함수가 무슨 일을 하는지를 표현하고 클라이언트의 가독성을 높일 수 있습니다. 이러한 방식으로 데이터를 게이트키핑gatekeeping하면 해당 데이터의 용도를 검색할 수 있게 되고, 디버거debugger에서 중단점을 설정할 수 있으므로 데이터를 주의 깊게 관찰할 수 있다는 추가 이점이 있습니다.

어쨌든, 암흑기였죠.

1.4.3 단순한 캡슐화

클래스가 있는 C, 즉 C++는 접근 수준과 멤버 함수member function를 포함했습니다. 접근 수준이라니! 마침내 데이터는 우리 소유입니다. 데이터를 비공개private로 선언하면 내 것으로 만들 수 있습니다. 그러면 공개public 멤버 함수를 거치지 않고는 아무도 데이터에 손댈 수 없습니다. 멤버 함수라니! C는 임의의 함수에 대한 포인터를 구조체에 저장할 수 있었습니다만, 첫 번째 매개변수로 암묵적 인스턴스 포인터를 갖는 멤버 함수는 비약적으로 사용성이 높아졌습니다. 이제 세상은 한 층 더 살 만해졌죠.

데이터를 한 쌍의 get과 set 함수 뒤에 숨기는 프로그래밍 스타일은 더 이상 기발한 아이디어가 아닙니다. 일반적 관행이자 언어 자체에서 강제하는 사항이 되었습니다. 여기서 크고 명확한 새로운 조언이 등장합니다. "모든 데이터 멤버를 비공개로 만들라." `class`라는 새로운 키워드가 추가되었고 이는 `struct`와 구별됩니다. 하위 호환성을 위해 구조체의 멤버는 기본적으로 공개로 유지되는 한편, 클래스의 멤버는 기본적으로 비공개입니다. 그리고 이는 데이터가 비공개여야 한다는 개념을 강화시켰습니다.

데이터를 비공개 인터페이스에 둘 수 있게 됨으로써 다른 사람들이 해당 데이터에 개입하는 것을 손쉽게 막을 수 있게 되었습니다. 객체를 생성하고, 데이터를 얻기 위한 get/set 함수를 제공할 수 있게 되었습니다. 즉, 한마디로 말하면 캡슐화입니다.

캡슐화는 객체지향 프로그래밍의 핵심 원칙에 속합니다. 캡슐화는 객체에 속한 부분에 대한 접근을 제한하고 데이터를 해당 데이터에서 동작하는 함수와 결합시킨다는 개념입니다. 캡슐화는 엔지니어 및 캡슐화 사용자가 무슨 일이 일어나는지 쉽게 추론할 수 있도록 하는 안전한 기능입니다. 어느 날 갑자기 C 엔지니어가 캡슐화를 사용할 수 있게 되면서 다음과 같은 일이 일어났습니다.

기존의 코드는 이런 식이었습니다.

예제 1.4.4

```
struct house
{
  int plot_size[2];
  int floor_area;
  int floor_count;
  int room_count;
  int window_count;
};
```

이제 이런 식으로 바뀌게 되었습니다.

예제 1.4.5

```
class house
{
public:
  int get_plot_x() const;
  int get_plot_y() const;
  int get_floor_area() const;
  int get_floor_count() const;
  int get_room_count() const;
  int get_window_count() const;

  void set_plot_size(int x, int y);
  void set_floor_area(int area);
  void set_floor_count(int floor_count);
  void set_room_count(int room_count);
  void set_window_count(int window_count);

private:
  int plot_size[2];
  int floor_area;
  int floor_count;
  int room_count;
  int window_count;
};
```

"모든 데이터는 비공개여야 하며 get과 set 메서드가 있어야 한다"와 같은 원칙과 함께 코딩 표준이 등장했습니다. get 함수는 const로 제한const-qualified해서 선언해야 한다는 주장도 있습니다. 버그 없는 아름다운 세상이 엎어지면 코 닿을 곳에 있었습니다.

그런데 말입니다, 실제로 얻은 것은 무엇일까요? 이전에 겪은 문제와 그다지 다르지 않은 것 같습니다. 우리는 여전히 다른 사람이 데이터를 수정할지도 모른다는 걱정에 사로잡혀 있습니다. 데이터를 얻기 위한 함수는 도대체 무슨 소용일까요?

이것이 가이드라인의 핵심입니다. 이렇게 하지 마세요. 호출부와 객체 간 데이터를 전달하는 것 외에 아무 일도 하지 않는 자명한 getter와 setter를 작성하지 마세요. **다른 방법으로 데이터를 노출하려는 경우에는 데이터를 비공개로 둘 필요가 없습니다.** 그냥 데이터를 공개하는 편이 낫습니다. get과 set 함수 뒤로 데이터를 둔다고 해서 사용자가 더 잘 이해하게 되는 것이 아닙니다. get과 set으로 모든 것을 처리한다면 C++의 모든 기능을 제대로 활용하지 못하는 겁니다. 더 나쁜 건 구조체의 공개 멤버 데이터는 잠재적으로 위험한 API인데, 이걸 더 비대한 API로 바꿨다는 것입니다. 한눈에 파악하기 더 어려워졌습니다. 층수를 변경하면 도대체 무슨 의미가 있을까요? 이상한 소리처럼 들리네요.

이 인터페이스에 get과 set 함수를 추가한다고 해서 더 안전하게 되거나 에러가 줄지는 않습니다. 버그로 향하는 또 다른 길일 뿐입니다.

질문해야 할 것은 '다른 사람들이 데이터를 수정하는 것을 **왜** 신경 써야 하는가'입니다. 임의로 멤버 데이터를 변경하면 클래스의 인스턴스는 유효하지 않게 될까요? 데이터에 어떤 제한이 걸리는 걸까요? 그렇다면 setter 함수는 약간의 할 일이 있습니다. 예를 들면 바닥 면적은 대지plot의 면적을 초과할 수 없습니다.

예제 1.4.6

```
void house::set_floor_area(int area)
{
  floor_area = area;
  assert(floor_area < plot_size[0] * plot_size[1]);
}
```

setter는 이제 자명하지 않고, 하는 일이 생겼습니다. 존재할 이유가 생겼죠.

은행 계좌에 대한 다른 예제를 봅시다. 다음은 잘못된 방식입니다.

예제 1.4.7

```cpp
class account
{
public:
  void set_balance(int);⁶
  int get_balance() const;

private:
  int balance;
};
```

더 좋은 방법은 비즈니스 로직에 도입하는 것입니다.

예제 1.4.8

```cpp
class account
{
public:
  void deposit(int);
  void withdraw(int);
  int balance() const;

private:
  int balance_;
};
```

비즈니스 로직에 따라 잔액을 변경했습니다. 예금 함수는 잔액을 늘리고, 출금 함수는 줄일 겁니다.

1.4.4 클래스 불변 조건

바닥 면적이 대지 면적을 초과할 수 없다는 조건은 클래스 불변 조건invariant입니다. 더 일반적으로는 클래스 불변 조건이란 클래스의 인스턴스를 모두 유효하게 유지하는 것입니다. 클래스의 인스턴스는 생성자에서 만들며, 공개 멤버 함수의 호출 간에 유지됩니다. 계좌 클래스의 클래스 불변 조건은 잔고가 0 아래로 내려가지 않도록 하는 것일 수도 있고, 예금과 출금의 합계가 잔액과 일치해야 하는 것일 수도 있습니다. 집 클래스의 불변 조건은 대지 크기가 바닥 크기보다 반드시 커야 한다는 것이고, 이는 `void house::set_floor_area(int area)` 함수에 표현된 대로입니다. 해당 클래스 불변 조건의 표현식은 setter를 자명하지 않게nontrivial 만들었습니다.

---

6 제발 돈에는 부동소수점(float)을 사용하지 마세요. 반올림과 표현상의 에러가 전파되어 출력 결과가 잘못될 수 있습니다.

다음 예제에서 어떠한 클래스 불변 조건이 있는지 봅시다.

예제 1.4.9

```cpp
class point
{
public:
  void set_x(float new_x) {
    x_ = new_x; }
  void set_y(float new_y) {
    y_ = new_y; }
  float get_x() const {
    return x_; }
  float get_y() const {
    return y_; }

private:
  float x_;
  float y_;
};
```

없습니다. x축의 변경은 y축과 무관합니다. 두 축은 서로 독립적이며 점은 그대로 점입니다. 멤버 함수는 클래스에 아무것도 추가하지 않습니다. 이것이 바로 핵심 가이드라인에서 하지 말라고 하는 것입니다.

다음 예제를 봅시다.

예제 1.4.10

```cpp
class team
{
public:
  void add_player(std::string name) {
    if (players_.size() < 11) players_.push_back(name); }
  std::vector<string> get_players() const {
    return players_; }

private:
  std::vector<string> players_;
}
```

클래스 불변 조건은 팀의 선수가 11명을 초과하지 않는다는 것입니다.

접근 수준은 멤버 데이터에 대한 작업의 효과를 검증하여 클래스 설계자가 클래스 불변 조건을 쉽게 준수하도록 합니다. 그리고 데이터가 유효한 값을 유지하도록 합니다.

이번 가이드라인은 "자명한 getter나 setter는 의미 있는semantic 값을 추가하지 않습니다. 데이터 항목item은 공개될 수도 있습니다"라고 이유를 덧붙입니다. 집과 점에 대한 예제가 바로 이에 해당합니다. 집 구조체와 집 클래스는 아무런 의미론적 차이가 없습니다. 점 클래스의 멤버 함수는 중복redundant됩니다. 멤버 데이터를 읽고 쓰는 지점에 중단점을 설정할 수도 있다는 동작상 차이는 있습니다. 하지만 집 추상화와 점 추상화에 대한 의미론적 속성에는 아무런 영향이 없습니다.

클래스를 만들고 인터페이스를 설계할 때 꽤 흔히들 추상화 내용을 숫자로 모델링합니다. 결국 컴퓨터를 대상으로 코드를 작성하기 때문입니다. 이는 추상화 내용을 숫자 데이터 멤버로 두고자 하는 유혹으로 이어집니다. 클라이언트가 무언가를 변경하려면 새로운 값을 설정하는 함수를 호출한 뒤 클래스 불변 조건이 유지되었는지 확인한 후 해당 데이터 멤버를 알맞게 수정합니다.

1.4.5 명사와 동사

이러면 오히려 좋은 클래스 설계의 핵심을 놓칩니다. 클래스는 개념을 추상화한 것이지, 데이터 묶음bundle이 아닙니다. `change_height`와 `height`가 좋은 함수 식별자인 이유는 무슨 일이 일어나는지 전달하기 때문입니다. 영어로 말이죠. 클라이언트 엔지니어는 `int`를 얼마만큼 변경했는지가 아니라 객체의 높이를 변경하는 데 신경을 쓰게 됩니다. 엔지니어는 `height_` 멤버의 값이 아니라 객체의 높이를 알고자 합니다. 이 두 가지는 서로 다른 추상화 수준에서 작동하며 추상화의 세부 내용이 유출되는 것은 클라이언트 엔지니어에게 불필요한 인지적 부담을 가중시키는 나쁜 관행입니다.

비공개 데이터인 구현은 추상화를 모델링합니다. 공개 멤버 함수는 추상화의 구현 내용이 아니라 추상화와 관련된 의미를 가질 것으로 예상됩니다. 정확히 말하면 get과 set 함수는 이를 수행하지 않습니다. 공개 및 비공개로 구분하여 추상화의 다양한 수준을 파악합니다.

특히 이러한 방식은 모델-뷰-컨트롤러model-view-controller, MVC 개념 설계에 도움이 되었습니다. 실제 세상의 예로, 원자로 노심, 그리고 버튼, 스위치, 슬라이더가 달린 수많은 패널과 램프와 게이지가 줄줄이 가득한 제어실이 있는 노후한 원자로를 떠올려봅시다. 램프와 게이지는 원자로 노심에 대한 정보를 나타냅니다. 이건 뷰view입니다. 버튼, 스위치, 슬라이더는 노심을 어떠한 방법으로 변경합니다. 컨트롤러controller에 해당하죠.

API 설계에서 이러한 양상을 볼 수 있습니다. `const`로 제한한 함수는 객체의 뷰를 제공합니다. 다른 멤버 함수는 객체를 제어합니다. 멤버 데이터는 객체를 모델링합니다. 뷰 함수 식별자로는 명사를, 컨트롤러 함수 식별자로는 동사를 택하는 것이 get과 set 함수보다 이해가 잘 됩니다.

비공개 멤버 데이터는 모델에 사용되므로 설계가 진화함에 따라 해당 구현도 업데이트될 수 있습니다. 한 쌍의 get과 set만으로는 매우 어렵습니다. 이 경우 구현을 업데이트하려면 get과 set 함수를 호출하는 모든 곳을 업데이트해야 하기 때문입니다. 제대로 지정된 공개 인터페이스는 비공개 인터페이스보다 훨씬 더 안정적이라는 이점이 있습니다. 이는 추상화의 구현이 변경되는 경우 클라이언트 코드가 변경될 일이 더 적다는 뜻입니다.

물론 이렇게 말은 했지만 여러분은 클래스를 수고롭게 빌드하지 않고도 데이터 묶음을 던져두고 싶을 수 있습니다. 데이터가 파일이나 네트워크 소켓에서 읽은 단순한 바이트라면 이런 방법이 필요하지 않을 수 있습니다. 이럴 때는 구조체struct를 사용합니다. 이러한 데이터는 공개 데이터이므로 getter와 setter는 필요도 없고 관련도 없습니다.

1.4.6 요약

- 자명한 getter와 setter는 인터페이스에 아무것도 추가하지 않습니다.
- 자명하지 않은 setter는 클래스 불변 조건을 지켜야 합니다.
- 함수 식별자로 명사와 동사를 사용하면 추상화를 더 잘 반영합니다.
- 클래스 불변 조건이 없는, 즉 클래스와 무관한 데이터는 구조체로 묶을 수 있습니다.

1.5

[ES.10] 선언당 단 하나의
이름만 선언하라

1.5.1 소개합니다

선언을 하면 프로그램에 이름이 도입_{introduce}됩니다. 또한 이름을 재도입할 수도 있습니다. 다중 선언_{multiple declaration}은 전적으로 허용됩니다. 다중 선언을 하지 않는다면 전방 선언_{forward declaration}을 할 수 없습니다. 정의는 선언의 특수한 종류입니다. 명명된 대상을 사용할 수 있을 만큼의 세부 사항을 제공하기 때문입니다.

선언의 종류는 놀랄 만큼 많습니다. 여러분은 다음과 같이 함수를 선언할 수 있습니다.

예제 1.5.1

```
int fn(int a);
```

선언의 흔한 사용법입니다. 이름은 fn으로 도입되었고, '정수를 받고 정수를 반환하는 함수' 타입입니다. 이 함수를 먼저 정의하지 않고도 코드에서 사용할 수 있습니다. 함수 및 클래스 템플릿은 다음과 같이 선언할 수 있습니다.

예제 1.5.2

```
template <class T, class U>
int fn(T a, U b);

template <class T>
```

```
class cl {
  public:
    cl(T);

  private:
    T t;
};
```

앞의 코드는 모든 타입any type의 T와 U를 받고 int를 반환하는 함수와, 모든 타입의 T로 구성된 클래스입니다. 템플릿 특수화, 명시적인 템플릿 특수화template specialization분만 아니라 명시적 템플릿 인스턴스화template instantiation도 선언할 수 있습니다.

예제 1.5.3

```
template <class T> int fn(T a, int b); // 부분적 특수화
template <> int fn(float a, int b); // 명시적 특수화
template class cl<int>; // 명시적 인스턴스화
```

네임스페이스도 선언할 수 있습니다.

예제 1.5.4

```
namespace cg30 {
    ... // 추가 선언
}
```

다른 언어와 상호 운용interoperation할 수 있도록 연결linkage도 선언할 수 있습니다.

예제 1.5.5

```
extern "C" int x;
```

속성도 선언할 수 있습니다.

예제 1.5.6

```
// 반환값이 할당되지 않고 삭제(discard)되면 경고합니다.
[[nodiscard]] int fn(int a);
```

블록 내에서만 만들 수 있는 선언 집합도 있습니다. 함수 본문 내부를 예로 들 수 있습니다. 아래 asm 선언은 컴파일러가 출력 스트림output stream으로 삽입하는 명시적인 어셈블리어 명령을 지정합니다.

예제 1.5.7

```
asm {
        push rsi
        push rdi
        sub rsp, 184
}
```

타입 별칭type alias 선언은 이름이 장황한verbose 타입에 간결한 이름을 도입할 수 있습니다.

예제 1.5.8

```
using cl_i = cl<int>;
```

네임스페이스 별칭은 장황하게 중첩된nested 네임스페이스를 축약할 수도 있습니다.

예제 1.5.9

```
namespace rv = std::ranges::views;
```

using 선언은 다른 네임스페이스에서 현재 블록으로 이름을 도입할 수 있습니다.

예제 1.5.10

```
using std::string // 문자열을 사용하기 위해
                  // 이 블록에서 std:: prefix를 더 이상 입력하지 않아도 됩니다.
```

using 지시자는 using 선언과는 다르며, 현재 블록으로 네임스페이스 전체를 주입합니다.

예제 1.5.11

```
using namespace std; // 글로벌 네임스페이스 범위에서 절대 하지 마세요.
                     // 어떤 네임 스페이스에서도 절대 하지 마세요.
```

using enum 선언은 현재 블록으로 열거형의 내용을 도입합니다.

예제 1.5.12

```
using enum country; // country는 앞서 다른 곳에서 선언되었을 수 있음
```

static_assert는 선언입니다. 블록 내에서 선언 가능합니다.

예제 1.5.13

```
static_assert(sizeof(int) == 4); // int가 4바이트임을 선언
```

불투명한opaque `enum` 선언은 기본 타입을 명시함으로써 열거형을 정의하지 않고 선언할 수 있도록 하며, 따라서 그 크기는 다음과 같습니다.

예제 1.5.14

```
enum struct country : short;
```

심지어 아무것도 선언하지 않을 수 있습니다.

예제 1.5.15

```
;
```

마지막으로 간단한 선언이 있습니다. 객체 선언에 집중해봅시다. 이 선언을 이해할 수 있어야 합니다.

예제 1.5.16

```
int a;
```

여기 `a`라는 정수 인스턴스가 있습니다. 지금까지는 괜찮습니다. 전역 네임스페이스 범위에서 선언되지 않은 한 아직 초기화되지도 않았고, 식별자가 의미 있는 것도 아니지만 넘어가겠습니다.

이러한 유형의 선언에만 C++ 표준은 식별자를 쉼표로 구분하여 나열할 수 있도록 합니다. 각 식별자는 동일한 지정자specifier가 있는 독립된 선언standalone declaration으로 취급됩니다. 다음은 그 예시입니다.

예제 1.5.17

```
int a, b, c, d;
```

`a`, `b`, `c`, `d`라는 이름의 정수 인스턴스 4개가 생겼습니다.

1.5.2 하위 호환성

다음을 보세요.

예제 1.5.18

```
int* a, b, c, d;
```

이들 객체는 무슨 타입일까요?

여러분이 함정을 눈치채고 a는 정수(int)에 대한 포인터, b, c, d는 정수라고 답했기를 바랍니다. 이는 타입과는 달리 식별자 옆에 별표를 붙여 선언한 포인터가 자주 보이는 이유입니다. 여러분은 문제점을 찾고 있었으니 잘 보였을 겁니다. 하지만 이들을 모두 정수에 대한 포인터라고 가정해서 컴파일 에러를 내는 경우를 저는 여러 번 봤습니다.

문법적으로는 맞지만legal, 현명한 방법은 아닙니다. 잠재적으로 발생 가능한 사고이며 C++에서 제거되어야 합니다. 제 동료에게 이에 대해 말했을 때 적어도 동료 중 한 명은 그렇게 말했습니다. 안타깝게도 하위 호환성 때문에 아직 문법적으로는 맞습니다. C 언어는 함수 상단에서 모든 객체를 선언해야 했기 때문에 이를 허용했습니다. 이렇게 함으로써 스택stack이 얼마나 커져야 하는지 컴파일러로 알려줄 수 있었고, 함수의 진입점에 있는 모든 데이터에 대한 주소를 제공할 수 있었습니다. 간편한 최적화였습니다. 그러나 이보다 현명한 방식은 다음과 같이 별도의 행에 선언을 작성하는 것입니다.

예제 1.5.19

```
int* a;
int b;
int c;
int d;
```

하위 호환성은 강조하지 않을 수 없습니다. C++의 성공의 근본적인 이유는 기존의 수백만 줄의 코드를 빌드할 수 있었기 때문입니다. Rust나 Go 같은 새로운 언어를 도입하면 언어를 만든 사람이 설계한 샘플로만 구성되어 코드 본문은 아주 작습니다. C++는 기존 프로그램의 일부를 선택해서 더 점진적으로 명확한 추상화로 교체할 수 있습니다. 예를 들면 C 언어에서 후기 함수 바인딩은 처음부터 가능했습니다. 구조체에 함수 포인터를 저장하여 구조체의 특정 멤버를 호출할 수 있었습니다. C++가 이룬 진보는 이 방법을 공식화formalize했고 이것이 프로그래머의 의도임을 나타내는

virtual 키워드를 도입한 것입니다. virtual 키워드를 사용하지 않고 이전 방식을 사용할 수도 있습니다.

예제 1.5.20

```
using flump_fn_ptr = void(*)(int);
struct flumper {
  flump_fn_ptr flump;
  ...
};

void flump_fn(int);

void fn()
{
  flumper fl { flump_fn; }
  fl.flump(7);
}
```

가상 함수가 아닌 이러한 접근법을 사용하도록 고려할 만한 경우는 극히 한정되어 있을 것이나, 여전히 문법적으로는 맞습니다. 좋은 생각은 아니지만 아직 가능하긴 합니다.

마찬가지로 C++가 발전하더라도 여전히 오래된 코드를 컴파일하고 실행할 수 있습니다. 하지만 몇 가지 폐지 예정인deprecation[1] 기능도 있습니다. 이 가운데 std::auto_ptr은 std::unique_ptr로 대체되었습니다.[2]

1.5.3 더 명확하게 선언하기

이번 가이드라인의 주제로 돌아와, 선언이 초기에 필요한 경우 함수가 상당히 바쁘다는 전조일 수 있습니다. 가이드라인에서는 다음 예시를 듭니다.[3]

예제 1.5.21

```
char *p, c, a[7], *pp[7], **aa[10];
```

---

1   [옮긴이] 위키 표제어는 '구식화'이지만, 일반적으로 많이 사용하는 표현을 따랐습니다. 보통 deprecated는 '폐지 예정', obsolete는 '폐지된 것'이라 사용합니다.

2   [옮긴이] auto_ptr은 C++11에서 폐지 예정이 되었고 C++17에서 제거되었습니다. 참고: https://en.cppreference.com/w/cpp/memory/auto_ptr

3   [옮긴이] 핵심 가이드라인에서는 나쁜 예시(bad example)로 나옵니다.
    참고: https://isocpp.github.io/CppCoreGuidelines/CppCoreGuidelines#Res-name-one

선언마다 이름을 여러 개 두는 것이 허용되지 않는 경우에는, 다음과 같이 펼쳐야 합니다.

예제 1.5.22

```
char *p; char c; char a[7]; char *pp[7]; char **aa[10];
```

혹은 다음과 같이 펼쳐야 합니다.

예제 1.5.23

```
char *p;
char c;
char a[7];
char *pp[7];
char **aa[10];
```

코드를 파악하는 데 필요한 인지 공간이 한 줄이 아니라 다섯 줄이 되었네요.

여러분은 이렇게 말할지도 모릅니다. "그런데 함수의 상태가 많다면 어떡하죠? 그러면 어떻게 해야 하나요? 한 번에 한 줄씩 화면의 절반이 넘게 함수를 나열해야 할까요? 관련 있는 부분은 다른 행에 두기보다는 함께 묶어야 하는데 그 사이에는 빈 행이 필요해요. 실제 함수까지 가기 전에 너무 많은 것이 있을 것 같네요. 가독성에 도움이 되지 않아요. 바보 같은 생각이군요."

여기서 핵심은 "관련 있는 부분은 함께 묶는다"는 것인데 제게는 '추상화하기'와 아주 비슷하게 들립니다. 이미 어떻든 연관된 상태가 있다면, 해당 관계를 포착하고 식별할 수 있는 방식으로 구조체를 정의하고 명명하여 해당 관계를 공식화하세요. 연관된 기능을 구조체에 추가하세요. 그러면 여러 행으로 선언된 것을 해당 구조체의 인스턴스라는 하나의 선언으로 대체할 수 있습니다. 여러분은 항상 유용한 추상화를 만들 수 있는 기회가 있는지 예의주시해야 합니다.

1.5.4 구조적 바인딩

이번 가이드라인에는 예외가 있습니다. 이 예외는 구조적 바인딩에 적용됩니다. 구조적 바인딩이라는 혁신은 C++17에 도입되었으며 배열이나 비유니언nonunion 클래스 타입을 나열된 이름으로 묶을 수 있도록 합니다. 가장 간단한 예시는 다음과 같습니다.

예제 1.5.24

```
int a[2] = {1, 2};
auto [x,y] = a;  // x = a[0], y = a[1]
```

유사 튜플 타입tuple like type으로 묶는 것도 간단합니다.

예제 1.5.25

```
std::unordered_map<std::string, int> dictionary;
auto [it, flag] = dictionary.insert({"one", 1});
        // it은 요소를 가리킵니다.
        // flag는 삽입의 성공 여부에 대한 신호를 전달합니다.
```

구조체에 바인딩해서 구조체를 푸는unpack 것도 같은 방식입니다.

예제 1.5.26

```
struct s {
  int a;
  float b;
};

s make_s();

auto [sa, sb] = make_s();  // sa는 int
                           // sb는 float
```

각 경우는 선언마다 여러 이름이 보입니다. 그러나 별개의 행에 이름을 선언함으로써 이러한 혼란을 줄일 수 있습니다.

예제 1.5.27

```
std::unordered_map<std::string, int> dictionary;
auto [it,         // it은 요소를 가리킵니다.
      flag]       // flag는 삽입의 성공 여부에 대한 신호를 전달합니다.
    = dictionary.insert({"one", 1});
```

누군가가 단순화한 것이, 다른 사람에게는 더 복잡한 것이 될 수 있습니다. 따라서 이는 당연히 취향이나 스타일의 문제입니다.

1.5.5 요약

이 가이드라인은 아주 간단하며 오래된 습관에 적용할 수 있습니다. 핵심 가이드라인의 여러 항목은 더 빠르게 이해할 수 있고 더 가독성이 좋은 코드를 작성하도록 이끕니다. 이 가이드라인을 요약하면 세 가지 사항을 고려해야 합니다.

- 선언의 종류는 여러 가지입니다.
- 이름은 어디서든 도입할 수 있습니다.
- C++에서 필요치 않다면 한 줄당 두 개 이상의 이름을 도입해서 혼란스럽게 선언하지 마세요.

1.6

[NR.2] 함수에 단일 반환문을 고집하지 말라

1.6.1 규칙은 진화합니다

21세기의 20%가 지났는데도 사람들이 아직 이에 대해 논쟁한다는 사실이 놀랍습니다. 핵심 가이드라인의 NR 섹션은 '규칙이 아닌 것과 오해'입니다. 함수의 반환문은 하나여야 한다는 아주 널리 퍼진 조언이 여기에 속합니다.

단일 반환문을 의무화하는 규칙은 아주 낡고도 낡았습니다. 프로그래밍은 발전하기 마련이라는 사실을 잊기 쉽습니다. 저, 혹은 제 부모님이 저의 첫 컴퓨터를 샀던 때는 1981년으로 거슬러 올라갑니다. 그 컴퓨터는 싱클레어Sinclair ZX81이었고 3.25 MHz로 돌아가는 NEC Z80 CPU로 구동되었습니다. 운영체제는 8 KB의 롬ROM에 제공되었고 BASIC 인터프리터가 포함되었습니다. 저는 BASIC으로 1 KB의 부족한 램RAM에 간단한 프로그램을 작성할 수 있었습니다.

저는 14세였으니 당연히 게임을 작성하고 싶었고 그러기 위해 가장 좋은 방법은 BASIC 인터프리터를 버리고 네이티브 Z80 어셈블리어로 작성하는 것임을 알게 되었습니다. 토니 베이커Toni Baker의 《Mastering Machine Code on Your ZX81》[1]과 로드네이 잭스Rodnay Zaks의 《Programming the Z80》[2], 그리고 어셈블러assembler를 가지고 제 첫 번째 게임을 작성하여 학교에서 친구들에게 팔 수 있었습니다.

---

1 Baker, T, 1982. *Mastering Machine Code on Your ZX81*. Reston, VA: Reston Publishing Company, Inc.

2 Zaks, R, 1979. *Programming the Z80*. Berkeley, CA: Sybex.

저는 BASIC보다 Z80 어셈블리어로 코드를 작성하는 게 훨씬 어렵다는 것을 알게 되었습니다. BASIC은 행 번호와 서브루틴subroutine 개념이 있었습니다. `GOTO`나 `GOSUB`을 실행해서 분기할 수 있었고 인터프리터가 `RETURN` 키워드를 만나면 어디로 돌아갈지도 알 수 있었습니다. Z80에 능숙해지면서 Z80과 BASIC의 공통 개념이 보였고, 프로그래밍 언어의 본질에 대해 파악하기 시작했으며 행 번호의 개념은 프로그램 카운터, `GOTO`와 `GOSUB` 개념은 `jp`와 `call`과 연결해서 이해할 수 있었습니다.

Z80으로 꽤 끔찍한 일도 할 수 있었습니다. 예를 들어 A와 B 두 단계가 있고 B가 그 자체로 유용한 기능인 경우, B를 호출할 필요가 없게 A를 B 앞에 두도록 코드를 작성하는 습관을 들였습니다. A가 끝나면 바로 B로 넘어갈 수 있도록 말이죠. 이러면 B로 어떻게 넘어가는지 명확하지 않게 되는 부수 효과side effect가 생겼지만 저는 무슨 일이 일어나고 있는지 다 알고 있었기 때문에 문제가 되지 않았습니다.

정말입니다.

제가 할 수 있었던 또 다른 끔찍한 일은 하나의 명령으로 임의의 수의 호출자에 의해 호출 스택이 반환되도록 스택을 변경한 것이었습니다. 속도는 더 빨랐습니다. 모든 상황을 알고 있었기 때문에 게임 속도를 높일 수 있었습니다. 이런 것들은 중요했죠.

정말 중요했습니다.

저는 ZX 스펙트럼ZX Spectrum으로 옮겼습니다. 램이 더 커졌을(16 KB) 뿐만 아니라 컬러와 사운드까지 있었죠! 그런데 플랫폼의 범위가 확장되면서 제 야망도 코드와 함께 커졌고 디버깅은 한층 더 어려워졌습니다. 내가 어디서 시작했는지, 어느 코드가 이미 실행되었는지 파악할 수 없었습니다. 저는 이런 잔꾀를 부리느라 제 삶을 아주 팍팍하게 만들고 있음을 바로 깨달았습니다. 저는 실행 속도와 코드 이해 간 트레이드오프를 고민했습니다. 버그를 전부 제거할 수 없다면 이해도를 낮추면서까지 추가 사이클을 얻을 가치는 없다고 판단했습니다. 아주 빠른 Z80 코드를 작성하는 일은 재밌고 꽤 쉬웠지만 디버그가 거의 불가능하다는 것을 알게 되었으며, 성능과 가독성 사이에는 중간 지점이 있음을 알게 되었습니다. 값진 교훈이었습니다.

그 결과, 코드 작성 방식을 바꿨습니다. 코드를 재사용 가능한 부분으로 정리하고 각 부분이 시작하고 끝나는 지점을 소스에 엄격하게 문서화했습니다. 스택 포인터를 더 이상 줄이지 않았습니다. 큰 함수 안에서 유용한 부분으로 더 이상 왔다 갔다 하지 않았습니다. 삶이 한층 더 수월해졌습니다.

이어서 아타리ST_{Atari ST}로 업그레이드했습니다. 8 MHz 모토로라 68000 CPU와 정말 어마어마한 512 KB 램이 있었습니다. 각 부분을 잘 정리하는 프로그래밍 스타일 덕분에 제정신을 유지할 수 있었습니다. 코드의 시작점은 단 한 곳이었고, 항상 코드가 시작한 곳으로 돌아갈 수 있었습니다. 저는 그것만이 참된 길이라고 모두에게 말했습니다. 열정적인 신자였죠.

저만 이런 식으로 코드를 작성하는 사람은 아니라는 게 판명되었습니다. 포트란과 코볼 프로그래머도 이런 방식을 사용하지 않으면 곤란해질 수 있었습니다. 이는 한마디의 유용한 기법_{wisdom}으로 표현됩니다. "단일 진입점, 단일 종료_{single entry, single exit}." 함수가 돌아갈_{return} 곳은 호출된 곳, 단 한 곳이어야 합니다.

단일 진입점, 단일 종료는 구조적 프로그래밍_{structured programming} 철학에 속합니다. 이 철학은 에츠허르 데이크스트라_{Edsger Dijkstra}가 편집자에게 보낸 '유해한 것으로 간주되는 GOTO 문'[3]이라는 편지에서 비롯했습니다. 《Structured Programming》[4] 책은 여전히 훌륭하며, 이 편지와 책을 모두 읽어보면 좋습니다. 둘 다 수십 년 동안 프로그래밍이 이루어진 방식을 안내합니다.

안타깝게도 오래된 습관은 쉽게 없어지지 않습니다. 그뿐만 아니라 이러한 습관의 동기도 시간이 지남에 따라 기억에서 사라지기 시작합니다. 새로운 혁신은 오래된 지혜를 덜 중요하게 만듭니다. C++의 함수는 '단일 진입점'에 대해 주의할 필요를 없앴습니다. C++의 구문은 함수 중간에 뛰어들지 못하게 합니다. 예외 처리나 코루틴_{coroutine}을 제외하면 호출한 곳 외에 다른 곳으로 돌아갈 방법 역시 없습니다.

이것이 다중 반환문과 무슨 상관이 있는지 궁금할 수 있겠네요. 글쎄요, 안타깝게도 프로그래머 커뮤니티에서는 전치사를 혼동했는데, 단일 종료_{single exit}라는 의미는 '한 곳**으로만** 반환_{return to one place only}'이 아닌 '한 곳**에서만** 반환_{return from one place only}'하는 것이 되었습니다.

끔찍하네요.

1.6.2 정리를 보장하기

단일 반환문이라는 유용한 기법에 대한 예제를 봅시다. 다음 함수는 정수 식별자_{integer identifier}를 토대로 자원을 획득, 조작, 표시하는 함수를 내보내는 오래된 C 라이브러리를 호출한다고 가정합시다.

---

3 www.cs.utexas.edu/users/EWD/ewd02xx/EWD215.PDF

4 *Structured Programming* by Ole Johan-Dahl, Edsger W. Dijkstra, and Charles Anthony Richard Hoare.

예제 1.6.1

```
int display(int ID)
{
  auto h = get_handle_to_resource(ID);
  if (h == 0) {
    return 0;
  }
  auto j = manipulate_resource(h);
  if (j < 0) {
    release_handle(h);
    return 0;
  }
  auto k = supply_resource_to_system(h, j);
  if (k < 0) {
    return 0; /* 핸들 해제를 잊었네요. */
  }
  display_resource(h);
  release_handle(h);
  return 1;
}
```

앞의 코드에는 리소스의 핸들을 얻은 뒤 핸들이 범위를 벗어나기 전에 반드시 해제해야 하는 아주 흔한 상황이 보입니다. 엔지니어는 세 번째 반환문에서 깜빡하고 핸들을 해제하지 않았습니다. 한 가지 해결책은 핸들을 해제하기 전에 단일 반환문을 사용하는 것입니다.

예제 1.6.2

```
int display(int ID)
{
  auto result = 0;
  auto h = get_handle_to_resource(ID);
  if (h != 0) {
    auto j = manipulate_resource(h);
    if (j >= 0) {
      auto k = supply_resource_to_system(h, j);
      if (k >= 0) {
        display_resource(h);
        result = 1;
      }
    }
  }
  release_handle(h);
  return result;
}
```

아, 안 돼요, 잠깐만요, 잘못됐네요. `release_handle`은 핸들 획득에 성공했을 때만 호출해야 합니다. 다시 해보죠.

예제 1.6.3

```
int display(int ID)
{
  auto result = 0;
  auto h = get_handle_to_resource(ID);
  if (h != 0) {
    auto j = manipulate_resource(h);
    if (j >= 0) {
      auto k = supply_resource_to_system(h, j);
      if (k >= 0) {
        display_resource(h);
        result = 1;
      }
    }
    release_handle(h);
  }
  return result;
}
```

이 방법은 조건 분기문이 많은 긴 함수에서는 제대로 확장되지 못합니다. 각 조건마다 들여쓰기가 추가되고 가독성이 떨어지기 때문입니다. 어쨌거나 함수는 작아지니 주장의 힘을 약화시킵니다. 또한 이 방법은 반환값의 형태에 추가 상태를 도입하여 코드를 읽는 사람이 함수에 대해 생각할 때 인지적 부담을 약간 증가시키는데 그리 큰 부담은 아닐지라도 정확한 값을 계산한 뒤 수정될 위험이 있으며, 함수가 커지면서 이 위험도 커집니다. 이 방법은 올바른 `if` 분기 내에서 호출해야 하지만 어떤 일이 발생하더라도 `release_handle`이 호출되는 이점이 있습니다. 신뢰할 수 있는 정리cleanup 방식에 대한 이러한 주장은 단일 반환문에 대한 강력한 사례로 남아 있습니다. 합리적인 조언입니다.

하지만 C 프로그래머를 위한 조언이죠.

`display`의 첫 번째 구현에 있는 버그는 리소스 핸들이 함수를 떠나기 전에 모든 경로에서 해제되지 않는다는 것이었습니다. 이를 해결하기 위해 함수의 모든 적합한 경로가 `release_handle`을 한 번 호출하면서 끝나도록 했으며, 그 뒤에 반환을 안전하게 호출했습니다.

C++의 가장 탁월한 기능은 프로그래머가 정의한 대로 소멸자를 통해 결정론적으로 정리할 수 있

다는 점입니다. 그렇지 않다고 저를 설득할 수 없을 겁니다. 이 기능이 도입되면서 클래스의 모든 에러가 한 번에 제거되었습니다. 언제 호출될지 정확히 알 수 있다는 점에서 결정론적입니다. 스택에서 생성되는 자동 저장 기간 객체automatic object의 경우 해당 이름이 범위를 벗어날 때 호출됩니다.

1.6.3 RAII 사용하기

흐름 제어flow control를 사용해서 코드의 실행을 보장하기보다는 '리소스 획득은 초기화resource acquisition is initialization, RAII'라는 이디엄을 사용하는 편이 안전합니다. 이번에는 핸들이 있는 획득 및 해제 함수를 단일 구조체로 묶습니다.

예제 1.6.4

```
int display(int ID)
{
  struct resource {
    resource(int h_) : h(h_) {}
    ~resource() { release_handle(h); }
    operator int() { return h; }

  private:
    int h;
  };

  resource r(get_handle_to_resource(ID));
  if (r == 0) {
    return 0;
  }
  auto j = manipulate_resource(r);
  if (j < 0) {
    return 0;
  }
  auto k = supply_resource_to_system(r, j);
  if (k < 0) {
    return 0;
  }
  display_resource(r);
  return 1;
}
```

참고로 이 코드는 예외를 던져서 에러를 알리지는 않지만 성공 신호를 보내는 서로 다른 값이 있는 다중 반환문을 사용합니다. C 라이브러리가 아닌 C++ 라이브러리라면 함수가 반환이 아닌 에러를 발생시킬 것으로 예상합니다. 그러면 예제는 어떻게 될까요?

예제 1.6.5

```cpp
void display(int ID)
{
  struct resource {
    resource(int h_) : h(h_) {}
    ~resource() { release_handle(h); }
    operator int() { return h; }

  private:
    int h;
  };

  resource r(get_handle_to_resource(ID));
  auto j = manipulate_resource(r);
  supply_resource_to_system(r, j);
  display_resource(r);
}
```

당연히 함수는 int가 아닌 사용자 정의 타입을 받을 것으로 예상되나, 이번 예제를 위해 int를 전달하도록 둡시다.

이제는 명시적인 반환이 아예 없습니다. 당연합니다. 이 함수는 성공이나 실패를 알리지 않고 단순히 무언가를 수행하기 때문입니다. 실패를 알리는 예외를 사용하면 반환문이 필요 없습니다. 코드는 성공을 가정하며 실패는 눈에 보이지 않게 던집니다. 값을 계산하거나 반환하지 않습니다.

이 구조체는 아주 유용하니 해당 함수에서 분리하여 다른 사용자도 이용할 수 있게 만들어야 합니다. 저는 실제로 C 라이브러리와 연동되어 다음과 같은 것을 포함하는 코드베이스를 많이 봐왔습니다.

예제 1.6.6

```cpp
template <class T, class release_fn>
struct RAII
{
  RAII(T t_) : t(t_) {}
  ~RAII() { release_fn r; (t); }
  operator T() { return t; }

private:
  T t;
};
```

여기서 **T**는 일반적으로 내장 타입이거나 다른 자명한 타입입니다.

C++ 코드베이스에서 예외를 일반적으로 사용하지 않는 것을 인정합니다. 예외를 던지기 위해서는 프로그램이 스택을 정리_{unwind}해야 합니다. 즉, try와 catch 블록 사이에서 생성된 모든 자동 저장 기간 객체를 제거해야 한다는 의미입니다. 이 과정에서 프로그램의 메모리 사용량이 증가합니다. C++는 메모리 제한이나 실행 시간에 민감한 다양한 환경에서 사용되기 때문에, 이러한 상황은 중요할 수 있습니다. 저는 어떤 교묘한 최적화 이후에 갑자기 1 KB 버퍼를 더 사용할 수 있게 된 것을 두고 주차장에서 누군가 다투는 것을 목격한 적이 있습니다.[5]

컴파일러는 아주 자연스럽게 예외 처리를 비활성화하는 옵션을 제공하여 더 작고 빠른 바이너리를 만듭니다. 이것은 위험합니다. 첫째, 불완전한 에러 처리로 인한 비용이 발생합니다. `dynamic_cast`는 참조에 대한 형 변환_{cast}이 실패하면 예외를 던집니다. 표준 라이브러리는 할당에 실패하면 예외를 던집니다. `std::variant` 객체에 잘못 접근하면 예외가 발생합니다.

둘째, 바이너리가 더 작고 빠르다고 보장하지 않습니다. 복잡하고 명시적으로 에러를 처리하는 코드를 도입하면 이점은 다 사라지고 추가 비용이 발생할 수 있습니다. 그러나 충분히 중요하고 트레이드오프의 가치가 있다면 엔지니어는 예외 처리를 하지 않는 코드를 작성할 것입니다. 썩 보기 좋지는 않지만 어쩔 수 없이 해야겠지요.

하지만 코드베이스에서 예외 처리를 허용한다면, 계산된 값을 호출부_{call site}로 성공적으로 전달할 단일 반환문이 일반적인 방식이 됩니다. 다중 반환문은 함수가 너무 많은 작업을 한다는 신호일 수 있습니다.

1.6.4 좋은 함수 작성하기

함수에 대한 핵심 가이드라인은 50여 개에 달합니다. 이 중 2개를 각 장에 할애하였으나 여기서는 다중 반환문이라는 맥락에서 다른 것도 살펴보겠습니다. 핵심 가이드라인 F.2 '함수는 단일 논리 연산을 수행해야 한다'를 예로 들면, 이 가이드라인은 큰 함수를 작은 컴포넌트 함수로 나누고, 많은 매개변수를 의심하며 살펴보는 것에 대해 설명합니다. 하지만 이 조언을 따를 경우 함수의 결과인 반환 명령문이 하나만 있을 가능성이 높다는 부작용이 있습니다.

5 　[옮긴이] 버퍼 추가에 따른 장단점이 있습니다. 버퍼를 추가하면 입출력을 효율적으로 처리할 수 있기는 하나, 메모리 할당 및 해제 시 추가적인 오버헤드가 발생할 수 있습니다. 또한 메모리를 추가로 사용하게 되어 메모리 낭비나 부족을 야기할 수도 있습니다.

핵심 가이드라인 F.3 '함수를 작고 단순하게 유지하라'도 같은 맥락입니다. 반대 예시인 함수는 텍스트가 27행이 넘고 반환문은 3개가 있습니다. 하지만 로직의 일부를 2개의 헬퍼 함수로 넣는 마지막 예제는 크기가 거의 1/3이지만 입력 매개변수에 따라 서로 다른 3개의 반환문을 포함합니다.

핵심 가이드라인 F.8은 '순수 함수를 택하라'입니다. 지키기 어렵지만 탁월한 조언입니다. 순수 함수는 범위 밖의 상태를 참조하지 않는 함수입니다. 병렬화가 가능하고, 추론하기 쉽고, 최적화하기 쉽죠. 즉 짧고 단순할 가능성이 높습니다.

중요한 점은 무쇠처럼 굳건한 규칙은 정말 정말 소수라는 것입니다. 이와 같은 규칙은 결국 언어 자체에 내장됩니다. 예를 들어 '리소스가 누수되도록 하지 말라'는 규칙은 소멸자 기능과 스마트 포인터smart pointer 라이브러리에 내장되었습니다. 단일 반환문은 모범 사례를 준수하고 있음을 나타낼 수 있지만 보편적인 규칙은 아닙니다. 취향과 스타일의 문제에 해당합니다. 다음 함수를 봅시다.

예제 1.6.7

```
int categorize1(float f)
{
  int category = 0;
  if (f >= 0.0f && f < 0.1f) {
    category = 1;
  }
  else if (f >= 0.1f && f < 0.2f) {
    category = 2;
  }
  else if (f >= 0.2f && f < 0.3f) {
    category = 3;
  }
  else if (f >= 0.3f && f < 0.4f) {
    category = 4;
  }
  else {
    category = 5;
  }
  return category;
}
```

다음 함수와 비교해봅시다.

예제 1.6.8

```
int categorize2(float f)
{
  if (f >= 0.0f && f < 0.1f) {
    return 1;
  }
  if (f >= 0.1f && f < 0.2f) {
    return 2;
  }
  if (f >= 0.2f && f < 0.3f) {
    return 3;
  }
  if (f >= 0.3f && f < 0.4f) {
    return 4;
  }
  return 5;
}
```

둘 중 어느 것이 '더 낫다'고 생각하나요? 둘 다 같은 일을 합니다. 모든 컴파일러는 각각에 대해 동일한 출력을 생성할 것입니다. 두 번째 함수는 다중 반환문을 포함하지만 문자는 더 적습니다. 첫 번째 함수는 추가 상태가 있지만 들여쓰기 안에 해당 정보를 숨기지 않고 일련의 상호 배타적인 조건을 명확히 식별합니다. 여러분의 프로그래밍 경험, 접해본 프로그래밍 언어, 전문 경험에서 기존에 흡수한 코딩 조언, 다른 여러 조건에 따라 두 함수에 대한 선호도는 다를 수 있습니다. 객관적으로 더 나은 것은 없고, '각 함수는 반환문을 하나만 가져야 한다'는 것도 합리적인 규칙이 아닙니다.

1.6.5 요약

규칙이 고민할 필요 없고 엄격하고 불변한다면 좋겠지만, 이런 어명 같은 규칙은 드물고, 있다면 결국 프로그래밍 언어에 내장되곤 합니다. 단일 반환문이라는 규칙은 낡았고, C++에서 이제 은퇴할 때가 되었습니다.

- 유용한 기법의 배경을 이해하세요.
- 결과를 반환하는 것과 예외를 던지는 것을 구분하세요.
- 취향의 문제에 해당하는 규칙을 구분하세요.

자기 발등을
찍지 말라

2.1

[P.11] 지저분한 구조체는
코드에 펼쳐놓지 말고 캡슐화하라

이 장에서는 캡슐화encapsulation에 대해 학습합니다. 또한 밀접하게 관련된 개념인 정보 은닉information hiding과 추상화abstraction에 대해서도 학습합니다. 이 세 가지 개념은 종종 뜻을 명확하게 구분하지 않고 혼용될 때가 있습니다. 이번 장을 시작하기 전에 구문 분석기parser를 빌드하는 상황을 설정하겠습니다. 곧이어 이 세 가지 개념으로 돌아오겠습니다.

2.1.1 한 번에 처리하기

훌륭한 엔지니어의 자질 중 하나는 일이 감당하기 어려워지는 순간을 알아채는 능력입니다. 일이 완전히 통제 불능이 된 상황은 누구나 잘 깨닫죠. "코드에 너무 많은 내용이 있어서 따라가기 힘들었습니다"라는 말로 코드 리뷰를 시작한 적 없는 사람도 있겠습니까. 애석하게도 대부분 그런 말로 그치고 지저분한 코드의 출현을 예측하지는 못합니다.

예제 하나를 차근차근 살펴봅시다. 프로그램 실행 초기에 명령줄command line에서 지정한 외부 파일에서 몇 가지 옵션을 읽고자 합니다. 이 옵션은 키-값 쌍으로 선언됩니다. 옵션은 12가지뿐이지만, 저는 영리한 엔지니어이므로 이에 대해 별도의 함수를 생성하기로 했습니다. 이름은 `parse_options_file`이라고 하겠습니다. 이 함수는 명령줄에서 추출할 파일명을 받습니다. 선언된 것이 없다면 함수를 호출하지 않습니다. 따라서 함수 시그니처function signature는 다음과 같습니다.

예제 2.1.1

```
void parse_options_file(const char*);
```

함수 본문은 단순합니다. 파일을 열고, 파일의 끝에 도달할 때까지 각 옵션을 한 줄 한 줄 읽고, 상태를 알맞게 업데이트합니다. 함수는 다음과 같을 겁니다.

예제 2.1.2

```cpp
void parse_options_file(const char* filename)
{
  auto options = std::ifstream(filename);
  if (!options.good()) return;
  while (!options.eof())
  {
    auto key = std::string{};
    auto value = std::string{};
    options >> key >> value;
    if (key == "debug")
    {
      debug = (value == "true");
    }
    else if (key == "language")
    {
      language = value;
    }
    // 등등...
  }
}
```

멋지네요! 한 곳에서 새 옵션을 손쉽게 추가하고 이전 옵션을 번거롭지 않게 철회할 수 있습니다. 파일에 잘못된 옵션이 있으면 마지막 else 선언에서 사용자에게 알릴 수 있습니다. 며칠 뒤, 여러 단어일 수 있는 새 옵션이 정의되었습니다. 괜찮습니다. 해당 옵션 행의 끝까지만 읽으면 됩니다. 다음과 같이 500자 버퍼를 생성하고 거기서 문자열을 만듭니다.

예제 2.1.3

```cpp
else if (key == "tokens")
{
  char buf[500];
  options.getline(&buf[0], 500);
  tokens = std::string{buf};
}
```

대박이네요! 저는 옵션을 구문 분석하는 간단하고 유연한 방법을 떠올렸습니다. 각 옵션에 코드를 추가하면 되네요. 대단해요!

그다음 주에는 동료가 제게 일부 토큰이 사용자가 디버그 플래그를 설정했을 때만 유효하다고 전합니다. 한숨이 나오지만 괜찮습니다. 함수 상단에 디버그 플래그를 설정했으니 나중에 함수에서 쿼리query해서 적용 가능한 토큰만 적용하도록 할 수 있습니다. 참고로 제가 지금 상태를 추적하고 있다는 점에 유의해야 합니다.

음…

다음 달에는 잘못된 환경 설정 파일이 논란 거리입니다. 환경 설정 파일이 유효할 때만 설정을 적용하도록 요청받습니다. 한숨이 나옵니다. 괜찮습니다. 완전히 새로운 상태를 포함하는 설정 객체를 만들고, 유효하면 반환합니다. `std::optional`이 여기서 유용할 겁니다. 함수를 수정하러 가보니 제 사랑스럽고, 단정하고, 깔끔하고, 우아하고, 아름답고, 특별한 함수가 다른 엔지니어가 자신의 설정 토큰을 섞어넣으면서 상당한 관심의 대상이 되었음을 알게 되었습니다. 현재 115개의 환경 설정에서 정보를 얻습니다interrogate. 유지 관리 문제가 꽤 생기겠지만 괜찮습니다. 함수에서 하나씩 설정한 다음 호출부에서 하나씩 전송할 값일 뿐이니…

그만하세요. 그냥 그만하세요. 자신을 보세요. 엄청나게 많은 상태와 조건문이 가득한 600행짜리 함수가 있네요. 무슨 제2의 도널드 커누스Donald Knuth[1]라도 되나요? 무슨 일이 일어난 건가요?

여러분은 지저분한 구조체를 만들었거나, 생성을 허용했습니다. 함수는 하나인데, 내용이 길어서 여러 번 화면이 넘어가고, 탭도 여러 개 깊이 들어가고, 함수는 계속 커지고 있는 경우가 바로 이에 해당합니다. 이 함수는 끔찍한 점진적 범위 확장scope creep[2]을 겪고 있으며, 전부 다 망하기 전에 범위를 줄일 방법을 찾아야 합니다. 버그가 쏟아지고, 이 끔찍한 것을 계속 유지보수할 시간은 얼마 남아 있지 않습니다. 코드베이스와 커리어에 대재난이 닥치기 전에 리팩터링할 시간을 달라고 간청해야 합니다.

2.1.2 지저분한 구조체를 캡슐화한다는 의미

이번 장을 시작할 때 캡슐화, 정보 은닉, 추상화에 대해 언급했습니다. 약속대로 이 개념에 대해 살펴보겠습니다.

---

1 https://en.wikipedia.org/wiki/Donald_Knuth
2 옮긴이 핵심 요구 사항이 명확하지 않아 요구 사항이 점차 야금야금 늘어나서 프로젝트 범위가 처음 계획한 내용과 달라지는 경우로, 프로젝트 비용은 증가하고 품질은 떨어질 수 있는 상황을 뜻합니다.

캡슐화는 하나 이상의 것을 단일 엔티티entity로 둘러싸는 과정입니다.[3] C++는 여러 캡슐화 메커니즘을 제공합니다. 클래스는 가장 확실한 예입니다. 데이터와 함수를 받고, 중괄호 한 쌍으로 이들을 묶고, 그 앞에 `class`나 `struct`와 식별자를 둡니다. 물론 열거형도 캡슐화에 속합니다. 여러 상수를 받고 한 쌍의 중괄호로 묶은 다음 `enum`과 식별자를 앞에 둡니다. 함수 정의도 캡슐화의 한 형태입니다. 여러 명령어를 받고 한 쌍의 중괄호로 묶은 다음 식별자와 선택적으로 매개변수를 포함하는 한 쌍의 괄호를 앞에 둡니다.

네임스페이스는 어떨까요? 여러 정의와 선언을 받고, 이들을 한 쌍의 중괄호로 감싸고, `namespace`와 선택적인 식별자를 바깥에 두면 됩니다. 소스 파일도 비슷하게 작동합니다. 여러 정의와 선언을 받고 파일에 넣은 다음 이름을 붙여 파일 시스템에 저장합니다. 모듈은 오랜만에 새로 나온 캡슐화 메커니즘입니다. 모듈은 소스 파일과 비슷하게 작동합니다. 여러 정의와 선언을 받아 파일에 두고, 상단에 내보내기(`export`) 키워드를 추가하여 이름을 붙여 파일 시스템에 저장합니다.

캡슐화는 모듈을 사용한 경험이 있는 사람이라면 누구나 알 수 있듯 일부에 불과합니다. 이 예제에서 우리는 여러 가지를 모아서 하나의 엔티티로 명명했을 따름입니다. 우리가 영리하다면 관련된 것들을 함께 모았을 것입니다. 정보 은닉은 더 미묘한 활동인데, 더 신중하게 결정해야 합니다. 모으는 것뿐만 아니라 어떤 항목을 외부 세계에 노출하거나 숨길지 결정해야 합니다. **정보 은닉은 캡슐화가 되었다는 뜻이나, 캡슐화를 했다고 해서 정보 은닉이 이루어진다는 의미는 아닙니다.**

C++의 캡슐화 메커니즘 중에는 정보 은닉을 지원하는 것이 있습니다. 클래스는 접근 수준을 제공합니다. 비공개 구현에 있는 멤버는 구조체의 클라이언트에게 숨겨집니다. 이는 구현을 은닉하여 클라이언트가 클래스 불변성을 깨지 않도록 하여 클래스 불변성을 클라이언트에게 강제하는 부담을 줄이는 방법입니다. 열거형은 정보 은닉을 제공하지 않습니다. 열거형의 일부 멤버만 노출할 수 있는 방법은 없습니다. 함수는 구현을 숨기는 한편 식별자와 반환 타입만 노출하여 완벽하게 정보를 은닉합니다. 네임스페이스는 둘 이상의 파일에 분산하여 선언은 노출하고 정의를 숨길 수 있습니다. 헤더와 소스 파일도 모듈이 하는 방식과 마찬가지입니다.

당장의 문제를 생각해봅시다. 캡슐화는 어떤 도움이 될까요? 하나의 함수에서 처리해야 하는 옵션이 너무너무 많습니다. 각 옵션에 다른 함수를 사용할 수도 있습니다. 그런 다음 키를 확인하는

---

3   옮긴이 원서에서는 이 문장 다음에 'Confusingly, that entity is called an encapsulation.'라는 문장이 더 있는데 생략했습니다. 영어의 특성상 encapsulation이 '캡슐화하다'라는 동사를 명사화한 추상명사(불가산명사)로도 쓰일 수 있고, 캡슐화한 대상 그 자체를 가리키는 구상명사(가산명사)로도 쓰일 수 있습니다.

`if` 문에서 올바는 함수를 호출할 수 있습니다. 함수는 매개변수 데이터가 유효한지에 따라 `bool`을 반환할 겁니다.

보기 좋네요. 서로 다른 옵션을 모두 고유한 함수로 캡슐화했고 새 옵션에 대한 함수를 쉽게 추가할 수 있었습니다. 각 옵션에 대한 구문 분석 함수의 내용을 추가로 작성하기만 하면 됐었죠. 옵션 파일의 유효성을 판단하기 위해 반환값을 포착할 수도 있습니다. 모든 옵션이 유효한 경우 해당 옵션을 적용할 수 있는 객체를 만들어야 하니 새로운 옵션이 추가될 때 업데이트가 필요하지만 이는 문서화하기 쉽고, 어쨌든 다른 엔지니어가 이러한 옵션 함수에 대한 별도 예제를 보면 패턴을 알 수 있을 겁니다.

음…

잘못될 수 있는 부분에 여러분의 스파이디 센스Spidey-sense[4]가 발동해야 합니다. 여전히 다른 엔지니어가 새 옵션을 추가할 때 작업을 올바르게 하는지 여부에 달려있습니다. 다른 엔지니어는 유효성 검사 과정의 본질을 잘못 이해하거나, `if` 문에서 함수 검사를 깜빡 잊거나 옵션 텍스트의 철자를 틀릴 수도 있습니다. 여러분은 문제를 상당히 개선했지만 캡슐화와 정보 은닉만으로는 충분하지 않은 경우가 있습니다. 이러한 나머지 문제를 해결하려면 추상화라는 비장의 무기를 꺼내야 합니다.

2.1.3 언어의 목적과 추상화의 본질

추상화는 까다로운 단어입니다. 캡슐화의 결과가 캡슐화인 것처럼 추상화의 결과가 추상화라는 사실은 문제에 도움이 되지 않습니다. 방금 캡슐화와 정보 은닉 과정에 대해 살펴본 대로, 추상화 과정에 대해 알아봅시다.

추상화란 말 그대로 의미를 뽑아낸다는draw off 의미입니다.[5] 프로그래밍에서 추상화란 문제에서 중요한 부분을 식별하고 분리하여 뽑아낸 다음 나머지는 버린다는 의미입니다. 추상화는 구현의 세부 사항과 구분됩니다. 추상화에는 식별자를 붙입니다. 함수의 본질을 다시 생각해보세요. 일련의 명령어를 하나의 엔티티로 묶고 이름 붙입니다. 함수는 문제 도메인에 의미 있는 이름이 있는 추상화입니다. 클래스도 비슷합니다. 클래스는 문제 도메인에 의미 있는 이름이 있는 추상화이며, 이름에 담긴 동작을 모델링하는 것과 관련된 기능을 포함합니다.

---

4 옮긴이 스파이더맨의 능력으로, 위험을 사전에 빠르게 감지하는 능력
5 옮긴이 추상에 해당하는 한자는 각각 뽑을 추(抽), 모양 상(象)입니다. 즉, 의미를 추출한다는 의미가 한자에 담겨 있습니다.

그러나 추상화의 기술은 추상화의 범위 내외에 무엇이 있어야 하는지를 결정하는 일입니다. 이러한 점에서 단순한 캡슐화와는 다릅니다. 또한 추상화와 관련된 것과 아닌 것 사이에 어디에 선을 그을지 결정하는 기계적인 방법은 없습니다. 이러한 능력은 연습과 경험에서 비롯합니다.

문제로 돌아와서, 키-값 쌍의 파일을 구문 분석하고 그 결과가 유효하면 환경에 적용하려 합니다. 잘 지어진 함수명이 있네요. `parse_options_file`입니다. 문제는 임의의 키-값 쌍을 안전하게 추가하는 것입니다. 모든 쌍은 `parse_options_file`과 실제로 관련이 있나요? 범위 내에 있나요? 함수에서 옵션을 분리할 수 있나요?

지금은 switch-case를 문자열에 사용할 수 없기 때문에 파일에서 키를 가져와서, 계속 늘어나는 if-else 문에서 각각 확인하고 있습니다. 연관 컨테이너associative container[6] 같네요. 실제로 함수 포인터에 대한 키 맵은 여기서 완벽해 보입니다. 그런데 갑자기 우리 함수는 반복된 부분이 많이 사라지게 되어 맵과 해당 함수 호출에 대한 단일 조건문으로 대체되었습니다.

예제 2.1.4

```cpp
auto options_table = std::map<std::string, bool(*)(std::string const&)>
{{"debug"s, set_debug},
 {"language"s, set_language}}; // 알맞게 확장하기

void parse_options_file(const char* filename) {
  auto options = std::ifstream(filename);
  if (!options.good()) return;
  while (!options.eof()) {
    auto key = std::string{};
    auto value = std::string{};
    options >> key >> value;
    auto fn = options_table.find(key);
    if (fn != options_table.end()) {
      (*(fn->second))(value);
    }
  }
}
```

이 함수에서 중요한 것은 옵션 파일을 구문 분석하여 각 키에 무언가를 한다는 점입니다. 안타깝게도 그러는 동안 공백이 포함되는 기능을 잃었습니다. 화살괄호 연산자chevron operator[7]는 공백에

---

6   [옮긴이] 연관된 값을 하나의 키-값 쌍으로 저장하는 컨테이너

7   [옮긴이] 예제 2.1.4의 `>>` 연산자를 일컫습니다. 비트 시프트 연산자 혹은 문자열 삽입/추출 연산자라고도 합니다(참고로 화살표 연산자는 `->`입니다).

도달하면 추출을 중단합니다. 이에 대해서는 곧 다시 살펴보겠습니다.

하지만 한결 나아졌습니다. 이제 키와 함수 포인터에 대한 맵을 초기화하기만 하면 됩니다. 그러나 문제를 빙 돌아온 것일 뿐입니다. 사용자가 초기화자 업데이트를 깜빡할 수 있기 때문에 여기서 또 실수가 발생할 수 있습니다. 이걸 자동화할 수 있을까요?

당연히 가능합니다. 키를 함수 포인터 대신 생성자가 있는 함수 객체에 매핑하여 함수가 아닌 정적 객체static object를 만들 수 있습니다. 생성자는 맵에 해당 객체의 주소를 삽입할 수 있습니다. 사실 주소를 삽입해주는 기본 클래스base class에서 모든 함수 객체를 파생시킬 수 있습니다. 또한 이제 기본 클래스가 있으니 유효성 검사 함수를 추가해서 검사를 수행한 다음 커밋commit할 수 있습니다. 이제 다 정리되는 것 같네요.

예제 2.1.5

```
auto options_table = std::map<std::string, command*>{};

class command {
public:
  command(std::string const& id) {
      options_table.emplace(id, this);}
  virtual bool validate(std::string const&) = 0;
  virtual void commit(std::string const&) = 0;
};

class debug_cmd : public command {
public:
  debug_cmd() : command("debug"s) {}
  bool validate(std::string const& s) override;
  void commit(std::string const& s) override;
};
debug_cmd debug_cmd_instance;

class language_cmd : public command {
public:
  language_cmd() : command("language"s) {}
  bool validate(std::string const& s) override;
  void commit(std::string const& s) override;
};
language_cmd language_cmd_instance;
```

다음은 뭘까요? 옵션 파일을 구문 분석하지만 일련의 문자열만 읽을 뿐입니다. 문자열은 파일에 있지 않습니다. 명령줄에서 받을 수 있습니다. 함수 `parse_options`의 이름을 다시 짓고 입력 매개변수를 `std::istream`으로 변경해야 합니다. 키를 찾을 수 없는 경우 파일명으로 취급해야 하며 파일을 열어야 합니다. 그러면 간단히 재귀를 할 수 있습니다.

예제 2.1.6

```cpp
void parse_options(std::istream& options) {
  while (options.good()) {
    auto key = std::string{};
    auto value = std::string{};
    options >> key >> value;
    auto fn = options_table.find(key);
    if (fn != options_table.end()) {
      if ((*(fn->second))->validate(value)) {
        (*(fn->second))->commit(value);
      }
    } else {
      auto file = std::ifstream(key);
      parse_options(file);
    }
  }
}
```

이제 각 키에 별도의 함수 객체가 있으니 데이터 초기화에 제약이 없습니다. 각 키를 명령어 취급할 수 있으며 어느새 기본적인 스크립팅 기능이 생겼습니다. 이 장을 시작할 때는 엔지니어가 함수를 한없이 확장해야 했지만 이제는 `command`에서 새 클래스를 파생시켜 `validate`과 `commit`을 오버라이딩override하면 됩니다.

이제 하나의 잠재적으로 거대한 구문 분석 함수를 작고 유한한 구문 분석 객체라는 사전으로 옮겼습니다. 명령줄 구문 분석 기능도 아주 적은 비용으로 추가했습니다. 문제의 어떤 부분이 관련되었는지 고려함으로써 이를 달성했습니다. 지저분한 구조체로 시작하여 깔끔하고 유지보수가 쉬운 스크립팅 기능이 되었습니다. 모두 승자입니다.

2.1.4 추상화 수준

하나의 구문 분석 함수에서 더 작은 기능의 묶음으로 이행하는 또 다른 방법은 연관된 활동을 별도의 함수를 다음과 같이 묶는 것일 수 있습니다.

예제 2.1.7

```cpp
void parse_options_file(const char* filename)
{
  auto options = std::ifstream(filename);
  if (!options.good()) return;
  while (!options.eof())
{
  auto key = std::string{};
  auto value = std::string{};
  options >> key >> value;
  parse_debug_options(key, value);
  parse_UI_options(key, value);
  parse_logging_options(key, value);
  // 등등...
  }
}
```

이 코드는 지저분한 구조체를 캡슐화하는 문제를 다룹니다. 이제 몇 개의 함수가 있고, 각 함수는 구분된 항목으로 명명됩니다. 하지만 이건 문제를 개선하기보다는 돌아간 것에 불과합니다. 추후 유지보수 담당자는 구문 분석기에 어느 함수를 추가해야 할지 결정해야 합니다. 그러한 함수가 너무 커지면 함수를 나누는 방법에 대해서도 결정해야 합니다. 이러면 추상화 수준을 지키지 못하게 됩니다.

추상화 수준을 이해하기 위해 OSI 7계층 모델[8]을 살펴봅시다. 이 모델은 통신 체계를 추상화 계층으로 분할합니다. 각 계층은 다음 계층으로 인터페이스를 노출하지만 이전 계층에는 노출하지 않습니다. 엔지니어는 그들의 전문 분야에 맞는 계층에서 작업합니다. 그 예로, 저는 소프트웨어 엔지니어이지 전자공학 엔지니어가 아닙니다. 저는 1계층에서 작업하는 것이 매우 불편하고, 응용 계층인 7계층에서 작업하면 훨씬 행복합니다. '풀 스택full-stack 엔지니어'라는 용어를 들어봤을 겁니다. 풀 스택 엔지니어는 모든 계층에서 편안합니다. 신화적인 존재이죠.

구문 분석 문제의 추상화 수준은 다음과 같이 서술할 수 있습니다.

1. 데이터 스트림stream을 전달하는 스트리밍 계층

2. 개별 심벌symbol을 전달하는 구문 분석 계층

3. 심벌을 토큰token과 매칭하고 전달하는 사전dictionary 계층

---

[8] https://en.wikipedia.org/wiki/OSI_model

4. 입력의 유효성을 검사하고 값을 업데이트하는 토큰 계층

이러한 추상화는 모두 문제가 겹치지 않고 개별적으로 구분됩니다.

2.1.5 리팩터링과 구분 짓기를 통한 추상화

추상화의 핵심은 서로 다른 계층을 어디서 구분해야 할지 아는 것입니다. 앞서 언급했듯 추상화에 어떤 과학적 공식이 있는 건 아닙니다만, 살펴볼 만한 세 가지 사항이 있습니다.

첫째, 과한 세부 사항입니다. 코드가 당장의 작업과 전혀 무관해 보이는 작업을 수행하는 데 시간을 소모하고 있나요? 이번 장의 핵심 가이드라인에서는 파일 읽기, 유효성 검사, 재할당을 수행하는 바쁜 `for` 루프를 예로 들었습니다. 너무 많은 일이 일어나고 있죠. 로컬용의 이상한 데이터 구조를 설계하는 것도 고려할 수 있습니다. 이 데이터 구조가 현재 맥락 외에 사용될까요? 만약 그렇다면 이 데이터 구조를 검토 중인 코드에서 배내서 더 일반적인generic 라이브러리로 옮기세요. 세부 사항을 다른 라이브러리로 분리하는 것은 추상화의 한 형태이며 이는 가이드라인 예제와 데이터 구조를 추출하는 개념에 모두 적용 가능합니다.

둘째, 장황한 반복입니다. 어떤 패턴이 보이나요? 교묘한 복사 및 붙여넣기가 있나요? 이걸 개별 함수나 함수 템플릿으로 표현할 수 있나요? 해당 코드를 함수로 추출하고 이름을 붙이고 나서 추상화 대상을 찾아냈다는 기쁨을 만끽하세요

셋째, '바퀴 재발명wheel reinvention'[9]이 더 나은 표현이겠네요. 반복과는 약간 다르며 첫 번째와 두 번째 사항을 합친 것에 해당합니다. 컴퓨팅의 근본적인 알고리즘을 식별하고 명명하는 데는 오랜 시간이 걸렸습니다. 이러한 것이 어떤 것이고 표준 라이브러리에서 어떤 방식으로 제공하는지 익숙해 지도록 하세요.

반복은 발견되기를 기다리는 알고리즘이 있다는 힌트입니다. 그리고 좋은 알고리즘은 코드가 하는 일에 대해 간결하게 설명합니다. 2013년에 숀 페어런트Sean Parent는 'C++ 시즈닝'[10]이라는 강연에서 "원시 루프를 사용하지 마세요no raw loop"[11]라는 원칙에 전반 대부분을 할애했습니다. 그는

---

9 [옮긴이] 이미 만들어져 있으며 최적화된 방식을 다시 만드는 것. 참고: https://ko.wikipedia.org/wiki/바퀴의_재발명

10 https://www.youtube.com/watch?v=W2tWOdzgXHA

11 [옮긴이] 손이 말하는 원시 루프란 '반복문에 구현된 알고리즘보다 함수가 더 큰 목적을 수행하는 경우의 해당 반복문'을 뜻합니다. 함수에 반복문 대신 표준 라이브러리 함수를 가져다 쓸 수 있다면 라이브러리를 써서 코드를 정리하도록 권장합니다. https://sean-parent.stlab.cc/presentations/2013-09-11-cpp-seasoning/cpp-seasoning.pdf

`std::find_if` 같은 기존 알고리즘을 사용하거나, 알려진 알고리즘을 함수 템플릿으로 구현해서 오픈 소스 라이브러리에 기여하거나, 완전히 새로운 알고리즘을 만들어 논문을 쓰고 강연으로 유명해지라고 조언했습니다. 지저분한 코드를 제거하는 방식에 대한 탁월한 조언입니다.

2.1.6 요약

코드가 엉망이면 읽는 사람은 어떤 일이 일어나는지 한 번에 이해하지 못합니다. 다음을 통해 이를 방지할 수 있습니다.

- 기존 코드나 알고리즘의 패턴을 가급적 발생하는 그대로 파악하고, 지저분한 코드에서 추출하여 고유한 함수로 추상화하기
- 다양한 수준의 추상화 파악하기
- 이러한 모든 부분을 캡슐화할 방법 파악하기

2.2

[I.23] 함수의 인수를 적게 유지하라

2.2.1 얼마나 벌어야 할까요?

여기 함수 선언이 있습니다.

예제 2.2.1

```
double salary(PayGrade grade, int location_id);
```

코드 시작 부분의 'double salary'가 보기 좋네요. 하지만 슬프게도 이 함수는 여러분의 월급을 두 배로 만들어주는 것은 아니며, 단지 특정 지역의 특정 지불 등급에 따라 월급을 보고하는 함수입니다. 또한 예제 1.4.7의 각주에서 언급했듯, 돈에는 정수 타입을 사용해야 하므로 다음과 같이 다시 선언하겠습니다.

예제 2.2.2

```
int salary(PayGrade grade, int location_id);
```

정부 계약 시에 이런 류를 볼 수 있을 겁니다. 공무원의 월급은 대개 호봉에 따르지만 지역에 따라 다를 수 있습니다. 예를 들어 영국 런던의 일부 공무원은 수도인 런던의 생활비 상승으로 인해 월급을 더 많이 받습니다.

이 함수는 지극히 정상적이고 일반적입니다. 외부 정보에 의존하는 것처럼 보이지 않고, 그렇다 해도 데이터베이스 테이블을 쿼리해서 데이터를 가져오는 정도일 겁니다. 이 함수의 첫인상은 단순하고, 모호하지 않고, 얌전하고, 겸손한 느낌이네요.

그러던 어느 날, 의회제정법[1] 혹은 불가항력인 요지부동의 대상에 의해 요구 사항이 변경되고, 월급은 이제 호봉이나 위치가 아닌 근속 기간에 따라 계산됩니다. 아마도 공무원 수 유지를 위해 장기 근속자를 위한 작은 곱셈 인자를 포함해야 한다고 결정된 것 같습니다.

별문제는 아닙니다. 함수에 근속 기간을 나타내는 매개변수만 추가하면 됩니다. 연 단위로 계산되니 int면 됩니다. 이제 코드는 이렇습니다.

예제 2.2.3

```
int salary(PayGrade grade, int location_id, int years_of_service);
```

한 쌍의 int가 보이는데 '뭐가 잘못될 수 있을까'라는 질문에 대한 답은 '매개변수 반전parameter inversion'입니다. 여러분은 두 번째 매개변수를 더 좁은 타입인 열거형으로 변환할 수 있을지 지역의 개수를 마음속으로 메모합니다.[2]

시간이 흐르고 급여 체계가 불가피하게 다시 변하며 다른 고려 사항이 나타납니다. 이번에는 팀 규모에 관한 것입니다. 관리직 호봉이 10명 이상의 팀을 관리하는 추가 부담을 반영하지 못한다는 불만이 있었습니다. 관료적 협상을 많이 해야 하는 호봉제 대신, 관리직 급여의 호봉에는 장기 근속자와 마찬가지로 작은 곱셈 인자를 추가하도록 하는 새로운 규칙이 생겼습니다. 이는 보고서의 수를 넘기는 간단한 문제이므로 네 번째 매개변수를 추가했습니다.

예제 2.2.4

```
int salary(PayGrade grade, int location_id, int years_of_service,
           int reports_count, bool* large_team_modifier);
```

reports_count의 경계는 호봉에 따라 다릅니다. 특정 호봉의 상위 구간에서는 더 큰 팀의 관리자에게 곱셈 인자의 효과가 있습니다. 그런데 곱셈의 적용 여부는 다른 함수에 중요한 정보입니다.

---

1   [옮긴이] 영연방 국가의 act of parliament에 해당합니다.
2   [옮긴이] location_id가 몇 개일지 속으로 세어본다는 뜻입니다.

std::pair<int,bool>을 반환하는 이점과 bool에 대한 포인터를 매개변수 목록에 추가하는 문제에 대해 긴 이메일 스레드로 긴밀히 논의한 결과, std::pair 쪽이 졌기에 함수 시그니처는 이제 다음과 같이 수정되었습니다.

예제 2.2.5

```
int salary(PayGrade grade, int location_id, int years_of_service,
           int reports_count, bool* large_team_modifier);
```

경계가 유연한 지역들이 다수 있다고 밝혀져, 두 번째 매개변수 타입으로 열거형이 채택되지는 않았습니다.

이 함수는 이제 과로하고 있습니다. 함수 시그니처의 3개의 연속된 int는 부주의한 자들에게 함정이 됩니다. 예를 들어 근속이 7년이고 보고서 수가 5개라고 할 때 두 값을 서로 바꿔 전달하면, 정상인 것처럼 보이지만 부정확한 결과가 나올 겁니다. 마치 난독증에 걸린 것처럼 코드에서 이런 버그를 알아내기란 아주 어렵습니다.

게다가 이 함수는 데이터베이스에서 정보를 쿼리할 뿐만 아니라 몇 가지 추가 연산을 수행하며 그중 한 계산은 다른 상태에 따라 조건부로 수행됩니다. 이 함수는 salary라고 불리니 무해한 것처럼 보이지만 사실 내부적으로는 상당한 활동을 하고 있습니다. 성능에 민감한 코드에는 영향이 있을 겁니다.

2.2.2 추상화를 통해 문제를 단순화하기

가이드라인에서 설명하기를, 함수의 매개변수가 너무 많은 두 가지 이유는 일반적으로 다음과 같습니다.

1. 추상화 누락
2. '함수 하나당 한 가지 책임' 위반

이를 자세히 살펴봅시다.

salary 함수의 목적은 주어진 어떤 상태에 따라 값을 계산하는 것입니다. 이 함수는 두 가지 상태를 가지고 시작하며 요구 사항이 변경됨에 따라 확장되었습니다. 그러나 직원의 정보에 따라 급여를 계산한다는 점은 변하지 않았습니다. 생각해보니 함수 시그니처에 세 번째 매개변수가 등장한 다음부터는 매개변수들을 하나의 추상화로 캡슐화하고 `SalaryDetails`라고 이름 붙이는 편이 현명했을 것 같네요.

추상화 누락은 바로 이런 것입니다. **어떤 목적을 수행하는 상태가 있고, 상태 간에는 어떠한 관계가 있을 수 있다면 추상화를 발견할 가능성이 있습니다. 그러한 상태를 하나의 클래스로 모으고 이름을 붙여 해당 관계를 클래스 불변 조건으로 만드세요.**

이러한 과정을 `salary` 함수에 적용하면 이제 다음과 같이 `SalaryDetails`라는 구조체가 생깁니다.

예제 2.2.6

```
struct SalaryDetails
{
  SalaryDetails(PayGrade grade_, int location_id_, int years_of_service_,
                int reports_count_);
  PayGrade pay_grade; int location_id;
  int years_of_service;
  int reports_count;
};
```

그러면 함수 시그니처는 이렇게 보일 겁니다.

예제 2.2.7

```
int salary(SalaryDetails const&);
```

이는 부분적인 개선에 불과합니다. 아직 생성자에 3개의 `int`가 있으니 부주의한 사람이 빠질 수 있는 함정이 있습니다. 사실 이에 대해 핵심 가이드라인 I.24는 '동일 인수를 가지고 다른 의미로 어떤 순서로도 호출될 수 있는 인접 매개변수를 피하라'고 경고하고 있습니다. 하지만 강한 타이핑 strong type[3]과 같이 이런 문제를 완화해주는 기술이 있으니 아직 희망은 있습니다.

원래의 급여 함수의 요구 사항이 변경됨에 따라 변경된 내용을 `SalaryDetails` 구조체에 반영할 수 있습니다. 사실 `salary` 함수를 `SalaryDetails` 추상화의 멤버 함수로 만들 수 있습니다. 또한 `large_team_modifier`를 조건자predicate,[4] 즉 참이나 거짓을 반환하는 함수로 만들고 다음과 같이

---

3 [옮긴이] 강한 타이핑은 컴파일 중 엄격한 타입 규칙을 적용하여 타입 정보가 올바르지 않다면 오류나 예외가 발생하도록 하여 프로그램이 실행되지 않게 합니다. 참고: https://en.wikipedia.org/wiki/Strong_and_weak_typing

4 [옮긴이] 서술자라고도 하며, 불리언 또는 불리언으로 변환 가능한 타입을 반환하는 함수 또는 함자(functor)입니다. 참고: https://en.cppreference.com/w/cpp/concepts/predicate

클래스를 만들 수 있습니다.

예제 2.2.8

```
class SalaryDetails
{
public:
  SalaryDetails(PayGrade grade_, int location_id_, int years_of_service_,
              int reports_count_);
  int salary() const;
  bool large_team_manager() const;

private:
  PayGrade pay_grade;
  int location_id;
  int years_of_service;
  int reports_count;
};
```

클라이언트 코드는 이제 이렇습니다.

예제 2.2.9

```
auto salary_details = SalaryDetails(PayGrade::SeniorManager, 55, 12, 17);
auto salary = salary_details.salary();
auto large_team_manager = salary_details.large_team_manager();
```

멤버 함수 접근법을 사용하지 않기로 한다면 멤버 데이터는 공개되며 클라이언트 코드는 다음과 같게 됩니다.

예제 2.2.10

```
auto salary_details = SalaryDetails(PayGrade::SeniorManager, 55, 12, 17);
auto salary = calculate_salary(salary_details, &large_team_manager);
```

무슨 일이 있었는지 다시 짚어보죠. 어떤 상태로부터 값을 만들려면 기능functionality[5]이 필요했습니다. 상태의 양은 많아집니다. 그러한 상태는 클래스로 추상화되고, 멤버 함수는 함수에서 원래 하고자 했던 것을 반영합니다.

5 　[옮긴이] feature가 작업을 완수하기 위한 시스템 내의 도구라면 functionality는 이러한 도구들이 원하는 결과로 이어질 수 있게 실제로 작동하는 방식입니다(책에서는 둘 다 '기능'으로 옮겼습니다). 참고: https://www.orah.com/blog/features-vs-functionality

여기서 잠시, 함수를 호출하는 데 사용된 데이터가 어디에서 왔는지 생각해볼 필요가 있습니다. 예제에서는 55, 12, 17을 명시적으로 제공했지만 이런 사용 사례는 거의 없을 것 같네요. 실제로는 이러한 정보를 갖는 Employee 클래스가 존재하여, 해당 정보는 salary 함수로 단순히 전달되었을 가능성이 높습니다. 다음과 같이 말입니다.

예제 2.2.11

```
for (auto const& emp : employees)
auto final_salary = calculate_salary(
    PayGrade::SeniorManager, emp.location, emp.service, emp.reports);
```

이런 함수 호출을 보면 저는 왜 데이터 원본 클래스의 멤버 함수가 아닌지 금방 궁금해집니다. 이 경우엔 "salary는 왜 Employee 클래스의 멤버 함수가 아닐까?"라고 묻고 싶네요.

작성자가 Employee 클래스를 수정하지 못할 수도 있습니다. 서드 파티third-party 코드에 있을 수 있으니까요. 이럴 땐 const 참조를 통해 Employee 클래스 전체를 salary 함수로 전달하고 함수가 쿼리하도록 두는 편이 더 낫습니다. 다음과 같이 엔지니어가 함수를 호출하는 것보단 말이죠.

예제 2.2.12

```
for (auto const& emp : employees)
auto final_salary = calculate_salary(PayGrade::SeniorManager, emp);
```

두 가지 해결법은 모두 salary 함수가 받는 매개변수 개수를 줄이며, 이는 바로 이번 가이드라인의 목표입니다.

2.2.3 가능한 한 적게 하되, 덜 하지는 말기

이 말은 항상 매개변수 묶음을 클래스로 변환해야 한다는 뜻일까요?

아닙니다. 가이드라인에서는 함수 인수argument의 개수를 적게 유지하라고 합니다. x64 ABIapplication binary interface[6]에서 작업한다면 기본적으로 4레지스터 빠른 호출 규약4-register fast-call convention[7]이 존재합니다. 매개변수가 4개인 함수는 클래스를 참조로 받는 함수보다 약간 더 빠르게 실행됩니다.

---

6 [옮긴이] 곧이어 2.3.2절에서 자세히 다룹니다.
7 [옮긴이] 참고: https://ko.wikipedia.org/wiki/호출_규약, https://learn.microsoft.com/ko-kr/cpp/build/x64-calling-convention?view=msvc-170

트레이드오프의 가치가 있는지는 여러분이 판단할 일입니다. 매개변수가 12개라면 상태를 캡슐화하는 클래스를 만드는 것이 당연히 확실한 선택입니다. 융통성 없는 규칙은 없으며 가이드라인은 작업의 맥락에 따라 해석할 따름입니다.

가이드라인에서 두 번째로 초점을 맞추는 내용은 '함수 하나당 한 가지 책임' 규칙의 위반입니다. 이는 함수가 자신의 일 잘 수행하기 위해 하나의 함수가 한 가지 일만 해야 한다는 간단한 규칙입니다. 이 원칙을 위반한 대표적 사례는 `realloc` 함수입니다. 여러분이 올바른 C++ 프로그래머라면 이 흉물을 접해보지 못했을 겁니다. `realloc` 함수는 C 표준 라이브러리에 존재하며 다음 시그니처와 함께 헤더 `<stdlib.h>`에 선언되어 있습니다.

예제 2.2.13

```
void* realloc(void* p, size_t new_size);
```

이 함수는 여러 일을 합니다. 주로 `p`가 가리키는 메모리 크기를 조정합니다. 더 정확히 말하면 `p`가 가리키는 원시 메모리 블록을 `new_size` 바이트만큼 늘리거나 줄이고, 더 이상 기존 블록을 늘릴 수 없을 때는 새 블록을 할당하고, 그런 다음 이전 메모리 블록의 내용을 새 메모리 블록으로 복사합니다. 이러한 복사는 복사 구조의 의미론을 무시하고 바이트만을 복사하기 때문에 올바른 C++ 프로그래머라면 `realloc` 함수를 보게 될 이유가 없습니다.

만약 `new_size` 매개변수로 `0`을 전달하면 이 동작은 정의된 구현에 해당합니다. 이로써 블록이 완전히 해제된다고 생각하겠지만 반드시 그렇지는 않습니다.

이 함수는 새 블록의 메모리 주소 또는 확장된 메모리 블록의 주소를 반환합니다. 더 큰 블록을 요청했으나 새로운 블록을 할당할 메모리가 충분하지 않다면 반환값은 널null 포인터입니다.

여기서 두 가지 일이 일어납니다. 메모리의 크기가 변경되었고, 내용은 이동되었을 것입니다. 추상화 수준은 섞여버렸고 두 번째 동작은 첫 번째 동작의 실패에 달려있습니다. 이 기능을 아무것도 없는 상태에서 제공한다면 `resize`라는 하나의 함수로 다음과 같이 제공하겠습니다.

예제 2.2.14

```
bool resize(void* p, size_t new_size);
```

이는 단순히 블록을 늘리고 줄이려는 것입니다. 실패한다면 새 블록을 자체 할당하고 모든 내용을 새 블록으로 옮깁니다. 구현 방법에 따라 정의된 동작implementation-defined behavior은 필요하지 않습니다. 재할당과 내용 이동을 분리함으로써 추상화 수준을 준수할 수 있습니다.

'함수 하나당 하나의 기능'이라는 원칙은 응집력cohesion과 관련 있습니다. 소프트웨어 공학에서 응집이란 어떤 것이 함께하는 정도를 나타냅니다. 이전 예제가 함수의 높은 응집력을 나타내기를 희망합니다. 응집력이 높다는 것은 좋은 일입니다. 응집력이 높으면 가독성과 재사용성이 향상되며, 복잡성은 감소합니다. 함수의 이름을 잘 지을 수 없다면 함수가 너무 많은 일을 하고 있을 가능성이 높습니다. 작명은 어렵습니다. 특히 복잡한 무언가를 작명하는 경우에 말입니다.

클래스에서 응집력이 높다는 것은 멤버 함수와 데이터가 밀접하게 연관되어 있다는 뜻입니다. 멤버 함수가 수행할 때 연관된 소수의 동작을 무관한 데이터 집합보다는 작은 데이터 집합으로 수행한다면 응집력은 높아집니다. 높은 응집력과 느슨한 결합은 종종 함께 사용됩니다. 이에 대해서는 책 《Structured Design》[8]에서 더 읽어볼 수 있습니다. 40년이 넘은 내용이지만 오늘날에도 여전히 읽을 가치가 있습니다.

2.2.4 실제 사례

자세히 보면 가이드라인 I.23 논의 항목discussion은 첫 번째 내용을 아주 다른 방식으로 표현하는 것임을 알 수 있습니다.[9] 함수에 책임이 누적되면 추상화에 대한 비용이 들고 문제 도메인에서 튀는 항목이 됩니다. 가이드라인에서 제공하는 예제를 봅시다.

첫 번째는 `merge` 함수입니다. 이 거대한 함수는 다음과 같은 시그니처가 있습니다.

예제 2.2.15

```
template <class InIt1, class InIt2, class OutIt, class Compare>
constexpr OutIt merge(InIt1 first1, InIt1 last1,
                      InIt2 first2, InIt2 last2,
                      OutIt dest, Compare comp);
```

시그니처는 분명 읽을 만합니다만 이를 위해 페이지에 맞춰 단어를 축약했고,[10] 여러 번 입력해야

---

8   Yourdon, E, and Constantine, L, 1978. *Structured Design: Fundamentals of a Discipline of Computer Program and Systems Design* (2 ed.). New York: Yourdon Press.
9   옮긴이 2.2.2절 참고. 1. 추상화 누락, 2. '함수 하나당 한 가지 책임' 위반
10   옮긴이 예를 들면 `InIt1`은 `InputIterator1`을 줄여 쓴 것입니다.

했고, 오류도 몇 개 수정해야 했습니다. cppreference.com에서 복사한 것이기는 하지만 제대로 하려고 주의 깊게 교정해야 했습니다.

예제에는 추상화를 식별하기 위한 범위range가 있습니다. 이 함수는 한 쌍의 범위를 표시하는 반복자iterator를 선택합니다. C++20부터 범위의 시작과 끝을 표시하는 한 쌍의 반복자로 범위를 명시적으로 파악할 수 있습니다. 이로써 첫 4개의 반복자 매개변수를 묶어 간단하게 만들 수 있습니다.

예제 2.2.16

```
template <class InRng1, class InRng2, class OutIt, class Compare>
constexpr OutIt merge(InRng r1, InRng r2, OutIt dest, Compare comp);
```

범위에 대한 세부 사항은 추상화 수준이 더 낮습니다. 우리는 단지 2개의 범위를 합치는merge 데 만 관심이 있습니다. 범위를 정의하는 또 다른 방법은 항목 수와 함께 일부 항목의 시작을 가리키는 포인터로 정의하는 것입니다. 가이드라인 I.23의 두 번째 예제에는 다음의 함수 시그니처가 있습니다.

예제 2.2.17

```
void f(int* some_ints, int some_ints_length);
```

C++20에 추가된 또 다른 객체는 std::span입니다. 한편, 가이드라인 지원 라이브러리Guidelines Support Library, GSL는 네임스페이스 gsl에 정의된 함수 및 타입 집합이며 핵심 가이드라인의 실행을 지원합니다. std::span은 gsl::span에서 발전된 것으로, 정확히 위에서 설명한 대로입니다. 어떤 데이터를 가리키는 포인터와 길이를 하나의 객체로 묶어 다음과 같은 함수 시그니처를 생성합니다.

예제 2.2.18

```
void f(std::span<int> some_ints);
```

두 예제 모두 매개변수에서 추상화를 유도했습니다.

포인터와 센티널 값sentinel value[11]으로 범위를 식별하는 또 다른 방법이 있습니다. 이 방법은 문자열 리터럴string literal의 형태로 C++에 내장되어 있습니다. 널 종결자null terminator가 있는 문자 배열을

---

11 [옮긴이] 보촛값이라고도 하며, 데이터의 끝이나 반복의 종료를 알리는 값입니다.

가리키는 포인터로 표현됩니다. 이 종결자는 센티널 문자입니다. `std::span`보다 더 특수화된 버전인 `std::string_view`는 한 쌍의 반복자인 포인터와 카운트 또는 포인터와 센티널로 구성될 수 있습니다.

2.2.5 요약

추상화를 구축하는 여러 방법이 있지만, 클라이언트가 더 많은 기능을 원할 때가 있습니다. 단칼에 "안 돼요. 매개변수는 추가하지 않겠습니다. 핵심 가이드라인 I.23 위반이에요"라고 말하며 팔짱을 끼고 노려볼 수는 없습니다. 동료들에게 친절하지 못한 태도죠. 그렇다면 더 이상 의미 있는 추상화를 유도할 수 없을 때는 어떻게 해야 할까요?

매개변수가 많으면 걷잡을 수 없이 복잡해지고 있으며 주의해야 할 것이 있다는 신호입니다. 더 이상 추상화를 도출할 수 없다면 함수 식별자 자체가 문제일 수 있습니다. 함수에 요구하는 것이 많다면 문제 도메인에서 아주 중요한 식별자임이 분명합니다. 그런 중요한 내용을 한 가지 추상화로 캡슐화하기보다는 함수를 확장하도록 고려할 때입니다. 사용 의도에 따라 함수는 오버로드될 수도 있고, 연산 종류에 따라 함수 이름을 다양하게 지을 수 있습니다. 함수 템플릿이 필요할 수도 있습니다. 매개변수를 추가하는 것 외에도 항상 다른 선택지가 있습니다.

함수에 추가 매개변수가 필요한 이유가 무엇이든 가볍게 여겨서는 안 되며 최후의 수단으로 보고 함수 자체의 특성을 다시 생각하는 것부터 시작해야 합니다. 매개변수 수를 적게 유지하고, 비슷한 매개변수를 분리하고, 복잡성을 최소화하고, 추상화할 내용을 발견하면 기뻐하세요.

- 매개변수가 많으면 사용자가 이해해야 하는 부담이 커집니다.
- 잠재된 추상화를 발견할 수 있도록 매개변수를 구조체에 모으세요.
- 여러 매개변수는 함수가 너무 많은 일을 하려고 한다는 신호로 여기세요.

2.3

[I.26] 크로스 컴파일러 ABI가 필요하면 C 방식의 하위 집합을 사용하라

2.3.1 라이브러리 만들기

C++로 라이브러리를 작성하는 것은 간단합니다. 소스 파일을 컴파일하고, 라이브러리로 합치고, 헤더에 컴파일러가 지원하면 모듈, 지원하지 않으면 내보내기를 노출하고, 라이브러리 파일과 헤더나 모듈 정의를 클라이언트에 제공하기만 하면 됩니다.

안타깝게도 이게 전부는 아닙니다. 제대로 하려면 세부적으로 할 일이 상당히 많습니다. 이번 가이드라인은 이러한 오버헤드overhead를 최소화하여 미래의 어떤 시점에 어마어마한 양의 작업이 쌓이지 않도록 하고, 앞으로 오랫동안 커뮤니티에 도움이 될 라이브러리를 만들 수 있는 방법을 안내하고자 합니다.

링커linker의 작동 방식을 떠올려보세요. 링커는 목적 파일이나 라이브러리에서 누락된 심벌을 다른 목적 파일이나 라이브러리에서 내보낸 심벌과 일치시킵니다. 헤더의 선언은 라이브러리 파일에 있는 정의를 가리킵니다.

예를 들어, 라이브러리에 다음 함수가 있다고 합시다.

예제 2.3.1

```
id retrieve_customer_id_from_name(std::string const& name);
```

그리고 이 함수는 헤더에 선언되어 있습니다. 편리한 방식이죠. 헤더에 기능을 모을 수 있고, 사용자는 다시 컴파일하느라 시간을 들일 필요가 없습니다. 여러분의 소스가 오픈 소스가 아니라면 proprietary 공유하지 못할 수도 있겠네요.

이 함수는 문자열 참조에서 문자열 버퍼를 가져오고retrieve, 클라우드 어딘가의 데이터베이스를 쿼리하고, 쿼리 결과로 생성된 `id`를 반환하는 방식으로 작동할 겁니다. 문자열 구현에는 길이 정보 다음 버퍼를 가리키는 포인터가 붙는 경우가 있으므로, 문자열 버퍼를 가져와 데이터베이스로 전달하는 것은 간단합니다.

이제 여러분의 라이브러리가 폭발적인 인기를 얻었다고 가정해봅시다. 데이터베이스에는 특히 유용한 정보가 가득하고, 모든 사람들이 그 정보를 얻고 싶어합니다. 수백, 수천, 수만 명의 고객이 이 기능에 대해 흔쾌히 돈을 냅니다. 그런데 갑자기 함수 실행 중 이 라이브러리에 충돌crash이 생긴다는 불만이 쏟아집니다. 서서히 쏟아지던 불만은 이제 분노가 되어 폭포처럼 터져 나옵니다. 조사해보니 컴파일러, 링커, 표준 라이브러리가 변경된 도구 모음의 업그레이드가 있었음을 알게 됩니다.

이제 할 일은 새 도구 모음으로 라이브러리와 단위 테스트를 다시 빌드하여 전부 실행해보면 됩니다. 모두 통과하네요. 충돌은 발생하지 않았습니다. 버그 리포트 내용을 재현하려 했지만 소용 없습니다. 무슨 일일까요?

정답은 `std::string`이 변경되었기 때문입니다. 처음 라이브러리를 출시했을 때 `std::string`은 길이 정보 다음에 포인터가 뒤따랐습니다. 안타깝게도 클라이언트는 포인터 다음 길이 정보가 오도록 문자열을 구현하는 새 도구 모음으로 업그레이드했습니다. 이제 메모리 레이아웃이 예상과 다른 `std::string const&`을 함수에 제공합니다. 포인터를 역참조dereference하면 실제로는 길이 값을 역참조하여 금지된 메모리로 가서 빠르게 종료되어 버립니다.

여러분이 라이브러리와 단위 테스트를 다시 빌드하면 새 도구 모음으로 빌드되므로 `std::string`의 정의는 모두 포인터 다음에 길이 정보가 있었습니다. 테스트는 전부 통과했습니다. 새 코드가 이전 코드를 호출할 때만 문제가 생겼습니다.

2.3.2 ABI란 무엇인가?

무슨 일이었냐면, ABI가 변경되었습니다. 라이브러리 API는 변경되지 않았지만 ABI는 변경되었습니다. 'ABI'라는 용어가 낯설 수 있습니다. ABI는 응용프로그램 이진 인터페이스application binary interface

를 뜻합니다. 응용프로그램 인터페이스인 API가 라이브러리로 할 수 있는 일에 대한 사람용 가이드인 것처럼, ABI도 라이브러리로 상호작용하는 방식에 대한 기계용 가이드입니다.

ABI는 표준 라이브러리에 객체가 배치되는 방식뿐 아니라 함수에 무언가를 전달하는 방식 등 여러 가지를 정의합니다. 예를 들어 System V AMD64 ABI[1]는 처음 6개의 정수 혹은 포인터 인수가 레지스터의 RDI, RSI, RDX, RCX, R8, R9에 전달되도록 지정합니다. 이 ABI는 유닉스 및 유닉스 계열 운영체제에서 준수합니다. 그 밖에 ABI에 포함되는 사항은 예외 처리 및 전파, 함수 프롤로그 및 에필로그 코드, 가상 테이블 레이아웃, 가상 함수 호출 규약 등이 있습니다.

어떤 운영체제용으로 컴파일된 코드가 다른 운영체제에서 작동하지 않을 수 있기 때문에 ABI가 필요합니다. 프로세스 아키텍처가 가령 x86으로 동일하더라도 ABI는 다를 수 있습니다. 물론 하나의 통일된 ABI가 있으면 문제가 되지 않겠지만 ABI는 하드웨어의 성능 특성과 밀접한 연관이 있습니다. 하나의 ABI로 모든 것을 고정하면 성능 비용이 발생합니다. 라이브러리의 함수 시그니처에서 다른 라이브러리에 있는 타입을 사용하지 않는다면 그 다른 라이브러리의 변경에 따른 ABI 충돌break이 발생하지 않습니다. 하지만 결국 모든 라이브러리는 변경되기 마련이라 ABI 충돌은 개발 시 상당한 문제가 됩니다.

따라서 ABI를 안정적으로 유지해야 합니다. 함수의 반환 타입, 인수의 타입, 수, 순서, noexcept 지정specification 등 어떤 식으로든 함수를 변경하면 ABI 충돌에 해당합니다. 이는 API 변경에도 해당합니다. 비공개 인터페이스private interface의 데이터 타입이나 데이터 구조를 변경하는 것은 API 변경은 아니지만 **ABI 충돌**에 해당합니다.

네임 맹글링name mangling도 ABI 충돌을 피할 수 없습니다. ABI는 함수명을 고유하게 식별하는 표준 방법을 정의하여 라이브러리가 C나 파스칼 같은 서로 다른 언어로 빌드된 라이브러리를 함께 링크하도록 할 수 있습니다. extern "C" 선언을 헤더 파일에서 본 적이 있다면 이는 플랫폼에서 사용하는 C 컴파일러와 동일한 이름 체계name scheme를 사용하여 선언에 있는 함수명이 내보내기 테이블exports table로 삽입되어야 한다고 컴파일러로 알리는 것입니다.

앞서 가정한 std::string을 사용하는 라이브러리 문제는 여러분에게는 일어날 가능성이 낮습니다. 오늘날의 링커는 간단하게 다른 표준 라이브러리를 사용하는 클라이언트의 링크linking를 막습

---

1   https://wiki.osdev.org/System_V_ABI

니다. 여기에는 여러 가지 방법이 있습니다. ABI 버전을 심벌의 네임 맹글링에 포함embed시키거나, 컴파일러가 목적 파일에 ABI 버전을 삽입하여 충돌하는 버전을 링크하려고 할 때 오류를 발생시킬 수 있습니다. 충돌하는 ABI를 처리하는 작업은 제거되지 않았고 오히려 노출되어 엔지니어가 할 일로 추가됩니다.

가이드라인을 다시 떠올려보죠. '크로스 컴파일러 ABI가 필요하면 C 방식의 하위 집합subset을 사용하라.' 지금까지 크로스 컴파일러 ABI의 특성과 이를 준수하는 것이 지금도 미래에도 중요한 이유에 대해 설명했습니다. 이제 C 방식의 하위 집합으로 넘어가겠습니다.

2.3.3 최소한으로 줄이기

그렇다면 C 방식의 하위 집합은 어떻게 구성될까요? C 타입은 내장 타입이라고도 합니다. 이 타입은 다른 타입으로 구성되지 않습니다. 원자 타입atomic type이라고 할 수 있는데 애석하게도 C++는 C와 원자 타입의 의미가 다릅니다. 하지만 모든 타입의 기본 구성 요소라고 보면 됩니다. C++의 기본 타입은 다음과 같습니다.[2]

예제 2.3.2

```
void
bool
char
int
float
double
```

이 중 일부는 부호나 크기에 따라 수정할 수 있습니다. 키워드 singed와 unsigned는 char와 int에 적용할 수 있습니다. short는 int에 적용 가능합니다. long은 int와 double에 적용 가능합니다. 이 키워드는 int에 두 번 쓸 수도 있습니다. 사실 키워드 int는 생략 가능하며 부호나 크기 수정자 modifier로 대체할 수 있습니다. 수정자는 어느 순서로도 적용 가능합니다. long unsigned long 타입도 아무 문제가 없습니다.

언뜻 보기에는 약간 번거로운 정도로 보이지만, 리뷰에 제출된 코드에 long unsigned long이 있다면 저는 타당한 이유를 물어볼 겁니다. 크기 수정자size modifier는 제가 좋아하는 질문을 낳았습니다.

---

2 https://en.cppreference.com/w/cpp/language/types

"int는 얼마나 클까요?" 답은 "상황에 따라 다르다"입니다. 표준은 다음 몇 가지를 보장합니다.

- `short int`와 `int`의 최소 크기_{width}은 16비트입니다.
- `long int`는 최소 32비트입니다.
- `long long int`는 최소 64비트입니다.
- 1 == `sizeof(char)` <= `sizeof(short)` <= `sizeof(int)` <= `sizeof(long)` <= `sizeof(long long)`

구현은 이러한 크기를 결정합니다. 결정된 크기에 대한 집합은 데이터 모델이라고 합니다. 널리 받아들여진 모델은 네 가지가 있습니다.

- WIN16 API에서 사용하는 LP32 및 2/4/4 (`int`는 16비트, `long`과 포인터는 32비트)
- Win32 API와 일부 유닉스 시스템에서 사용하는 ILP32 및 4/4/8 (`int`, `long`, 포인터는 32비트)
- Win64 API에서 사용하는 LLP64 및 4/4/8 (`int`와 `long`은 32비트, 포인터는 64비트)
- 일부 유닉스 시스템에서 사용하는 LP64 및 4/8/8 (`int`는 32비트, `long`과 포인터는 64비트)

여기서 가이드라인의 '크로스 컴파일러'라는 단어가 중요합니다. 여러분의 라이브러리는 지금의 컴파일러에서 작동해야 하지만 1년 후에도, 그리고 클라이언트가 사용하는 컴파일러에서도 작동해야 합니다. 컴파일러마다 `int`나 포인터의 크기가 다르다면 여러분이 의도하지 않은 방식으로 동작이 달라지게 됩니다.

부동소수점 타입은 정수 타입보다 간단합니다. 특정 표준을 참조하여 정의되었기 때문입니다. 이 표준은 ISO/IEC/IEEE 60559:2011이라고 하며, IEEE 754-2008과 동일합니다. 이로써 플랫폼 간에 전적으로 신뢰할 수 있습니다. `char`는 singed나 unsigned, 둘 다 아닐 수도 있습니다. 세 가지 모두 별개 타입입니다. `unsigned char`는 원시 메모리_{raw memory}를 처리할 때 사용합니다.

이로써 데이터 모델을 변경하면 ABI 충돌이 된다는 것이 분명합니다. (비록 이런 식으로 문제를 이해하지는 못했지만) 저는 1990년대 초에 윈도우 3.11 머신에 Win32를 처음 설치했을 때 ABI 충돌을 처음 마주했습니다. 갑자기 int는 메모리를 2배 차지했고 프로그램 일부는 갑자기 멈췄습니다. 최근에는 LLP64와 LP64의 미세한 차이(`long`의 크기) 때문에 윈도우와 macOS용 코드를 작성할 때 고생했습니다. 윈도우는 LLP64를 사용하고 macOS는 LP64를 사용하기 때문입니다.

이제 긴장을 풀고 숨을 길게 내쉬어도 됩니다. 가이드라인은 "크로스 컴파일러 ABI가 필요하면 C 방식의 하위 집합을 사용하라"고 하지만, 내장 타입이 얼마나 취약한지 이제 막 살펴봤습니다. 그러나 데이터 모델 간에 이동하려고 할 때만 이러한 취약성이 드러납니다. 그뿐만 아니라 데이터 모델 위험을 극복할 방법이 있는데 고정 크기 정수 타입fixed-width integer type을 사용하면 됩니다. 식별자에 타입의 크기를 포함하며 `int32_t`나 `unit8_t` 같은 이름을 갖습니다. C는 헤더 `<stdint.h>`에, C++는 헤더 `<cstdint>`에 정의되어 있습니다.

확실히 말하면, 이번 장의 시작 부분에서 보았던 함수 선언은 ABI 경계boundary를 넘어서는 `std::string`을 사용하지 말았어야 합니다. 문자열에 대한 정의가 변경될 수 있기 때문입니다. 이는 C++11의 GCC에서 변경되어 상당히 고통스러웠습니다. 함수는 `char*`나 `int`를 받거나 `unit8_t`를 받는 편이 더 나았을 것입니다. 이들은 절대 변하지 않기 때문입니다.

2.3.4 예외 전파

할 일이 끝난 것처럼 들립니다. 고정 크기 내장 타입을 전달 및 반환하면 아무 문제가 없을 것 같습니다. 하지만 함수 간에 데이터를 전달하는 또 다른 방법이 있습니다. 예외 처리 체계machinery를 사용하는 것입니다. 예외를 던지면 컴파일러는 예외를 위한 공간을 할당한 다음 표준 라이브러리 구현에 있는 특정 함수를 호출해서 스택을 풀기unwind 시작합니다. 일부 플랫폼에서 이 함수는 각 함수 본문에 해당하는 컴파일러에 삽입된 데이터를 통해 catch 문을 각각 반복합니다. 반복 시에 던져진 예외를 처리할 catch 문을 찾습니다.

가능한 결과는 두 가지입니다. 일치하는 catch 문을 찾거나 찾지 못하는 경우입니다. 찾지 못하면 표준 라이브러리 구현은 `std::terminate`를 호출하는데, 이는 기본적으로 `std::abort`를 호출합니다. 그러면 정리cleaning up하지 않고 호스트 환경으로 제어권을 반환합니다. 스택을 풀다가 운 좋게 일치하는 catch 문을 찾으면 스택으로 돌아가 각 함수를 정리하고 소멸자를 호출하여 스택을 복구한 다음 이 일치하는 catch 문에서 실행을 재개합니다. catch 문이 실행된 다음 예외를 위해 할당한 메모리는 해제됩니다.

메모리 부족 때문에 예외가 발생했을 때 생길 문제는 별도로 보더라도, 이 동작은 구현마다 크게 다릅니다. 예외를 위한 공간을 할당하는 메커니즘과 함수 본문 뒤에 삽입하는 데이터 형식은 구현마다 다르며, 스택 풀기 함수에 각 catch 문을 설명하는 방식도 다릅니다. 이 정보는 컴파일 타임compile time에 도구 모음으로 작성되며, 버전 번호부터 다른 두 컴파일러가 빌드한 두 개의 라이브러리가 동일한 프로그램에 공존한다면 ABI 비호환incompatibility일 위험이 있습니다. 하지만 이러한 위험성은 꽤 낮습니다. 예외 처리 정보 형식exception-handling info format은 플랫폼 ABI에서 정의하며, 예외 타입은 라이브러리가 정의하고, 공급자vendor는 이러한 사항을 변경하지 않으려 애쓰기 때문입니다. 하지만 특히 신경이 쓰인다면, 예외가 라이브러리를 벗어나지 않도록 하고 API의 각 함수에 여러분의 스타일에 따라 `noexcept`나 `noexcept(true)`를 붙이는 것decorate이 유일한 선택지입니다.

보다시피 라이브러리에 크로스 컴파일러 ABI를 보장하려면 몇 가지 작업이 필요합니다. 이러한 작업이 필요하다는 것은 바이너리 의존성binary dependency이라는 위험이 있다는 뜻입니다. 여러분은 라이브러리를 소스 혹은 사전 빌드된 바이너리로 배포하거나 사용하기로 할 수 있습니다. 앞의 예제에서는 오픈 소스가 아닌 코드의 개념과 클라이언트의 컴파일 타임을 함께 살펴봤습니다. 이는 심각한 문제가 될 수 있습니다. 제 스튜디오에서 사용하는 GUI 라이브러리는 구성 및 빌드에 하루 대부분이 걸립니다. 라이브러리의 바이너리 버전도 사용 가능합니다. 저는 제가 사용 중인 도구 모음의 버전을 확인하고 해당 웹사이트에서 다운로드 버튼만 누르면 됩니다. 그러면 다양한 디렉터리 구조가 포함된 라이브러리를 받을 수 있는데 여기에는 NDEBUG의 정의 여부나 바이너리의 정적 또는 동적 링크 여부가 반영됩니다. 이 4가지 조건은 12가지로 늘어날 위험이 있는데, 세 가지 구성을 제공하는 표준안의 계약 제안contract proposal[3]이 있기 때문입니다. NDEBUG 정의 여부, 정적 혹은 동적 링크, 계약 설정contract configuration을 제공하는 문제는 사소하지 않습니다.

소스로 배포된 라이브러리는 이에 해당하지 않습니다. 라이브러리가 클래스 템플릿이나 함수 템플릿으로만 구성되었다면 사전 빌드된 바이너리로 배포할 수 없습니다. 클래스 템플릿이나 함수 템플릿을 인스턴스화하려면 전체 정의가 필요합니다. 빌드의 책임이 사용자로 위임되는 경우, 라이브러리 자체가 사전 빌드된 바이너리 라이브러리에 의존하지 않는다면 ABI에 대한 모든 고려 사항도 사용자에게 위임됩니다.

2.3.5 요약

여러분의 라이브러리가 ABI 안정성을 고려할 정도의 수명을 갖지 못할 거라고 약간 비관적으로 단정할지도 모르겠네요. 더 포괄적인 해결책이 나오기 전까지의 단기 패치에 불과할지도 모른다고요.

---

3 [옮긴이] 표준안에 제안서를 제출하는 방법이 안내된 페이지를 참고하면 표준을 '계약 사항'으로 간주합니다. 참고: https://isocpp.org/std/submit-a-proposal, Template for Library Proposals의 VI. Technical Specification의 Provide full "Standardese" 항목.

제발, 제발, 절대 그렇게 생각하지 마세요.

1958년 미국 국방부는 MOCAS라는 전산화된 계약 관리 서비스를 출시했습니다. 이 시스템은 코볼로 작성되었고 그린 스크린 업그레이드로 천공 카드 입력을 대체했으며, 추후 웹 인터페이스가 도입되어 2015년에도 여전히 사용 중입니다. 좋은 것은 오래 지속되고 많이 사용됩니다. 수조 달러가 MOCAS를 거쳤습니다.[4]

C는 50년, C++는 40년간 우리와 함께했습니다. C가 곳곳에 존재하게 되면서 펄Perl, 파이썬Python, 루아Lua, PHP, 루비Ruby, Tcl 등 다른 많은 언어에서 C 인터페이스를 출시하고 사용했습니다. C 인터페이스는 사실상 공용어가 되었습니다. 이제 '오래된 혈통'을 갖는 라이브러리와 프로그램이 존재합니다. 예를 들면 제가 자주 사용하는 `libcurl`은 1997년에 처음 출시되었습니다. 저는 2000년대 초반에 처음 사용했고요. `libcurl`은 제가 2000년부터 참여한 게임 프랜차이즈의 인프라 구조에서 여전히 중요한 부분입니다. 윈도우 개발자는 마이크로소프트 파운데이션 클래스Microsoft Foundation Class, MFC에 익숙할 텐데요, 이 라이브러리는 Windows SDK로 개발할 때 필요한 클래스 모음입니다. 이 라이브러리의 버전 1은 1992년에 출시되어 여전히 널리 사용됩니다. 이미지 조작 소프트웨어를 작성하는 사람이라면 누구나 `libjpeg`를 사용할 겁니다. 이건 1991년 10월이 첫 출시였습니다. iostream 라이브러리는 1985년에 작성되었습니다. C++20 표준에서는 fmt 라이브러리로 일부 대체되었지만 여전히 널리 사용됩니다. 출시할 당시는 코드 작성자 누구도 자신들이 만든 것이 20, 30, 60년 후에도 사용되리라 생각하지 못했을 겁니다. 여러분이 라이브러리를 개발할 때 미래를 염두에 두고, 미래 시점에 모든 가능한 장애물을 제거하기를 바랍니다. 이 가이드라인을 따르면 여러분의 라이브러리는 C++ 생태계의 원로들과 함께할 수 있습니다. 전설적 지위가 부여될 테니 명성을 보장받을 수 있을 겁니다. ABI 문제를 피하고 C 방식의 하위 집합으로 ABI를 빌드하세요.

---

4 https://www.technologyreview.com/2015/08/06/166822/what-is-the-oldest-computer-program-still-in-use

2.4

[C.47] 멤버를 선언한 순서대로 데이터 멤버를 정의하고 초기화하라

멤버 데이터의 초기화 순서는 한 가지뿐으로, 바로 선언한 순서대로입니다. 변경할 수 없습니다. 이 것이 불변의 규칙인 데에는 좋은 이유들이 있으며 이번 장에서 설명하고자 합니다.

하지만 먼저 예를 들겠습니다. 브린Bryn은 대기업의 신입 엔지니어이며 건물에 얼마나 많은 사람이 있는지 알아내는 인구population 서비스를 작성하는 요청을 받았습니다. 건물 깊숙한 곳에 잠긴 서 버가 출입을 처리합니다. 낡았고 느립니다. 오래전에 자금을 꾸역꾸역 많이 모은 스타트업에 팔린 잊힌 하드웨어 회사의 이름이 앞면에 빨간 글자로 새겨져 있습니다. 쿼리는 번거롭고 시간은 많이 걸립니다. 새로운 안전 규정은 즉시 이용 가능한 인원을 요구하지만 프런트 데스크에서 로그인하 는 데 약 1분 정도 걸리기 때문에, 서버에 쿼리한 다음 값을 캐시하여 값을 30초 동안 갖고 있는 편이 안전해 보입니다. 그러면 처리 속도보다 빠르게 쿼리가 쌓이는 것을 방지할 수 있습니다.

예제 2.4.1

```
class population_service {
public:
  population_service(std::string query);
  float population() const;

private:
  mutable float current_population;
  mutable std::time_t expiry;
  std::string query;
};
```

이 클래스는 서버 쿼리와 함께 생성됩니다. population을 호출하면 population 값의 만료 시간을 확인하고 필요 시 쿼리를 사용해서 해당 값을 업데이트합니다. 이 느긋한 계산법lazy evaluation은 mutable의 전형적인 사용 사례입니다.

브린은 생성자를 작성합니다.

예제 2.4.2

```
population_service::population_service(std::string query_)
{
  query = std::move(query_);
  expiry = std::chrono::system_clock::to_time_t(
                    std::chrono::system_clock::now());
  current_population = population();
}
```

population 함수는 간단한 문제입니다. 모든 테스트를 통과하여 브린은 코드 리뷰에 제출합니다. 리뷰어는 초기화를 생성자 본문에서 초기화 리스트로 옮길 것을 요청했습니다. 신입 사원의 열정으로 좋은 인상을 남기고자 브린은 재빨리 문제를 해결해서 다음과 같이 수정했습니다.

예제 2.4.3

```
population_service::population_service(std::string query_)
  : query(std::move(query_))
, expiry(std::chrono::system_clock::to_time_t(
                    std::chrono::system_clock::now()))
, current_population(population())
{}
```

브린은 코드를 제출했고 리드인 베스Beth가 문을 노크합니다.

"브린, 이 코드 테스트했나요?" 베스가 묻습니다.

"옙, 모두 통과했습니다." 브린은 질문의 의도를 모른 채 순진하게 답합니다.

"초기화 리스트로 전부 옮긴 **이후에** 테스트했나요?" 베스가 계속 묻습니다.

"어, 그럴 필요 없었는데요, 필요 없지 않나요? 전부 중괄호 앞으로 옮겼을 뿐인데요."

베스는 살짝 실망한 나머지 맥이 풀려버립니다. 베스는 이 답을 듣자 준비하던 강의 '테스트를 자동화하고 항상 코드 제출 전에 테스트하라'가 생각납니다. 베스는 문제가 있는지 확인하기 위해 코드를 실행할 필요조차 없었습니다.

전부 중괄호 앞으로 옮겼으니 안타깝지만 코드의 동작이 변경됩니다. 이제 가장 먼저 일어날 일은 population을 호출하여 current_population이 초기화되는 것입니다. 초기화 리스트에서 멤버 함수를 호출하는 일이 타당한지에 대한 의구심은 별개로 보더라도, 이는 엔지니어의 본래 의도가 아니었습니다. 먼저 쿼리와 만료 시간을 초기화하고자 했습니다. 이러한 값이 제대로 초기화되지 않으면 population 호출은 거의 성공하지 못합니다.

정말 확실하게 말씀드리면, 멤버 데이터는 선언 순대로 초기화됩니다. 이 순서가 유일합니다. 순서는 마음대로 택할 수 없고, 다른 순서를 사용할 수도 없습니다. 이 경우 current_population이 먼저 선언되어 멤버 함수인 population을 호출하여 초기화되었습니다. 이어서 만료 멤버가 초기화됐지만 std::time_t는 생성자가 없고 일반적으로 내장된 정수 타입으로 구성되므로, 결정론적인 값으로 초기화되지 않았습니다. 마지막으로 쿼리는 이동 생성move construction으로 초기화되었습니다.

이러한 문제를 해결할 두 가지 방법이 있습니다. 이 객체를 초기화하는 올바른 방법은 current_population을 0으로, 만료 시간은 now()로 초기화한 다음 쿼리를 이동 생성하는 것입니다. 이는 다음과 같습니다.

예제 2.4.4

```
population_service::population_service(std::string query_)
  : current_population(0)
  , expiry(std::chrono::system_clock::to_time_t(
                    std::chrono::system_clock::now()))
  , query(std::move(query_))
{}
```

생성자 본문에서 population을 마음대로 호출할 수도 있습니다. 하지만 이 함수는 캐싱 비용이 비싸다는 편을 고려하면 값이 필요할 때까지는 호출하지 않겠습니다.

또 다른 문제 해결 방법은 클래스 정의의 멤버 데이터 순서를 바꾸는 것입니다. 따라서 코드는 다음과 같습니다.

예제 2.4.5

```
class population_service {
public:
  population_service(std::string query_);
  float population() const;

private:
  std::string query;
  mutable std::time_t expiry;
  mutable float current_population;
};
```

이 순서대로라면 population은 초기화 리스트에서 안전하게 호출할 수 있지만, 마찬가지로 함수 호출 시 캐싱 비용의 문제로 저는 호출하지 않겠습니다.

이는 클래스 레이아웃class layout과 정렬alignment의 흥미로운 측면으로 이어집니다. 다음 프로그램을 봅시다.

예제 2.4.6

```
#include <iostream>
struct int_two_bools {
  bool m_b1;
  int m_i;
  bool m_b2;
};
int main() {
  std::cout << sizeof(int_two_bools);
}
```

어떤 답을 예상하나요?

이 프로그램은 컴파일러 익스플로러에서 x64 MSVC 19.24로 빌드 및 실행했고, 답은 12입니다. 각 멤버는 4바이트를 차지합니다.

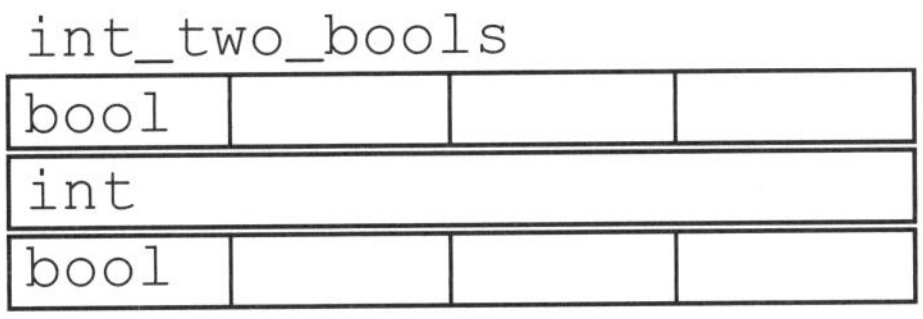

그림 2.4.1 정수 1개와 불리언 2개를 저장하는 레이아웃

그런 다음 두 번째와 세 번째 멤버를 교환합니다.

예제 2.4.7

```
struct int_two_bools {
   bool m_b1;
   bool m_b2;
   int m_i;
};
```

지금은 답이 어떨까요? 컴파일러 익스플로러의 출력을 확인하면 답이 **8**임을 확인할 수 있습니다.

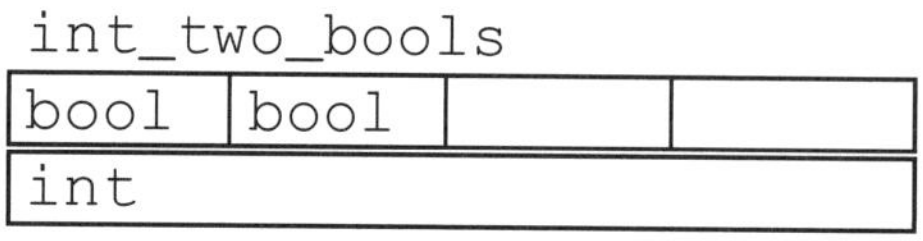

```
int_two_bools
┌──────┬──────┬──────┬──────┐
│ bool │ bool │      │      │
├──────┴──────┴──────┴──────┤
│ int                       │
└───────────────────────────┘
```
그림 2.4.2 정수 1개와 불리언 2개를 저장하는 최적화된 레이아웃

실제로 **m_b2** 다음에 세 번째 불리언을 추가하면 다음과 같습니다.

예제 2.4.8

```
struct int_two_bools {
   bool m_b1;
   bool m_b2;
   bool m_b3;
   int m_i;
};
```

여전히 답은 **8**입니다.

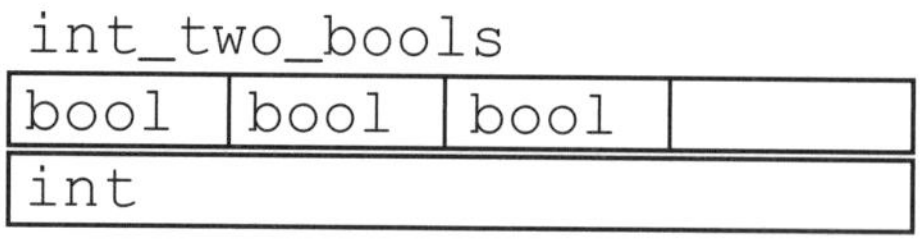

```
int_two_bools
┌──────┬──────┬──────┬──────┐
│ bool │ bool │ bool │      │
├──────┴──────┴──────┴──────┤
│ int                       │
└───────────────────────────┘
```
그림 2.4.3 정수 1개와 불리언 3개를 저장하는 최적화된 레이아웃

놀라울지도 모르겠네요. 표준은 정렬에 대한 몇 가지 사항이 있는데, [basic.align][1]에서 찾아볼 수 있습니다. 요약하면 개별 객체는 반드시 크기에 맞게 경계에서 정렬되어야 합니다. 이 예제의 구현

---

1   https://eel.is/c++draft/basic.align

에서 `sizeof(bool)`은 `1`이고 `sizeof(int)`는 `4`입니다. `int_two_bools`의 첫 번째 정의에서 맨 처음 `bool` 멤버는 1바이트를 차지합니다. 그다음 3바이트의 패딩이 추가되어 `int` 멤버가 4바이트 경계에 위치합니다. 두 번째 정의에서 2개의 `bool` 멤버가 연속되며 각각 1바이트 경계에만 정렬되면 됩니다. 이는 `int` 멤버 앞에 2바이트의 패딩만 있으면 된다는 뜻입니다. 세 번째 정의에서는 단 1바이트 패딩만 필요한데, `bool` 멤버 3개가 4바이트 내에 들어갈 수 있기 때문입니다.

이는 클래스의 인스턴스 크기를 고려하면 레이아웃 순서가 중요하다는 것을 나타냅니다. 크기가 제한된 상황에서 백만 개의 객체가 있는 경우라면 특히 관련이 있습니다. 추가 4바이트도 아주 귀중하니까요. 초기화 순서 문제를 해결하는 일은 멤버 순서 변경만큼 간단하지는 않습니다. 객체의 크기를 증가시킬 수 있기 때문입니다.

이런 의문이 들 수도 있겠네요. '왜 순서가 중요하지? 왜 선언 순서에 꼭 맞춰야 하나? 왜 초기화 순서를 지정하지_{dictate} 못할까?' 사실 일부 컴파일러는 순서가 잘못된 경우 경고할 겁니다. 답을 하자면 C++는 생성된 역순으로 멤버를 소멸하도록 보장하기 때문입니다.

생성자에 순서를 지정한다면 컴파일러에게는 오히려 문제가 됩니다. 클래스 정의에 아무 소멸자도 정의하지 않는다면 컴파일러는 생성자와 동일한 변환 단위에서 소멸자를 정의해야 하며, 이때 생성자를 사용해서 소멸 순서가 어떻게 되어야 할지를 추론합니다. 소멸자가 클래스 정의에 선언된 경우, C++에 정의 리스트 같은 무언가를 추가해야 할 것이고, 이는 소멸자 본문의 끝에서 실행될 것입니다. 이러면 생성자와 소멸자의 동기화를 유지하고 보장하는 일이 여러분의 소관이 됩니다. 광범위한 파국이겠죠.

"네, 괜찮습니다. 제가 맡죠." 활기찬 미소를 띠며 여러분이 답합니다. 잘할 수도 있겠지만, 이것이 유일한 문제는 아닙니다. C++는 생성자 오버로드_{overload}를 허용합니다. 여러분은 이미 초기화 순서는 멤버 순서와 마찬가지로 어떤 식으로든 성능에 민감하다고 받아들였습니다. 각 생성자가 동기화된 상태로 유지되도록 보장할 수 있나요?

"네, 보장할 수 있어요." 여러분의 능력에 아주 자신 있어 보입니다. 하지만 다른 코드에서 서로 다른 생성자가 서로 다른 의존성을 가질 수도 있습니다. 이런 경우는 동기화를 유지할 수 없습니다.

"아하! 소멸자를 여러 개 둘 수 있겠네요! 생성자마다 소멸자를 짝지어서 멤버를 올바른 순서로 소멸하고 생성할 수 있겠네요. 훌륭하죠! 위원회에 제안서를 쓸 거예요!"

여러분의 끈기는 감탄할 만하지만, 성공하지 못할 겁니다. 객체가 생성된 것과 다른 변환 단위에서 소멸된다면 어떻게 될까요? 컴파일러는 어느 소멸자를 호출해야 할지 모르게 됩니다. 생성자에 대한 아무 정보도 없는, 범위를 벗어난 객체만 있을 따름입니다.

"쉽네요, 클래스에 객체를 빌드하는 방법을 설명하는 태그를 붙여 소멸 시점에 검사하면 올바른 소멸자를 호출할 수 있어요." 여러분은 그냥 만들던 것을 만들고 있을 뿐입니다. 이 방법의 문제는 거의 쓰이지 않을 기능을 지원하도록 클래스에 필드를 추가했다는 것입니다. 모든 클래스에 런타임 오버헤드를 도입했습니다. 사용 여부와 무관하게 비용이 드는 추상화를 만든 겁니다. 이는 언어 설계의 기본 원칙인 '사용하지 않는 것에 비용을 지불하지 않는다'는 원칙에 위배됩니다. 세상에는 수십억 줄의 C++ 코드가 있습니다. 이 기능을 C++에 도입한다면 수백만 개 프로젝트에 부정적 영향을 끼치게 됩니다. 이런 일은 발생하지 않을 겁니다. 여러 개의 소멸자도 지정 가능한 초기화 순서도 없을 겁니다. 멤버는 선언된 순서로만 초기화되며, 다른 순서는 안 됩니다. 확실하게 이해했기를 바랍니다.

제 생각에 C++의 가장 뛰어난 특징은 결정론적 소멸deterministic destruction입니다. 세상에는 많은 언어가 있고, 대부분의 언어가 수명lifetime을 관리합니다. C++는 객체의 수명이 끝나는 시점과 모든 리소스가 해제되는 시점을 **여러분이** 결정합니다. 자동 저장 기간 객체의 이름이 범위를 벗어나면 해당 소멸자가 호출되어 멤버의 소멸자도 호출됩니다. 동적 저장 기간 객체를 명시적으로 삭제하면 해당 소멸자가 호출되어 멤버의 소멸자도 호출됩니다. 프로그램이 끝나면 정적 저장 기간 객체는 모두 생성된 역순으로 소멸됩니다. 객체의 소멸자가 호출되고, 해당 객체 멤버의 소멸자가 호출됩니다. 스레드가 소멸되면 객체의 모든 스레드 지역 인스턴스는 생성된 역순으로 소멸됩니다. 마찬가지로 소멸자가 호출되고, 해당 멤버의 소멸자도 호출됩니다.

요점을 장황하게 논하는 것 같지만, 이는 C++의 아주 귀중한 속성이며 이전에 수동으로 관리하는 수명을 접해본 적이 있다면 이렇게 설명하는 이유를 이해할 겁니다. 가령 객체의 멤버로 저장된 데이터베이스에 연결하며, 해당 연결은 제한된 리소스라고 가정해봅시다. 여러분은 소멸자가 호출되는 시점의 해당 연결의 종료에 의존합니다. 객체가 소멸되기 전에는 연결이 종료되지 않아야 합니다. 확실히 더 이상 필요하지 않을 때만 종료되어야 합니다. 이때가 바로 소멸자가 필요한 시점입니다. 소멸자는 객체의 수명이 끝날 때 호출됩니다. 범위 종료 시 호출이 보장되며, 가비지 컬렉션은 이를 제공하지 않습니다. 범위를 사용하면 객체의 수명은 최소화하고 리소스 사용 효율은 최대화할 수 있습니다. 다른 언어로 작업하는 경우 수명은 언어의 런타임과 같은 다른 체계로 관리되며,

가비지 컬렉션의 수행을 기다리는 동안 데이터베이스에 대한 연결이 열려 있는 위험에 처하게 됩니다. 아주 짜증나는 일이며, 유일한 해결책은 확실히 객체가 소멸될 준비가 됐을 때 수동으로 연결을 닫는 것입니다. 이러한 수동 수명 관리는 C의 고질적인 문제였으며 정확히 C++는 이 문제를 벗어나고자 했습니다.

결정론적 소멸은 이번 가이드라인에서 규정하는 한 가지 제약 조건이 필요합니다. 모든 객체는 결정론적으로 생성되어야 하며, 컴파일 타임에 정적으로 순서가 결정되어야 합니다. 이를 위해 단 한 번 존재하는 클래스 정의, 그리고 멤버 데이터 선언 순으로 생성 순서를 추론합니다. 순서를 선택하는 방법은 여러 가지입니다. 선언의 역순, 멤버 초기화자의 알파벳 순, 숫자 태그로 순서를 지정하는 특정 멤버 등이 있습니다. 여러분은 그 밖에도 수많은 방법을 생각해낼 수 있을 겁니다. 하지만 '정의된 순서'라는 명확한 순서가 이미 있는 경우라면 약간 정도에 어긋나 삐딱해 보입니다.

핵심 가이드라인 C.41 '생성자는 완전히 초기화된 객체를 생성해야 한다'는 이와 관련이 있습니다. 이러한 오류를 피하려면 초기화 리스트에 있는 모든 멤버를 생성하는 생성자를 작성하면 됩니다. 베스가 준 피드백을 떠올려보면, 베스는 브린에게 초기화 리스트로 모든 것을 옮기라고 했고, 이 방법이 간편함을 알고 있었을 겁니다. 초기화 리스트를 모든 멤버와 일치시키면, 생성자 본문에 도달하기 전에 모든 항목의 초기화를 보장할 수 있습니다. 생성자 본문에서는 로그 생성이나 콜백 핸들러 구독 같은 클래스 바깥의 객체와 관련된 추가 작업이 일어나죠.

이 방법을 채택한다면 클래스 내 멤버 초기화자의 역할을 유념하세요. 이는 객체의 초기 기본값을 제공하므로 기본 생성자가 불필요합니다. 멤버 데이터가 초기 기본값을 갖는다면 값을 알맞게 선택해야 합니다.

여기서 '선행 구두점 스타일leading punctuation style'에 대해 설명해야겠네요. 앞의 코드(예제 2.4.3 및 예제 2.4.4)를 다시 보면 각 생성자의 초기화 리스트가 이러한 방식으로 작성된 것을 볼 수 있습니다. 각 멤버는 개별 행에 있으며, 첫 번째 멤버 앞에는 콤마나 콜론이 선행합니다. 생성자를 작성하는 다른 방식은 클래스 정의 내에서 모든 것을 한 줄로 두는 방식이 있으며, 혹은 더 자연스럽게 보이는 방식은 각 행의 끝에 콤마나 콜론을 두는 것입니다. 선행 구두점 스타일은 리스트의 끝에 콤마를 남기지 않고 전체 행을 위아래로 이동하여 멤버의 순서를 쉽게 바꿀 수 있다는 이점이 있습니다. 하지만 사소해도 걸리면 성가신 컴파일 버그가 될 수도 있습니다.

초기화 리스트에서 멤버를 초기화한 다음 생성자 본문에서 이를 수정하면 중복redundant 코드가 생기니 이에 따른 컴파일 오버헤드에 대해 의문이 들겠네요. 다행히 as-if 규칙이 있습니다. 표준의 [intro.abstract][2]은 이 규칙을 "따르는 구현은 추상 기계의 관찰 가능한 동작(만)을 에뮬레이션emulation해야 한다"고 설명합니다. 이러면 컴파일러가 최적화를 위해 코드를 변환할 수 있습니다. 앞의 예제에서 `current_population` 멤버는 초기화 리스트에서 `0`으로 초기화되고, 이어서 `population` 함수가 생성자 본문에서 호출되며, 컴파일러가 `population` 함수의 정의를 확인하면 첫 번째 초기화가 중복임을 알 수 있습니다.

초기화 리스트에 명백하게 중복인 코드를 넣기를 두려워하지 마세요. 중복된 코드는 가능하다면 컴파일러가 제거합니다. 코드 작성의 목적은 컴파일러가 할 일을 알려주고, 컴파일러에게 가능한 만큼 정보와 맥락을 주는 것입니다. 이를 최대화하면 컴파일러가 최적화된 코드를 생성할 수 있는 가장 좋은 기회를 제공하는 것입니다. 생성자는 완전히 초기화된 객체를 생성하고, 멤버가 이리저리 왔다 갔다 하지 않고 안전하게 사용할 준비를 해야 합니다. 그렇지 못하면 추상화에 결함이 있는 것이므로 가능한 한 빨리 대처해야 합니다. 이는 즉시 살펴야 하는 경고입니다. 클래스를 재설계하거나 추상화를 좁혀 클래스가 완전히 초기화되도록 **해야 합니다**.

이런 표현을 사용하기 망설여지지만, 초기화 리스트에서 일반적이지 않은exotic 초기화를 **정말로** 수행해야 할 때 몇 가지 트릭이 있습니다. 초기화 리스트는 일련의 초기화 표현식으로 구성된다는 점을 떠올려보세요. 예를 들면 `current_population`은 단순히 `0`으로 초기화되고, `expiry_time`은 `std::chrono::system_clock::to_time_t(std::chrono::system_ clock::now())`을 호출하여 초기화했으며, 쿼리는 생성자 매개변수에서 이동 초기화되었습니다. 초기화 리스트에서 임의의 코드는 실행이 허용되지 않으며, 기존 함수만 호출할 수 있습니다. 삼항 연산자ternary operator는 표현식이므로 사용할 수 있습니다.

이전에는 이 때문에 클래스에 선언된 비공개 정적 함수private static function는 생성자의 헬퍼로 사용했습니다. 보기에 실망스러웠죠. 인터페이스가 한 번만 사용될 함수로 가득했고 인지적 부담과 유지보수 부담이 늘어났으니까요.

C++는 람다 표현식lambda expression을 도입해서 이러한 환경을 바꿨습니다. 이 기법은 즉시 실행 람다 표현식Immediately Invoked Lambda Expression, IILE이라고 하며, 다음과 같은 형태입니다.

---

2 https://eel.is/c++draft/intro.abstract

예제 2.4.9

```
example::example(int a, int b, int c)
  : x([&](){
    ...함수 본문...
  }())
{}
```

example 클래스 생성자는 3개의 인수를 받고 먼저 람다 표현식을 선언하여 x를 초기화한 다음, 한 쌍의 괄호를 뒤에 붙여 이를 즉시 호출합니다. 이 기법은 const 객체를 초기화할 때 유용합니다. const 값에 연속으로 적용할 수 없는 초기화를 위해 연산이 많이 필요할 때가 있기 때문입니다.

하지만 초기화의 경우 지금까지 한 일은 문제를 우회한 것에 불과합니다. 과거 비공개 정적 헬퍼 함수였던 것은 이제 초기화 람다가 되었습니다. 묵은 문제를 해결하기 위해서 좋은 도구를 손에 쥐었지만 올바른 해결책은 여전히 추상화를 다시 생각해보는 것입니다. 초기화 시 상태 변경이 많이 필요하면 이에 필요한 추상화가 데이터 어딘가 숨어 있을 겁니다. 핵심 가이드라인 I.23 '함수의 인수를 적게 유지하라'를 다룰 때 생성자로 전달할 구조체를 만드는 방식으로 함수 매개변수 개수를 최소화하는 방법을 설명했습니다. 코드를 작성할 때 이런 단서를 무시하지 마세요. 소프트웨어 개발의 최선의 방식은 추상화를 찾는 것입니다.

2.4.1 요약

- 생성자 본문은 초기화 리스트보다 제약이 적습니다.
- 멤버 초기화는 선언 순서에 민감하며, 결정론적 소멸을 지원합니다.
- 정렬을 고려하지 않아도 된다면 멤버 선언의 순서를 바꿔서 의존성을 해결하세요.
- 코드를 막 던져서 문제를 해결하려 하지 마세요. 의존성 문제는 미처 발견하지 못한 추상화의 표식처럼 다루세요.

2.5

[CP.3] 쓰기 가능한 데이터의 명시적 공유는 최소화하라

2.5.1 전통적 실행 모델

핵심 가이드라인의 동시성concurrency 및 병렬성parallelism 부분은 C++ 개발자에게 잘 알려진 사실을 다룹니다. 멀티스레드multi-threaded 프로그래밍이 싱글스레드single-threaded 프로그래밍보다 더 어렵다는 내용입니다. 멀티스레드 프로그래밍은 부주의한 사람들을 당황하게 만드는 독특한 에러가 발생합니다. 코드를 한 줄 한 줄 살펴보는 디버깅의 기본 도구는 순차적 프로세스이기 때문에 멀티스레드 실행을 디버깅하는 것은 극히 어렵습니다.

지금까지 거쳐온 것을 생각해봅시다. 그림 2.5.1의 다이어그램과 거의 같은 것을 본 적이 있을 겁니다.

CPU는 프로그램의 명령을 한 번에 한 단계씩 차근차근 수행합니다. 어떤 명령어는 1차 저장장치에서 데이터를 로드하며, 다른 명령어는 데이터를 변경manipulate하며, 또 다른 명령어는 1차 저장장치에 데이터를 저장합니다. 일부 명령어는 프로세스가 그다음 명령어를 실행하는 순서를 제어합니다.

이는 프로그래밍의 기본을 가르치는 좋은 방법입니다. 데이터 가져오기retrieval, 변경, 저장storage, 제어 흐름은 프로그램 작성 시 알아야 하는 모든 것입니다.

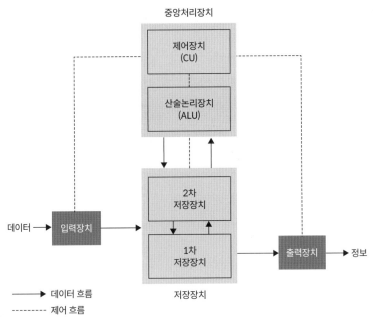

그림 2.5.1 **컴퓨터의 블록 다이어그램**

물론 실제 하드웨어를 다루기 시작한다면 상황은 약간 달라집니다. 예를 들어 저장장치의 종류가 다르면 성능 특성도 다릅니다. 임의의 위치에서 데이터를 검색하는 시간이 똑같이 걸린다고 가정할 수 없습니다. 1990년대 주요 데스크톱 프로세서에 캐시 메모리가 도입되면서 프로세서의 데이터 로드 및 저장 대기 시간이 상당히 증가했습니다. 디스크 드라이브나 SSD 같은 외부 저장장치에 읽거나 쓸 때는 더 심각했습니다. 더 심각한 것은 네트워크 케이블이나 와이파이를 통해 임의의 저장장치에서 읽고 쓰는 경우였습니다.

일반적으로 프로그램이 작동하는 동안 메인 메모리 외부의 원격 장치에 저장된 데이터가 존재합니다. 또한 이러한 장치에 대한 연결을 여는 운영체제 호출도 존재합니다. 로컬 디스크 드라이브에 있는 파일을 생각해보죠.

프로그램은 데이터를 받고자 메모리 버퍼buffer를 만든 다음, 버퍼로 데이터를 읽고 파일을 닫습니다. 프로그램이 운영체제를 자체 장치에 두어 디스크 드라이브의 데이터가 버퍼를 채웠을 때 알림을 수신할 수 있다면 이상적일 겁니다. 이는 실제로 모든 현대 운영체제에서 가능한 기능입니다. 실행 스레드 두 개가 존재하며 하나는 버퍼를 만들고 하나는 버퍼를 채웁니다. 이런 류의 동시성은 상대적으로 간단합니다. I/O 에러를 바르게 처리하고 버퍼를 성급히 읽지 않으며 주기적으로 완료를 확인한다면 모든 것은 괜찮습니다. 버퍼를 일찍 읽는 것은 데이터 경쟁data race이라는 종류의 에러에 해당합니다. 정확하게 말해 데이터 경쟁은 다음과 같은 조건이 충족될 때 발생합니다.

- 두 개 이상의 스레드가 동시에concurrently 같은 메모리 지역location에 접근합니다.
- 스레드 중 하나는 메모리에 쓰기 작업을 하고 있습니다.
- 스레드가 해당 메모리에 대한 접근을 제어하거나 스케줄링하지 않습니다.

슬프게도 프로그램의 복잡성이 증가하면서 데이터 경쟁은 발생하기가 너무 쉬워졌습니다. 코드의 어떤 부분에서는 버퍼가 채워졌는지 확인하지 않을 수도 있습니다. 코드베이스를 처음 보는 사람은 I/O가 이러한 방식으로 처리된다고 알아차리지 못할 수도 있습니다. 파일을 일단 요청하면 버퍼로 파일을 읽을 때까지 프로그램이 대기하거나 중단될 거라고 생각하면서요.

이 오류는 다 채워지지 않은 버퍼가 두 스레드에 노출되어 데이터가 준비되기 전에 버퍼를 생성한 스레드가 데이터에 접근할 수 있다는 것입니다. 이에 대한 한 가지 해결책은 버퍼가 다 차기 전까지는 숨기는 것입니다. I/O 스레드가 버퍼를 만들고 채우도록 명령한 다음 버퍼가 채워지면 호출한 스레드로 버퍼를 돌려 주는 방식입니다.

2.5.2 잠깐, 더 있습니다

1990년대 초, 저는 대학을 갓 졸업하고 윈도우 컴퓨터에서 작업하는 윈도우 개발자가 되었습니다. 멀티미디어 소프트웨어를 많이 작성했는데, 저는 정말로 게임을 만들고 싶었지만, 그래도 제가 얻을 수 있는 것은 다 얻었습니다. 정말 재밌었습니다.

당시 개발자 생활을 돌아봤을 때 두드러진 점은 갑자기 예기치 못하게 시스템이 멈추는freeze 문제였습니다. 잘못 작성된 프로그램은 세션을 중단시키며, 작업 관리자Task Manager를 불러올 수 없거나 문제의 프로세스를 종료kill할 수 없다면 유일한 선택지는 리셋reset 버튼을 누르는 것이었습니다. 슬프게도 제 근무 환경에서는 시스템이 멈췄을 때 작업 관리자를 거의 불러올 수 없었습니다. 자주 저장하는 방법을 빨리 익혔지만 소프트웨어를 개발하면서 미칠 것 같은 부분이었습니다.

저는 워크스테이션 제조업체의 영업팀을 지원하기 위해 프레젠테이션을 만들었는데, 어느 날 인텔 펜티엄 프로세서가 2개 달린 윈도우 NT 3.51 워크스테이션이 제 책상에 등장했습니다. 저는 멀티 프로세서가 탑재된 서버에는 익숙했지만 데스크톱 컴퓨터는 처음이었습니다. 놀라운 전환이었습니다.

하루 정도 걸려 개발 환경을 설치하고 실행할 수 있었는데 제일 처음 체감한 것은 자주 작업 관리자를 불러와 멈춘stalled 프로세스를 종료할 수 있었다는 점이었습니다. 이제 제 할 일만 하면 됐죠. 개발하기 정말 즐거웠습니다. 질문 많은 개발자로서 당연히 제가 처음 한 일은 한 프로그램에서 프로세서를 두 개 다 사용할 수 있는지 확인하는 것이었습니다. 저는 네트워크에서 백업한 것을 압축을 푼 뒤 로컬 디스크에 쓰는 디코더decoder를 작성하기로 했습니다. 프로세서 하나는 읽고 쓰기를 하며, 다른 프로세서는 압축을 풉니다.

프로그램이 완전히 멈춰버리는 데는 한 시간도 채 걸리지 않았습니다. 이유는 몰랐습니다. 저는 압축을 풀기 전에 버퍼가 채워지기를 아주 조심스레 기다렸습니다. 각 버퍼는 자체 잠금lock이 있었고, 버퍼가 채워지면 잠금이 해제됩니다. 문제의 원인을 알아내는 데 아주 오래 걸렸습니다. 성질나게도 코드를 한 줄씩 실행하면 모든 것이 정상이었습니다. 설상가상으로 다른 컴퓨터에서 코드를 실행해도 정상이었습니다.

그 뒤 도대체 무슨 일이 일어난 건지 알아내려고 12일 밤낮으로 광란의 밑바닥까지 찍었던 내용은 자세히 말하지 않겠습니다. 알고 보니 문제는 타이밍 때문이었는데, 두 스레드 모두 다른 스레드가 소유한 버퍼를 대기했기 때문이었습니다. 이 타이밍 문제는 멀티 프로세서 머신에 국한된 것으로 판명되었습니다. 사내의 어느 다른 곳에서도 재현할 수 없었습니다.

저는 처음으로 교착 상태deadlock를 겪은 것이었습니다.

교착 상태는 두 실행 스레드가 다른 스레드가 가진 리소스를 대기하는 경우 발생합니다. 각 스레드는 작업을 완료하고 잠금을 해제하기 전 다른 버퍼를 대기합니다. 싱글 프로세서 컴퓨터에서는 하나의 버퍼를 채우고 잠금을 해제한 뒤 다른 스레드의 진행을 허용하므로 예상대로 진행됩니다. 프로세서 두 개의 경우 동시에 두 스레드를 중단하고 각 스레드가 다른 스레드의 종료를 대기하는 것이 가능했고 실제로 이것이 일반적이었습니다.

무슨 일이 발생했는지 깨닫고 나서 제 로직을 재고하여 전부 고쳤습니다. 그러나 이게 끝이 아니었습니다. 이전에 작성한 코드도 이 컴퓨터에서 실패했습니다. 싱글 프로세서 컴퓨터에서는 아주 드물었던 상황이 멀티 프로세서 컴퓨터에서는 갑자기 빈번해졌습니다. 멀티 프로세서 컴퓨터의 목적은 여러 프로세스를 실행하여 윈도우를 더 나은 환경으로 만드는 것임을 깨달았습니다. 하나의 프로그램에서 여러 스레드를 실행하는 것은 수고할 만한 가치가 없었습니다. 학문적 활동으로는 흥미롭지만 저는 심하게 데었고 다시 멀티 프로세서로 돌아갈 계획은 없어졌습니다.

1990년대 개발의 특징은 프로세서의 속도가 꾸준히 성장했다는 점이었습니다. 제 첫 업무용 PC는 8 MHz로 작동하는 인텔 80286 프로세서가 탑재되었습니다. 당시 1992년 기준으로도 성능이 떨어지는 편이었지만 여전히 널리 사용되고 있었습니다. 1990년대 말 펜티엄 III는 최대 1.13 GHz로 작동할 수 있었습니다. 저는 점점 더 빨라지는 프로세서에 아주 익숙해졌습니다. 심지어 이에 대한 이름이 있었다는 것도 알게 되었습니다. 바로 무어의 법칙Mooer's law으로, 칩의 트랜지스터 수가 2년마다 두 배로 증가한다고 주장했습니다.[1]

물론 법칙은 아닙니다. 엔지니어링 실무에서 관측한 내용일 뿐입니다. 아쉽지만 좋은 시절은 끝났고 결국 물리적인 한계에 도달했습니다. 2004년 12월, 핵심 가이드라인 저자 중 한 명인 허브 서터는 '공짜 점심은 끝났다'[2]라는 글을 썼습니다. 그는 무어의 법칙에 대한 문제를 조명하며 코어 수가 증가하는 후속 CPU의 잠재성을 최대한 뽑아내기 위해서는 소프트웨어의 동시성으로 급선회가 필요하다고 예측했습니다. 그는 대부분 프로그래머가 동시성에 대한 이해가 부족하며, 효율성과 최적화가 여느 때보다 더 중요해질 것으로 보았습니다.

더 빠른 연산 속도를 얻기 위해 프로세서에 트랜지스터를 더 많이 쑤셔 넣는 것은 더 이상 선택이 아니었습니다. 2006년 말 무렵 저는 듀얼 코어 프로세서를 처음 접했습니다. 프로세서는 더 빨라지지는 못했지만 한 번에 더 많은 작업을 처리할 수 있었습니다. 이것도 나쁘지 않죠?

물론 아닙니다. 두 코어는 서로를 대기하지 않을 때만 두 배 빨리 실행됩니다. 붕 뜬 마음이 살짝 가라앉았습니다. 무슨 일이 일어날지 알고 있었으니 실망하지는 않았습니다. 경쟁 상태race condition와 교착 상태는 개발자의 삶의 일부가 되어 개발자들은 프로세서를 더 짜내려고 노력하게 되었습니다. 저는 I/O 스레드에 익숙해졌습니다. 세상은 이제 컴퓨팅 스레드로 가득 차 있었습니다. 멀티 스레드 프로그램은 특히 제 분야인 게임에서는 새로운 일상new normal이 되었습니다. 수십 개의 코어가 있는 프로세서도 흔했습니다. 핵심 가이드라인 CP.1 '코드가 멀티스레드 프로그램에서 실행된다고 가정하라'는 내용도 이를 인정합니다.

---

1 https://www.intel.com/content/www/us/en/newsroom/resources/moores-law.html

2 http://www.gotw.ca/publications/concurrency-ddj.htm

2.5.3 교착 상태 및 데이터 경쟁 피하기

교착 상태 및 데이터 경쟁은 교대turn-taking가 실패하여 발생합니다. 두 스레드는 하나의 리소스, 즉 데이터에 대한 접근에 대해 경쟁합니다. 이는 바로 이 가이드라인의 동기에 해당합니다. 쓰기 가능한 데이터가 공유되지 않는다면 경쟁이나 교착은 문제가 되지 않습니다. 그러나 안타깝게도 스레드는 서로 통신해야 합니다. 다른 스레드의 간섭이 없음을 보장하는 데이터 읽기 및 쓰기 방법이 필요합니다.

C++11은 이를 지원하는 라이브러리 타입인 `std::atomic`을 도입했습니다. 특히 한 스레드가 원자 객체atomic object에 쓰기 작업을 하는 동안 다른 스레드가 해당 객체에서 읽는 경우, 동작이 잘 정의되어 있어서 모든 것은 정상입니다. 그런데 두 스레드가 해당 객체에 쓰려고 한다면? 그러면 해당 객체는 쓰기 작업 중이니 다른 스레드가 이 객체에 쓰기를 시도하면 안 된다고 경고하는 플래그flag가 필요합니다. 문제는, 플래그에 작성하는 것이 안전한지 어떻게 알 수 있을까요? 두 스레드가 플래그에 작성하면 전부 망치게 됩니다.

다행히 뮤텍스mutex라는 개념이 있습니다. 뮤텍스는 싱글스레드 접근 플래그를 추상화한 것입니다. C++11은 `std::mutex`도 도입했는데 이는 무언가에 대한 독점 접근을 확보하는 라이브러리 타입입니다. API는 간단합니다. `lock()`과 `try_lock()` 두 개의 잠금 함수와, 하나의 잠금 해제 함수 `unlock()`이 있습니다. 스레드가 뮤텍스를 성공적으로 잠그면 다른 스레드는 뮤텍스를 잠글 수 없습니다.

문제 해결! 정말 다 해결된 걸까요? 안타깝지만 두 스레드가 뮤텍스를 해제하려고 둘 다 서로를 대기하는 상황에 처하기는 상당히 쉽습니다.

예제 2.5.1

```
void thread1()
{
  // 쓰기 뮤텍스 잠그기
  // 로그 뮤텍스 잠그기
  // 쓰기 수행
  // 로그 수행
  // 쓰기 뮤텍스 잠금 해제
  // 로그 뮤텍스 잠금 해제
}

void thread2()
```

```
{
  // 로그 뮤텍스 잠그기
  // 쓰기 뮤텍스 잠그기
  // 쓰기 수행
  // 로그 수행
  // 쓰기 뮤텍스 잠금 해제
  // 로그 뮤텍스 잠금 해제
}
```

두 스레드가 동시에 시작하면 스레드 2가 로그 뮤텍스logging mutex를 잠그고 있는 동안 스레드 1은 쓰기 뮤텍스를 잠글 수 있습니다. 이제 두 스레드는 작업을 계속하기 전 자신의 뮤텍스를 해제하기 위해 다른 스레드를 대기합니다.

"바보 같아요." 여러분이 말하네요. "스레드는 자신이 필요한 뮤텍스만 잠그면 되고, 필요한 작업을 수행하고, 다음 뮤텍스를 잠그기 전에 해당 뮤텍스를 해제해야 해요."

예제 2.5.2

```
void thread1()
{
  // 쓰기 뮤텍스 잠그기
  // 쓰기 수행
  // 쓰기 뮤텍스 잠금 해제
  // 로그 뮤텍스 잠그기
  // 로그 수행
  // 로그 뮤텍스 잠금 해제
}

void thread2()
{
  // 쓰기 뮤텍스 잠그기
  // 쓰기 수행
  // 쓰기 뮤텍스 잠금 해제
  // 로그 뮤텍스 잠그기
  // 로그 수행
  // 로그 뮤텍스 잠금 해제
}
```

"이제 분명 아무 문제 없을 겁니다. 가이드라인은 '한 번에 두 개 이상의 뮤텍스를 잠그지 말라'로 읽어야 합니다. 솔직히 제가 가이드라인을 쓸 수도 있겠어요."

네, 뭐 유용한 가이드라인이겠지만, 실행은 어떻게 할까요? 쓰기 함수가 다른 뮤텍스를 잠그면 어떻게 되나요? `const` 키워드처럼 뮤텍스를 잠그지 않는다는 함수 데코레이터가 필요하다는 제안인가요? 멀티스레드 소프트웨어 개발에 적용하기에는 오히려 제약이 심각하지 않나요? 사실 이런 상황을 다루는 다른 핵심 가이드라인 CP.22 '잠금 상태에서는 알 수 없는 코드(예: 콜백)을 절대 호출하지 말라'가 있습니다.

불행히도 이 문제는 해결되지 않았습니다. `std::lock()`이나 `std::scoped_lock` 클래스를 사용할 수도 있지만, 프로그래밍 스타일상 쓰기 가능한 데이터를 공유하는 것은 사고가 나기를 기다리는 것이므로 완전히 피할 수 없더라도 최소화해야 합니다. 사실 이 모든 뮤텍스 인프라는 잘못된 문제를 해결하고 있습니다. 메모리를 공유하여 통신해서는 안 되고, 통신으로 메모리를 공유해야 합니다.

2.5.4 잠금과 뮤텍스 외의 사항

'메모리를 공유하여 통신하지 말고, 통신하여 메모리를 공유하라'[3]는 Go의 첫 슬로건입니다. 동시성만큼이나 오랜 지식과 경험입니다. 이를 C++에 적용하려면 뮤텍스 및 관련 데이터는 모두 따로 두고 스레드 간에 통신하는 다른 방식을 받아들여야 합니다. 이는 메시지 전달 방식이라고 합니다.

메시지는 메시지 큐_{queue}로 전달되는 작은 객체입니다. 각 스레드는 메시지 큐를 유지하며 주기적으로 새로운 메시지를 검사하여 그에 따라 알맞은 동작을 수행합니다. 스레드가 작업을 마치고 나서 다른 스레드로 해당 작업의 결과를 사용할 수 있다고 알려야 할 때 메시지가 전송됩니다. 결과는 `std::unique_ptr` 객체에서 참조합니다. `std::shared_ptr` 객체가 아닙니다. `std::shared_ptr` 객체는 이러한 메시지 전달 방식의 의미를 퇴색시킵니다.

당연히 이는 문제를 우회한 것일 뿐입니다. 궁극적으로 데이터를 어딘가에 공유하지 않을 수는 없지만, 여기서는 데이터를 큐 객체로 추상화했습니다. 큐 객체는 쓰기 및 공유 관련 모든 난장판이 벌어질 수 있는 유일한 장소이므로 자기 발등을 찍을 위험에서 벗어날 수 있습니다.

한편 `std::unique_ptr` 객체를 데이터 핸들_{handle}로 사용하면서 메시지 큐[4]를 통해 스레드 간에 이 객체를 옮기면, 각 스레드를 독립된 작업 단위_{self-contained unit of work}로 취급하면서 큐 관리에서 쓰기 가능한 데이터를 최소한으로 공유할 수 있습니다.

3　[옮긴이] 참고: https://go.dev/blog/codelab-share
4　집필 시점에서 표준인 동시성 큐(standard concurrent queue)는 없지만, 여러 해 동안 개발 중인 페이퍼가 있습니다.
　　https://www.open-std.org/jtc1/sc22/wg21/docs/papers/2017/p0059r4.pdf

자, 정리하면 다음과 같습니다.

- 쓰기 가능한 데이터를 공유하면 데이터 경쟁 및 교착 상태를 일으킬 수 있습니다.
- 동기화는 제대로 하기 어렵습니다.
- 공유는 최소한으로 하세요. 예를 들면 메시지 교환 정도로요.

이번 가이드라인은 여기까지지만, 이번 장은 여기서 끝나지 않습니다. 우리는 아직 끝나지 않은 추상화의 여정을 진행 중입니다.

첫 번째 추상화는 원자 객체였습니다. 이 객체는 동시에 서로 다른 두 스레드가 쓰기를 할 수 없습니다. 다음 추상화는 뮤텍스였습니다. 뮤텍스는 리소스 접근 권한에 대한 신호를 주는 원자 객체였습니다. 세 번째는 메시지 큐였습니다. 스레드 간 통신을 안전하게 하는 메커니즘이었죠. 마지막 추상화는 스레드를 작업 개념으로 보는 것으로, 이는 핵심 가이드라인 CP.4의 주제에 해당합니다. '스레드가 아닌 작업의 관점에서 생각하라.'

앞서 I/O 장치에서 버퍼를 채우는 작업을 떠올려봅시다. 멀티스레딩과 관련한 복잡성의 핵심은 메모리 공유의 문제입니다. 스레드가 프로그램의 나머지 부분에서 완전히 단절된다면 아무 문제가 없을 겁니다. 스레드는 아주 쉽게 안전하게 만들 수 있습니다. 버퍼가 다 채워질 때까지 버퍼를 공유하지 않으면 됩니다. 이는 '파일명을 부여하고, 해당 파일의 내용을 채운 버퍼를 반환'하는 작업일 겁니다. 다음과 같이 클래스 하나로 쉽게 캡슐화할 수 있습니다.

예제 2.5.3

```
class file_contents
{
public:
  file_contents(std::string const& filename);
  ~file_contents();
  std::pair<std::byte*, size_t> buffer() const;

private:
  ...
};
```

이 클래스는 파일명을 갖고 생성됩니다. 생성자는 파일을 바라보고, 크기를 알아내어 버퍼를 생성한 다음, 스레드를 시작하여 작업을 완료하면 알림을 요청합니다. 작업 완료 전 buffer()는 {nullptr, 0}을 반환합니다. 완료 후 buffer()는 버퍼의 주소와 해당 버퍼에 포함된 바이트 수를 반환합니다. 에러 처리는 까다로울 수 있습니다. 시그널 오류signal error에서 `buffer()`가 호출되면 에러를 던지거나, `good()` 조건자를 추가할 수 있습니다.

비공개 구현private implementation에 대해서도 잘 생각해봐야 하겠지만, 데이터 경쟁이나 교착 상태가 발생할 여지는 확실히 없습니다. I/O 완료 여부에 따라 버퍼에 대한 접근은 차곡차곡 정리되며 문제를 일으킬 뮤텍스도 없습니다.

더 복잡한 예로는 일반적인 휴대폰, 콘솔, PC 게임이 해당합니다. 게임 실행 중에는 신경 써야 하는 여러 가지 하드웨어가 있습니다. 게임은 컨트롤러에서 입력을 수집하고 네트워크 포트에서도 수집 가능합니다. 데이터는 오프라인 저장장치에서 그래픽, 오디오, 텍스트 형태로 수집합니다. 게임은 해당 게임이 실행되는 세계의 모델을 실행하여 특정 주기로 업데이트합니다. 이러한 작업은 모두 동시에 실행됩니다. 모델링이 진행되는 동안 입력을 검사하고, 동시에 비디오 렌더러renderer는 해당 스냅숏을 그리며 오디오 렌더러는 사운드 효과를 재생합니다. 입력 작업은 모델링으로 데이터를 전송하고, 모델링 작업은 렌더러로 데이터를 전송합니다. 이것이 작업의 전부이고, 내내 계속됩니다.

듀얼 프로세서 워크스테이션을 생각해봅시다. 운영체제는 각 프로세스를 개별 '작업'으로 취급할 수 있었고, 프로세스 간 통신은 필요하지 않았습니다(클립보드, 동적 데이터 교환, OLEObject Linking and Embedding 등을 제외하면 그렇습니다. 이러한 작업은 모두 운영체제가 스케줄링했습니다). 작업이 실패해도 시스템은 쉽게 복구할 수 있었습니다. 어떤 한 작업에 종속되지 않았습니다.

스레드 생성 및 소멸은 비용이 비싼 작업일 수 있습니다. 더 나은 스레드 간 메시지 전달 방법은 간단히 대기wait 및 잠자기sleeping만 하는 스레드 풀pool을 만드는 방식입니다. 풀은 명령어 및 데이터 묶음으로 주기적으로 알림을 받고, 그 결과로 스레드를 활성화prod합니다. 스레드 풀은 받은 데이터로 명령을 실행하여 송신자로 값을 반환하며 다시 잠들기 상태로 돌아갑니다.

이 방법은 스레드 생성 및 소멸에 드는 오버헤드를 아낄 수 있을 뿐만 아니라 확장성이 뛰어납니다. 저는 프로세서당 코어가 하나인 두 개의 프로세서로 동시성 연산을 시작했습니다. 오늘날에는 코어 수가 두 자리나 되는 프로세서도 살 수 있습니다. 이 모든 코어를 최대한으로 활용하려면 여러분의 문제를 서로 독립적으로 실행할 수 있는 작업으로 보아야 합니다.

솔루션 도메인에 속하는 스레드 관점에서 사고하기를 멈추고, 문제 도메인에 있는 작업의 관점에서 생각하는 것이 비결입니다. 특히 핵심 가이드라인에서는 "스레드는 구현의 개념이며, 컴퓨터에 대한 사고방식입니다. 작업은 응용프로그램의 개념이고, 여러분이 가급적 다른 작업과 동시에 수행하려는 작업입니다. 응용프로그램 개념은 추론하기가 더 쉽습니다"라고 명시합니다.

작업이란 프로그램의 실체입니다. 즉 프로그램으로 여러분이 달성하고자 하는 일련의 사항입니다. 서로 독립적인 작업을 만들고 명령어와 데이터 묶음으로 해당 작업을 설명하세요. 핵심 가이드라인 CP.4 '스레드가 아닌 작업 관점에서 생각하라'가 이 내용을 다룹니다. 표준은 결국 동시성 지원 라이브러리에 스레드 풀을 추가할 것이고, 그 시점에는 여러분이 스레드에 대해 전혀 생각할 필요가 없을 겁니다. 그때까지는 적절한 추상화 수준에서만 스레드에 관여하고, 쓰기 가능한 데이터는 공유하지 마세요.

2.5.5 요약

여기서 몇 가지 생각할 거리가 있었습니다. 동시성 프로그래밍은 C++ 소프트웨어 개발에서 아직도 가장 힘든 분야입니다. 데이터 경쟁과 교착 상태는 해결하기 아주 끔찍한 문제이며, 스레드가 아닌 작업의 관점으로 봐야 여러분의 삶이 한층 편해질 겁니다. 그때까지는 이렇게 하세요.

* 뮤텍스를 여러 개 두지 않도록 주의하세요.
* 수행하려는 작업을 반영하는 추상화를 느슨하게 결합시키세요.
* 동시성 라이브러리의 가장 낮은 수준의 추상화를 최대한 적게 사용하세요.

[T.120] 꼭 필요할 때만 템플릿 메타프로그래밍을 사용하라

저는 매해 여러 C++ 콘퍼런스의 프로그램 위원회로 활동했습니다. 제출된 여러 주제 중 발표될 강연을 선택하는 데 참여한다는 의미죠. 선택은 투표로 합니다. 위원회 구성원은 보통 10여 명 정도입니다. 높은 투표 점수가 보장된 주제는 바로 템플릿 메타프로그래밍template metaprogramming입니다. 지금부터는 TMP라고 하겠습니다. TMP는 C++에서 흥미로운 개발 분야입니다. 너무나 전도유망하지만 때로는 백해무익하기 때문입니다. 즉, 소 잡는 칼로 닭 잡는 또 다른 문제입니다.

TMP를 한층 복잡하게 만드는 몇 가지 요인이 있습니다. 이러한 요인은 콘퍼런스 주최자나 개발자들에게는 매력적인 요소로 작용하는 반면 엔지니어링 관리자에게는 매력적이지 않은 과제가 됩니다.

첫째, TMP는 컴파일 타임에 발생합니다. 컴파일 타임 프로그래밍은 변경 가능한 상태mutable state가 없다는 특징이 있습니다. 이는 함수형 프로그래밍functional programming과 비슷하므로 숙련하기 까다로운 패러다임일 수 있습니다.

둘째, 재귀recurse를 통하지 않으면 흐름 제어flow control가 불가능합니다. 다시 말하면, 재귀는 이해하는 데 약간의 수고가 듭니다. "반복iterate은 인간의 영역이고, 재귀는 신의 영역이다."라는 표현이 있을 정도니까요.

셋째, 기존 수단으로는 디버깅이 불가능합니다. 코드가 실패하면 답이 나타날 때까지 프로그램을 살펴보는 수밖에 없습니다. 다른 선택지는 없습니다. 운이 좋으면 컴파일러 에러가 출력될 것이고, 이 출력은 폭발적으로 터져 나오는 수백 자에 달하는 메시지가 될 겁니다.

넷째, 아주 너그럽게 말하자면 TMP는 스스로를 설명하는self-documenting 코드라고 설명할 수 있겠네요. TMP 구조는 불투명하여 이해하기 힘들고opaque, C++와 표준 라이브러리의 오래된 곳 구석 구석까지 이해해야 합니다.

다섯째, 컴파일 타임이 급증할 수 있습니다. 템플릿 인스턴스화template instantiation에는 시간이 걸리고, 헤더에서 인스턴스화하는 경우 몇 배가 더 걸릴 수 있습니다[1]. 함수 및 클래스 템플릿이 동작하려면 헤더에 선언뿐 아니라 인라인 정의도 필요하니 일반적으로 시간은 더 걸리게 됩니다.

TMP가 작동할 때의 순수한 흥분은 물리치기가 참 어렵습니다. 그뿐만 아니라 TMP는 당장의 문제 도메인을 멋지게 표현하여 일반적이고 재사용 가능한 해결법을 제공합니다. 꼭 필요하지 않는데도 TMP를 사용하고 싶은 유혹이 강할 겁니다.

그런데 메타프로그래밍metaprogramming이란 **대체** 무엇이고, TMP는 이를 어떻게 모델링할까요?

간단히 말해 메타프로그래밍은 코드를 데이터로 취급해서 상태와 실행 간의 경계를 애매하게 만듭니다. 프로그램은 자신의 코드를 보고 이해하고 추론할 수 있으며, 해당 구조와 내용을 기반으로 의사 결정이 가능합니다. 이는 자체 수정 코드self-modifying code[2]와 같은 결과가 됩니다. 한참 앞으로 돌아가서 예를 들면, 저는 Z80 어셈블리에 대한 지식이 있었기 때문에 실행 중인 코드를 변경할 수 있었습니다. 코드가 실행되는 중에 점프의 목적지를 변경하여 런타임 시에 알고리즘의 동작을 변경할 수 있었습니다.

C++의 경우 컴파일러는 C++ 언어에 대해 알고 있으며 모든 선언을 데이터로 취급합니다. 컴파일러는 이러한 데이터로 최종 프로그램을 만듭니다. 이는 곧 템플릿을 통해 메타프로그래밍이 실현될 여지가 있다는 뜻입니다. C++에서 템플릿은 인스턴스화 방식에 따라 새로운 타입을 생성하는, 사용자 정의 지점에 해당합니다. 이러한 타입은 프로그래머의 입력에 따른 계산 결과로 볼 수 있습니다. 다음의 함수 템플릿 선언이 예시에 해당합니다.

예제 2.6.1

```
template <class T> void fn(T);
```

---

1   옮긴이 템플릿이 헤더 파일에 정의되면 헤더 파일은 다른 파일에 포함될 수 있고 이에 따라 컴파일 타임에 여러 번 인스턴스화가 진행될 수 있으므로 컴파일 타임이 증가할 수 있습니다.

2   옮긴이 실행 중 스스로 명령어를 바꾸는 코드. 참고: https://ko.wikipedia.org/wiki/자체_수정_코드

아래 선언은 `int`를 함수 템플릿으로 적용한 결과로 볼 수 있습니다.

예제 2.6.2

```
fn<int>(17);
```

이로써 C++는 고유 메타언어metalanguage[3]인 리플렉션reflection[4]을 갖게 되었습니다. 앞으로 보겠지만 C++에서 제공하는 리플렉션은 튜링 완전Turing complete[5] 기능이지만 코드를 명확히 하기보다는 모호하고 어렵게 만듭니다.

다음 코드는 1부터 N까지 모든 정수의 합을 만드는 간단한 예제입니다.

예제 2.6.3

```
// 재귀 계산은 반복을 낳습니다.
template <int N> struct sum_integers {
  static constexpr int result = N + sum_integers<N-1>::result;
};

// 명시적 특수화(explicit specialization)는 재귀의 기저 조건(base case)을 만듭니다.
// 참고로 constexpr도 충분합니다.
template <> struct sum_integers<1> {
  static constexpr int result = 1;
};

int main () {
  return sum_integers<10>::result;
}
```

이 함수는 단순히 55를 반환합니다. 해당 값은 컴파일 타임에 계산됩니다. 한번 컴파일이 실패하기 전까지 N이 얼마나 커질 수 있는지 확인해보고 왜 실패하는지 살펴보세요.

상태는 결과 멤버에 포함되며 `const` 값입니다. 계속 감소하는 매개변수로 `sum_integers`를 반복하여 명시적으로 인스턴스화하면 재귀를 수행할 수 있습니다. 기저 조건base case을 주석 처리하면 컴파일러에서 인스턴스화 컨텍스트의 복잡성에 대한 오류가 발생할 겁니다. 다음은 클랭Clang 12.0.0을

---

3 〔옮긴이〕 메타언어는 대상 언어를 다시 언급(기술)하는 언어로, 고차언어라고도 합니다. 참고: https://ko.wikipedia.org/wiki/메타_언어

4 〔옮긴이〕 리플렉션(반영)이란 런타임에 프로그램이 자신의 구조 및 행위를 수정할 수 있는 기법입니다. 참고: https://ko.wikipedia.org/wiki/반영_(컴퓨터_과학)

5 〔옮긴이〕 튜링 머신으로 풀 수 있는 계산적인 문제를 어떤 프로그래밍 언어나 추상 머신으로 풀 수 있다면 튜링 완전이라 합니다. 즉 튜링 머신과 계산 능력이 동일하다는 뜻입니다. 참고: https://ko.wikipedia.org/wiki/튜링_완전

사용했고, 보기 좋게 약간 편집했습니다.

```
<source>:3:37: fatal error:
recursive template instantiation exceeded maximum depth of 1024
  static constexpr int result = N + sum_integers<N-1>::result;
                                    ^
<source>:3:37: note:
  in instantiation of template class 'sum_integers<-1014>' requested here
<source>:3:37: note:
  in instantiation of template class 'sum_integers<-1013>' requested here
<source>:3:37: note:
  in instantiation of template class 'sum_integers<-1012>' requested here
<source>:3:37: note:
  in instantiation of template class 'sum_integers<-1011>' requested here
<source>:3:37: note:
  in instantiation of template class 'sum_integers<-1010>' requested here
<source>:3:37: note:
 (skipping 1015 contexts in backtrace;
 use -ftemplate-backtrace-limit=0 to see all)
<source>:3:37: note:
  in instantiation of template class 'sum_integers<6>' requested here
<source>:3:37: note:
  in instantiation of template class 'sum_integers<7>' requested here
<source>:3:37: note:
  in instantiation of template class 'sum_integers<8>' requested here
<source>:3:37: note:
  in instantiation of template class 'sum_integers<9>' requested here
<source>:12:10: note:
  in instantiation of template class 'sum_integers<10>' requested here
  return sum_integers<10>::result;
         ^
<source>:3:37: note:
  use -ftemplate-depth=N to increase recursive template instantiation depth
  static constexpr int result = N + sum_integers<N-1>::result;
                                    ^
1 error generated.
Compiler returned: 1
```

다음은 GCC 11.1로 수행한 결과입니다.

```
<source>:
In instantiation of 'constexpr const int sum_integers<-889>::result':
<source>:3:56:
  recursively required from 'constexpr const int sum_integers<9>::result'
```

```
<source>:3:56:
  required from 'constexpr const int sum_integers<10>::result'
<source>:12:28:
  required from here
<source>:3:56: fatal error:
template instantiation depth exceeds maximum of 900
(use '-ftemplate-depth=' to increase the maximum)
    3 |    static constexpr int result = N + sum_integers<N-1>::result;
      |                                                    ^~~~~
compilation terminated.
Compiler returned: 1
```

MSVC 컴파일러는 컴파일러 익스플로러에서는 타임아웃이 발생하긴 했지만, 올바른 소스 코드로 컴파일한다면 다음과 같이 최상의 어셈블리 코드를 생성한다는 장점이 있습니다.

예제 2.6.4

```
main PROC
    mov    eax, 55                        ; 00000037H
    ret    0
main ENDP
```

재귀나 기저 조건 혹은 귀납에 의한 증명proof by induction에 익숙하다면 명확하게 이해하겠지만 그렇지 않다면 여기서 관련 문서가 도움이 될 겁니다.

조건부 컴파일conditional compilation에 부분 특수화partial specialization를 사용해서 변환된 값의 타입을 사용하는 방법을 설명하는 자료는 많이 있습니다. 조건부 컴파일과 부분 특수화는 재귀를 통한 반복과 함께 사용하면 TMP를 튜링 완전으로 만들 수 있지만 솔직히 이건 끔찍한 생각입니다.

앞은 사소한 예제였으니 실제 사용 사례인 표현식 템플릿expression template[6]을 봅시다. 표현식 템플릿은 종종 선형대수 구현에 사용됩니다. 다음 벡터vector 클래스를 살펴보겠습니다. 여기서 사용하는 벡터는 표준 컨테이너가 아닌 수학적 대상을 의미합니다. 3차원 기하학에서 주로 사용됩니다. 부동소수점으로 된 벡터이므로 `vector_f`라고 하겠습니다.

예제 2.6.5

```
template <size_t N>
```

---

6   제 위원회 동료인 다비드 판데보르더(Daveed Vandevoorde)와 토트 펠드하위전(Todd Veldhuizen)에게 기쁜 마음으로 공을 돌립니다. 자세한 내용은 다음 주소에 있습니다. https://en.wikipedia.org/wiki/Expression_templates

```
class vector_f {
public:
  vector_f();
  vector_f(std::initializer_list<float> init);
  float operator[](size_t i) const; // 읽기 전용 접근자
  float& operator[](size_t i); // 읽기 쓰기 접근자
  size_t const size(); // size 매개변수 추출하기

private:
  std::array<float, N> data;
};
```

vector_f 객체를 한 번에 추가하려고 합니다. 덧셈 연산 함수 템플릿이 필요하다는 뜻입니다.

예제 2.6.6

```
template <size_t N>
vector_f<N> operator+(vector_f<N> const& u, vector_f<N> const& v) {
  vector_f<N> sum;
  for (size_t i = 0; i < N; i++) {
    sum[i] = u[i] + v[i];
  }
  return sum;
}
```

어려울 게 없습니다. 원시적인 루프지만 강조하고 싶은 것이 있습니다. 이 코드는 반환값을 생성하고 이를 채운 다음 반환한다는 점입니다. 컴파일러는 N 값이 작은 경우에만 루프 풀기를 수행할 수 있습니다. 초기화 리스트 생성자를 사용하여 반환값을 초기화할 수는 없지만 아주 충분해 보입니다.

벡터를 다룰 때는 보통 한 번에 전부 더합니다.

예제 2.6.7

```
vector_f<3> v = a + b + c;
```

이러면 루프를 두 번 반복하며 a + b의 결과인 버려지는 임시 객체temporary object가 생깁니다. N이 커질수록 이 비용은 점점 더 커집니다. 해결책은 덧셈 연산자가 생기는 것을 가능한 한 지연시키는 겁니다. 이를 위해 덧셈 연산자가 즉시가 아닌 필요할 때 덧셈을 평가하는 특수 타입을 반환하도록 할 수 있습니다. 일종의 느긋한 계산법에 해당합니다. 준비하시고, 시작해볼까요.

우선 표현식 클래스가 필요합니다.

예제 2.6.8

```
template <struct E> class vector_expression {
  public:
    float operator[](size_t i) const {
      return static_cast<E const&>(*this)[i]; }
    size_t size() const {
      return static_cast<E const&>(*this).size; }
};
```

앞의 코드는 특이하게 반복되는 템플릿 패턴을 사용하며 아마 가장 먼저 나올 TMP일 것입니다. 대괄호 연산자bracket operator와 `size` 호출은 이 클래스 템플릿의 매개변수에 해당하는 클래스로 위임합니다.

이제 이 클래스에서 `vector_f`를 만들어야 합니다.

예제 2.6.9

```
template <size_t N> class vector_f
  : public vector_expression<vector_f<N>> {
public:
  vector_f();
  vector_f(std::initializer_list<float> init);
  template <class E>
  vector_f (vector_expression <E> const& e);
  float operator[](size_t i) const; // 읽기 전용 접근자(read-only accessor)
  float& operator[](size_t i); // 읽기 쓰기 접근자(read-write accessor)
  size_t const size(); // size 매개변수 추출하기(extract the size parameter)

private:
  std::array<N, float> data;
};
```

부모를 매개변수로 받는 새로운 생성자를 추가했습니다. 여기가 바로 값에 대한 목록이 아닌 표현식 타입으로 인스턴스를 생성한 지점입니다. 다음과 같이 말입니다.

예제 2.6.10

```
template <size_t N>
template <class E>
vector_f<N>::vector_f(vector_expression<E> const& e)
```

```
  : data(e.size()) {
  for (size_t i = 0; i != e.size(); ++i) {
    data[i] = e[i]; // (1)
  }
}
```

여기서 평가가 이루어집니다. 마지막 부분은 다음의 실제 덧셈 표현식 클래스입니다.

예제 2.6.11

```
template <class E1, class E2> class vector_sum
  : public vector_expression<vector_sum<E1, E2>> {
  E1 const& u;
public:
  vector_sum(E1 const& u, E2 const& v);
  float operator[](size_t i) const { return u[i] + v[i]; } // (2)
  size_t size()              const { return v.size(); }
};

template <typename E1, typename E2>
vector_sum<E1, E2> operator+(vector_expression<E1> const& u,
                             vector_expression<E2> const& v) {
  return vector_sum<E1, E2>(*static_cast<E1 const*>(&u),
                            *static_cast<E2 const*>(&v));
}
```

이것이 덧셈에 필요한 전부였습니다. 다음 표현식은 이제 더 이상 vector_f<3> 타입이 아닙니다.

예제 2.6.12

```
a + b + c
```

다음 타입에 해당합니다.

예제 2.6.13

```
vector_sum<vector_sum<vector_f<3>, vector_f<3>>>
```

이 표현식이 vector_f<3> 객체로 할당되면 vector_expression을 받는 생성자가 호출되며, 이 생성자는 요소 표현식 요소를 데이터 요소로 할당합니다(1). vector_sum의 대괄호 연산자는 두 객체의 합을 반환하며(2), 이 합은 다른 두 vector_sum의 재귀적인 합이 되고, 마지막으로 세 요소의 합으로 확장됩니다.

보다시피 임시 객체는 필요하지 않고 루프도 하나만 필요합니다. 바로 우리가 찾고 있던 것이죠. 이런 종류의 느긋한 계산은 ranges 라이브러리에서도 사용합니다. 이 라이브러리에서 표현식 타입은 컴파일 시 빌드되며 할당 시점에 평가됩니다.

이번 예제는 살펴볼 것이 많았습니다. 어떤 일이 발생하는지 설명하기 위해 필요한 문서의 양은 확실히 상당히 많습니다. 그리고 코드 리뷰 시 가장 큰 문제는 문서화된 내용이 적다는 것인데, 즉 이와 같은 트릭이 충분히 문서화될 가능성이 낮다는 의미입니다. 그러나 이 패턴은 이득을 얻을 수 있으며 많이들 사용하는 것이므로, 만약 여러분이 정말로 필요해서 이 패턴을 사용하려는 경우 철저하게 문서화해야 합니다. 그뿐만 아니라 이 패턴을 정말로 꼭 사용해야 하는지 확실히 확인하세요. 컴파일러 작성기는 똑똑합니다. 실제로 성능이 부족해서 이 패턴이 필요한지 확인하세요. 생성된 어셈블리에 변경점이 있는지 확인하세요. 성능을 측정하세요. 빌드 시간을 측정하세요. 3년 전에는 이득을 봤지만 지금은 아닐 수 있으므로 돌다리도 잘 두들겨보고 건너세요. 다시 말하면 커밋하기 전에 확인하세요.

2.6.1 std::enable_if에서 requires로

또 다른 대중적인 기법을 살펴봅시다.

C++98이 나왔을 때 저는 가장 먼저 컨테이너와 알고리즘의 상호작용을 살펴봤습니다. 당시 저는 런던의 어떤 게임 회사에서 근무 중이었고 일부 엔지니어들에게 C++가 가야 할 길이라고 설득하고 있었습니다(약간 시기상조였겠네요). 저는 저희 컬렉션을 검색 및 정렬하는 작은 함수를 시연했습니다. 그런데 가장 큰 문제가 있었는데, `std::vector`였습니다. `std::vector`는 용량을 초과하여 크기 조정resize이 트리거될 때마다 `for` 루프를 돌면서 내용을 하나씩 새 위치로 복사한 다음 이전 버전을 삭제destroy했습니다. 물론 표준에서 내용은 새 위치로 복사 생성한 다음 소멸자를 호출해야 했습니다. 그렇지만 대다수 상황에서 아이템별로 복사하는 것보다 `memcpy`를 사용하는 편이 확실히 최적화된 방법이었습니다.

`memcpy`는 복사 생성자와 상관없이 메모리 내용을 어딘가로 복제하기 때문에 절대로 직접 사용하면 안 되는 C 함수입니다. 데이터가 올바르더라도 가령 알림 서비스에 객체를 등록하는 추가적인 초기화나, 알림 서비스에 객체 등록을 취소하는 것과 같은 소멸이 생략됩니다. `memcpy`는 일상적으로 사용해서는 안 되는 구현의 세부 사항implementation detail입니다.

동료들은 돌아가버렸습니다. 저는 풀이 죽어서, 복사 생성 및 소멸 대신 `memcpy`를 사용하는 벡터를 작성하기로 했습니다. 저는 이걸 `mem_vector`라고 했습니다. 이는 생성자나 소멸자가 없는 타입에만 사용했는데 아주 훌륭했습니다. 모든 사람들이 관심을 가졌고 알고리즘과 같이 잘 사용했습니다. 저는 3일 정도는 더할 나위 없이 행복했습니다. 누군가 타입에 생성자를 추가해서 전부 망쳐버리기 전까지는 말입니다. `mem_vector`는 더 이상 목적에 부합하지 않았고, 코드가 완료되지 않는한 목적에 맞지 않음이 분명해졌지만, 그때는 어쨌든 `memcpy` 방식을 따른 상태였습니다.

제가 **정말** 필요했던 것은 `memcpy`와 개별 요소당 복사 및 제거 중 어느 쪽을 선택할지에 대한 방법이었습니다. 이는 참 어려운 일이었는데 특정 타입이 아니라 타입 패밀리를 선택하면 멤버 함수 오버로드를 제공한다는 의미였기 때문이었습니다. 저는 예제 2.6.14, 2.6.15와 같이 선언하고 싶었습니다(C++11 이전 방식입니다).

예제 2.6.14

```
template <class T>
void mem_vector<T>::resize(size_type count);
```

예제 2.6.15

```
template <class Trivial>
void mem_vector<Trivial>::resize(size_type count);
```

이렇게 하여 컴파일러가 템플릿 매개변수의 특정한 타입이 아니라 템플릿 매개변수의 특징에 따라 알맞은 `mem_vector`를 호출하게 만들고 싶었습니다. 그러던 어느 날 '대체 실패는 에러가 아님Substitution Failure Is Not An Error, SFINAE'에 대해 듣게 되었고 갑자기 머리가 환해졌습니다. 적절한 모든 타입에 빈 구조체인 `trivial`을 포함시킬 수 있었습니다. 그런 다음 예제 2.6.15의 `resize` 함수를 다시 선언할 수 있었습니다.

예제 2.6.16

```
template <class T>
void mem_vector<T>::resize(size_type count, T::trivial* = 0);
```

자명한trivial 멤버 구조체가 없다면 이 함수는 고려 대상이 아닙니다. 그런데 지금껏 제가 한 일은 문제를 우회한 것입니다. 클래스가 자명하지 않다면 자명한 멤버 구조체를 강제로 제거할 방법은 여전히 없습니다. 특히 구조체가 다른 자명한 구조체를 상속했으나 해당 부모 구조체가 자명하지 않은 경우는 명백히 제거할 수 없었습니다. 저는 좌절했습니다.

모든 것이 나쁜 건 아니었습니다. 컴파일러의 개별 특성을 사용해 얼버무릴 수 있었으며, 이윽고 C++11이 나왔습니다. `std::enable_if`와 `type_traits` 헤더의 놀라운 권능으로 갑자기 모든 것이 고쳐졌습니다. 와, 멋지네요!

하지만 아주 작디작은 문제 하나가 남아 있었습니다. 코드를 거의 읽을 수 없었다는 점입니다. 타입은 다음과 같았습니다.

예제 2.6.17

```
std::enable_if<std::is_trivially_constructible<T>::value>::type
```

(네, 이건 타입입니다.) 이 타입은 코드베이스 전반에 흩어져 있었고, 추가적인 인지적 부담이 생겼습니다.

다시 말하면 이러한 TMP 기법으로 인한 문제는 코드를 어렵게 만들고 현재 일어나는 일을 빠르게 파악하는 데 브레이크를 건다는 것이었습니다. 솔직히 말해 제게는 전송 잡음transmission noise 같아 보였습니다. 네, 연습하면 쉽게 읽을 수야 있겠지만, 새로 시작하는 프로그래머에게는 큰 학습의 산이 되었겠죠.

하지만 복잡하다고 해서 이 기법이 널리 채택되는 걸 막을 수는 없었습니다. 예전 깃허브 저장소를 빠르게 둘러보면 다양하게 장황한 `std::enable_if` 절로 차별화된, 섬세하게 빚어진 함수 오버로드가 있는 코드를 볼 수 있을 겁니다. 그런데 위원회는 이 문제에 눈을 감고 있지는 않았습니다. C++17에서는 `constexpr if` 문이라는 새로운 기능이 추가되었습니다.

이 아름다운 기능은 예전에는 `enable_if`를 사용해야 했던 문제의 몇 가지 클래스를 해결했습니다. 이 기능을 사용하면 컴파일 타임에 표현식을 평가할 수 있고 결과에 따라 실행을 선택할 수 있습니다. 다음과 같이 사용하면 됩니다.

예제 2.6.18

```
if constexpr(sizeof(int) == 4)
{
    // int의 크기(width)는 32비트입니다.
}
```

하지만 특히 `enable_if`를 사용했던 곳에는 이렇게 쓸 수 있습니다.

예제 2.6.19

```
if constexpr(std::is_move_constructible_v<T>)
{
    // 함수 템플릿은 이동 생성이 가능한 타입에 대해 특수화됩니다.
}
```

다양한 타입을 위해 함수 템플릿 오버로드_function template overload_를 사용하는 대신 이제 단일 함수에 그 차이를 표현할 수 있게 되었습니다. 예를 들어 다음 한 쌍의 오버로드를 봅시다.

예제 2.6.20

```
template <class T, typename =
    std::enable_if<std::is_move_constructible_v<T> >::type>
void do_stuff()
{
    ...
}
template <class T, typename =
    std::enable_if<!std::is_move_constructible_v<T> >::type>
void do_stuff()
{
    ...
}
```

앞의 오버로드는 다음으로 대체할 수 있습니다.

예제 2.6.21

```
template <class T>
void do_stuff()
{
    if constexpr(std::is_move_constructible_v<T>)
    {
        ...
    }
    else
    {
        ...
    }
}
```

하지만 위원회는 여기서 멈추지 않았습니다. 긴 입안 기간이 지나 C++에 개념이 추가되어 제약 조건과 `requires` 절이 도입되었습니다. 이로써 특수화된 타입에 대한 제한 조건을 더 확실하게 지정할 수 있었습니다. `requires` 절은 다음과 같습니다.

예제 2.6.22

```
template <class T>
requires std::is_move_constructible_v<T>
void do_stuff()
{
   ...
}
```

이 함수는 이동 생성이 가능한 타입에만 사용할 수 있습니다. 개념적으로는 `std::enable_if`와 동일하지만 훨씬 더 이해하기 수월합니다. 이로써 TMP를 사용하지 않고 의도를 명확하게 표현할 수 있습니다.

아직 갈 길이 남아 있습니다. 위원회의 스터디 그룹인 SG7은 리플렉션에 전념하고 있습니다. 많은 TMP에서 시도하고 있는 것이죠. TMP를 통해 수작업으로 만드는 많은 기능을 C++에 추가하여, 종국에는 TMP를 필요하지 않게 만들려는 의도입니다. 리플렉션은 메타프로그래밍에서 큰 부분을 차지하며 스터디 그룹에서는 일관된 메타프로그래밍 전략과 해결방안을 제공하기 위해 많은 아이디어를 한데 모으고 있습니다. 리플렉션에 의존하는 더 많은 기능을 작업 중인데, 이 중에는 메타클래스metaclass라는 것이 있습니다. 메타클래스는 프로그래머가 대체 가능한 타입이 아닌 클래스의 형태를 정의할 수 있도록 하며, 메타클래스 사용자client는 보일러플레이트 코드에 대한 걱정 없이 클래스의 타입을 인스턴스화할 수 있습니다.

이러한 기능으로 모두가 더 명확한 코드를 작성할 수 있을 것입니다. 학습해야 할 부담스러운 추가 사항 대신 이러한 기능으로 기존 코드를 단순화하고 불필요한 꺾쇠 괄호(부등호 기호)angle bracket를 제거할 수 있습니다.

이 가이드라인을 통해 TMP의 복잡성, TMP를 최후의 수단으로 사용해야 하는 이유에 대해 명심하기를 바랍니다. 물론 템플릿을 신중하게 사용하여 메타프로그래밍을 사용해야만 하는 경우도 있습니다. 이러한 방식으로 문제를 해결하는 '해커의 기쁨'은 크지만, 시간이 지나면 더 명확한 코드를 만들 수 있을 겁니다.

모든 엔지니어가 소중히 여겨야 할 격언이 하나 있습니다.

똑똑한 코드는 쉽다. 쉬운 코드는 똑똑하다.

가장 좋은 코드는 읽는 사람이 코드를 검토한 뒤 "이게 뭐가 특별한가요? 뻔한데요." 누군가가 제게 이렇게 말하면 저는 해커의 기쁨을 느낍니다. 누군가가 템플릿 메타프로그래밍에 대해서 이렇게 말하는 건 아주 드물고요.

2.6.2 요약

- C++의 메타프로그래밍은 함수 및 클래스 템플릿으로 모델링됩니다.
- 프로그램은 자기 자신을 이해하는 자기 인식self-awareness을 통해 리플렉션을 제공합니다.[7]
- 메타프로그래밍 기법은 유용하지만 이제 C++에 더 명시적으로 통합되었습니다.
- 이러한 경향은 계속되어 템플릿을 통한 메타프로그래밍의 필요성이 줄고 있습니다.

---

7 옮긴이 2023년 10월 기준 C++는 리플렉션의 실험 구문인 `reflexpr` 기술 명세가 나와 있지만, 아직 표준에는 리플렉션이 추가되지 않았습니다. 참고: https://en.cppreference.com/w/cpp/experimental/reflect

PART

3

그만 사용하라

[I.11] 절대로 원시 포인터(T*)나 참조(T&)로 소유권을 넘기지 말라

3.1.1 자유 공간 사용하기

소유권은 중요합니다. C++에서 소유권이란 스스로 뒷정리를 해야 한다는 의미입니다. 무언가를 생성한 다음에는 꼭 치워야 합니다. 정적 혹은 자동 저장 기간인 객체는 별문제가 되지 않지만, 자유 공간free store에서 할당되는 동적 저장 기간 객체의 경우 지뢰밭이 펼쳐집니다.

자유 공간에서 할당된 메모리는 잃기 쉽습니다. 이 메모리는 할당된 포인터로만 자유 공간으로 반환될 수 있습니다. 이 포인터는 해당 메모리에 사용할 수 있는 유일한 핸들입니다. 포인터가 복사되지 않고 범위를 벗어나면 메모리를 복구할 수 없습니다. 이를 메모리 누수memory leak라고 하며, 다음은 그 예시입니다.

예제 3.1.1

```
size_t make_a_wish(int id, std::string owner) {
  Wish* wish = new Wish(wishes[id], owner);
  return wish->size();
}
```

함수 끝부분에서 `Wish` 포인터가 범위를 벗어나며, 메모리는 복구할 수 없게 됩니다. 포인터를 반환하도록 함수를 약간 수정하면, 함수 호출자가 소유권을 갖고 추후 객체를 삭제하여 메모리를 비울 수 있습니다.

```
Wish* make_a_wish_better(int id, std::string owner) {
  Wish* wish = new Wish(wishes[id], owner);
  return wish;
}
```

이 코드는 제대로 형식을 갖췄지만 관용적 의미에서 현대적이라고 할 수는 없습니다. 호출자는 반드시 객체의 소유권을 가져야 하고, 삭제 연산자delete operator를 통해 객체를 소멸하고 메모리를 해제해야 합니다. 이 코드는 아쉽게도 이러한 부담이 따릅니다. 또한 이 코드는 해당 객체가 종료되기 전에 삭제될 위험이 있습니다. `make_a_wish`가 다른 객체에서 포인터를 받는다면, 다른 객체가 종료되어 더 이상 필요하지 않다는 신호는 어떻게 받을 수 있을까요?

예전에는 이러한 함수가 만드는 좀비 객체zombie object 때문에 자유 공간이 소모되었습니다. 좀비 객체란 소유권이 명확하게 표시되지 않고, 필요한 삭제가 수행되지 않은 객체입니다. 소유권 표시 방법은 여러 가지입니다. 함수 작성자는 함수명을 `allocate_a_wish`로 작성하여 클라이언트로 하여금 할당이 발생했으며 이제 클라이언트의 책임하에 있음을 나타낼 수 있습니다.

그러나 이는 소유권을 약하게 나타내는 방법입니다. 강제성이 없고, 클라이언트가 자신의 책임을 기억하고 메모리를 적절하게 해제하는지 여부에 달려 있습니다. 또한 작성자는 인터페이스에 구현을 포함해야 하는데 이는 나쁜 습관입니다. 구현의 세부 사항이 클라이언트로 암묵적으로 노출되며 변경 시 혼란스럽기 때문입니다.

이름에 제약을 두어 명명하는 방식은 강제성이 약해 보이지만, 어둡고 칙칙한 멀리 떨어진 어딘가의 서버에 있는 문서에서 언급하는 것보다 약한 방법은 아닙니다. 그뿐만 아니라 아무도 읽지 않는 헤더 파일에 남기는 것만큼 약하지도 않습니다. 이 방식은 차악에 해당하며, 확실히 완벽한 방법은 아닙니다.

더 나쁜 것은 포인터가 아닌 참조reference를 통한 값의 반환입니다. 호출자는 객체가 소멸된 시점을 어떻게 알 수 있을까요? 호출자는 그동안 다른 스레드가 객체를 소멸시키지 않기를 바라며 해당 객체의 소멸을 트리거할 수 있는 다른 함수가 호출되기 전에 객체를 사용할 수밖에 없습니다. 이러면 여러분이 코드를 작성할 때 유념해야 할 맥락이 더 많아집니다.

특히 오래된 코드베이스라면 `std::auto_ptr` 인스턴스를 보게 될 텐데요, `std::auto_ptr`은 소유권 문제를 해결하는 첫 시도였고 결국 C++98에서 표준화되었습니다. `std::auto_ptr`은 포인터 자체를 포함하고 오버로드된 포인터 시맨틱을 제공하여 객체의 핸들 역할을 합니다. `std::auto_ptr`은 전달될 수 있으며 이때 복사된 곳의 소유권을 해제합니다. 하지만 이런 특이한 복사 시맨틱으로 인해 `std::auto_ptr` 객체는 표준 컨테이너에 안전하게 포함될 수 없었고 따라서 해당 클래스는 두 번째 표준인 C++11에서 더 이상 사용되지 않게 되었고deprecated 세 번째 표준인 C++14에서는 제거되었습니다.

그러나 위원회에서는 대체 사항 없이 사용을 중단하지 않으며, 이동 시맨틱을 도입함으로써 포함 containment이 문제가 되지 않도록 포인터 소유 객체를 생성할 수 있었습니다. C++11에서 `std::auto_ptr`이 사용 중단됨에 따라 `std::unique_ptr`과 `std::shared_ptr`이 도입되었습니다. 이들은 '스마트smart' 또는 '고급fancy' 포인터로 알려져 있으며 소유권 문제를 완전히 해결합니다.

`std::unique_ptr` 객체를 받으면 해당 객체가 가리키는 대상의 소유자가 됩니다. 해당 이름이 범위를 벗어나면 내부에 포함된 객체를 삭제합니다. `std::auto_ptr`과는 달리 `std::unique_ptr`은 소유권을 나타내는 플래그가 없으므로 표준 컨테이너에 안전하게 포함될 수 있습니다. 플래그가 필요하지 않은 이유는 `std::unique_ptr` 객체는 복사가 불가능하고 이동만 가능하므로 현재 포함한 객체에 대한 책임이 현재 누구에게 있는지 모호하지 않기 때문입니다.

`std::shared_ptr` 객체를 받으면 객체가 가리키는 대상에 대한 관심을 얻습니다. `std::shared_ptr` 객체가 범위를 벗어나면 관심은 철회됩니다. 더 이상 객체에 관심을 두지 않게 되는 순간 해당 객체는 삭제됩니다. 소유권은 포함된 객체에 관심이 있는 모든 객체가 공유합니다. 해당 객체에 관심을 두는 객체가 더 이상 남아 있지 않다면 그 객체는 삭제됩니다.

동적 저장 기간의 객체를 보유하려면 기본적으로 `std::unique_ptr`를 택해야 합니다. 수명과 소유권에 대해 추론이 거의 불가능한 경우에만 `std::shared_ptr`을 사용해야 합니다. `std::shared_ptr`을 사용 하더라도 이는 추상화를 제대로 준수하지 않은 실패로 인해 기술 부채technical debt가 임박했다는 신호 로 여겨야 합니다. 한 가지 예시로 트윗tweet을 여러 단column으로 구성된 트위터 뷰어를 예로 들 수 있습니다. 트윗은 이미지가 포함되어 커질 수도 있고 여러 열에 걸쳐 공유될 수도 있습니다. 트윗은 하나의 열에 보이는 동안에만 존재하면 되지만, 사용자는 모든 열에서 스크롤을 내림으로써 트윗 이 더 이상 필요하지 않은 시점을 결정합니다. 여러분은 트윗의 컨테이너를 유지하고 카운트를 사용하여 트윗을 수동으로 카운트하는 것을 효율적으로 참조할 수도 있지만, 이는 다른 수준의 추상 화에서 `std::shared_ptr` 추상화를 그냥 복제하는 것일 뿐입니다. 그런데 트윗의 수명을 결정짓는 것은 사용자이지, 프로그램이 아닙니다. 이러한 상황은 거의 발생하지 않아야 합니다.

3.1.2 스마트 포인터의 성능 비용

여러분이 스마트 포인터를 사용하고 싶지 않을 때도 있을 겁니다. `std::shared_ptr`을 복사하면 비용이 들지 않습니다. `std::shared_ptr`은 스레드 안전thread safe이어야 하고, 스레드 안전에는 사이클 비용이 들지만 리소스가 아닌 `std::shared_ptr`의 제어 블록control block만 스레드 안전이면 됩니다. 이는 한 쌍의 포인터로 구현할 수 있습니다. 포인터 하나는 포함된 객체를 가리키고 다른 포인터는 부기bookkeeping[1] 메커니즘을 가리킵니다. 메모리 이동 측면에서는 복사 비용이 저렴하지만, 부기 메커니즘은 뮤텍스를 획득하고 복사 시점에 참조 카운트를 증가시켜야 합니다. 객체가 범위를 벗어나면 뮤텍스를 다시 획득하여 참조 카운트를 감소시키고, 카운트가 0이 되면 객체를 소멸시켜야 합니다.

`std::unique_ptr`은 더 간단하고 저렴한 녀석입니다. 복사는 불가능하고 이동만 가능하므로 단 하나의 인스턴스만 존재하기 때문에 범위를 벗어나면 해당 객체가 포함한 객체도 모두 삭제해야 합니다. 기록은 필요하지 않습니다. 하지만 객체를 삭제하는 함수에 대한 포인터를 포함해야 한다는 오버헤드는 있습니다. `std::shared_ptr`도 부기의 일환으로 이러한 객체를 포함합니다.

프로파일링 측정에서 핫스팟으로 나타날 때까지는 이에 대해 걱정할 필요가 없습니다. 엔지니어링 측면에서 스마트 포인터는 아주 안전합니다. 스마트 포인터 사용 여부가 프로필에 등록되어 포인터가 전달되는 지점을 살펴보면 소유권 공유나 이전이 불필요하다는 것을 깨닫게 될 겁니다.

예제 3.1.3

```
size_t measure_widget(std::shared_ptr<Widget> w) {
  return w->size(); // (w는 null이 아니라고 가정함)
}
```

예를 들면 앞의 함수는 소유권에 대해 고려할 필요가 없습니다. 함수 하나를 호출하여 해당 값을 반환할 뿐입니다. 이 함수는 다음과 같이 작동하기도 합니다.

예제 3.1.4

```
size_t measure_widget(Widget* w) {
```

1　옮긴이 부기 코드는 비즈니스 로직에 해당하지 않고 프로그램의 부수적인 기능을 처리하기 위한 코드를 뜻합니다. 즉, 본래 함수가 하려는 작업 외에 필요한, 문맥 보존에 관련된 코드를 뜻합니다. 참고: https://ko.wikipedia.org/wiki/상용구_코드
《클린 코드》의 저자 로버트 마틴도 TDD를 회계의 복식부기와 비교한 바 있습니다. 참고: https://blog.cleancoder.com/uncle-bob/2017/03/07/SymmetryBreaking.html

```
    return w->size(); // (아직 w는 null이 아니라고 가정함)
}
```

w에 어떤 일이 일어났는지 혹은 무슨 일이 일어나지 않은 것인지 더 주의 깊게 보세요. w는 다른 함수로 전달되지 않았고, 다른 객체를 초기화하는 데도 사용되지 않았으며 어떤 식으로든 해당 객체의 수명은 연장되지 않았습니다. 만약 함수가 다음 코드와 같다면 문제는 다릅니다.

예제 3.1.5

```
size_t measure_widget(Widget* w) {
  return size(w); // (아시겠죠...)
}
```

여러분이 w를 소유하지 않았으니 w를 소멸시킬 수도 없습니다. size 함수는 w를 복사하여 나중에 사용하기 위해 캐시cache할 수 있으므로 해당 함수의 구현이나 변경을 책임지지 않는 한 w를 전달하는 것은 안전하지 않습니다. w가 가리키는 객체가 나중에 소멸되면 w의 사본은 아무것도 가리키지 않게 되므로 이를 역참조dereferencing하면 잠재적으로 큰 문제가 될 수 있습니다.

이 함수는 포인터로 객체를 받고 다른 함수로 객체를 전달합니다. 소유권을 나타내기는 하지만 함수 시그니처에는 전달되지 않습니다. 원시 포인터raw pointer를 통해 소유권을 이전transfer하지 마세요.

이 함수의 올바른 구현은 다음과 같습니다.

예제 3.1.6

```
size_t measure_widget(std::shared_ptr<Widget> w) {
  return size(w);
}
```

이제 std::shared_ptr에서 size() 함수로 관심사를 전달합니다. 이를 호출하는 함수가 나중에 w를 소멸시키더라도 size() 함수는 여전히 사본을 보유할 수 있습니다.

3.1.3 데코레이터 없는 참조 시맨틱 사용하기

값이 아닌 참조에 의해 객체를 전달할 수 있는 것은 원시 포인터뿐만은 아닙니다. 참조를 사용해도 할 수 있습니다. 참조에 의한 전달 방식으로는 원시 포인터보다 참조를 사용하는 쪽이 더 선호됩니다. measure_widget의 다음 버전을 봅시다.

예제 3.1.7

```
size_t measure_widget(Widget& w) {
  return w.size(); // (나쁜 의도가 아니라면 참조는 null이면 안 됩니다.)
}
```

이게 더 낫습니다. 객체의 존재를 확인해야 하는 부담을 호출자로 넘기기 때문입니다. 호출자는 해당 객체를 역참조해야 하고 널 포인터null pointer를 역참조하는 데 따르는 대가를 치러야 합니다. 하지만 w이 전달되면 마찬가지로 소유권 문제가 생깁니다. 참조가 다른 객체에 저장되는 경우, 참조 대상referent이 소멸되면 참조는 더 이상 유효하지 않습니다.

함수 시그니처는 호출자로 소유권에 대한 모든 사항을 알려야 합니다. 시그니처에 T*이 있으면 호출자는 객체에 대한 포인터나 널 포인터를 넘길 수 있으며 수명에 대해서는 신경 쓸 필요가 없습니다. 호출자는 함수에 대한 참조로만 객체를 전달한 다음 작업을 계속하면 됩니다. 시그니처에 T&이 있으면 호출자는 객체에 대한 참조를 전달할 수 있으며 수명은 신경 쓰지 않아도 됩니다. 이점은 동일합니다.

시그니처에 std::unique_ptr<T>가 있으면 호출자는 객체의 소유권을 반드시 포기해야 합니다. 시그니처에 std::shared_ptr<T>가 있으면 호출자는 객체의 소유권을 함수와 반드시 공유해야 합니다. 이는 객체가 언제 소멸되는지 호출자가 확신할 수 없다는 의미입니다.

이러한 규칙을 따르지 않으면 코드베이스에 고통스러운 미묘한 버그가 생겨 소유권과 책임에 대해 지겹게 논쟁하게 될 수도 있습니다. 객체는 일찍 소멸되거나 아예 소멸되지 않을 수도 있습니다. 원시 포인터나 참조로 소유권을 이전하지 마세요. 함수가 포인터나 참조를 받는다면, 생성자나 다른 함수로 소유권을 전달하는 책임을 이해하지 못한 상태로 소유권을 이전하지 마세요.

3.1.4 gsl::owner

원시 참조 및 포인터로 값을 전달하고 반환하는 것에 대해 살펴봤으며, 이는 좋은 생각이 아님을 알게 되었습니다. 사용자는 소유권을 가질 수 없더라도 소유권을 얻고자 할 수 있습니다. 올바른 방책은 스마트 포인터로 소유권을 나타내는 것입니다.

여러분은 아쉽게도 그다지 수정을 많이 할 수 없는 레거시 코드를 작업할 수도 있습니다. ABI에 의존하는 다른 레거시 코드에 의존하는 코드일 수도 있고요. 스마트 포인터로 바꿔버리면 해당 포인터가 포함된 객체의 레이아웃이 모두 변경되어 ABI가 깨질 수 있습니다.

지금이 바로 가이드라인 지원 라이브러리Guidelines Support Library, GSL를 소개하기 좋은 타이밍이군요. 이 작은 라이브러리에는 핵심 가이드라인을 지원하기 위해 설계된 기능이 있습니다. 핵심 가이드라인의 많은 항목 중에는 시행하기 어려운 것도 있습니다. 대표적으로 원시 포인터를 사용하는 경우가 이에 해당하는데, 스마트 포인터를 사용할 수 없는 경우라면 포인터의 소유권을 어떻게 알릴 수 있을까요? GSL은 가이드라인 시행을 돕는 타입을 제공합니다.

GSL은 다섯 부분으로 나뉩니다.

- GSL.view: 이 타입으로 소유권을 갖거나 갖지 않는 포인터, 단일 객체를 가리키는 포인터, 시퀀스sequence의 첫 번째 요소를 가리키는 포인터를 구분할 수 있습니다.
- GSL.owner: 소유자 포인터에 해당하며, `std::unique_ptr`과 `std::shared_ptr`뿐만 아니라 `stack_array`(스택 할당 배열)와 `dyn_array`(힙 할당 배열)을 포함합니다.
- GSL.assert: `Expects`와 `Ensures`라는 두 가지 매크로를 제공합니다. 이들 매크로는 제안proposal 단계에 있는 표준안의 계약contracts 기능에 대한 미리보기입니다.
- GSL.util: 라이브러리는 유용한 기능이 있어야 완전하죠.
- GSL.concept: 타입 조건자type predicate 모음입니다.

GSL은 C++17보다 먼저 나왔으며 GSL 중 특히 콘셉트concept 부분은 표준 C++로 대체되었습니다. GSL은 https://github.com/Microsoft/GSL에 있습니다. `#include <gsl/gsl>`만 추가하면 객체 전체를 가져올 수 있습니다.

이번 장의 내용은 뷰 타입view type 중 `gsl::owner<T*>`와 가장 관련이 깊습니다. 예제를 살펴보죠.

예제 3.1.8

```
#include <gsl/gsl>

gsl::owner<int*> produce()        // 여러분은 자랑스러운 소유자가 될 겁니다.
{
  gsl::owner<int*> i = new int;  // 여러분이 이제 소유자입니다.
  return i;                      // 함수 바깥으로 소유권을 넘깁니다.
}

void consume(gsl::owner<int*> i) // 소유권을 가져옵니다.
{
  delete i;                      // 소유권이 여러분의 것이니 삭제 가능합니다.
}
```

```
void p_and_c()
{
  auto i = produce();          // 생성하고...
  consume(i);                  // ...삭제합니다.
}
```

보다시피 포인터를 `owner<>`로 감싸면 소유권이 설정되었다는 표시입니다. 약간 바꿔보죠.

예제 3.1.9

```
int* produce()               // 원시 포인터일 뿐입니다.
{
  gsl::owner<int*> i = new int;
  return i;
}
```

이제 어떻게 될까요?

소유권을 나타내는 객체에서 소유하지 않은 포인터로 전달한다고 컴파일러가 경고할 것이라 생각하며 여러분은 책임을 면할 거라 생각할 수도 있습니다. 하지만 그렇지 않습니다. 소유자_{owner}의 정의는 다음과 같습니다.

예제 3.1.10

```
template <class T,
          class = std::enable_if_t<std::is_pointer<T>::value>>
using owner = T;
```

보다시피 거저 되는 일은 없습니다. `gsl::owner`의 정의는 매우 간단합니다. `T`가 포인터 타입이라면 `gsl::owner<T>`는 `T`의 별칭이고 그렇지 않다면 정의되지 않습니다_{undefined}.

이 타입은 소유권을 강제하려는 것이 아니라 사용자에게 소유권 변경이 발생함을 알리려는 것입니다. 함수 이름에 이러한 정보를 담지 않고 타입에 포함시켰습니다. `owner`라는 이름의 타입을 생성해서 소유권을 올바르게 추적하고 유지하도록 강제할 수도 있지만, 그럴 필요 없습니다. `std::shared_ptr`과 `std::unique_ptr`은 이 모든 작업을 알맞게 수행합니다. `gsl::owner` 타입은 코드, ABI, 실행 과정에 아무 영향을 주지 않고 기존 코드베이스가 첨가할 수 있는 문법적 설탕 _{syntactic sugar}일 뿐입니다. 하지만 가독성 및 이해, 정적 분석 및 코드 리뷰의 효율성에는 크게 영향을 미칩니다.

GSL이 더 널리 쓰임에 따라 IDE가 해당 타입을 익히고 빨간 밑줄이나 전구 힌트 표시 같은 표시로 작성자에게 소유권 남용에 대해 경고하리라 기대할지도 모르겠네요. 그때까지는 `gsl::owner`를 소유권을 강제하는 타입으로 사용하기보다는 소유권을 설명하는 타입으로 사용하세요. 궁극적으로 `gsl::owner`는 고수준의 소유권 추상화를 정말로 사용할 수 없을 때 최후의 수단으로 사용하세요.

3.1.5 요약

- 무언가를 소유한다는 것은 그것에 책임을 진다는 뜻입니다.
- C++는 소유권을 명확히 표시하는 스마트 포인터가 있습니다.
- 소유권을 알리려면 스마트 포인터나 `gsl::ownser<T>`를 사용하세요.
- 원시 포인터나 참조로 소유권을 얻는다고 가정하지 마세요.

3.2

[I.3] 싱글턴을 피하라

3.2.1 전역 객체는 나쁩니다

"전역 객체global object는 나쁩니다. 알겠죠?" 연차 무관, 모든 프로그래머가 외우는 복무 신조처럼 여러분이 항상 듣게 될 말입니다. 그 이유를 살펴보죠.

전역 객체는 전역 네임스페이스global namespace에 존재합니다. 단 하나뿐이므로 '전역'이라는 이름이 붙었습니다. 전역 네임스페이스는 변환 단위translation unit의 가장 바깥에 있는 선언적 영역 declarative region입니다. 전역 네임스페이스 범위를 갖는 이름은 전역 이름이라고 합니다. 전역 이름을 갖는 모든 객체는 모두 전역 객체입니다.

전역 객체는 프로그램의 모든 변환 단위에서 항상 볼 수 있는 것은 아닙니다. 단일 정의 규칙one-definition rule이란 전역 객체가 하나의 변환 단위에서만 정의될 수 있음을 뜻합니다. 하지만 선언은 어느 변환 단위에서도 반복할 수 있습니다.

전역 객체는 접근이 제한되지 않습니다. 전역 객체가 보이면 해당 객체와 상호작용할 수 있습니다. 전역 객체는 프로그램 자신 외의 소유자는 없습니다. 즉, 전역 객체를 책임지는 단일 엔티티는 없습니다. 전역 객체는 정적 수명을 가지므로 프로그램이 시작되거나 정적 변수로 초기화static initialization될 때 초기화되며, 프로그램 종료 시 소멸static deinitialization됩니다.

이는 문제가 됩니다. 소유권은 객체를 추론할 때 가장 기본적인 사항입니다. 아무도 전역 객체를 소유하지 않는데 전역 객체의 상태를 어떻게 항상 추론할 수 있을까요? 해당 객체에서 함수를 호출할 때, 갑자기 경고도 없이 여러분 모르게 다른 엔티티가 해당 객체의 다른 함수를 호출할 수도 있습니다.

더 심각한 것은, 전역 객체를 소유한 것이 없으므로 생성 순서가 표준에 따라 결정되지 않는다는 데 있습니다. 전역 객체가 생성되는 순서를 모르면 갑갑한 버그가 발생합니다. 이 버그는 나중에 다루겠습니다.

3.2.2 싱글턴 디자인 패턴

전역 객체가 코드베이스에 미치는 위험을 설명했으니 이제 싱글턴singleton에 주목해봅시다. 저는 1994년 《GoF의 디자인 패턴》(프로텍미디어)[1]이 출판되었을 때 싱글턴이라는 용어를 처음 접했습니다. 이 존경할 만한 책은 출판 당시 아주 흥미롭게 읽었고 지금도 책꽂이나 전자책 리더에 두면 아주 유용할 책입니다. 이 책은 기존 건축 요소에서 반복되는 원형 천장cupola, 주랑 현관portico, 회랑 cloister 같은 패턴이 반복되는 것과 동일한 방식으로 소프트웨어 엔지니어링에서 반복되는 패턴을 설명합니다. 이 책에서 가장 반가운 것은 프로그래밍에서 흔하게 나타나는 패턴을 파악하고 이름을 붙였다는 점입니다. 이름 짓기는 어렵습니다. 누군가 우리 대신 작명을 해줬으니 엄청 요긴하죠.

이 책에서는 패턴을 생성creational, 구조structural, 행동behavioral 패턴 세 가지로 분류합니다. 생성 패턴 부분에서 싱글턴을 찾아볼 수 있으며, 싱글턴은 클래스의 객체 생성을 인스턴스 하나로 제한합니다. 자주 사용하는 패턴을 이렇게 멋지게 서술하는 텍스트가 있으니 싱글턴을 사용하면 좋다고 당연히 여겨졌습니다. 어쨌든 싱글턴과 같은 것을 여러 해 동안 사용해 왔지만 모두 동의할 수 있는 이름을 아직 붙이지 않았던 것뿐이었습니다.

싱글턴의 일반적인 예는 메인 창main window이 있습니다. 메인 창은 사용자 입력을 수집하고 결과를 표시하는 것과 같은 모든 작업이 이루어지는 곳입니다. 메인 창은 하나만 만들어야 하니 다른 창은 생성되지 않아야 합니다. 또 다른 예는 관리자manager 클래스입니다. '관리자'라는 이름이 식별자에 포함되는 것이 특징입니다. 사실 관리자 클래스는 싱글턴이 생성되었다는 분명한 신호이자 관리 대상에 대한 소유권을 결정하는 데 문제가 있다는 의미입니다.

---

1   Gamma, E, Helm, R, Johnson, R, and Vlissides, J, 1994. *Design Patterns*. Reading, MA: Addison-Wesley.

3.2.3 정적 초기화 순서 실패

싱글턴은 정적 초기화 순서 실패static initialization order fiasco[2]를 일으키기 십상입니다. 이는 마샬 클라인Marshall Cline이 C++ FAQ에서 만든 용어로, 종속된 객체가 순서대로 생성되지 않는 문제를 뜻합니다. A와 B, 두 개의 전역 객체를 생각해봅시다. B의 생성자는 A가 제공하는 일부 기능을 사용하니, A를 반드시 먼저 생성해야 합니다. 링크 시 링커는 정적 수명을 갖는 객체를 파악하여 해당 객체가 존재할 메모리 영역을 별도로 두고, `main`이 호출되기 전에 호출될 생성자 목록을 만듭니다. 런타임 시에는 이를 정적 초기화라고 합니다.

이제 B가 A에 의존하므로 A를 먼저 생성해야 한다는 것을 알게 되었지만, 링커로 이를 알릴 수 있는 표준 방식은 없습니다. 실제로 어떻게 해낼 수 있을까요? 변환 단위로 의존성을 제공할 방법을 찾아야겠지만, 컴파일러는 컴파일 중인 변환 단위만 알 수 있습니다.

미간을 찌푸리는 소리가 들리네요. '그렇다면 링커에게 생성 순서를 알려주면 어떤가요? 링커가 이걸 받아들이도록 수정할 수 있나요?' 사실 이런 시도가 있었습니다. 오래전 저는 메트로웍스Metrowerks의 코드 워리어Code Warrior라는 IDE를 사용했습니다. 제가 사용하던 버전은 정적 객체의 생성 순서를 지정하는 속성을 제공했습니다. 얼마 동안은 잘 작동했지만 부지불식간에 미묘한 순환 의존성circular dependency이 생겼고 이를 추적하는 데 20시간이 넘게 걸렸습니다.

여러분은 확신이 들지 않습니다. "순환 의존성은 엔지니어링 개발의 일부분입니다. 당신이 관계를 잘못 이해해서 생성이 가능했다고 해서 정적 초기화 시 생성 순서를 지정하는 선택자를 미리 막아서는 안 됩니다." 저는 실제로 문제를 해결했고 계속 해결하려 했지만, 이 기능을 지원하지 않는 다른 개발 도구toolchain로 코드를 이식해야 했습니다. 저는 비표준 C++로 프로그래밍하고 있었고 이식을 시도했을 때 대가를 치렀죠.

"그렇다 해도, 이건 위원회가 **표준화할 수 있었습니다.** 링크 사양은 이미 표준에 포함되었어요. 초기화 순서 사양은 안 될 이유가 있나요?" 글쎄요, 정적 초기화 순서의 또 다른 문제는 정적 초기화를 수행하는 동안 여러 스레드를 시작한 다음 객체 생성 이전에 객체를 요구하지 못하도록 할 방법이 없다는 것입니다. 전역 정적 객체 간 의존성 때문에 자기 발등을 찍기 십상입니다.

---

2 '실패(fiasco)'라고 하면 공정하지 않은 표현일 수 있습니다. 정적 초기화는 초기화가 연결된 위상학적(topological) 순서를 제공하기로 한 적이 없으니까요. 1980년대의 분할 컴파일(separate compilation), 증분 링크(incremental linking), 링커로는 불가능했습니다. C++는 기존 운영체제와 함께해야 했습니다. 이 시기는 시스템 프로그래머들이 어려운 도구를 갖고 사는 데 익숙했던 시기였습니다.

표준화 위원회는 제 발등을 찍는 도끼는 표준화하지 않습니다. 초기화 순서에 대한 의존성은 위험이 가득하며, 앞서 설명한 대로 프로그래머가 이 기능을 이용하도록 두는 것은 최선이 아닙니다. 또한 이는 모듈러 설계에 위배됩니다. 정적 초기화 순서는 변환 단위에서 **선언 순으로 지정됩니다**. 이러한 변환 단위 간 정적 초기화 순서 지점에서 문제가 발생합니다. **객체의 의존성을 하나의 변환 단위에 국한하면 이 모든 문제를 피하면서 목적은 명확하게 하고 관심사는 분리할 수 있습니다.**

'링커linker'라는 단어는 표준에 **한 번** 등장합니다.[3] 링커는 C++에 국한되지 않습니다. 컴파일러가 생성하는 것은 C, C++, 파스칼, 다른 언어 등 무엇이든 상관없이 알맞은 형식은 모두 바인딩bind합니다. 한 언어의 위험한 프로그래밍 관행만을 위해 링커가 갑자기 새로운 기능을 지원하도록 요구하는 것은 터무니없습니다. 초기화 순서를 표준화하자는 제안은 머리에서 지우세요. 헛고생입니다.

그렇게 말은 했지만, 정적 초기화 순서 실패를 우회할 방법이 있는데, 전역 범위에서 객체를 꺼내서 초기화 순서를 잡는 것입니다. 가장 쉬운 방법은 필요한 종류의 정적 객체를 포함하는 간단한 함수를 만들고 이 함수를 참조로 반환하는 것입니다. 이 방법은 《Effective C++》(프로텍미디어, 2015)의 저자 스콧 마이어스Scott Meyers의 이름을 따서 마이어스 싱글턴Meyers Singleton이라고 합니다.[4] 다음이 그 예시입니다.

예제 3.2.1

```cpp
Manager& manager() {
  static Manager m;
  return m;
}
```

이제 객체가 아닌 함수가 전역에 있습니다. `Manager` 객체는 함수를 호출해야 생성됩니다. 함수 범위의 정적 데이터는 다른 초기화 규칙이 적용됩니다. 여러분이 "그런데, 동시성 문제는요? 객체가 다 생성되기 전에 여러 스레드가 객체에 접근하려는 동일한 문제가 여전히 있지 않을까요?"라고 물을 수 있겠네요.

다행히 C++11부터는 이 역시 스레드 안전에 해당합니다. [stmt.dcl][5]에서 다음을 확인할 수 있습니다. "변수가 초기화되는 동안 제어control가 동시에 선언으로 진입하면, 동시 실행은 초기화가 완료

---

3 https://eel.is/c++draft/lex.name

4 Meyers, S, 1998. *Effective C++*. Reading, MA: Addison-Wesley.

5 https://eel.is/c++draft/stmt.dcl

될 때까지 기다려야 합니다." 하지만 문제의 끝은 아닙니다. 여전히 단일 가변 객체의 핸들을 배포 distribute하고 있으며 해당 객체에 대한 스레드 안전 접근은 보장되지 않습니다.

3.2.4 싱글턴 숨기는 법

앞의 내용을 보고 단순히 함수 뒤로 싱글턴을 숨겼다고 생각할 수 있겠네요. 사실 싱글턴을 숨기는 것은 쉬운 일이며 핵심 가이드라인에서는 싱글턴을 사용하지 못하게 강제하기란 일반적으로 매우 어렵다고 언급합니다. 이번 핵심 가이드라인 I.3 '싱글턴을 피하라'에서 제시하는 첫 번째 아이디어는 '싱글턴이라는 이름이 포함된 클래스를 살펴보라'는 것입니다. 그저 뻔한 말로 보일 수도 있습니다. 하지만 싱글턴이 디자인 패턴의 하나이다 보니 엔지니어가 클래스 이름에 싱글턴을 붙여 '이것은 싱글턴이다' 또는 '나 디자인 패턴 책 읽었음' 같은 티를 내는 일은 아주 흔합니다. 이러면 인터페이스에 구현이 포함되니 **나쁜 일**입니다. 그리고 이건 또 다른 주제고요.

가이드라인은 두 번째 아이디어로 '객체를 카운트하거나 생성자를 검사해서 객체를 하나만 생성하는 클래스를 찾으라'고 합니다. 이렇게 하려면 코드베이스를 완전히 수동으로 클래스 별로 검사해야 합니다. 싱글턴은 때로 우연히 생기기도 합니다. 도입한 추상화로부터 클래스를 형성하여, 특수 함수special function, 공용 인터페이스public interface 등 해당 클래스의 생명주기life cycle와 상호작용을 관리하는 데 필요한 발판scaffolding은 모두 생성될 수 있지만, 객체 인스턴스는 한 번에 하나만 존재할 수 있습니다. 엔지니어의 의도가 아니었을 수 있지만, 싱글턴은 만들어졌습니다. 인스턴스를 다 세어보면 하나뿐임이 판명됩니다.

마지막 아이디어는 '클래스 X에 클래스 타입 X의 지역 정적인local static 함수를 포함하는 공개 정적 public static 함수가 있고, 해당 함수에 대한 포인터나 참조를 반환한다면, 금지하라'는 것입니다. 이는 정확히 정적 초기화 순서 실패를 해결하기 위해 앞서 설명한 방법입니다. 이 클래스는 다음 인터페이스의 상위 집합을 가질 수 있습니다.

예제 3.2.2

```cpp
class Manager
{
public:
  static Manager& instance();

private:
  Manager();
};
```

여기서 드러나는 것은 비공개 생성자private constructor입니다. 이 객체는 정적 멤버static member나 프렌드friend 외에는 아무것도 만들 수 없는데, 프렌드는 선언되어 있지 않습니다. 또한 다른 생성자가 공개 인터페이스에 추가되지 않는 한 아무것도 객체에서 파생될 수 없습니다. 비공개 생성자는 '나의 생성은 내 인터페이스 내의 다른 함수에 의해 엄격히 제어됨'을 나타냅니다. 하, 이것 봐라! 공개 인터페이스에는 인스턴스에 대한 참조를 반환하는 정적 함수가 있습니다. 앞 예제의 `manager()` 함수를 살펴보면 이러한 멤버 함수의 일반적인 내용을 추측할 수 있을 겁니다.

이를 약간 변형하면 참조 횟수를 세는 싱글턴reference-counted singleton이 됩니다. 리소스를 많이 잡아먹는 클래스를 떠올려봅시다. 이러한 싱글턴 인스턴스가 한 번에 2개 존재하기를 원치 않을 뿐만 아니라 필요하지 않게 되면 소멸시키고자 합니다. 공유 포인터, 뮤텍스, 참조 카운터가 필요하기 때문에 관리하기는 다소 복잡합니다. 하지만 이는 여전히 싱글턴이고, '싱글턴을 피하라'는 가이드라인 아래에 있습니다.

이 공개 정적 멤버 함수를 보고 "가이드라인에서 '정적 저장 기간 객체를 피하라'고 해야 하는 게 아닌가. 결국 싱글턴인데." 하고 생각할 수 있겠네요. 잠깐 기다려보세요.

3.2.5 하지만 이 중 하나만 존재해야 합니다

C++를 가르치며 객체지향object orientation에 대한 설명에 일반적으로 사용하는 예제가 있습니다. 주유소에는 자동차, 펌프, 계산대, 연료를 공급하는 유조차량, 가격 등, 다양한 관계를 설명하기에 충분히 풍부한 생태계가 있습니다. 같은 맥락에서 레스토랑에는 테이블, 고객, 메뉴, 서빙 해치serving hatch,[6] 웨이터, 요리사, 음식 배달, 가비지 컬렉션garbage collection 등의 요소가 있습니다. 요즘 교과서에는 웹사이트나 트위터 계정도 있을 수 있겠네요.

두 예시는 모두 한 가지 공통점이 있습니다. 각 요소가 하나만 존재해야 하는 추상화라는 점입니다. 주유소에는 현금 계산대가 하나 있습니다. 레스토랑에는 서빙 해치가 하나 있습니다. 이들은 확실히 싱글턴일까요? 아니라면 어떻게 해야 할까요?

우리가 알아봤던 한 가지 해결 방법은 완전하게 정적인 인터페이스를 갖는 클래스를 만드는 것입니다. 모든 공개 멤버 함수와 비공개 데이터는 정적이어야 합니다. 잠시 방향을 돌려 W. 히스 로빈슨 W. Heath Robinson에 대해 이야기하겠습니다. W. 히스 로빈슨은 1872년 런던 핀스버리 파크Finsbury

---

6 옮긴이 음식을 내보내는 창구

Park에서 태어난 영국의 만화가로, 간단한 문제를 해결하기 위해 엄청나게 공을 들인, 터무니없이 정교한 그림으로 유명합니다. 2차 세계대전 당시 블레츨리 파크Bletchley Park에서 독일군의 메시지 암호 해독을 돕기 위해 만든 자동 분석 기계 중에는 그의 이름을 딴 '히스 로빈슨'이 있습니다. 저는 어릴 적 히스 로빈슨의 만화책을 한 권 받았는데 그가 그린 장치의 정교한 작동 방식이 경이로웠습니다. 1883년 7월 샌프란시스코에서 태어난 미국인 루드 골드버그Rude Goldberg도 과하게 복잡한 장치를 그렸는데, 이는 보드게임 〈마우스트랩〉에 영감을 줬습니다. 그가 고안한 골드버그 장치는 오버엔지니어링overengineering을 뜻하는 일반적인 용어가 되었습니다.

완전하게 정적인 인터페이스를 갖는 클래스가 바로 오버엔지니어링의 예시입니다. 클래스를 만들 때, 추상화를 보고 제어하기 위해 공개 인터페이스를 만들고, 추상화를 모델링하기 위해 데이터와 비공개 함수를 무더기로 만듭니다. 하지만 모든 데이터의 인스턴스가 하나뿐이라면 이걸 왜 클래스에 첨부해야 할까요? 소스 파일 하나에 공개 멤버 함수를 모두 구현하고 해당 데이터의 단일 인스턴스와 모든 비공개 함수를 익명 네임스페이스에 넣으면 될 텐데요. 그런데 말입니다, 클래스는 왜 신경 쓰나요?

우리는 자기 참조라는 복잡한 방식으로 싱글턴 문제의 올바른 해결책에 도달했습니다. 이 싱글턴은 디자인 패턴 책에서 말하는 싱글턴은 아닙니다. 이러한 싱글턴은 클래스가 아닌 네임스페이스로 구현해야 합니다.

예제 3.2.3

```
class Manager
{
public:
  static int blimp_count();
  static void add_more_blimps(int);
  static void destroy_blimp(int);

private:
  static std::vector<Blimp> blimps;
  static void deploy_blimp();
};
```

위의 방식이 아니라 다음과 같이 선언해야 합니다.

예제 3.2.4

```
namespace Manager {
  int blimp_count();
  void add_more_blimps(int);
  void destroy_blimp(int);
}
```

이 구현은 경이롭고 매력적으로 복잡한 골드버그 장치처럼 클라이언트로 노출될 필요는 없습니다. 해당 구현은 비공개 구현 파일의 어두운 구석에 숨길 수 있습니다. 이는 네임스페이스가 선언된 파일의 안정성을 향상시킬 수 있어 대규모의 의존적인 재컴파일을 최소화할 수 있습니다. 물론 추상화를 모델링하는 데 사용된 데이터는 객체가 소유하지 않으므로 정적 데이터가 됩니다. 앞서 설명한 정적 초기화 순서 실패를 주의하세요.

3.2.6 잠깐만요...

앞이 네임스페이스 해결 방법을 보고 "하지만 여전히 싱글턴인데"라고 혼잣말을 할 수도 있겠네요.

이것은 싱글턴이지만, 디자인 패턴에서 설명하는 싱글턴은 아닙니다. 가이드라인에서 경고하는 문제는 디자인 패턴 상의 싱글턴이지 단일 인스턴스 추상화가 아닙니다. 실제로 《GoF의 디자인 패턴》의 저자 네 명 중 에리히 감마Erich Gamma는 2009년 InformIT와의 인터뷰에서 책의 목록에서 싱글턴을 빼고 싶다고 말했습니다.[7]

C++에 관한 조언에는 두 가지 문제가 있습니다. 첫 번째는 **한때는 현명한 조언이었으나 영원히 그렇지는 않다**는 것입니다.

현재 C++는 3년마다 새 버전이 나옵니다. 2011년 `std::unique_ptr`과 `std::shared_ptr`이 도입되면서 `new`와 `delete`를 짝짓는 방법에 대한 조언이 바뀌었습니다. '생성된 지점과 다른 모듈에 있는 객체는 삭제하지 말라'는 이전 조언은, 원시 `new`와 `delete`를 사용하지 않는 쪽으로 바뀌었습니다. 핵심 가이드라인 R.11 '`new`와 `delete`를 명시적으로 호출하지 말라'는 조언대로 말입니다. 일련의 조언을 학습한 다음, 더는 신경 쓰지 않는 것으로는 충분하지 않습니다. 언어가 성장하고 변화함에 따라 권고 사항을 계속 검토해야 합니다.

---

7 https://www.informit.com/articles/article.aspx?p=1404056

이러한 문제는 여러분이 자주 사용하는 프레임워크에서 폐지가 예정된 C++를 관용적으로 사용할 수 있다는 점에서 즉각 나타납니다. 해당 프레임워크는 환경 변수를 파악하고 조작하기 위한 싱글턴이나 변경 가능한 명령줄 매개변수로 지정되는 설정이 포함되어 있을 수 있습니다. 여러분이 자주 사용하는 프레임워크에는 아무 문제 없다고 생각할 수도 있지만, 그렇지 않습니다. 새로운 정보가 나타나면서 과학적 의견이 바뀌는 것처럼, C++ 관습도 마찬가지입니다. 오늘날 여러분이 읽는 책에는 시대를 초월한 조언이 있을 수 있지만, 책 전체가 시대를 초월한 지혜를 담고 있으며 C++ 작성 십계명과 같다고 주장한다면 지극히 오만하고 어리석은 일일 것입니다.

두 번째 문제는 해당 조언이 간결하고 기억하기 좋아서 즉시 떠올리기 쉬운 구문에 완전히 가려진 여러 동기를 거쳐왔다는 데에 있습니다. '싱글턴을 피하라'는 조언은 '클래스에 단일 인스턴스 추상화라는 오버엔지니어링을 피하고 다중 인스턴스화를 막기 위해 접근 수준을 남용하지 말라'는 말보다는 훨씬 기억하기 쉽습니다. 조언을 익히는 것으로는 충분하지 않습니다. 조언의 동기를 반드시 이해하여 해당 접근법을 취하는 이유를 알고, 그렇게 하지 않아야 안전한 때도 알아야 합니다.

C++ 핵심 가이드라인은 풀 리퀘스트를 할 수 있는 깃허브 저장소에 있습니다. 즉 살아 있는 문서입니다. 여기에는 다양한 동기가 있는 수백 개의 조언이 있으며, 이 책은 그중 30개의 동기를 더 깊게 살펴보는 게 목적입니다.

앞서 언급했듯 여러분이 생각하기에 모든 정적 객체는 싱글턴이므로, 정적 객체는 모두 피해야 한다고 볼 수 있습니다. 이제는 정적 객체가 싱글턴도 아니고 반드시 싱글턴이 아니어도 된다는 점을 알 수 있을 겁니다. 싱글턴은 프로그램의 수명과 같은 객체의 인스턴스입니다. 싱글턴은 반드시 전역일 필요도 없습니다. 정적 데이터 멤버는 전역 범위가 아니라 클래스 범위를 갖기 때문입니다.

마찬가지로 "전역은 나쁘죠, 그렇죠?"라는 말도 항상 참은 아닙니다. 여러분에게 위험한 것은 변경 가능한 전역 상태이며, 핵심 가이드라인의 I.2 'const가 아닌 전역 변수를 피하라'에서 말하는 바와 같습니다. 전역 객체가 변경 불가능하다면 이는 프로그램의 속성에 불과합니다. 예를 들어, 우주 게임을 위한 물리 시뮬레이션을 작성한다고 하면 우리는 중력 상수에 해당하는 G라는 float 타입 객체를 다음과 같이 전역 네임스페이스에 선언할 수 있습니다.

예제 3.2.5

```
constexpr float G = 6.674e-11; // 중력 상수
```

중력 상수란 결국 보편적인 상수입니다. 아무도 변경하면 안 됩니다. 전역 네임스페이스에 이러한 것을 저장하는 것이 적절하지 않다고 생각하여 다음과 같이 universe라는 네임스페이스를 선언할 수도 있습니다.

예제 3.2.6

```
namespace universe {
  constexpr float G = 6.674e-11; // 중력 상수
}
```

여러분은 중력 상수가 다른 우주를 실험하고 싶을 수 있습니다. 이 경우, 단순히 값을 반환하는 함수를 작성하여 여러분의 이상한 실험 요구에 따라 인터페이스의 로직을 변경할 수도 있습니다.

요점은, 앞서 열거한 이유에 따라 전역이 나쁜 **이유**를 알고 여러분이 져야 할 기술 부채를 완전히 이해한 상태로 이 규칙을 융통성 있게 적용하기에 적당한 시점을 결정할 수 있다는 것입니다.

3.2.7 요약

- 싱글턴을 피하세요. 단일 인스턴스 추상화가 아니라, 디자인 패턴에서 설명하는 싱글턴을 지양하세요.
- 이러한 종류의 추상화를 모델링 하려면 클래스에 네임스페이스를 쓰세요.
- 싱글턴을 구현할 때는 정적 데이터를 신중하게 사용하세요.
- 핵심 가이드라인이 작성된 동기를 이해하세요.
- C++가 확장되고 진화함에 따라 핵심 가이드라인을 다시 살펴보세요.

CHAPTER

3.3

[C.90] memset과 memcpy에 의존하지 말고 생성자와 할당 연산자를 사용하라

3.3.1 최대 성능 추구하기

C++는 운영체제가 없는 시스템bare metal에서 뛰어난 성능을 자랑합니다. 다른 언어는 C++의 왕좌를 노리며 흥망성쇠를 겪었으나 C++는 여전히 제로 오버헤드 추상화zero-overhead abstraction[1]를 위해 항상 선택되는 언어입니다. C++는 매우 효율적인 라이브러리 함수를 제공하는 C의 혈통을 이어받았습니다. 이러한 라이브러리 함수 가운데 일부는 단일 프로세서 명령어로 구현할 수 있습니다.

`double floor(double arg)`를 예로 들겠습니다. 이 함수는 `<cmath>` 헤더에 있으며 `arg`보다 크지 않은 최대의 정숫값을 반환합니다. 이를 수행하는 x86 명령어가 하나 있는데, `ROUNDSD`[2]라고 합니다. 똑똑한 최적화 컴파일러에서 `floor`를 호출하면 이 명령어는 `ROUNDSD`의 인라인 호출로 치환됩니다. 성능이 고픈 엔지니어를 기쁘게 만족시킬 수 있겠죠.

이러한 CISC 프로세서에서 사용할 수 있는 몇 가지 놀라운 명령어가 있습니다. 2의 거듭제곱에 가장 가까운 값을 평가할 수 있도록 숫자 앞에 오는 0의 개수를 알고자 한다면 바로 `LZCNT`라는 명령어가 있습니다. 혹은 여러분이 해밍 거리Hamming distance[3]를 계산하기 위해 값에 설정된 비트 수를 알고자 하는 경우도 있을 겁니다. `POPCNT`, 앞으로 나오세요. `LZCNT`를 코드에 작성하면 클랭과

---

1 [옮긴이] C++의 설계 원칙, '사용하지 않는 것에 비용을 지불하지 않는다', 즉 프로그래머가 해당 기능을 사용하지 않았을 때보다 오버헤드가 더 크지 않도록 한다는 원칙입니다. 참고: https://en.cppreference.com/w/cpp/language/Zero-overhead_principle
2 [옮긴이] 부동소수점 연산 관련, 가장 가까운 정수로 반올림하는 명령어입니다(x86/64).
3 [옮긴이] 동일한 길이의 문자열의 같은 위치상에 있는 서로 다른 기호의 개수에 해당합니다. 예를 들면 길이가 같은 문자열 1011과 1101의 해밍 거리는 2입니다. 참고: https://ko.wikipedia.org/wiki/해밍_거리

GCC에서 알아채고 `POPCNT` 호출로 교체합니다. 훌륭한 서비스죠. 컴파일러 작성자에게 잊지 말고 팁을 챙겨줍시다.[4]

제가 처음 프로그래밍을 시작하고서 BASIC에서 어셈블리어로 빠르게 넘어갔습니다. 처음에는 Z80,[5] 다음에는 68000[6]이었습니다. C를 처음 배웠을 때는 C를 매크로 어셈블리 프로그래밍 언어로 다뤘기 때문에 수월하게 넘어갈 수 있었습니다. 더 빠르게 작성할 수 있고 테스트와 디버그가 더 쉬웠다는 점을 제외하면 어셈블리어처럼 코드를 추론했죠. 68000 어셈블리를 사용하면 훌륭한 코드를 훨씬 더 빠르게 만들 수 있었습니다.

C++로 넘어가기 시작했을 때는 C++에 대해 약간 의구심이 들었습니다. 하지만 조금 살펴보니 의심을 걷어낼 수 있었습니다. 예를 들면 가상 함수는 구조체 맨 위에 있는 함수 포인터와 비슷하게 보여 흑마법처럼 보였지만, 제 예상보다 한층 더 간접적인 수준에 있었습니다. 함수 오버로드와 함수 템플릿은 심벌을 많이 제거할 수 있어서 좋았고, 인터페이스에서 구현을 제거할 수 있어서 가독성이 더 나은 코드를 작성할 수 있었습니다.

C++에서 제가 가장 좋아한 것은 코드를 더 명확하게 작성할 수 있도록 하는 문법적 설탕이었습니다. 항해할 때 속도를 느리게 만드는 요소는 절대 원치 않았으니까요.

그런데 생성자 말입니다. 생성자는 최악이었습니다.

3.3.2 끔찍한 생성자 오버헤드

어셈블리어를 막 배울 무렵, 저는 작업용 메모리 영역을 분리해서 어셈블리 명령어 하나로 0으로 채운 다음 작업을 계속하도록 배웠습니다. 특별히 0으로 채우지 않아도 된다는 확신이 있다면 상황에 따라 초기화하기도 했지만 그러면 어떤 주소를 이미 설정했는지 여부를 알 수 없어서 디버깅이 복잡할 때가 있었습니다.

C에서는 곧바로 함수 맨 위에서 `int`, `float`, `struct`를 선언하고 디버그 빌드에서는 `<string.h>`에 있는 라이브러리 함수인 `memset`을 호출하여 호출 한 번으로 모두 0으로 초기화하도록 배웠습니다. 스택 포인터를 증가 혹은 감소시키고 해당 공간은 0으로 다시 채우기만 하면 됐었죠.

---

4 옮긴이 x86 명령어 집합에 관심이 있다면 더 찾아보세요. 참고: https://en.wikipedia.org/wiki/X86_Bit_manipulation_instruction_set
5 옮긴이 자일로그(Zilog) Z80. 자일로그 사가 개발한 마이크로프로세서. 참고: https://ko.wikipedia.org/wiki/자일로그_Z80
6 옮긴이 모토로라 68000. 모토로라 사가 개발한 마이크로프로세서. 참고: https://ko.wikipedia.org/wiki/모토로라_68000

하지만 C++에서는 다 잊어버려야 했습니다. 기본 생성자default constructor의 존재에 익숙해져야 했습니다. 무슨 일이 있어도 기본 생성자는 호출해야 한다는 것을 알게 됐고, 사용하지 않을 도리는 없었습니다. 그런데 생성된 어셈블리를 보고 움찔했습니다. **예전 방식**만큼 빠르지 않았던 것입니다. 이 문제를 해결할 방법은 생성자 본문에서 `memset`을 호출하는 것이었습니다. 초기화 리스트는 먹히지 않았습니다. 저는 하나의 어셈블리 명령어에서 모두 0으로 직접 설정했습니다.

할당 연산자assignment operator와 복사 생성자copy constructor에 대해 제가 어떤 심정이었는지 아시겠죠? 왜 이 연산자들은 `memcpy`를 호출하지 않았을까요? 왜 이렇게 섬세하게 멤버별로 다 따로 작업했을까요? 생성자 본문에서 실제로 할 일이 있는 경우라면 납득할 수 있었지만, 저는 그냥 메모리 영역을 따로 배놓으려고만 했는데 왜 이렇게 할 일이 많을까요?

이 비효율성을 저주하며 저는 고생고생해서 다른 기능을 통해 더 이해하기 쉬운 코드로 교체했습니다. 성능이 정말 중요한 부분은 C로 작성했고 링커가 C와 C++ 두 언어를 상호 이해할 수 있다는 점을 최대한 활용했습니다.

키메라는 머리는 사자, 몸은 염소, 꼬리는 용인 불을 뿜는 신화 속 동물입니다. 저는 1990년대에 이 끔찍한 코드 키메라를 작성하고 있었습니다. 제가 낸 에러는 객체를 사용할 준비가 되기 전에 함수에서 너무 일찍 선언했다는 문제 때문이었다는 것을 깨닫기까지 한참 걸렸습니다. 게다가 1990년대는 표준화와 as-if 규칙이 도입되기 전이었습니다. 이러한 표준화의 멋과 규칙의 진가를 깨닫기까지는 훨씬 더 오래 걸렸습니다. 이제 생성에 대한 규칙을 더 자세히 살펴봅시다.

C++ 표준에서 클래스 초기화에 대한 설명은 [class.init][7]에서 시작되며, 생성자가 없는 경우 [dcl.init][8]의 내용을 추가로 참조합니다. 여기서 내용을 다 볼 수는 없으니 집합부터 시작해서 간단히 요약하겠습니다.

3.3.3 가장 간단한 클래스

집합aggregate이란 다음과 같은 클래스입니다.

- 사용자가 선언한 생성자나 상속받은 생성자가 없음
- 비정적 비공개 데이터 멤버가 없음

---

7 https://eel.is/c++draft/class.init
8 https://eel.is/c++draft/dcl.init

- 가상 함수가 없음

- 비공개_{nonpublic} 혹은 가상 기본 클래스_{virtual base class}가 없음

예를 들면 집합은 이런 모양입니다.

예제 3.3.1

```
struct Agg {
  int a;
  int b;
  int c;
};
```

집합은 유용합니다. 다음과 같이 중괄호로 초기화할 수 있습니다.

예제 3.3.2

```
Agg t = {1, 2, 3};
```

집합의 초기화 규칙은 각 요소는 해당 요소에서 복사 초기화된다는 것입니다. 위의 예제는 다음과 같은 모습이 됩니다.

예제 3.3.3

```
t.a={1};
t.b={2};
t.c={3};
```

명시적으로 초기화된 요소가 없으면 각 요소는 선언 순서대로 기본 초기화자_{default initializer}로 초기화되거나 빈 초기화자_{empty initializer}에서 복사 초기화_{copy initialize}됩니다. 멤버는 인스턴스화 과정에서 바인딩되어야 하기 멤버 중 참조에 해당하는 경우가 있으면 초기화에 실패합니다.

예제 3.3.4

```
auto t = Agg{};
```

예를 들어 앞의 코드와 같은 `t`는 `t.a`에서 `{}`로 초기화되며, 이어서 `t.b`, `t.c`가 초기화됩니다. 하지만 이들은 모두 `int`고, `int`와 같은 내장 타입에 대한 생성자는 없으니 초기화는 이루어지지 않습니다_{no-op}. "아!" 하고 외치는 소리가 들리네요. "그러면 바로 여기서 `memset`을 호출해야겠네요.

구조체의 내용은 비결정론적이고, 비결정론적인 것은 나쁘니 그냥 다 0으로 만들게요. 이 방법이 분명히 맞을 거예요."

아뇨, 아닙니다. 다음과 같이 초기화하는 생성자를 추가해야 합니다.

예제 3.3.5

```cpp
struct Agg {
  Agg() : a{0}, b{0}, c{0} {};
  int a;
  int b;
  int c;
};
```

"하지만 이제 더 이상 집합이 아닌데요." 정확하게 보셨습니다. "중괄호 초기화 기능과 `memset`이 필요해요." 그렇다면 다음과 같이 멤버 초기화자를 사용하세요.

예제 3.3.6

```cpp
struct Agg {
  int a = 0;
  int b = 0;
  int c = 0;
};
```

이제 다음과 같이 선언해보죠.

예제 3.3.7

```cpp
auto t = Agg{};
```

`t.a`는 `0`으로 초기화되고, `t.b`와 `t.c`도 마찬가지입니다. 더 나은 방법은 C++20에 새로 도입된 지정된 초기화자designated initializer를 사용하는 것입니다. 이로써 객체 각 부분을 서로 다른 값으로 초기화할 수 있습니다. 다음과 같이 말입니다.

예제 3.3.8

```cpp
auto t = Agg{.c = 21};
```

이제 `t.a`와 `t.b`는 `0`으로 초기화되지만 `t.c`는 `21`로 초기화됩니다.

"네, 좋아요. 지정된 초기화자는 좋은데, 다시 집합으로 돌아왔네요." ('하지만'이라고 곧 말할 거 같네요.) "하지만 멤버는 여전히 한 번에 하나씩 초기화되는걸요! `memset`을 사용해서 명령어 하나로 초기화하고 싶어요."

정말 나쁜 생각입니다. 객체의 초기화를 객체의 정의에서 분리하려고 하기 때문입니다. 집합에 멤버를 추가하면 어떻게 될까요? `memset`을 호출하면 객체의 일부분만 다루게 됩니다. C++에서는 객체의 전체 생명주기를 단 하나의 추상화, 클래스로 모을 수 있습니다. 이걸 뒤집으면 안 됩니다.

"클래스의 변경 사항에 대해 독립성을 보장하도록 `sizeof`를 사용할게요."

이것도 좋은 생각은 아닙니다. 0을 기본값으로 초기화하지 **않는** 멤버를 도입한다면 어떻게 될까요? 그러면 `memset` 호출이 해당 멤버의 값을 두 개로 분할하는 작업도 받아들여야 할 겁니다. 문제가 터지기를 기다리는 것일 뿐이죠.

"못 받아들이겠어요! 제가 집합을 소유하고 있고, 집합은 헤더가 아니라 비공개 구현 파일에 정의되어 있으니 제가 알지 못하는 채로 수정될 일은 **없을 거고**, `memset` 호출은 **확실히 안전해요!** 무슨 일이 일어나길래 `memset`을 호출하면 안 되죠?"

흠, 문제는 `memset`을 호출할 필요가 없다는 데에 있습니다. 추상 기계abstract machine[9]에 대해 더 설명해보겠습니다.

3.3.4 어쨌든 표준에서 설명하는 내용은 무엇인가요?

P.2 'ISO 표준 C++로 작성하라'는 최초의 핵심 가이드라인 중 하나입니다. C++ 표준은 C++ 작동 방식에 대한 구현을 준수하는 방법을 지정합니다. 여기서 달라지면 C++ 표준이 아닙니다. 다양한 플랫폼에 대응하는 여러 C++ 구현이 있으며 이는 모두 기계의 워드word 크기나, 대상target별 기능에 따라 서로 다른 방식으로 작동합니다. 어떤 플랫폼은 디스크 드라이브 형태의 오프라인 저장소 기능이 없을 수 있고, 또 어떤 플랫폼은 표준 입력 기능이 없을 수 있습니다. C++ 표준은 이러한 차이를 어떻게 수용할까요?

---

9 옮긴이 https://ko.wikipedia.org/wiki/추상_기계. C++ 표준에서 정의하는 추상 기계에 대해서는 다음 비야네 스트롭스트룹의 글을 참고. https://www.stroustrup.com/abstraction-and-machine.pdf

C++ 표준의 처음 세 조항은 범위,[10] 규범적 참조,[11] 용어 및 정의[12]에 해당합니다. 10에서 12페이지 사이에 있는 4번째 조항은 일반 원칙[13]이며 C++ 표준이 플랫폼별 차이를 수용하는 방식을 정확히 설명합니다. 그러니 표준과 같은 공식 문서를 잘 읽어야 합니다.[14]

이 4개 조항은 표준 문서가 어떻게 구성되었는지, 규칙convention은 무엇인지, '정의되지 않은 동작undefined behavior'은 무엇인지, '잘못된 형식의ill-formed 프로그램'은 무엇인지, 사실상 문서 전체의 틀을 설명하고 있습니다. 일반 원칙 조항, 특히 [intro.abstract]에서는 다음 내용을 확인할 수 있습니다.

> "이 문서는 매개변수화된 비결정론적 추상 기계의 시맨틱스를 정의합니다. 이 문서는 구현을 준수하는 구조에 대해 요구 사항이 없습니다. 특히, 추상 기계의 구조를 복사하거나 에뮬레이트할 필요는 없습니다. 구현을 준수하려면 아래의 설명대로 추상 기계의 관찰 가능한 동작을 에뮬레이션하기만 하면 됩니다."

이 단락에는 다음과 같은 각주가 붙어 있습니다.

> "이 조항은 'as-if' 규칙이라고도 합니다. 프로그램의 관찰 가능한 동작을 판단하여 해당 동작이 마치as-if 요구 사항을 준수한 결과와 같다면, 구현에서 이 문서의 요구 사항을 무시할 수 있기 때문입니다. 예를 들면, 해당 값이 사용되지 않으며 프로그램의 관찰 가능한 동작에 미치는 부수 효과가 없다고 추론 가능한 경우, 실제 구현에서 표현식의 일부를 평가할 필요가 없습니다."

이는 아주 훌륭한 단서 조항get-out clause입니다(더 정확하게는 단락입니다). 구현은 관찰 가능한 동작을 에뮬레이션만 하면 됩니다. 코드를 살펴보고 실행 결과를 검사한 다음 해당 결과에 부합하기 위해 필요한 작업을 수행하면 됩니다. 바로 이렇게 최적화가 이루어집니다. 결과를 살펴보고 해당 결과를 얻기 위해 필요한 최적의 명령어 집합으로 교체하는 방식입니다.

이러한 최적화는 예제의 집합 클래스에 어떤 의미가 있을까요?

멤버의 초기화자가 모두 0이므로 컴파일러는 Agg 객체의 기본 인스턴스화로 정수 3개를 0으로 설정함을 확인합니다. 이는 memset을 호출한 것과 동일하니 아마 memset을 호출할 겁니다. memset을 수동으로 호출할 필요가 없죠.

---

10 https://eel.is/c++draft/intro.scope
11 https://eel.is/c++draft/intro.refs
12 https://eel.is/c++draft/intro.defs
13 https://eel.is/c++draft/intro
14 옮긴이 원문 RTFM(Read The Front Matter)을 직역하면 문서 시작 부분에 있는 내용을 읽으라는 뜻입니다만, 문서를 본격적으로 읽기 전 해당 문서를 쉽게 이해할 수 있는 중요한 정보가 담긴 부분을 놓치지 말라는 의미로 볼 수 있습니다.

아니 잠깐만요! 이 클래스는 정수 3개로만 구성됩니다. 32비트 정수를 사용하는 일반적인 64비트 플랫폼에서는 12바이트만 0으로 설정하면 된다는 뜻입니다. x64 플랫폼에서는 명령어 두 개로 수행 가능합니다. 도대체 왜 `memset`을 호출하려는 건가요? 컴파일러 익스플로러 웹사이트를 방문하여 코드를 직접 실행해서 확인해볼 수 있습니다.

예제 3.3.9

```
struct Agg {
  int a = 0;
  int b = 0;
  int c = 0;
};

void fn(Agg&);

int main() {
  auto t = Agg{}; // (1)
  fn(t);          // (2)
}
```

(2)의 함수 호출은 컴파일러가 `t`를 최적화하지 못하도록 막습니다.

x86-64 gcc 컴파일러에 최적화 플래그를 -O3으로 설정하면 다음과 같이 나옵니다.

```
main:
    sub     rsp, 24
    mov     rdi, rsp
    mov     QWORD PTR [rsp], 0     // (1)
    mov     DWORD PTR [rsp+8], 0
    call    fn(Agg&)               // (2)
    xor     eax, eax
    add     rsp, 24
    ret
```

두 개의 `mov` 명령어가 3개의 `int`를 0으로 만드는 작업을 수행한다고 확인할 수 있습니다. 컴파일러 작성자는 이 방법이 `int` 3개를 0으로 만드는 가장 빠른 방법임을 알고 있습니다. 0으로 두어야 하는 멤버가 훨씬 더 많다면 MMX 명령어를 실행할 겁니다. 컴파일러 익스플로러 웹사이트로 아주 손쉽게 직접 확인해볼 수 있습니다.

이로써 `memset`을 사용할 필요가 없다고 납득하기를 바랍니다.

3.3.5 그러면 memcpy는 어때요?

제가 C 프로그램에서 구조체를 0으로 만들 때 memset을 사용했던 것처럼, 다른 인스턴스에 이를 할당할 때 memcpy를 사용하곤 했습니다. C++의 할당은 초기화와 아주 비슷합니다. 기본적으로 해당 멤버 타입의 할당 연산자를 사용하여 데이터를 선언 순대로, 멤버별로 복사합니다. 여러분은 여러분 자신의 할당 연산자를 작성할 수 있습니다. 생성자와는 달리 멤버별 복사를 암묵적으로 수행하지 않습니다. 여기서 memcpy를 호출하자는 주장이 힘을 얻을 거라 생각할 수도 있겠지만, 앞서 설명한 이유를 제외하면 좋은 생각도 아니고 필요하지도 않습니다. 컴파일러 익스플로러 웹사이트로 돌아가 소스를 다음과 같이 살짝 변경해봅시다.

예제 3.3.10

```
struct Agg {
  int a = 0;
  int b = 0;
  int c = 0;
};

void fn(Agg&);

int main() {
  auto t = Agg{}; // (1)
  fn(t);          // (2)
  auto u = Agg{}; // (3)
  fn(u);          // (4)
  t = u;          // (5)
  fn(t);          // (6)
}
```

그러면 다음과 같은 결과가 나옵니다.

```
main:
    sub     rsp, 40
    mov     rdi, rsp
    mov     QWORD PTR [rsp], 0        // (1)
    mov     DWORD PTR [rsp+8], 0
    call    fn(Agg&)                  // (2)
    lea     rdi, [rsp+16]
    mov     QWORD PTR [rsp+16], 0     // (3)
    mov     DWORD PTR [rsp+24], 0
    call    fn(Agg&)                  // (4)
```

```
mov     rax, QWORD PTR [rsp+16] // (5)
mov     rdi, rsp                // (6)
mov     QWORD PTR [rsp], rax    // (5)
mov     eax, DWORD PTR [rsp+24]
mov     DWORD PTR [rsp+8], eax
call    fn(Agg&)                // (6)
xor     eax, eax
add     rsp, 40
ret
```

보다시피 컴파일러는 똑같이 `QWORD`/`DWORD`를 사용하도록 코드를 생성했으며, 이 코드는 네 개의 명령어로 원본 객체에서 메모리를 직접 복사합니다. 다시 말하지만, 왜 `memcpy`를 호출하려고 하죠?

최적화 수준을 받아들이지 않는다면 생성된 코드는 표준이 지정하는 대로 더 명시적으로 작동하며 as-if 규칙을 덜 사용한다는 점에 유의하세요. 이 코드는 일반적으로 생성은 더 빠르고 단계별로 더 수월하게 진행할 수 있습니다. `memset`과 `memcpy` 사용을 고려한다면 최적화가 가장 우선 순위가 높으며 가장 최적화된 코드를 생성하는 데 만족할 것입니다. 그런데 앞의 어셈블리에서는 예상치 못한 순서로 변경되었음을 알 수 있습니다. 컴파일러 작성자는 이 3개 명령어가 실행될 때의 모든 특징을 알고 있으며 코드의 순서를 알맞게 변경할 수 있습니다. 관찰 가능한 동작만 에뮬레이션하면 되기 때문입니다.

3.3.6 컴파일러를 절대 과소평가하지 말라

컴파일러를 최대한 활용하려면 여러분이 하려는 일을 가장 높은 추상화 수준에서 정확히 알려야 합니다. 앞서 살펴봤듯 `memset`과 `memcpy`는 추상화 수준이 높은 생성과 할당을 사용할 수 있습니다. 마지막 예제에서는 `std:fill`을 살펴보겠습니다. 한 가지 값으로 메모리 영역을 설정하거나 여러 워드로 된 객체multiword object를 단일 메모리로 복사하지 않고도, `std::fill`은 여러 워드로 된 객체를 메모리 영역으로 복제duplicate하는 문제를 해결합니다.

원시 루프raw loop를 만들어 반복하면서 바로 생성하거나 기존 객체에 할당하는 방식은 소박한 구현 방식입니다naïve implement.[15]

---

15 [옮긴이] 앞서 trivial을 '자명한'으로 옮긴 맥락과 마찬가지입니다. 공동 저자 가이 데이비드슨의 학문적 배경은 수학에 있기 때문에 이를 살려 '소박한'이라 옮겼습니다. 음차하면 '나이브한 구현'이라 할 수 있습니다.

예제 3.3.11

```cpp
#include <array>

struct Agg {
  int a = 0;
  int b = 0;
  int c = 0;
};

std::array<Agg, 100> a;

void fn(Agg&);
int main() {
  auto t = Agg{};
  fn(t);
  for (int i = 0; i < 1000; ++i) { // 배열 채우기
    a[i] = t;
  }
}
```

하지만 `std::fill`이 이를 수행할 테니 읽어야 하는 코드는 줄고 앞의 버그가 생길 가능성도 줄어듭니다(봤나요? 배열의 크기와 `for` 루프의 반복 횟수를 확인해보세요).

예제 3.3.12

```cpp
int main() {
  auto t = Agg{};
  fn(t);
  std::fill(std::begin(a), std::end(a), t); // 배열 채우기
}
```

컴파일러 작성자는 가능한 한 가장 좋은 코드를 만들고자 많은 노력을 기울입니다. 일반적인 `std::fill`의 구현체는 SFINAE 기법(현재는 아마도 `require` 절일 가능성이 높습니다)을 포함할 것입니다. 이를 통해 생성자 호출이 필수가 아닌 자명하게 생성하고 복사할 수 있는 타입에는 간단히 안전하게 `memset`을 사용할 수 있습니다.

이번 가이드라인은 단순히 `memset`과 `memcpy`를 사용을 자제하도록 하는 것이 아닙니다. C++의 기능을 사용하여 컴파일러가 최적의 코드를 생성할 수 있도록 가능한 최선의 정보를 제공하도록 설득하고자 했습니다. 컴파일러가 추측하게 하지 마세요. 컴파일러는 여러분에게 "제가 뭘 하면 될까요?"라고 묻고, 정확하고 완전한 대답에 가장 잘 대답할 겁니다.

3.3.7 요약

- memset과 memcpy보다는 생성자와 할당을 사용하세요.

- 컴파일러와 의사소통하려면 가장 높은 수준의 추상화를 사용하세요.

- 컴파일러가 여러분을 위해 가장 잘 작동할 수 있도록 협조하세요.

3.4

[ES.50] const를 형 변환하지 말라

3.4.1 이야기

제가 가장 좋아하는 C++ 기능이 무엇인지 묻는다면 결정론적인 소멸을 제외하면 const라고 항상 답합니다. const를 사용하면 인터페이스를 뷰view와 컨트롤control로 나눌 수 있어 사용자가 사용법을 쉽게 익힐 수 있습니다. const를 사용한 뷰와 컨트롤 분리 덕분에 저는 몇 번이고 구원받았는데, 제 첫 번째 대형 게임 프로젝트가 바로 그 단적인 사례입니다.

20세기 말, 회사에서는 컴퓨터 게임 <로마: 토탈 워>라는 굉장한 작업을 시작했습니다. 이 게임은 로마 제국 시대를 배경으로 한 실시간 전략 게임이었습니다. 기병, 보병, 포병 부대 소속의 수백 명의 병사와 함께 전장을 누비는 데 필요한 광범위한 컨트롤 옵션을 사용할 수 있는 필드 전투 기능이 있었죠. 개별 부대의 대형을 갖추고, 부대를 그룹화하고, AI가 정교하게 통제하는 적군에 맞서도록 전투에 투입하고, 전체 장면이 아름답고 장엄한 3D 렌더링으로 펼쳐지는 것을 볼 수 있었습니다.

작업량은 예상보다 상당했습니다. 멀티플레이어 게임으로 만들고자 했기 때문입니다. AI와 싸우는 대신 다른 인간 플레이어와 경쟁할 수 있는 기회를 제공하고자 했습니다. 이 때문에 많은 문제가 발생했는데, 그중 양쪽 기기의 월드 상태를 동일하게 유지하기가 가장 어려웠습니다.

이는 멀티플레이어 게임 전반의 문제입니다. 자동차 경주 게임의 경우 모든 사용자의 기기에서 차가 모두 같은 위치에 있어야 합니다. 자동차마다 제각기 먼저 결승선을 통과하면 게임이 이상하게 됩니다. 이를 해결하는 방법은 기기 하나를 월드 관리 서버로 지정하고, 모든 클라이언트 기기가 게임 인스턴스에 대한 업데이트를 이 서버로 주기적으로 전송하고, 서버가 이러한 업데이트를 새로운 월드 상태로 맞춘resolve 다음 클라이언트 기기로 다시 보내는 것입니다.

자동차 경주의 경우로 예를 들면 자동차 20대의 위치와 가속도를 클라이언트 기기로 다시 전송해야 합니다. 큰 부담은 아닙니다. (경주 트랙에 다리가 있지 않다면) x와 y 컴포넌트만 필요하고, 부동소수점 타입이라면 컴포넌트당 4바이트, 자동차 20대의 컴포넌트는 4개이므로, 즉 월드를 업데이트할 때마다 320바이트로 해결되기 때문입니다.

당시에는 초당 30프레임은 온전히 수용 가능한 프레임 속도였지만 매 프레임마다 월드를 업데이트할 필요는 없었고 월드의 뷰만 업데이트하면 됐습니다. 월드 모델은 각 자동차의 위치와 가속도만 갖고 있으니 뉴턴의 운동 방정식 덕분에 각 자동차의 위치는 믿을 수 있는 값으로 계산할 수 있습니다. 인간의 뇌가 인식할 수 있는 속도보다 빠르게 월드를 업데이트하기만 하면 됩니다. 10헤르츠면 충분합니다. 즉, 서버는 각 클라이언트로 초당 3,200바이트를 전송broadcast해야 합니다. 1990년대의 인터넷은 이 속도를 내는 데 문제가 없었습니다. 다들 56 Kb/s 모뎀을 사용했으니 26 Kb/s 정도의 대역폭은 감당할 수 있었습니다.

3.4.2 훨씬 더 많은 데이터 다루기

안타깝게도 우리 게임은 이 방법을 사용할 수 없었습니다. 자동차는 한 가지 일, 즉 이동만 합니다. 게임 속 병사들의 액션은 다양합니다. 걷기, 빨리 걷기, 달리기, 단거리 전력질주, 창 던지기, 칼 휘두르기, 성벽으로 공성병기 밀기 등은 병사가 할 수 있는 액션의 일부에 불과하며, 각 액션은 고유한 애니메이션이 있습니다. 따라서 컴포넌트에 병사의 액션과, 해당 액션으로 얼마나 멀리 이동했는지에 대한 정보를 담아야 했기 때문에 병사당 컴포넌트는 4개가 아닌 6개가 필요했습니다. 병사하나당 18바이트씩이나 필요했습니다.

더 심각한 문제는 병사가 20명이 넘었다는 것이었습니다. 사실 게임이 제대로 되려면 병사 1,000명은 필요했습니다. 그 결과 산술 계산은 보기 좋지 못한 꼴이 되었습니다.

예제 3.4.1

```
10 Hertz *
1,000 soldiers *
18 bytes *
8 bits =
1,440,000 bits per second
```

21세기 초만 해도 이런 계산은 불가능했습니다. ADSL 네트워크가 이제 막 각 가정에 보급되기 시작했고, 업로드 대역폭이 1 Mb/s를 넘는 경우는 아주 드물었습니다. 유일한 해법은 업데이트 시 병사에게 적용된 명령어 목록을 각 클라이언트로 전송하고, 클라이언트가 해당 명령어 목록을 적용하도록 하는 것이었습니다. 몇 초에 한 번씩 병사 몇 명이 있는 부대 하나로만 명령을 내리면 됐기 때문에 부하가 한층 줄었습니다. 물론 월드의 사본을 각 클라이언트가 동일하게 유지해야 하는 동기적 상태synchronous state가 필요했죠.

이 문제는 아주 까다로웠습니다. 결정론을 유지하려면 모든 것을 동일하게 초기화해야 했습니다. 데이터 멤버가 구조체에 추가된다면 결정론적으로 초기화해야 했습니다. 난수random number도 결정론적이어야 했습니다. 대충 넘어갈 수 없었습니다. 그래픽 드라이버가 부동소수점 모드를 갑자기 변경해서 기기마다 계산 결과가 달라지는 것 같은 이상한 일이 생기곤 했으니까요. 그런데 가장 큰 문제는 월드 모델이 월드 뷰를 간섭하지 않도록 하는 것이었습니다.

클라이언트는 월드를 보는 창window이 제각각 달랐습니다. 렌더러renderer는 월드를 보고 나서 const 멤버 함수를 호출해 작업에 필요한 정보를 얻어야 했습니다. const 함수를 호출한다는 것은 렌더러가 월드에 간섭하지 않는다는 의미였습니다. 하지만 const는 여기까지였습니다. 다음 클래스를 보세요.

예제 3.4.2

```
class unit {
public:
  animation* current_animation() const;

private:
  animation* m_animation;
};
```

렌더러는 const* 객체인 unit 클래스를 갖고 current_animation() 함수를 호출한 다음, animation 객체가 반환되면 animation 객체를 변경합니다. 부대 자체의 애니메이션이 꼭 필요하지는 않았습니다. 특정 부대의 모든 병사가 애니메이션을 공유할 수도 있고, 대형을 이루어 진군하다가 창에 맞으면 병사마다 애니메이션이 다를 수도 있습니다. const로 제한된const-qualified 멤버 함수는 포인터에 의한 상수 animation 객체가 아닌, 값에 의한 상수 포인터 객체를 반환합니다.

3.4.3 상수 방화벽

const 함수는 animation const*를 반환하고 const가 아닌 함수는 animation*을 반환하는 것과 같은 한 쌍의 함수를 만드는 등의 해법이 있지만, 요지는 const를 남용하면 알아차리기도 어려우면서 치명적인 문제가 생긴다는 것입니다. 작은 변경 사항은 세계 전체로 퍼져나갈 것이고, 이미 되돌리기 한참 늦을 때까지도 눈치채지 못할 겁니다. 나비 효과가 확 퍼지는 것이죠.

const 인터페이스, 혹은 여기서 const 방화벽이라고 하는 것은 아주 중요합니다. 이 인터페이스는 코드에서, 그리고 언어 자체에서 어느 함수가 뷰에 속하고 어느 함수가 컨트롤러에 속하는지를 강조했습니다. const 방화벽을 남용했더니 다른 팀원들에게 큰 피해가 갔습니다. 개발 내내 월드의 동기화가 해제되는 원인을 알아내는 데 필요한 시간이 계속 늘었습니다.

짐작했겠지만, const_cast는 코드 어디서든 나타나면 경보가 울릴 겁니다. 고통스럽고, 이상하기 짝이 없는 상호작용은 const_cast로 해결할 수 있었으나 때문에 프로그래머는 자신을 기다리고 있는 끔찍한 운명을 계속 떠올려야 했죠. const에 안전const-safe하다고 사방팔방 떠든 다음 이를 수정하면, 최악의 방법으로 클라이언트를 속이는 게 됩니다.

예를 들어 다음 함수를 생각해보세요.

예제 3.4.3

```
float distance_from_primary_marker(soldier const& s);
```

모든 병사는 월드 모델의 간섭 없이 안전하게 앞의 함수를 호출할 수 있어야 합니다. 이 함수는 병사를 전혀 변경하지 않는다고 공표합니다. 하지만 중간에 이런 일이 생기면 어떻게 될지 상상해보세요.

예제 3.4.4

```
float distance_from_primary_marker(soldier const& s) {
  ...
  const_cast<soldier&>(s).snap_to_meter_grid(); // 아, 인간이여...
  ...
}
```

미터 단위로 작업하면 계산 성능은 향상됩니다. 그렇기는 하지만 코드 작성자는 현재 값을 캐시하고 필요한 산술 연산을 수행하는 대신, 나중에 위치를 복구할 의도로 별생각 없이 병사를 몇 센티미터 정도 이동시켰네요.

무수한 고난과 역경을 부르는 접근법이군요.

3.4.4 이중 인터페이스 구현

결국 코드베이스는 이중 인터페이스dual interface로 나뉘어버렸습니다. 하나는 const, 다른 하나는 const가 아니었죠. 멤버 함수는 다음과 같이 const로 제한되어 복제됩니다.

예제 3.4.5

```
class soldier {
public:
  commander& get_commander();
  commander const& get_commander() const;
};
```

모든 병사에게 명령을 내리는 지휘관이 있지만, 지휘관이 누구인지 알아내려면 꽤 많은 객체를 순회traverse하고 쿼리도 꽤 수행해야 합니다. 코드를 복제해서 유지보수 부담을 지는 대신, 다음과 같이 const로 제한한 오버로드를 보내고forward 싶은 유혹이 들 겁니다.

예제 3.4.6

```
commander& soldier::get_commander() {
  return const_cast<commander&>(
    static_cast<soldier const&>(*this).get_commander());
}
```

반환된 타입에 const_cast를 수행하긴 하지만, const가 아닌 함수이니 그다지 위험하지 않다고 가정할 수 있습니다. 하지만 가이드라인의 정신에 위배됩니다. 다행히 C++11에 후위 반환 타입 trailing return type[1]이 도입되어 다음과 같이 더 나은 해결 방법이 생겼습니다.

---

1 옮긴이 auto 함수명 -> 반환 타입과 같이 표기하며 함수 템플릿이나 자동 타입 추론 시 사용합니다. 참고: https://en.wikipedia.org/wiki/Trailing_return_type

예제 3.4.7

```cpp
class soldier {
public:
  commander& get_commander();
  commander const& get_commander() const;

private:
  template <class T>
  static auto get_commander_impl(T& t)
    -> decltype(t.get_commander) {
      // 작업을 수행하세요.
    }
};
```

공개 함수인 `get_commander`는 정적 함수 템플릿static function template으로 전달할 뿐입니다. 이는 `const`인 `soldier` 객체에서 작동하는지 여부를 함수 템플릿이 알 수 있다는 점에서 아주 좋은 해결 방법입니다. `const` 제한자qualifier는 `T` 타입에 속합니다. 구현이 `const`를 위반하면 컴파일러는 에러로 이를 알립니다. 형 변환casting은 불필요합니다. 흉한 형 변환이 필요 없어서 좋네요.

그렇지만 항상 통하는 방법은 아닙니다. `current_animation` 예제를 살펴봅시다.

예제 3.4.8

```cpp
class unit {
public:
  animation* current_animation();
  animation const* current_animation() const;

private:
  animation* m_animation;
};
```

이를 보고 함수가 애니메이션에 대한 포인터만 반환한다고 생각할 수 있겠네요. 안됐지만 그렇게 간단하지는 않습니다. 애니메이션 블렌딩blending은 상당량의 로직을 거쳐야 하기 때문입니다.

같은 꾀를 부리고 싶을 수 있습니다. 하지만 호출부의 코드가 애니메이션을 변경하리라 예상하는 한편 `const`로 제한된 멤버 함수는 자신이 소유하지 않은 반환값이 수정되지 않는다고 예상한다면 버그가 생깁니다. 그러나 이 경우 각 함수의 구현이 다르다고 가정해도 괜찮습니다.

3.4.5 캐싱과 느긋한 계산법

`const_cast`를 사용하고 싶은 다른 사례는 비용이 큰 계산을 캐싱하는 경우입니다. 월드 모델링의 도메인에서는 이러한 경우가 많은데, 하위 집합이 가로 세로 모두 2 km에 달하는 경우도 있습니다. 앞서 언급했듯 명령을 내린 지휘관이 누구인지 파악하는 작업은 자명하지 않으므로nontrivial, 나중에 빠르게 복구할 수 있도록 해당 값을 보존하는 방법을 생각해봅시다.

예제 3.4.9

```
class soldier {
public:
  commander& get_commander();
  commander const& get_commander() const;

private:
  commander* m_commander;

  template <class T>
  static auto get_commander_impl(T& t)
    -> decltype(t.get_commander);
};
```

지휘관이 죽으면 새로운 지휘관을 정합니다. `get_commander_impl` 함수는 여러 차례 호출되는데, 전체 게임에서 지휘관은 단 몇 차례 정도만 죽을 가능성이 높으니 여러 번 같은 계산을 하는 것보다는 추가 포인터extra pointer를 사용하는 편이 낫습니다.

이 함수는 가장 먼저 현재 지휘관이 아직 살아 있는지 확인합니다. 살아 있다면 함수는 캐시된 값을 반환하고 빠르게 종료할 수 있습니다. 죽었다면 함수는 월드를 나타내는 객체를 힘겹게 둘러보고trudge 지휘관을 정하여 해당 값을 `m_commander` 멤버에 다시 쓴 다음, 해당 엔티티를 가리키는 포인터를 역참조하여 해당 엔티티에 대한 참조를 반환합니다. 이 절차는 상당히 비용이 많이 듭니다. 숙고한 끝에 '힘겹게 둘러본다'는 표현을 썼는데, 월드를 구성하는 객체는 너무 많고, 유지하고 모니터링해야 관계도 많은데, 이런 상황은 마치 야외 페스티벌에서 한참 돌아다니며 친구가 빨리 대답해주길 바라면서 친구의 이름을 소리쳐 부르는 것 같은 느낌이기 때문입니다. 이러한 상황에서는 캐싱을 고려해볼 만합니다.

안타깝게도 이 함수 템플릿은 `soldier` 타입뿐만 아니라 `soldier const` 타입 객체로도 작업해야 합니다. `soldier const` 타입의 객체로 작업하는 경우 포인터는 변경할 수 없습니다. `const_cast t`를 사용하는 방법이 유일한 해결책처럼 보이네요.

예제 3.4.10

```
template <class T>
auto soldier::get_commander_impl(T& t) -> decltype(t.get_commander) {
  if (!t.m_commander->is_alive()) {
    ... // 새 지휘관 찾기
    const_cast<soldier&>(t).m_commander = new_commander;
  }
  return *t.m_commander;
}
```

영 별로군요.

3.4.6 두 종류의 const

'상수성constness'을 파악하는 방법은 두 가지입니다. const를 사용하면 const로 제한된 멤버 함수를 호출해도 객체에 관찰 가능한 차이가 생기지 않는다는 이점이 있습니다. 만약 객체가 완전히 독립적이고self-contained 다른 객체를 참조하지 않는다면, 또한 마찬가지로 순수 함수pure function가 자신의 범위 외부의 데이터를 참조하지 않는다면, const로 제한된 멤버 함수를 연속으로 호출해도 항상 결과가 동일합니다.

객체의 표현이 변경되지 않는다는 뜻은 아닙니다. 이는 추상화 수준을 잘못 고려한 것입니다. 구현은 여러분이 신경 쓸 일이 아닙니다. 눈에 보이는 인터페이스를 신경 써야 합니다.

사실 이는 클래스 설계의 중요한 측면과 닿아 있습니다. 클래스는 무엇을 소유하고, 무엇에 대한 소유권을 공유할까요? 아니면 관심만 두는 것은 무엇일까요? unit 클래스 예제에서 멤버 데이터 중에는 다른 객체를 가리키는 포인터가 있는데, 이는 완전히 다른 객체가 소유하는 포인터입니다. 이런 경우 const 제한이란 클라이언트에게 어떤 의미일까요?

해당 함수가 바인딩된 객체를 관찰 가능한 방식으로 변경하지 않는다는 뜻입니다. 이는 논리적 상수성logical const라고 합니다. 다른 한 종류는 비트 수준 상수성bitwise const이라 합니다. 멤버 함수를 const로 제한할 때 함수의 작성자는 둘 중 하나를 따라야 합니다. 즉, 객체에 대한 표현은 함수가 실행되는 동안 변경할 수 없습니다. 컴파일러가 이를 강제합니다.

const로 제한된 멤버 함수 내에 const_cast가 있으면 최소한 약간은 불안할 겁니다. 여러분이 클라이언트에게 거짓말을 하고 있으니까요. 여러분은 느긋한 계산법의 캐싱 예제에서만 const_cast에 손을 대고 싶지는 않을 겁니다. 여러분의 클래스가 스레드 안전임을 보장하려면 어떻게 해야 할까요?

한 가지 방법은 멤버 데이터에 뮤텍스를 포함시키고 함수가 실행될 때 뮤텍스를 잠그는lock 것입니다. 뮤텍스의 영향은 최소화해야 한다[2]는 이전에 살펴봤던 문장을 그냥 지나치면 안 됩니다. 뮤텍스로 커버하는 데이터는 가능한 최소여야 하고, 이는 가능한 가장 작은 추상화에 속해야 합니다. 이는 핵심 가이드라인 ES.5 '범위는 작게 유지하라'와 CP.43 '임계 구역critical section에 머무는 시간은 최소화하라'에 부합합니다. 그렇기는 하지만 멤버 뮤텍스를 사용하면 한 가지 문제가 생깁니다. const로 제한된 멤버 함수에서는 뮤텍스를 어떻게 잠글까요? 뮤텍스를 변경해야 합니다.

이제 논리적 상수성과 비트 수준 상수성의 차이를 정리했으니 mutable이라는 키워드를 소개하겠습니다. 이 키워드는 객체의 논리적 상수성은 지키되 비트 수준 상수성은 지키지 않는 특정한 목적이 있습니다. 최신 키워드는 아니라 상당히 오래된 코드베이스에서 찾아볼 수 있습니다. 이 키워드는 멤버 데이터를 장식decorate하여 const로 제한된 멤버 함수를 실행하는 동안 수정이 가능함을 나타냅니다.

부대unit 예제로 돌아가면, mutable 키워드는 다음과 같이 사용합니다.

예제 3.4.11

```
class soldier {
public:
  commander& get_commander();
  commander const& get_commander() const;

private:
  mutable commander* m_commander; // const 제한의 영향을 받지 않음

  template <class T>
  static auto get_commander_impl(T& t)
    -> decltype(t.get_commander) {
    if (!t.m_commander->is_alive()) {
      ... // new commander 찾기
      t.m_commander = new_commander; // 항상 변경을 처리할 수 있어야 함
```

---

2   울긴이 2.5장 참고

```
    }
    return *t.m_commander;
  }
};
```

m_commander 멤버는 이제 변경 가능합니다mutable. 즉, const 참조에서 변경이 가능하다는 뜻입니다.

3.4.7 const의 놀라운 점

당연히 클래스 여기저기서 mutable을 함부로 사용하면 안 됩니다. 추상화를 모델링하는 데이터가 아니라 부기 작업을 하는 데이터에 mutable을 붙여야 합니다. 뮤텍스 멤버에 mutable을 붙이는 경우는 괜찮습니다. 하지만 앞의 예제는 제대로 이해가 가지 않네요. 핵심 가이드라인 I.11에서 '절대로 원시 포인터(T*)나 참조(T&)로 소유권을 넘기지 말라'고 한 대로, 원시 포인터는 소유권을 헷갈리게 만듭니다. 또한 뷰와 컨트롤러의 분리에 대한 API 설계의 걸림돌이 됩니다.

예를 들면 다음 코드는 유효합니다.

예제 3.4.12

```
class int_holder {
public:
  void increment() const { ++ *m_i; }

private:
  std::unique_ptr<int> m_i;
};
```

std::unique_ptr 객체와 이 객체가 포함한 것은 변경할 수 없다고 알고 있는 일반적인 사용자에게는 놀라운 일입니다. 사실 const는 std::unique_ptr 객체까지만 해당합니다. 이 객체를 역참조해도 std::unique_ptr가 변경되지 않으므로 상수성 const 작업입니다. 이는 const 포인터와 const를 가리키는 포인터의 차이를 이해하는 데 중요합니다. const를 가리키는 포인터는 수정할 수 있지만, 이 포인터가 가리키는 객체는 수정할 수 없습니다. const 포인터는 수정할 수 없지만 이 포인터가 가리키는 객체는 수정할 수 있습니다. 이는 참조가 동작하는 방식과 약간 비슷합니다. 참조는 교체reseat할 수 없는데, 즉 살아 있는 동안 다른 객체를 참조할 수 없습니다. 하지만 참조 중인 객체는 수정될 수 있습니다.

말이 나온 김에, 참조는 앞서 언급한 것 같은 놀라운 측면은 없습니다.

예제 3.4.13

```
class int_holder {
public:
  void increment() const { ++ m_i; }

private:
  int& m_i;
};
```

앞의 코드는 컴파일되지 않습니다. 한편, 클래스에서 참조로 객체를 저장하는 방법은 좋지 않습니다. 참조를 교체할 수 없으므로 기본 할당default assignment이 완전히 비활성화됩니다. 여기서 필요한 것은 일종의 이디엄인 pImplpointer to implementation[3]인데, 이는 단일 클래스 내에서 객체에 대한 포인터를 번들링하여 상수성을 전파하는 방식입니다. 이는 표준화에 제안된 엔티티로, 글을 쓰는 시점에는 라이브러리 펀더멘털Library Fundamentals 버전 2[4]에서 `std::experimental::propagate_const`라는 이름으로 사용 가능합니다. 제안 중인 다른 해결 방안도 있습니다. 앞으로 잘 지켜보세요.

3.4.8 요약

- `const` 키워드는 인터페이스 설계 및 여러분의 클라이언트에게 아주 소중하며, 뷰와 컨트롤 사이의 API를 깔끔하게 분리합니다.
- `const_cast`로 형 변환해서 `const`에 대해 거짓말하지 마세요.
- 논리적 상수성과 비트 수준 상수성의 차이를 이해하세요.
- 멤버 데이터를 모델링하는 것이 아니라 부기 작업 같은 알맞은 상황에 `mutable`을 사용하세요.
- `const`가 어디까지 전파되는지 알고, `const` 포인터와 `const`를 가리키는 포인터의 차이를 유념하세요.

---

3 [옮긴이] https://en.cppreference.com/w/cpp/language/pimpl
4 [옮긴이] https://en.cppreference.com/w/cpp/experimental/lib_extensions_2

CHAPTER 3.5

[E.28] 전역 상태에 따른 에러 처리는 피하라(예: errno)

3.5.1 에러 처리는 어렵습니다

잘못되지 않는 코드, 항상 모든 면에서 완벽한 코드를 작성하는 사람이 있을 수도 있습니다. 안타깝게도 우리 같은 평범한 사람들은 여러 가지 이유로 일이 계획대로 되지 않을 때가 있습니다. 문제가 제대로 명시되지 않았거나, 입력 범위를 초과했거나, 하드웨어가 고장 난 경우 등에 그렇죠. 프로그램은 사람처럼 잘 모르겠다며 어깨를 으쓱하며 '흠' 하고 작동을 멈추지도 않고, 뭔가 어떻게든 최선을 다해 실행해보려고도 하지 않습니다. 프로그램은 사람이 아닙니다. 프로그램은 기계입니다. 작동하는 부품은 있지만 가치를 판단하는 양심은 없습니다. 프로그램은 시킨 일을 정말 잘 해냅니다. 가끔은 이런 사실을 믿기 어렵겠지만요.

에러 처리에는 여러 가지 파란만장한 기나긴 역사가 있습니다. '여러 가지'라는 말은 에러 처리의 방식은 아직도 다양하며, 보편적으로 유용한 기능이 아직 나타나지 않았다는 점을 일깨워줍니다.

3.5.2 C와 errno

이번 가이드라인은 전역 상태global state에서의 에러 신호 전달을 피하는 문제에 관한 것이니 여기서부터 시작해봅시다. 전역 상태를 생각하면 즉시 두 가지 문제가 떠오를 겁니다.

1. 스레드 소유권thread ownership
2. 에러 참조error reference

스레드 소유권 문제는 간단합니다. 오늘날의 멀티스레드 환경에서 전역 에러 객체는 어느 스레드에서 에러 신호를 보냈는지에 대한 스레드 정보를 포함해야 합니다. 스레드 지역 저장 기간을 갖는 객체를 사용할 수도 있지만 그러면 해당 스레드 외부와 관련된 에러는 숨겨지게 됩니다. 이러한 객체 대신, 스레드 단위 에러 정보를 포함하는 단일 객체를 생성할 수 있습니다. 이 경우는 동기화 synchronization를 좀 더 신중하게 해야 합니다. 단일 객체 방식으로 에러 신호의 출처를 찾는 문제는 해결하지 못하는 것은 아닙니다만, 제가 선호하는 에러 처리 방식에서는 순위가 낮아집니다.

물론 항상 이럴 수는 없고, 레거시 코드에서는 `errno`라는 객체에 대한 참조를 포함해야 할 겁니다. `errno`는 C 표준에 속하며 단순히 `int`입니다. C++11부터 `errno`는 스레드 지역 저장 기간을 갖는 객체가 되었습니다. C++11 이전에는 정적 객체였죠. 무언가 잘못되면 여러분은 이를 처리하기 위해 에러 처리 함수를 호출하고자 할 테니, 이 방법은 그렇게 나쁘지는 않습니다. 하나의 에러 코드란 에러가 발생한 장소와 상관없이 에러 처리 함수에서 무엇이 잘못되었는지 식별한다는 뜻입니다. 이러한 에러 코드는 에러 도메인을 나타내는 비트, 에러 속성을 나타내는 비트, 맥락을 제공하는 비트로 분류할 수 있습니다.

하지만 이 방식도 문제가 있습니다. 에러 코드를 살펴보는 동안 다른 에러가 발생하면 어떻게 될까요? 에러 코드가 최신 에러 정보만 갖고 있다면 복구하기 까다로워집니다. 그뿐만 아니라 확장성도 나빠집니다. 모든 코드는 함수 호출 후 해당 함수가 에러 신호를 보낼 경우에 대비해 에러 상태를 검사해야 합니다. 에러 신호 전달이 문서화되어 있지 않다고 해서 해당 함수가 변경되지 않거나 에러 신호 전달을 시작하지 않는다는 의미도 아닙니다. 마지막으로, 클라이언트는 에러 코드를 무시하거나 잊어버릴 수 있습니다. 여러분이 문서에 아무리 강권하더라도 말입니다.

이러니 '전역 객체는 나쁩니다. 알겠죠?'[1]라는 말이 다시 생각나네요. `errno`는 소유자가 없기 때문에 일반적이지 않은 상황이 발생하면 이 객체의 관리를 제어할 방법이 없습니다. 에러 복구 중 에러가 발생하면 어떻게 될까요? 가이드라인에서 말하듯, 전역 상태는 관리하기 어렵습니다.

안타깝게도 앞서 말했듯 `errno`는 표준에 포함되었으며 일부 C 표준 라이브러리에서는 실패를 `errno`로 전달합니다. 가령 `sqrt`를 호출하여 음수의 제곱근을 연산하려고 하면 `errno`는 `EDOM`으로 설정됩니다.

---

1 [옮긴이] 3.2.1절의 첫 문장

C++가 나타나기 이전부터 오랫동안 `errno`는 문제가 많다고 알려졌습니다. 여러 가지 대안이 고려되었는데, 성공 여부는 다르지만 이러한 대안은 전 세계의 코드베이스에 널리 퍼졌고 그중에는 표준 관행으로 채택된 것도 있습니다. 이외 다른 에러 처리 방법도 살펴봅시다.

3.5.3 반환 코드

가장 일반적인 에러 신호 전달 방식은 호출자로 직접 신호를 보내는 것입니다. 반환값으로 이를 수행할 수 있습니다. 함수에 결과 값의 도메인이 잘 정의된 경우, 해당 도메인 외부 값을 사용해 에러 신호를 전달할 수 있습니다. 예를 들어 `scanf`는 성공적으로 할당된 인수argument의 개수를 반환하며, 이 값은 0보다 크거나 같습니다. 한편, 에러 신호 전달 시에는 음수 `EOF`를 반환합니다.

이 방법은 한 가지 명백한 단점이 있습니다. 반환되는 타입이 반드시 결과 도메인과 에러 도메인을 둘 다 포함해야 한다는 것입니다. 어떤 수의 자연 로그를 구하는 표준 라이브러리 함수를 생각해 봅시다.

예제 3.5.1

```
double log(double);
```

개념적으로는 결과 도메인이 해당 타입을 전부 사용합니다. 에러 신호를 전달할 방법은 없습니다. 표준은 이러한 함수를 가지며 무언가 잘못되었을 때 신호를 전달하는 특별한 값을 반환합니다. 에러 상태를 나타내는 것과 별도로 `double`에 대한 몇 가지 값이 있기 때문에 에러 신호를 보낼 수 있습니다. 신입 프로그래머에게는 상당히 놀라운 일일 겁니다.

현업에서의 추가적인 단점은 함수에 `[[no_discard]]`로 표시하지 않는 한, 함수의 호출자가 반환된 코드를 무시할 수 있다는 것입니다. `[[no_discard]]`로 함수에 표시하더라도 호출자는 반환된 코드를 포함하는 객체를 무시할 것인지 선택할 수 있습니다. 이렇게 하면 호출자로 조용히 책임을 떠넘길 수 있지만, 아무런 결과 없이 에러가 흡수되면 누구도 이득이 없습니다.

에러 코드를 반환하는 또 다른 방법은 함수에 에러 보고 대상을 전달하는 것입니다. 이때 API는 다음과 같습니다.

예제 3.5.2

```
double log(double, int&);
```

호출자는 에러를 보고할 지점을 제공하며, 함수 호출 뒤 에러가 보고되지 않았는지 확인합니다. 이 해결 방법도 몇 가지 문제가 있습니다. 첫째, 일단 보기 흉합니다. 가독성이 좋은 API는 관련된 사항만 나타냅니다. 로그가 필요하다면 숫자 하나를 전달하고 돌려받아야 합니다. 매개변수가 추가되면 인지 부하가 더해집니다.

둘째, 이 방식은 함수에 전달할 숫자 범위가 확실한 경우 추가적인 오버헤드가 발생합니다. 이러면 이중 함수 API가 됩니다. 각 함수는 추가적인 에러 반환 매개변수를 포함하는 오버로드와 매칭되는 오버로드를 갖습니다. 세련되지 않네요.

3.5.4 예외

C++가 등장하면서 생성자constructor가 나왔습니다. 생성자는 아무것도 반환하지 않으며, 때로는 인수도 받지 않는 특별한 함수입니다. 시그니처로 어떤 짓을 해도 에러 신호를 전달할 수 없었습니다. 설상가상, 소멸자destructor는 함수 시그니처가 하나뿐이며 인수도 받지 않고 아무것도 반환하지 않습니다. 오버로드된 연산자도 비슷합니다.

예외exception는 이를 처리하기 위해 도입되었습니다. 예외는 에러 발생 이후 따라갈 추가적인 변환 경로를 생성하며, 이는 던지기throwing라 합니다. 예외를 던지게 되면 일반적인 반환 경로를 우회하여 함수 끝부분에서 필요한 정리를 수행합니다. 또한 예외는 함수를 호출한 곳이 아닌 호출 스택call stack 어디서든 포착할 수 있습니다. 그러므로 프로그래머는 가능한 곳에서 에러를 처리하거나 혹은 간단히 무시한 다음, 호출 스택에 버블링bubbling하여 처리할 수 있습니다.

예외 던지기는 비용이 듭니다. 함수 끝부분에는 분명히 반환문이나 마지막으로 닫는 중괄호가 있습니다. 함수 호출 중 언제든 예외가 발생할 수 있으며 이를 처리하기 위해서는 추가 기능이 많이 필요합니다. 함수를 호출할 때마다 예외가 생길 수 있으므로 컴파일러는 해당 이벤트에서 스택에 있는 내용을 정리하는 데 필요한 코드를 모두 삽입해야 합니다. 이러한 추가 기능은 실행 속도뿐 아니라 공간 비용이 듭니다. 이 비용이 너무 크기 때문에 컴파일러는 `try/catch` 블록을 사용할 수 없도록 하는 대신 예외 스택 풀기exception unwinding[2]를 비활성화disable하는 옵션을 제공합니다.

사실 이 방법은 너무 나쁩니다. C++ 재단의 2019년 설문조사[3]에 따르면 C++ 프로젝트의 거의 절반

---

2   [옮긴이] exception unwinding은 예외 스택 해제라고도 합니다.

3   https://isocpp.org/files/papers/CppDevSurvey-2019-04-summary.pdf

가량은 예외를 전부 혹은 부분적으로 금지한다고 합니다. 커뮤니티가 둘로 나뉘었다는 뜻이죠. 더 나쁜 것은 예외를 금지하면 예외로 에러 신호를 전달하는 표준 라이브러리를 프로젝트에서 사용하지 못하게 된다는 점입니다.

3.5.5 `<system_error>`

두 번째 표준인 C++11에서는 `std::error_code`와 `std::error_condition`을 도입했고 이는 `<system_error>` 헤더에 있습니다. 이 에러 신호 전달 메커니즘은 운영체제, 또는 호스팅되지 않은 unhosted 시스템인 경우 저수준 인터페이스low-level interface에서 에러 보고를 표준화하는 방법을 제공합니다. 이 메커니즘은 에러 코드뿐만 아니라 에러 카테고리를 가리키는 포인터도 포함합니다 이러한 혁신적인 방법으로 프로그래머는 `error_category` 기본 클래스base class에서 파생된 새로운 에러 군family을 만들 수 있습니다.

이는 에러가 서로 비슷해 보이는 문제를 해결합니다. 열거형enumeration으로 정의된 거대한 에러 코드 집합은 `errc`라고 합니다. `errc`는 POSIX에서 가져왔으며, 한결 이해하기 쉬운 이름을 부여했습니다. 예를 들어 `ENOENT`는 `no_such_file_or_directory`로 바뀌었습니다. 사전에 정의된 에러 카테고리에는 `generic_category`, `system_category`, `iostream_category`, `future_category`가 포함됩니다.

하지만 이는 `errno`를 단순히 업그레이드한 것일 뿐입니다. 여전히 객체를 호출자로 어떻게든 반환해야 합니다. 예외로 이를 던지지 않는 한 전역 상태를 유지할 수 있으며 스택으로도 전파되지 않으므로 `errno`를 사용하지 않을 좋은 방법이기는 하지만, 아직도 오류 처리에 내재된 많은 문제가 남아 있습니다.

어찌할까요.

3.5.6 Boost.Outcome

당연히 다른 이들도 에러 처리라는 불가능한 문제를 풀고자 했으며 대안도 제시했습니다. 이는 boost.org[4]에서 찾아볼 수 있습니다. 여기에는 여러분의 코드를 향상시키는 데 도움이 될 클래스가 많이 있습니다. Boost에는 에러 처리와 관련한 두 가지 클래스가 있습니다.

---

4 https://www.boost.org/doc/libs/develop/libs/outcome/doc/html/index.html

첫 번째 클래스는 `result<T, E, NoValuePolicy>`입니다. 첫 번째 매개변수 `T`는 반환될 객체의 타입입니다. 두 번째 매개변수 E는 함수가 실패할 때 실패 사유 정보를 담은 객체의 타입입니다. `result` 인스턴스는 `T` 인스턴스 또는 `E` 인스턴스를 포함합니다. 이러한 점에서 보면 오히려 변형 variant 같습니다. 세 번째 매개변수 `NoValuePolicy`는 Boost 문서에서 찾아볼 수 있는데 내용은 다소 복잡하며 대부분의 경우 기본값으로 충분합니다.

반환될 사항에 대한 객체를 만듦으로써 에러의 종류를 가져오는 함수와 함께 결과가 성공적이었는지 혹은 에러가 발생했는지를 나타내는 `bool` 변환conversion을 제공할 수 있습니다. 이러한 인스턴스는 `T` 또는 `E`이므로, 에러가 없는 일반적인 경우는 비용이 들지 않습니다. 이는 다음과 같이 사용할 수 있습니다.

예제 3.5.3

```
outcome::result<double> log(double); // 함수 프로토타입

r = log(1.385);
if (r)
{
  // 평소대로 진행하기
}

else
{
  // 에러 처리하기
}
```

좋은 방법입니다. 에러를 테스트하는 일관된 방법이 있으며, 실패할 경우 에러 정보는 객체에 포함되기 때문이죠. 모든 것은 지역적입니다local. 하지만 아직 테스트를 잊을 위험이 남아 있습니다.

두 번째 클래스는 `outcome<T, EC, EP, NoValuePolicy>`[5]입니다. `result` 클래스는 맥락과 함께 성공 또는 실패를 단순히 전달하는 한편, `outcome` 클래스는 예상된 실패와 예상치 못한 실패라는 두 가지 방식으로 실패를 노출합니다. 이는 매개변수 EC, EP에 명시됩니다. 예상된 실패는 복구 가능하지만 예상치 못한 실패는 불가합니다. 복구 불가능한 실패는 C++의 일반적인 실행에서 예외가 발생한 경우입니다.

---

5 [옮긴이] EC는 에러 코드, EP는 예외에 대한 포인터를 뜻합니다. 참고: https://boostorg.github.io/outcome/reference/aliases/outcome.html

이 두 번째 클래스는 코드베이스에 예외의 안전성을 추가하는 방법입니다. 예외의 안전성을 고려하지 않고 설계한 프로그램의 여러 계층에 예외를 이식할 수 있습니다.

`boost::outcome`은 Boost 라이브러리에서 유용한 부분이지만, 표준화되지는 않았으며(자세한 것은 곧 설명하겠습니다) Boost 사용이 허용된 코드베이스에서만 쓸 수 있습니다. 이에 해당하지 않는 환경은 놀라울 만큼 아주 많기 때문에 여러분에게는 에러 처리 선택지가 세 가지만 남았습니다. 예외를 던지고 잡기throw and catch, 호출 스택을 통해 에러 코드 다시 전파하기, 솔루션 도메인에 따른 에러 처리 메커니즘을 여러분이 직접 구현하기입니다. 썩 만족스럽지 못한 상황이네요.

3.5.7 에러 처리는 왜 이렇게 어려운가?

첫 번째 문제는 에러 종류가 다르면 처리 방법도 달라진다는 점입니다. 세 가지 에러 종류를 구분해보죠.

문자열을 숫자로 변환하는 함수를 생각해봅시다. 이 함수는 문자열이 숫자를 포함하지 않거나 숫자만 포함하는 경우 실패합니다. 이는 복구 가능한 에러이며 함수 호출자로 보고를 전달해야 합니다. 호출된 코드에 논리적 에러가 발생했으며, 이는 입력값이 함수 작성자가 명시한 제약 조건constraint을 충족하지 못한다는 뜻입니다. 가장 간단한 종류의 에러입니다. "예상하고 있었어요. 잘못된 것을 제공했으니, 다시 돌아가서 무엇을 했는지 생각해보세요." 이는 전제조건을 위반하는 것이며 호출자에게 항상 이를 알려야 합니다.

다음 에러 종류는 프로그래밍 버그입니다. 호출자가 잘못되는 것이 아니라 호출된 코드가 잘못됩니다. 예를 들면 역참조하면 안 되는 메모리를 역참조하는 경우입니다. 이러한 버그는 프로그램을 손상된 상태로 만들기 때문에 모든 것을 멈춰야 합니다. 프로그램에 무슨 일이 일어나고 있는지 더 이상 알 수 없으며 이를 호출자로 보고하는 값도 없습니다. 뭘 할 수 있을까요? 프로그램은 손상된 상태이며 복구 불가능합니다.

마지막 에러 종류는 조금 더 미묘합니다. 이 에러는 프로그램 환경이 깨질 때 발생합니다. C++ 표준 공식 문서를 읽었다면 as-if 규칙에 대한 내용이 있는 곳에서 '추상 기계abstract machine'에 대한 모든 내용을 학습했을 것입니다. C++ 표준의 [intro.abstract][6]에서 이 내용을 찾아볼 수 있습니다. 추상 기계를 고장 낼 몇 가지 방법이 있습니다. 자유 공간이나 스택을 다 써버리는 두 가지가 경우

---

6 https://eel.is/c++draft/intro.abstract

가 가장 흔합니다. 둘 다 메모리 부족_out-of-memory_ 상태에 해당합니다. 32비트 컴퓨터에서 십억 개의 더블_double_에 대한 벡터_vector_를 요청함으로써 자유 공간을 전부 다 사용할 수 있습니다. 스택은 무한 재귀로 넘치게 될 겁니다.

첫 번째 종류인 복구 가능한 에러의 경우 예외를 던지거나 에러값을 반환하여 호출자로 알려야 합니다. 그렇지 않다면 단순히 프로그램을 멈추고 `assert`를 사용하거나 혹은 로그 파일이나 `stdout`을 작성하여 프로그래머에게 알려야 합니다. 추상 기계가 고장 난 경우 프로그래머에게 알릴 선택지는 매우 제한됩니다.

두 번째 문제, **여러분은 호출자 코드가 에러에 응답하는 방식을 모릅니다. 에러를 처리하는 호출자에 의존할 수 없습니다.** 고의로 에러값을 완전히 무시하고 계속 진행할 수도 있고, 단순히 에러값을 잊어버릴 수도 있습니다.

예를 들어 문자열 변환 함수가 더블을 반환하며 에러 코드뿐 아니라 변환될 문자열도 참조한다고 해봅시다. 해당 에러 코드는 완전히 무시될 것입니다. 일반적인 경우 반환되는 코드를 무시하는 문제는 `[[no_discard]]` 속성을 추가하면 부분적으로는 해결되지만, 에러를 반환하는 반환값만 사용하는 경우에 한해 유용합니다. 이러한 경우에도 호출자는 반환값을 저장하여 이에 대해 잊어버릴지도 모릅니다. 사용자에게 에러 검사를 강제로 시키는 것은 어쨌든 나쁜 생각입니다. 실패를 처리하는 방식을 결정하는 것은 사용자이지 여러분이 아니기 때문입니다.

문제는 코드가 올바르게 수행되는 방법보다 잘못될 방법이 더 많다는 점입니다. 인간의 신체처럼 잘 작동하는 시기는 알 수 있지만, 실패할 수 있는 무수히 많은 방법을 구분하기는 어렵습니다.

3.5.8 고생 끝에 낙이 온다

Boost는 표준화되지 않았으며 허용된 경우에만 사용할 수 있다고 앞서 말했습니다. C++ 표준 위원회는 이 문제를 개선하고자 여러 문서를 검토 중입니다. 첫 번째 제안은 `std::expected<T, E>`로 `T` 타입 또는 `E` 타입의 값을 포함할 수 있는 타입입니다. 이는 `T` 타입의 값이 존재하지 않는 이유를 보여줍니다. 오히려 `std::variant`의 특수화된 버전과 비슷합니다. `std::variant`는 C++14가 확정된 직후에 처음 제안되었기 때문에 검토에 오랜 시간이 걸렸습니다. 진행 상황은 P0323[7] 제안서에서 확인할 수 있습니다.

---

7 https://www.open-std.org/jtc1/sc22/wg21/docs/papers/2021/p0323r10.html

다음은 제로 오버헤드 결정론적 예외zero-overhead deterministic exception입니다. 이 예외는 타입이 아니라 값을 던집니다. 이 제안은 예외 처리 방식을 더욱 개발자의 입맛에 맞도록 하여 분열된 C++ 커뮤니티를 달랩니다. 특히, 던져진thrown 값은 스택에 할당되어 정적 타입이 되므로 힙 할당은 불필요하고 런타임 타입 정보run-time type information, RTTI[8]는 사용하지 않습니다. 진행 상황은 P0709[9] 제안서에서 확인할 수 있습니다. 참고로 Boost.Outcome은 이 예외 개념을 부분적으로 라이브러리 전용으로 구현한 것입니다. 이를 완전히 구현하려면 C++를 변경해야 합니다.

검토 중인 세 번째 제안 사항은 새로운 `status_code` 및 표준 에러 객체입니다. 이는 제로 오버헤드 결정론적 예외와 함께 작동합니다. `<system_error>` 헤더에 비하면 몇 가지 개선된 점이 있는데, 할당자나 알고리즘과 같은 추가적인 기법이 많이 들어 있어 빌드 및 링크 시간이 상당히 증가하는 `<string>` 헤더를 포함하지 않습니다.

아직 에러 처리 방식 중 `assert` 매크로 사용법을 언급하지 않았습니다. 이전 절에서 설명한 두 번째 에러 종류인 프로그래밍 버그에 대한 인스턴스를 발견하는 방식입니다. 프로그래머가 특정 순간에 추상 기계의 상태로 예상한 것을 강조 표시하고, 해당 상태가 예상과 다르면 프로그램이 실행을 중단하도록 지시합니다. 이 경우는 프로그래머가 무언가 잘못하고 있는 것이니 고장 난 추상 기계와는 다릅니다.

이 아이디어에서 발전된 또 다른 제안도 검토 중이며 C++20에도 거의 포함될 뻔했습니다. 사실 이 제안서는 작업 초안working draft까지 갔다가 마지막 순간에 제외되었습니다.[10] 지금 이야기하는 내용은 표준안의 계약에 해당합니다. 계약은 라이브러리 매크로가 아니라 C++의 사전 및 사후 조건을 정의합니다. 프로그래머가 정의한 예상 값으로 함수 정의를 장식하는 방식입니다.

애석하게도 C++와 라이브러리를 풍요롭게 할 이러한 업그레이드 사항은 글을 쓰는 시점에 아직 C++ 표준 작업 초안에 들어가지 않았습니다. 오늘날 C++ 사용자 커뮤니티에서는 여러 해 동안 많은 것들이 그대로입니다. 프로그래머는 더 나은 선택지를 원하면서 아직도 낡은 C 언어 방식의 에러 처리 전략을 사용합니다. 미래는 밝아 보이지만, 아직 그 미래는 오지 않았습니다.

---

8 [옮긴이] 참고: https://ko.wikipedia.org/wiki/런타임_타입_정보

9 https://www.open-std.org/jtc1/sc22/wg21/docs/papers/2019/p0709r4.pdf

10 [옮긴이] https://www.reddit.com/r/cpp/comments/cmk7ek/what_happened_to_c20_contracts/

3.5.9 요약

- 전역 상태에서 에러를 처리하기는 어렵습니다. 에러 상태는 로컬에 두고 주의를 기울이세요.

- 예외를 던지고 잡을 수 있으면, 그렇게 하세요.

- 잘못된 입력, 로직, 환경 등 에러 종류를 구분하세요

- 에러 처리가 불가능한 경우 Boost.Outcome을 고려해보세요. 표준의 변경 사항을 잘 살펴야 겠지만 핵심 가이드라인에서는 표준 이외의 사항이므로 Boost.Outcome 사용을 다루지 않습니다.

[SF.7] 헤더 파일의 전역 범위에 using namespace를 사용하지 말라

3.6.1 이렇게 하지 말라

제발, 이렇게 하지 마세요. 절대로요. 절대, 절대로, 단 한 번이라도. 제발.

핵심 가이드라인 문서는 다음 예제를 제공합니다.

예제 3.6.1

```
// bad.h
#include <iostream>
using namespace std; // 나쁨 <- "지금 농담하는 거 아니죠?" 가이[1]가 말합니다.

// user.cpp
#include "bad.h"

// copy라는 이름이 붙은 함수
bool copy(/*... 매개변수들 ...*/);

int main()
{
  // 로컬의 ::copy와 std::copy를 오버로드하게 되니 모호해질 수 있습니다.
  copy(/*...*/);
}
```

---

1   옮긴이 이 책의 공동 저자인 가이 데이비드슨

주석의 '나쁨'이라는 표현도 과소평가된 겁니다. 요점을 장황하게 늘어놓은 것 같지만 앞의 예제는 끔찍한 내용의 일부만 드러난 것입니다.

3.6.2 명확하게 하기

전역 네임스페이스는 하나뿐입니다. 표준에서는 [basic.scope.namespace][2]입니다.

> "변환 단위의 가장 바깥 선언 영역도 네임스페이스이며, 전역 네임스페이스라고 합니다. 전역 네임스페이스에서 선언된 이름은 전역 네임스페이스 범위를 갖습니다(전역 범위라고도 합니다). 이러한 이름의 잠재적인 범위는 선언 지점부터 시작하여 선언 영역의 변환 단위 끝부분까지 이릅니다. 전역 네임스페이스 범위를 갖는 이름은 전역 이름이라고 합니다."

전역 네임스페이스를 오염시키지 마세요. 소중한 자원이기 때문입니다.

네임스페이스는 유용한 캡슐화 도구입니다. 연관된 심벌을 하나의 범위 내에 모으며 이름을 재사용할 수 있게 합니다. 제가 좋아하는 예시는 `vector`입니다. `vector`는 제 도메인에서 두 가지 의미가 있습니다. 인접한 컨테이너의 크기를 자동으로 조정하는 것, 그리고 수학적 양을 나타내는 숫자 튜플tuple이라는 의미입니다. 전자는 네임스페이스 `std`에 있는 반면 후자는 다른 곳에 있습니다. 제 경우는 `gdg:maths`에 있습니다. 네임스페이스 `gdg`는 저의 모든 코드에서 사용하는 개인적인 네임스페이스이고, `maths`는 `gdg`에 포함되며 `matrix`, `vector`, `normalize`, `intersect`, 기하학에 필요한 다른 모든 타입과 같은 수학적 타입 및 함수로 구성됩니다. 저는 영국인이니 수학을 maths라고 할게요. 제게 왜냐고 감히 물어보시죠.[3]

`vector`라는 클래스가 두 개여서 문제가 되지는 않습니다. 심벌에 네임스페이스 범위 지정namespace scope resolution을 적용하여 `maths` 네임스페이스에 포함된 것을 사용하고자 할 때는 `std::vector`을 사용하고, `maths` 네임스페이스 외부의 기하학 객체를 조작하려면 `gdg::maths::vector`를 쓰면 되기 때문입니다.

`std::`는 명확성을 위해 입력type할 것이 많지 않습니다. 반면 `gdg::maths::`는 약간 깁니다. 코드를 빠르게 이해하는 데 방해가 되죠. 콜론이 과도하면 읽는 데 약간 방해됩니다. 다행히 우리는 범위 앞에 다음과 같이 쓸 수 있습니다.

---

2   https://eel.is/c++draft/basic.scope.namespace
3   [옮긴이] 수학(mathematics)을 축약한 표현은 미국과 영국이 서로 다릅니다. 미국은 math, 영국은 maths입니다.

예제 3.6.2

```
using gdg::maths::vector;
```

그러면 컴파일러는 심벌을 해결하려고 할 때 std::vector 대신 gdg::maths::vector를 선택합니다. 이는 using 선언using-declaration으로 알려져 있습니다. 아래의 입력은 using 지시자using-directive 이며 두 가지는 서로 다릅니다.

예제 3.6.3

```
using namespace gdg::maths;
```

전역 범위에 있는 헤더 파일에 using 지시자를 사용하면 다음과 같은 문제가 생깁니다. 네임스페이스의 모든 심벌이 함수 및 클래스 정의의 상위parent 범위에 도입되었다는 사실을 사용자에게 숨긴다는 것입니다. 설상가상으로 서로 다른 헤더 파일에 다른 using 지시자를 도입하고 두 헤더 파일을 포함하게 되면 순서가 종속됩니다. 이 순서를 바꾸면 미묘하게 컴파일이 달라집니다.

안타깝게도 이는 광기의 서막일 뿐입니다.

3.6.3 using 사용법

키워드 using의 사용법은 네 가지입니다. 첫 번째는 별칭을 만들 때입니다. 예제를 보시죠.

예제 3.6.4

```
using vector_of_vectors = std::vector<gdg::maths::vector>;
```

매우 구체적입니다. 다른 이름의 축약어로 새 이름을 도입했습니다. 여기서는 제 maths 벡터의 표준 벡터로 직접 매핑mapping하기 위해 vector_of_vectors라는 이름을 도입합니다. 입력할 거리를 줄이고 명확성을 높이기 위해 using을 이런 식으로 사용하고 있습니다.

두 번째는 클래스 멤버를 가져오는 데 사용합니다. 예를 들면 다음과 같습니다.

예제 3.6.5

```
struct maths_vector : std::variant<vector<float, 2>, vector<int, 2>> {
  using variant::variant;
}
```

여기서 기본 클래스의 멤버를 파생 클래스derived class로 도입합니다. 이렇게 하면 `variant` 생성자로 `maths_vector` 객체를 생성할 수 있습니다.

세 번째는 다른 곳에서 정의된 이름을 `using` 선언의 선언 지역으로 도입하는 방법입니다. 예는 다음과 같습니다.

예제 3.6.6

```
namespace gdg::maths {
  using std::inner_product;
}
```

이제 `std`라는 접두어를 붙이지 않고 `gdg::maths` 네임스페이스 내에서 `inner_product`의 표준 버전을 호출할 수 있습니다. 만약 외부 범위에 이미 이름이 존재하는 경우, 이 새로운 선언에 의해 숨겨집니다. 다른 `inner_product` 함수를 호출하려면 해당 함수를 제한qualify해야 합니다.

`using` 선언은 `using` 지시자보다 더 구체적입니다. 현재 범위로 단일 심벌을 도입하기 때문입니다. 하지만 `using` 선언은 가장 좁은 범위에서 신중하게 사용해야 합니다. `using` 선언은 오버로드 집합overload set을 만들 수도 있으니 클라이언트 엔지니어가 항상 쉽게 잘 볼 수 있도록 해야 합니다. 파일 범위에서 `using` 선언을 사용하는 것은 파일 범위에서 `using` 지시자를 사용하는 것보다는 덜 위험하지만, 여전히 위험하긴 합니다.

네 번째는 `using` 지시자를 사용하는 방법입니다. 사용은 매우 제한됩니다. 예제 코드에서 특정 네임스페이스를 사용한다고 알리려면 발표용 슬라이드를 작성해야 할 겁니다. 다음 예제를 보시죠.

예제 3.6.7

```
#include <iostream>
using namespace std;

int main() {
  cout << "Hello, world!";
  return 0;
}
```

`std::cout`을 입력하지 않고, `<iostream>` 헤더에 지금까지 선언된 `std` 네임스페이스에서 모든 심벌을 도입하는 데 의존합니다.

그것 차암 편리하네요.

이는 아주 간단한 using 지시자 사용 방법에 해당하며, 자명한trivial 코드에 적합합니다. 더 복잡한 코드에서는 깜짝 놀랄 만한 일이 생기는데, using 지시자는 현재 범위로 새 심벌만 도입하는 게 아니기 때문입니다.

그냥 다시 한번 말할게요. using 지시자는 현재 범위로 새 심벌만 도입하는 게 아닙니다. 더 놀랄 만한 무언가를 합니다. 어떤 일이 일어나는지 알려면 그래프 이론을 조금 다뤄야 합니다.

3.6.4 심벌은 어디로 가나?

첫 번째로 유향 비순환 그래프directed acyclic graph, DAG 개념에 대해 살펴봐야 합니다. 이 용어는 비야네 스트롭스트룹의 회사 동료인 알 아호Al Aho가 만들었습니다. 그래프란 서로 연관된 노드의 집합입니다. 유향 그래프directed graph는 한 방향으로만 작동하는 노드 간의 관계가 있는 노드 집합입니다. 예를 들면 클래스 계층구조class hierarchy는 노드에 해당하는 클래스 간 자식is-child-of과 부모 is-parent-of 관계가 있는 그래프입니다. 이러한 관계는 서로 다른 방향을 따릅니다. 자식 관계를 제거하면 관계가 한 방향으로만 작동하기 때문에 유향 그래프가 됩니다. 비순환 그래프acyclic graph는 입구entry와 출구exit가 있습니다. 관계를 따라가다 보면 시작점으로 돌아갈 방법이 없습니다. 부모 관계의 클래스 계층구조는 방향성도 있으며 비순환적이기도 합니다.

네임스페이스와 포함 관계도 이와 같습니다. 네임스페이스는 다른 네임스페이스를 중첩할 수 있지만, 중첩 그래프는 유향 비순환 그래프에 해당합니다. 예를 들면 다음과 같습니다.

예제 3.6.8

```
namespace World {
  namespace Buildings {
    namespace Municipal {}
    namespace Business {}
  }
}
```

중첩된 네임스페이스를 검사하여 World에서 출발해 Municipal로 갈 수 있지만, 같은 방식으로 Municipal에서 World로는 갈 수 없습니다.

두 번째로 최소 공통 조상lowest common ancestor, LCA을 알아봐야 합니다. 한 쌍의 노드의 최소 공통 조상은 두 노드 모두에게 공통으로 가장 깊은 노드입니다. 앞의 네임스페이스 예제에서 네임스페이스 World와 World::Buildings는 둘 다 World::Buildings::Municipal과 World::Buildings::Business의 공통 조상이지만, 최소 공통 조상은 World::Buildings입니다.

이제 유향 비순환 그래프와 최소 공통 조상의 개념에 익숙해졌을 테니, using 지시자가 정확히 무슨 일을 하는지 알아보겠습니다. 이 내용은 표준의 [namespace.udir][4]에서 세 페이지에 걸쳐 다룹니다. 요약하면 using 지시자는 현재 범위와 대상 네임스페이스의 자체 범위의 최소 공통 조상 범위에 새로운 의미를 도입합니다. 꽤나 놀라운 일이며 코드베이스가 커지면서 네임스페이스를 더 얻게 되면서 더욱 놀라울 수 있습니다. 위의 네임스페이스 계층구조를 사용해서 실제 세계의 사례를 알아봅시다.

예제 3.6.9

```cpp
namespace Result {
  struct Victory {};
  struct DecisiveVictory : Victory {};
  struct CrushingVictory : DecisiveVictory {};
}

namespace gdg {
  int signal_result(Result::CrushingVictory);
}

namespace World {
  int signal_result(Result::CrushingVictory);
  namespace Buildings {
    namespace Municipal {
      int signal_result(Result::DecisiveVictory);
    }
    namespace Business {
      int compete() {
        using namespace Municipal;
        using namespace gdg;
        return signal_result(Result::CrushingVictory());
      }
    }
  }
}
```

---

4 https://eel.is/c++draft/namespace.udir

Result라는 새 네임스페이스에 Victory 타입과 게임 결과를 나타내는 signal_result라는 함수를 추가했습니다. compete 함수에서 어떤 일이 일어나는지 봅시다.

우선 Municipal 네임스페이스를 사용하면 int signal_result(Result::DecisiveVictory)를 Municipal과 Business의 최소 공통 조상에 주입합니다. 이는 signal_result라는 앞의 의미를 감춘다는 점을 명심하세요. 무엇이 숨겨졌는지 알아볼 수 있나요?

gdg::signal_result와 World::signal_result가 숨겨졌습니다. 명심하세요.

그다음 using 지시자는 gdg::signal_result를 전역 네임스페이스로 주입합니다. 전역 네임스페이스는 네임스페이스 gdg와 Business의 최소 공통 조상입니다. 하지만 전역 네임스페이스는 World::signal_result에 의해 숨겨졌고, World::signal_result는 Municipal::signal_result에 의해 숨겨져 있습니다. 그렇다면 테스트 함수의 끝부분에서 어느 signal_result가 호출될까요?

Municipal::signal_result만이 가능한 선택지입니다. CrushingVictory가 아니라 DecisiveVictory만 받긴 하지만, 이것이 가장 그리고 유일하게 적합합니다.

이에 따라 올바르게 답하고 올바른 함수를 추론했나요?

인위적일 수 있고 지나치게 복잡해 보일 수 있다고 이해합니다. 하지만 거의 일주일 내내 저를 완전히 굴복시킨 실제 사례와 크게 다르지 않습니다. 설명을 위해 버그와 무관한 불필요한 기능은 모두 덜어냈습니다. 이 코드가 소스 파일 몇 개에 걸쳐 수천 줄에 퍼져 있다고 상상해보세요. 이 버그가 올바른 종류의 승리와는 거리가 먼 잘못된 종류의 승리를 조용히 기록함으로써 나타나는 코드라고 상상해보세요. 이 버그가 승리의 질과는 무관하고 승리에 대한 세부 정보가 나머지 시스템으로 전달되는 방식과 관련됐다고 상상해보세요. 도대체 CrushingVictory가 왜 기록되지 않을 거라 생각하나요? 이는 바로 코드에 답이 있습니다. 저는 코드를 살펴보다가 문득 잘못된 내용을 찾았다고 깨달았을 때에야 비로소 해결책이 떠올랐습니다. 저는 디버거를 탓하면서, 제 이야기를 들어줄 법한 사람들과 한참을 최적화 도구에 대한 논쟁을 벌였습니다. 아마 COMDAT[5]이 잘못 접혔fold을 수도 있습니다. 하지만 아니었습니다. using 지시어가 작동하는 방식을 이해하지 못한 것이 에러였습니다.

---

5 [옮긴이] 공통 데이터(COMDAT, Common Data). COMDAT 접기(folding)는 중복 데이터 방지를 위한 컴파일러 및 링커의 최적화 기법입니다.

3.6.5 한층 더 은밀히 퍼지는 문제

아직 확신이 들지 않았을 수도 있습니다. 작은 프로젝트에서 작업하면서 네임스페이스를 중첩하지 않았을 수도 있습니다. 여러분이 빠질 수도 있는 또 다른 함정이 있습니다. 2005년에 작성된 이 코드 스니펫을 봅시다.

예제 3.6.10

```
// numerical_maths.h
namespace maths {
  float clamp(float v, float max, float min);
}
using namespace maths;

// results.cpp
#include "numerical_maths.h"
#include <algorithm>
using namespace std;
```

results.cpp는 다음과 같은 호출이 상당히 많이 있습니다.

예제 3.6.11

```
int x = clamp(12, 6, 4);
```

float 대신 int를 받는 오버로드는 없었으나, 크기가 클수록 정밀도가 낮아지더라도 float를 int 로 변환할 수 있으므로 기존 함수가 알맞은 후보였습니다. 엄밀히 말하면 이는 버그였지만 이 값이 항상 상당히 작았기 때문에 어떤 코드에도 나타나지 않았습니다.

2017년에는 중요한 일이 생겼습니다. 함수 clamp가 std 네임스페이스에 추가된 것입니다. 그 결과 result.cpp는 clamp에 대한 추가적인 오버로드를 포함하게 되었습니다. 애석하게도, maths::clamp는 함수 템플릿이기 때문에 매개변수가 모두 int 타입인 경우 매개변수 변환이 불필요하므로 maths::clamp()를 선택하는 게 훨씬 더 나았습니다. 하지만 이는 매개변수 max와 min 을 역순으로 받습니다. max가 min보다 작다면 다행히도 구현에서 경고할 것입니다. 그러나 디버깅을 끔찍하게 느리게 만들기 때문에 이 경고를 발생시키는 모든 기능을 비활성화했습니다.

그 결과, 이상하고 미묘한 버그가 나타나기 시작했습니다. 잘못된 클램핑clamping 결과는 코드에서 예상치 못한 부분으로 전파되었는데, 파국으로 치닫지는 않지만 의도에는 제대로 부합하지 않는 버그였습니다. 이는 `results.cpp`에만 국한되지 않았습니다. `clamp`는 널리 사용되는 함수였기 때문입니다. 다행히 모든 버그를 고칠 충분한 시간이 있었기 때문에 이 사태가 끝난 뒤 모두가 크게 안도의 한숨을 내쉬었습니다.

사실 마지막 문장은 참이 아닙니다.

행복한 시간은 아니었습니다. 누군가 cppreference.com를 검색하다가 `std::clamp`가 도입되었고 매개변수 순서가 달라졌음을 알게 되자, 끔찍한 깨달음에 압도당했습니다. 코드베이스 전반에서 `clamp`를 수천 번 사용하고 있었기 때문에 엔지니어의 의도대로 `clamp`가 호출되고 있는지, 매개변수를 올바르게 받는지 확실히 하기 위해 코드베이스를 샅샅이 검색해야 했습니다.

`using` 지시자를 헤더 파일 바깥으로, 헤더 파일이 포함된 각 소스 파일로 옮기는 것만으로는 충분하지 않았습니다. 최소한 네임스페이스가 있다면 심벌의 다른 소스를 알릴 수 있겠지만 그렇더라도 같은 문제가 발생했을 것입니다. 그뿐만 아니라 각 소스 파일의 맨 위에서 `using` 선언을 하는 것만으로는 충분하지 않았을 것입니다. C++17 업그레이드 이후 엔지니어가 코드를 작성할 때 깜빡 매개변수 순서를 뒤집어서 `maths::clamp` 함수가 아닌 `std::clamp` 함수를 호출했기 때문입니다. 이러한 방식은 모두 잘못되었을 겁니다.

우선 이러한 끔찍한 일을 막으려면 소스 파일에서 이상적으로 가장 좁은 범위에서 `using` 지시자가 아닌 `using` 선언을 하거나 또는 `clamp`를 완전히 한정하여 사용하는 방법이 있습니다. 소스에 `using` 지시자를 두면 적절하지 않은 순간에 다른 네임스페이스의 심벌에 새로운 의미가 조용히 도입되어 위험해집니다. 운이 좋다면 '모호한 심벌ambiguous symbol'이라는 컴파일러 에러가 생길 겁니다. 최악의 경우 예상했던 선택과 미묘한 차이가 있는 상위 오버로드superior overload가 나타날 수 있습니다.

이번 장의 첫 부분인 3.6.1절을 다시 살펴보길 바랍니다.[6]

3.6.6 복잡한 범위 지정 연산자 문제 해결하기

전역 범위에서 `using` 지시자를 사용하는 편리함을 놓아주기는 어렵습니다. `using` 지시자가 없으면 코드 전체에 범위 지정 연산자 `::`를 아낌없이 부려야 합니다. 네임스페이스가 `std`일 때는 견딜만

---

6   [옮긴이] 예제 3.6.1에서 '로컬의 ::copy와 std::copy를 오버로드하게 되니 모호해질 수 있습니다' 부분을 참고하세요.

합니다. 하지만 네임스페이스가 `World::Buildings::Business`라면 읽기도 어렵고 이해하기도 어려워집니다. 네임스페이스의 올바른 사용법을 다시 살펴봅시다.

전역 네임스페이스는 하나만 존재함을 떠올려보세요. 전역 네임스페이스에 선언해야 하는 것은 다른 네임스페이스, `main` 함수, `extern "C"` 선언에 엄격히 국한됩니다. 그러므로 심벌은 모두 자신의 네임스페이스 내에서 선언해야 합니다.

네임스페이스는 심벌을 캡슐화하며 또한 추상화 기능도 제공합니다. 연관된 클래스를 하나의 네임스페이스에 모으는 것도 추상화의 한 형태이므로, 한눈에 파악할 수 있을 만큼 추상화를 작게 유지하는 것은 칭찬받을 만한 전략입니다. 하지만 프로젝트가 성장하고 클래스의 수가 많아짐에 따리 작은 추상화에 영리하게 대응한다면 네임스페이스 숫자도 어쩔 수 없이 늘어나게 됩니다. 이 결과 앞서 설명한 `World::Buildings::Business`와 같은 선언이 생깁니다. 입력할 거리가 많기 때문에 엔지니어가 `using` 지시자를 사용하고 싶은 유혹을 받는 이유를 뚜렷하게 나타냅니다.

다행히 더 세밀한 방법이 있습니다. 별칭은 네임스페이스에도 사용할 수 있습니다. 별칭으로 `World::Buildings::Business`를 더 기호성이 좋은 것으로 축약할 수 있습니다.

예제 3.6.12

```
namespace BizBuild = World::Buildings::Business;
```

이러한 네임스페이스 별칭은 심벌을 현재 범위나 상위parent 범위로 가져오지 않으며 불편하고 헷갈리는 것은 아무것도 가져오지 않습니다. 그저 네임스페이스에 별칭을 붙인 다른 이름만을 도입합니다. 앞의 네임스페이스 선언에서 아래와 같은 코드를 보죠.

예제 3.6.13

```
auto x = World::Buildings::Business::compete();
```

이런 코드는 다음과 같이 바꿀 수 있습니다.

예제 3.6.14

```
auto x = BizBuild::compete();
```

네임스페이스가 없을 때는 다음과 같이 식별자에 도메인을 포함하고자 하는 일반적인 작명 패턴이 있었습니다.

예제 3.6.15

```
int BizBuild_compete();
```

이는 비즈니스 빌딩 도메인에 있는 `compete` 함수에 해당합니다. 여전히 엔지니어가 도메인을 맥락 식별자contextual identifier와 구분하기 위해 밑줄 문자underbar를 사용하는 것을 흔히 볼 수 있습니다. 하지만 네임스페이스와 별칭을 사용하면 이럴 필요가 없습니다. 추가 문자에 대한 비용으로 밑줄 문자 하나가 아니라 두 개의 콜론을 써서 도메인과 식별자, 맥락과 심벌을 의미론적으로 분리할 수 있습니다. 이러한 의미론적 구분은 C++ 구문 분석기에 표시되며 자동 심벌 완성automatic symbol completion, 네임스페이스 멤버 목록 등 편집기 도구에서 유용하게 사용할 수 있습니다.

3.6.7 유혹과 타락

마지막으로 하나 경고하겠습니다. 이 길을 가기 시작하면 되돌아오기가 정말 어렵습니다.

거대한 코드베이스는 이상적으로는 각각 자체 네임스페이스를 선언하는 여러 라이브러리로 구성됩니다. 솔루션 도메인을 편리하게 구분하는 유용한 추상화 기법입니다. 각 라이브러리에는 잘 설계된 API로 기능을 노출하는 일련의 헤더가 있습니다. 이러한 선언 다음에 `using` 지시자를 사용하면 코드를 사용하는 클라이언트 측에서는 심벌을 한정할 필요가 없습니다. 여러분은 아마도 클라이언트가 추가 입력할 거리를 줄여준다고 생각할지도 모르겠네요.

좋은 생각 같지만 코드베이스가 커지고 심벌의 수가 엄청나게 늘면 무심코 오버로드 집합을 만들 가능성도 덩달아 커집니다. 결국 상식이 이길 거고, `using` 지시자는 전부 제거해야 할 겁니다. 수천개의 알 수 없는 심벌unknown symbol이 나타나기 때문에 컴파일은 갑자기 완전히 치명적으로 실패하게 됩니다. 유일한 해결 방법은 `using` 지시자를 헤더 파일의 클라이언트로 이동시킨 다음 구현 파일로 내보내고, 마지막으로 이 지시자를 더 구체적인 `using` 선언으로 대체하는 것입니다. 즐겁지도 않고, 보람도 없고, 배우는 것도 없는 작업이죠.

언젠가 도구tooling가 이 문제를 해결해줄 것입니다. UI 옵션을 한 번 클릭하는 것만으로 소스 파일을 확인하여 심벌의 네임스페이스가 모두 맞는지 켜고 끌 수 있게 될 것입니다. 제일 넓은 범위에서

using 지시자를 찾으면 경고가 나오고, 잘못된 소스 코드를 수정할 적합한 대안을 제안할 것입니다. 그때까지는, 제발, 제발, 핵심 가이드라인 SF.7 '헤더 파일의 전역 범위에 using namespace를 사용하지 말라'를 따르세요.

3.6.8 요약

- 넓은 범위에서 using 지시자를 사용하면 위험하고 대가가 따르며, 예상치 못한 오버로드 집합이 생깁니다. using 선언을 사용하세요.

- 이 가이드라인을 무시하면 코드베이스가 성장함에 따라 위험해질 수 있고, 고치는 데 비용이 더 들 수 있습니다.

- 클래스나 함수 정의 같은 가장 좁고 편안한 범위에서 using 선언을 사용하세요.

새로운 기능을
제대로 사용하라

[F.21] '출력값'을 여러 개로 반환하려면 구조체로 반환하라

4.1.1 함수 시그니처의 형태

함수에 대해 배울 때는 인수를 받고, 인수의 입력을 조작하여 출력값을 반환하는 방법을 익힙니다. 함수 인수는 여러분이 원하는 만큼 받을 수 있지만, 반환은 한 가지만 가능합니다.

이로 인해 문제가 생깁니다. 에러 상태에 대한 신호는 어떻게 전달할까요? 다른 곳(3.5장)에서 설명한 대로 아직 만족스러운 해결 방법은 없지만, 에러 인수를 받아서 해당 인수에 쓰면서 값을 반환하는 방식이 오랫동안 널리 사용되었습니다.

이러한 함수의 인수는 두 종류가 있습니다. 입력 및 출력 매개변수입니다. 입력 매개변수는 함수를 평가하는 데 사용하며 출력 매개변수는 반환값 외의 다른 값을 보고하는 데 사용합니다.

이에 따라 함수의 매개변수 순서는 일반적으로 다음과 같습니다.

예제 4.1.1

```
Return-value, identifier(input-parameters, output-parameters);
```

예를 들어 문자열을 받은 뒤 해당 문자열 및 문자열에 추가된 데이터의 크기$_{amount}$를 반환하는 함수는 다음과 같습니다.

예제 4.1.2

```
int amend_content(std::string const& format, std::string& destination);
```

반환값은 `int`, 입력은 `format` 매개변수, 출력은 `destination` 매개변수입니다. 호출자는 이 함수를 호출하기 전에 자체 문자열을 생성한 이후, 두 번째 매개변수로 이 문자열을 넘겨야 합니다.

이 결과 잠재적으로 위험해집니다. 입력 및 출력 인수가 어디서 시작하는지 어떻게 알 수 있을까요? 사용자가 올바르게 인수를 배열하도록 하려면 함수 작성자는 추가 설명documentation을 작성해야 합니다. 함수 선언은 다음과 같아야 합니다.

예제 4.1.3

```cpp
int amend_content(std::string const& format,
                  /*출력 매개변수*/ std::string& destination);
```

이 예제에서 비상수 참조를 사용하여 사용자에게 이렇게 작성될 것이라는 힌트를 줬다고 생각할 수 있습니다. 하지만 사용자에 대해서는 아무것도 가정하지 않아야 하며, 이러한 추가 설명은 놓치기 쉬워서 유지보수에 부담이 될 수 있습니다. 가령 추가적인 형식 세부 사항이나 에러 채널과 같은 입출력 매개변수를 추가하려면 이러한 설명을 최신 상태로 유지해야 합니다.

출력 매개변수가 아닌 어떤 출력값을 반환값으로 결정할지도 문제입니다. 함수가 반환해야 할 값이 문자열에 추가된 데이터의 양이 아니라 수정된 문자열이어야 할 수도 있습니다. 이 경우, 프로그래밍 팀에 사용 사례를 제시하면 실질적인 이득도 없는 귀찮고 공허한 논쟁을 하게 되어 우는 아이 떡 하나 더 주듯 목소리가 큰 쪽으로 귀결될 수 있습니다.

반면에 반환값이 하나라면 그 자체로 설명이 됩니다. 정의에 따른 출력값이기 때문입니다.

4.1.2 설명과 애너테이션

21세기로 전환될 무렵 마이크로소프트는 함수 매개변수의 특성을 설명하는 문제에 대한 해결책을 제안했습니다. 이 내용은 소스 코드 주석 언어Source code Annotation Language, SAL라고 하며 공급자 구현의 헤더 파일 `sal.h`에 있습니다.[1] 입출력 매개변수를 설명하는 함수 시그니처 내에 애너테이션annotation의 형태로 있습니다. 예를 들어 `memcpy` 같은 함수의 시그니처는 익숙할 겁니다.

---

[1]   https://docs.microsoft.com/en-us/cpp/code-quality/using-sal-annotations-to-reduce-c-cpp-code-defects

예제 4.1.4

```
void* memcpy(
  void* dest,
  const void* src,
  size_t count
);
```

애너테이션을 적용하면 다음과 같습니다.

예제 4.1.5

```
void* memcpy(
  _Out_writes_bytes_all_(count) void* dest,
  _In_reads_bytes_(count) const void* src,
  size_t count
);
```

이러한 키워드는 매개변수의 특성에 대해 컴퓨터가 읽을 수 있는 추가 정보를 제공합니다. 이 예시에서 `_Out_writes_bytes_all_(count)`는 출력에서 바이트 수를 작성함을 나타내며 `_In_reads_bytes_(count)`는 입력 시 카운트 바이트를 읽음을 나타냅니다. 사용할 수 있는 애너테이션은 많으며 매개변수의 정확한 특성을 명확하게 나타낼 방법을 풍부하게 합니다.

이러한 애너테이션은 전처리 단계에서 사라지는 매크로이지만, 마이크로소프트 비주얼 스튜디오 IDE 안에서 사용하는 한 올바른 작동이 보장됩니다. 비주얼 스튜디오를 쓴다면, 이 기능을 사용해 보고 코드 분석을 추가로 수행하는 이득을 누려보세요.

하지만 소스 코드 주석 언어로도 설명을 유지보수하는 부담은 사라지지 않습니다. 소스 코드 주석 언어는 에러나 잘못 사용한 코드는 아주 잘 보고하지만, 매개변수를 설명하는 문제를 다른 곳으로 옮긴 것에 불과합니다. 이 문제는 C로부터 내려온 것인데, 소스 코드 주석 언어는 C 함수를 장식하는 데 유용했지만 C++는 자체적으로 함수 시그니처를 더 잘 표현할 수 있는 추가적인 방법이 있습니다. 이는 자기 스스로를 설명하는 코드라는 목표에 한층 더 가깝다는 장점이 있습니다.

4.1.3 이제 객체를 반환할 수 있습니다

구조체나 클래스의 인스턴스를 반환해도 유용합니다. 함수로 계산한 모든 값은 함수 시그니처로 출력 인수에 흩어 놓지 않고, 하나의 엔티티로 묶어서 호출자로 반환됩니다. 복사 생성자copy constructor

및 이동 생성자_{move constructor}가 도입됨에 따라 객체를 반환할 수 있다면 명확성을 더 높일 수 있습니다. 그런데 이 기능에는 파란만장한 역사가 있습니다.

제가 처음 C++를 사용하기 시작했을 때는 값에 의한 반환으로 객체를 반환하는 비용이 너무 비싸서 좌절스러웠습니다. 보통 저는 객체를 반환하도록 호출된 복사 생성자를 확인한 다음 호출의 결과를 할당하도록 호출된 할당 연산자를 확인했습니다. 표준화가 나오기 전 몇 년 동안은 서로 다른 컴파일러가 이를 서로 다른, 즉 신뢰성이 떨어지는 방식으로 최적화했습니다.

한 가지 쉬운 최적화 방법은 함수에 출력 매개변수를 전달하는 것이었습니다. 다음과 같은 방식이 아니었습니다.

예제 4.1.6

```
BigObj create_big_obj(); // 함수 프로토타입
BigObj big_obj = create_big_obj();
```

대신 다음과 같은 방식이었습니다.

예제 4.1.7

```
void create_big_obj(BigObj&); // 함수 프로토타입
BigObj big_obj;
create_big_obj(big_obj);
```

`BigObj`를 반환하고 할당하기보다는 생성하고 수정하는 방식이 더 낫습니다. 클래스가 컨테이너를 포함할 때 특히 더 유용합니다. 반환하고 할당할 때는 두 번 복사되는데 클래스 내의 컨테이너 내용까지 포함되므로 복사 비용이 더 들기 때문입니다.

1990년대는 복사 생략_{copy elision}이 등장했습니다. 이로써 반환과 할당이 단일 작업으로 합쳐질 수 있었습니다.[2] 그러나 컴파일러마다 환경별로 생략 방식이 달랐기 때문에 객체를 이식 가능하게 반환하기 어려웠습니다. 예를 들면 반환과 할당은 부수 효과가 있을 수도 있는데, 복사 생략으로 인해 이러한 부수 효과가 사라질 수도 있다는 문제가 있었습니다.

---

2   옮긴이 C++에서 복사 생략(copy elision)이란 컴파일러에서 함수의 반환값이나 임시 객체 생성 시 복사 작업을 생략하여 시간 및 공간 복잡도를 줄여 코드를 최적화하는 기법입니다. 복사 생략은 1990년대 컴파일러에서 특정 상황에 대한 최적화 기법으로 등장했고, C++11에서 공식적으로 도입되었습니다. 이후 점차 복사 생략 기능이 확장되었고, C++17부터는 prvalue에 대한 복사 생략이 보장되었습니다. 참고: https://en.cppreference.com/w/cpp/language/copy_elision

다음 클래스를 보세요.

예제 4.1.8

```
class SmallObj {
public:
  SmallObj() {}
  SmallObj(SmallObj const&) {std::cout << "copying\n";}
};
```

이 생성 연산자는 부수 효과가 있는데, 텍스트를 표준 출력으로 전송합니다. 다음 코드를 보세요.

예제 4.1.9

```
SmallObj so() {
  return SmallObj(); // RVO (아래를 보세요)
}
int main() {
  std::cout <<"Testing...\n";
  SmallObj s = so();
}
```

이 코드를 실행하면 컴파일러나 컴파일러 설정에 따라 다음 중 한 가지로 출력됩니다.

```
Testing...
copying
copying
Testing...
copying
copying
```

상상할 수 있듯 어마어마하게 성가십니다. 생략은 두 가지가 있었습니다. 반환값 최적화return value optimization, RVO와 이름이 있는 반환값 최적화named return value optimization, NRVO입니다. 반환값 최적화는 앞의 예시에서 봤습니다. 이름이 없는 임시 객체temporary object를 반환하면 컴파일러는 반환값이 복사되는 지점에서 이를 직접 생성할 수 있습니다.

이름이 있는 반환값 최적화는 제대로 하기가 조금 더 어렵습니다. 이름이 있는 객체를 반환하면 특정 환경에서 컴파일러는 이를 반환값이 복사될 지점에서 직접 생성할 수 있습니다. 이러한 조건의 속성을 나누는 것은 마법을 부리는 것과 비슷했습니다. 소멸자와 복사 생성자에 대한 정의를 모든 멤버에 대한 정의와 함께 인라인inline으로 제공하면 컴파일러를 도울 수 있습니다. 하지만 복사 생략이 갑자기 예상치 못하게 거부되면 문제가 발생하며 코드에 급격한 성능 스파이크performance spike가 발생할 수 있습니다.

저는 실망하여 값으로 반환하는 것은 물려두었습니다. 표준화와 더불어, 필요한 동작을 명확하게 에뮬레이트할 수 있도록 as-if 규칙이 나왔고, 부수 효과가 나타나더라도 명시적으로 생략 가능하게 되었습니다. 하지만 보장된 사항은 아니었으며, 부주의하게 멤버 데이터를 도입함으로 인해 성능 스파이크가 너무 쉽게 생긴다는 점을 알게 되었습니다.

다음 표준에는 한층 나아졌습니다. C++11은 이동 시맨틱을 도입하여 생략에 더 넓은 의미를 부여했습니다. 이제 객체를 복사하지 않고 객체를 이동하기 위한 별도의 생성자를 구체적으로 정의할 수 있게 되었습니다. 이동 생성자는 무언가를 반환하기 위해 호출되므로, 생략이 발생하지 않더라도 최소한 비용은 감소시킬 수 있었으며 컨테이너 복사 비용은 저렴했기 때문에 이동 시맨틱은 객체 반환 방식을 더 매력적인 제안으로 만들었습니다.

객체를 가능한 한 자주 반환하는 편이 더 저렴하도록 표준을 업데이트하기 위해 엄청난 노력이 이루어졌습니다. C++17부터 컴파일러는 반환되는 객체가 함수 반환 타입과 같은 타입의 prvalue인 경우 반환문에서 관찰 가능한 부수 효과를 생략하게 되더라도 클래스 객체의 복사 및 이동 생성을 생략해야 합니다. C++17 이전에도 대부분의 컴파일러에서 이처럼 하는 것이 기존 관행이었으나, 이러한 관행을 표준화하여 사용자를 안심시킬 수 있었습니다.

즉 RVO는 안전한 방법이지만 위의 RVO 예제처럼 생성자를 호출하여 함수에서 객체를 반환하려면 엄청나게 노력해야 합니다. 초기화 리스트로 호출된 반환문도 본 적이 있을 겁니다.

예제 4.1.10

```
std::pair<int, int> f(int a, int b) {
  return {a + b, a * b};
}
```

이 역시 prvalue이며 컴파일러로 하여금 RVO 스타일의 코드를 생성하도록 합니다. 객체는 이름이 없으므로 NRVO는 필요하지 않습니다. 이러한 요구 사항은 최적화나 컴파일러 플래그와는 무관합니다. C++17에서 임싯값과 prvalue 사양specification에 대한 근본적인 변화가 있었기 때문에 발생했을 따름입니다.

이는 컴파일러가 부수 효과보다 생략을 선호한다는 의미이므로, 옛날 코더들의 발목을 잡을 수 있습니다(모른 척). 즉 이동 생성자나 소멸자에서 로깅할 때 로그가 나타나지 않아 당황할 수도 있습니다. 그러나 이 방식이 바로 표준이 선호하는 방식이자 제로 오버헤드 추상화를 지향하는 C++의 목표에도 부합합니다. 성능 향상 기회를 가볍게 여기고 피하면 안 됩니다.

4.1.4 튜플도 반환할 수 있습니다[3]

값에 의한 반환은 성능 손실 없이 편하게 사용할 수 있으므로 출력 매개변수 사용 사례를 없앴을 뿐 아니라 이제 출력 매개변수를 완전히 제거하는 것도 살펴볼 수 있게 되었습니다.

출력 매개변수와 반환값에 대한 매우 일반적인 사용 사례는 에러 신호를 보내는 것입니다. 이번 절에서는 `BigObj`에 살을 붙여봅시다.

예제 4.1.11

```
class BigObj {
public:
  BigObj(int a, int b);

private:
  // 구현
};
```

다음과 같은 함수 프로토타입을 본 적이 있을지도 모르겠네요.

예제 4.1.12

```
BigObj do_stuff(int a, int b, error_code& err);
```

이 함수는 입력 데이터와 에러 컬렉션 객체에 대한 참조를 받고 객체를 반환합니다. 호출자는 에러 코드를 조사하여 해당 객체가 올바르게 생성되었는지 혹은 전혀 생성되지 않았는지 검사할 수 있습니다. `BigObj`를 생성하는 동안 무언가 잘못되었을 경우, 함수 작성자는 예외를 던지려고 하지 않거나 던질 수 없을 때도 있습니다.

---

3 (옮긴이) 2024년 1월 2일 #2166 풀 리퀘스트를 통해 F.21 가이드라인 제목에서 '튜플'이 빠졌습니다. C++20에서 구조체 지원이 향상되어 `std::pair`나 `std::tuple`을 사용할 이유가 줄었기에 해당 가이드라인의 제목에서 튜플을 빼자는 제안이 있었고, 공동 편집자 허브 서터가 이를 받아들여서 수정된 것입니다. 원서는 이보다 이른 2021년에 발행되었기에 이 변경 사항이 반영되지 않았고, 본 번역서에서는 챕터 제목 등은 수정했지만 4.1.4절 내용은 원서 그대로 남겨뒀으니 이 점 참고해주세요.

이는 다소 우아하지 못한 방법입니다. 호출자로 데이터를 반환하는 방법은 객체의 반환, `error_code` 참조 두 가지가 있습니다. 3.5장에서 다룬 에러 처리에 대한 가이드라인은 이러한 방식에 반대됩니다. 한 가지 제안할 방법은 `BigObj`와 `error_code`의 변형variant을 반환하는 방식입니다. 한편, 반환된 객체가 유효함을 나타내기 위해 특별한 제로 에러 코드를 사용하여 에러가 없음을 알릴 수도 있습니다. 값에 의해 객체를 안전하게 반환할 수 있으므로, 값에 의해 한 쌍의 값도 안전하게 반환할 수 있습니다. 이 결과 함수는 다음과 같아집니다.

예제 4.1.13

```
std::pair<BigObj, error_code> do_stuff(int a, int b) {
  // 입력의 유효성 검사하기
  return { {a, b}, {error} };
}
```

반환문은 prvalue를 생성하므로 복사 및 할당은 반환값 최적화로 생략 가능합니다. 표준 라이브러리도 몇 군데에서 이 기법을 사용합니다. 연관된 컨테이너의 삽입insert 멤버 함수는 `std::pair<iterator, bool>`을 반환하며 이 반환된 값은 삽입의 발생 여부와 발생 지점을 알립니다.

사실 `std::pair`만 사용 가능한 것은 아니며 모든 크기의 `std::tuple`도 반환 가능합니다. C++11에 도입된 `std::tie`라는 유용한 라이브러리 기능이 있습니다. `std::tie`는 `std::tuple`의 요소를 개별 객체로 바인딩합니다. `std::tie`를 사용하면 객체를 선언하여 다음과 같이 `std::pair`나 `std::tuple`로 묶을 수 있습니다.

예제 4.1.14

```
BigObj bo;
error_code ec;

std::tie(bo, ec) = do_stuff(1, 2);
```

무슨 생각하는지 압니다. 이는 단지 객체를 선언하고 해당 객체에 할당하는 일일 뿐입니다. 복사 생략이라기보다는 생성 및 할당이라는 옛날의 좋지 못한 방법으로 돌아가는 것이죠.

맞습니다. 그리고 바로 이러한 이유로 C++17에 구조적 바인딩structured binding이 도입되었습니다. C++와 라이브러리에서 구조적 바인딩을 지원함으로써 반환된 값을 새로운 객체에 다음과 같이 직접 넣을 수 있습니다.

예제 4.1.15

```
auto [bo, ec] = do_stuff(1, 2);
```

여기서 `tie`가 어떻게 제거되었고, `auto`와 중괄호가 있는 문법 설탕syntactic sugar로 대체되었는지 확인할 수 있습니다.

구조적 바인딩은 C++17에서 제가 가장 좋아하는 기능이었습니다. 구조적 바인딩을 사용해서 배열이나 구조체를 다음과 같은 방식으로도 묶을 수 있습니다.

예제 4.1.16

```
int a[2] = {1, 2};
auto [b, c] = a; // b와 c는 정수(b = 1, c = 2)

struct S {
  int a;
  int b;
};
S make_s();

auto [d, e] = make_s(); // d = 반환된 구조체의 첫 번째 멤버
                        // e = 두 번째 멤버
```

출력 매개변수를 사용하는 경우는 거의 없습니다. 튜플을 반환하는 방식은 깔끔하지만 구조체로 반환하는 방법도 놓치지 마세요. 반환하는 값이 어떤 식으로든 연관되어 있다면 추상화를 도출하는 과정일 수 있습니다. 구조체 반환에는 튜플 반환과 같은 방식이 사용됩니다. 복사 생략copy elision이란 호출자가 필요로 하는 지점에서 값이 생성된다는 의미입니다.

튜플만 반환하는 경우, 추상화를 버리지는 않는지 항상 점검해야 합니다. `BigObj`와 에러 코드 한 쌍은 추상화를 새로 구성하기에 적합하지는 않습니다. 서로 연관된 객체로 구성된 튜플은 각 부분에 이름이 필요할 가능성이 높으니 문자열string과 문자character의 수를 고려하세요. `modified_string`과 같은 이름이 있는 작은 추상화가 구체화되기를 기다리고 있을 겁니다.

4.1.5 비상수 참조로 전달 및 반환하기

이번 4.1장을 시작할 때 입력 매개변수input parameter와 출력 매개변수output parameter에 대해 설명했습니다. 인아웃 매개변수in-out parameter라는 세 번째 유형의 매개변수가 있습니다. 인아웃 매개변수

는 출력 매개변수처럼 비상수_{non-const} 객체에 대한 참조 혹은 포인터가 있습니다. 일반적으로 인아웃 매개변수는 함수 선언에서 입력 및 출력 매개변수 사이에 위치하므로 4.1.1절의 함수 프로토타입을 다음과 같이 확장할 수 있습니다.

예제 4.1.17

```
Return-value, identifier(input-parameters, input-output parameters, output-parameters);
```

이번 가이드라인의 요지는 입력을 출력과 구분해서 입력은 함수 선언부의 소괄호 내에 위치하도록 하고, 출력은 반환 타입으로 제한하는 것입니다. 이 방식을 매개변수 스타일에도 적용할 수 있을까요?

다양한 소스에서 데이터를 모아 보고하는 객체를 고려해봅시다. 각 소스는 보고하는 객체와 추가 매개변수를 받고 객체에 추가된 항목의 개수를 반환합니다. 예를 들면 다음과 같습니다.

예제 4.1.18

```
class Report { ... };

int report_rendering(int, int, Report&); // 입력 매개변수...
int report_fileIO(int, int, int, Report&); // 그다음 인아웃 매개변수

std::pair<Report, int> collect_report(const char* title) {
  auto report = Report(title);
  int item_count = report_rendering(1, 2, report);
  item_count += report_fileIO(0, 0, 1024, report);
  return {report, item_count};
}
```

출력값을 단일 객체로 반환한다면 파일 시그니처를 다음과 같이 변경해야 합니다.

예제 4.1.19

```
std::pair <Report, int> report_rendering(int, int, Report&);
std::pair <Report, int> report_fileIO(int, int, int, Report&);
```

이렇게 하면 코드에는 약간 눈에 거슬리는 부분이 생깁니다.

예제 4.1.20

```
std::pair<Report, int> collect_report(const char* title) {
```

```
    auto report = Report(title);
    int item_count = report_rendering(1, 2, report).second;
    item_count += report_fileIO(0, 0, 1024, report).second;
    return {report, item_count};
}
```

끝에 붙는 `.second`는 보기 좋지 않으며, `report` 객체는 버려집니다. 호출자는 이미 해당 객체를 받아서 갖고 있는데, 이 객체를 반환할 이유가 있나요?

사실, 함수 프로토타입 반환 타입을 복구하여 인아웃 매개변수를 입력 인수 앞으로 옮기면 다음과 같습니다.

예제 4.1.21

```
int report_rendering(Report&, int, int);
int report_fileIO(Report&, int, int, int);
```

이 함수들은 객체를 받고 입력 매개변수에 따라 객체를 수정합니다. 잠재적인 멤버 함수 시그니처를 살펴보면, 이 함수들은 멤버 함수 같아 보입니다.

예제 4.1.22

```
int Report::report_rendering(int, int);
int Report::report_fileIO(int, int, int);
```

입력 매개변수에 추가로 인아웃 매개변수를 전달하는 기법은, 사실 새로운 멤버 함수를 만들지 않고 해당 클래스의 API를 확장하는 방식에 불과합니다. 클래스를 사용할 클라이언트에게는 가치 있는 기법입니다. 함수의 원래 작성자를 찾아내서 추가 기능에 대해 쫓아다니며 요구하지 않아도 되기 때문입니다. 또한 '클래스의 표현에 직접 접근해야 하는 경우만 함수를 멤버로 만들라'는 핵심 가이드라인 C.4도 지원할 수 있으니 함수 작성자에게도 가치 있는 기법입니다.

이번 가이드라인은 인터페이스를 작고 완성된 상태로 유지하는 데 도움을 줍니다. 함수를 이러한 방식으로 비멤버 함수로 만들 수 있다면, 클래스 인터페이스에 필요한 함수는 하나 줄어듭니다. 일련의 비멤버 프렌드friend 함수, 혹은 프렌드가 될 수 있는 몇몇 함수에서만 호출하는 getter와 setter들이 있다면, 인터페이스를 확장할 수 있는 후보를 파악한 셈입니다. 이러한 인터페이스 최소화 및 확장 간의 불균형을 바로잡을 수 있다면, 그렇게 하세요.

지금까지 말한 대로, 비상수 참조로 객체를 받고 반환하는 사용 사례가 있습니다. 바로 iostream 라이브러리입니다. 문자를 출력하는 화살괄호 연산자 `<<`는 다음과 같습니다.

예제 4.1.23

```
template<class Traits>
std::basic_ostream<char, Traits>& operator<<(
    std::basic_ostream<char, Traits>& os, const char* s);
```

`basic_ostream`를 전달하고 반환하여 연속된 호출을 체이닝chaining하여 단일 문으로 다음과 같이 나타낼 수 있습니다.

예제 4.1.24

```
std::cout << "Hello, world!" << std::endl;
```

이는 다음과 같이 다시 작성할 수 있습니다.

예제 4.1.25

```
operator <<(std::cout, "Hello, world!").operator <<(std::endl);
```

첫 번째 호출만 비멤버 함수입니다. 두 번째 호출은 멤버 함수입니다. `endl`이 함수 포인터이고 `basic_stream`은 해당 타입에 대한 함수 포인터를 받는 멤버 연산자 `<<`가 있기 때문입니다. 첫 번째 방식은 한결 낫고 덜 헷갈립니다. 체이닝이 섞인 두 번째 방식은 구문 분석에도 시간이 더 걸리고 불필요한 인지 부하가 생깁니다.

체이닝을 위한 API 설계는 아주 타당합니다. 수행하려는 작업이 있는 경우, 예외가 발생하지 않는 한 이런 작업은 아주 쉬워 보일 수 있습니다.

예제 4.1.26

```
class Obj {...};

Obj object;
(html 파일로 줄바꿈 확인)
object.f1(a, b, c) // 각 멤버 함수는 Obj&를 반환합니다.
     .f2(d, e, f)
     .f3(g, h);
```

마지막으로, 함수에 인아웃 매개변수를 여러 개 전달하고 있다면 추상화를 놓치고 있을 가능성이 높습니다. 더블 디스패치double dispatch[4]혹은 그 이상의 디스패치를 하거나, 여러 클래스의 상호작용을 모델링하는 방식을 만들려고 할 수도 있겠네요. 하지만 여기는 그런 시도를 할 수 없으니 안심하세요.

4.1.6 요약

이전에는 매개변수를 입력, 입출력, 출력 순대로 정렬하라고 했지만, C++가 발전함에 따라 이제는 그럴 필요가 없습니다.

- prvalue을 반환하기 위한 의무적 복사 생략mandatory copy elision이란, 생성자 API를 세심하게 설계하여 값에 의한 반환return-by-value을 최적화할 수 있다는 의미입니다.
- 여러 개의 값은 구조체나 튜플로 반환해야 합니다.
- 구조적 바인딩이 `tie`보다 더 바람직합니다. 라이브러리 기능이 아닌 언어 자체 기능이기 때문입니다. 그뿐만 아니라 반환값을 묶을 때 객체를 기본값으로 생성할default-construct 필요를 없앱니다.
- 인아웃 매개변수는 클래스 API를 개별적으로 확장할 수 있도록 하며 입력 매개변수 다음에 위치해야 합니다.
- 인아웃 매개변수를 반환하면 출력 연산자 스타일로 함수 호출을 체이닝할 수 있지만, 읽기 쉽게 하려면 품이 듭니다.
- 여러 개의 인아웃 매개변수는 특히 주의해서 다뤄야 하며, 추상화를 놓쳤다는 힌트일 수도 있습니다.

---

4 [옮긴이] 디스패치는 함수 호출 및 실행에 관한 것으로, 정적/동적 디스패치로 구분합니다. 즉, 컴파일/런타임 시점과 각각 관련이 있습니다. 더블 디스패치는 동적 디스패치를 두 번 수행하는 것에 해당합니다.

4.2

[Enum.3] 단순 열거형보다는
클래스 열거형을 택하라

4.2.1 상수

상수constant는 위대합니다. 타입은 위대합니다. 특정 타입의 상수는 정말 위대합니다. 그렇기 때문에 클래스 열거형은 정말 그야말로 환상적입니다.

예전에(더 이상 이럴 필요가 없기를 바랍니다) 상수는 전처리기 매크로로서 정의되었습니다. 기하학 관련 소스 파일에서 다음과 같은 것을 본 적이 있을지도 모르겠습니다.

예제 4.2.1

```
#define PI 3.1415926535897932385
```

운이 없었다면 다른 파일에서 다음과 같은 걸 봤을지도 모르겠네요.

예제 4.2.2

```
#define PI 3.1415926 // float로는 괜찮고, double로는 부족합니다.
```

또는 다음 코드 같은 걸요.[1]

---

1 [옮긴이] 3.1415926535 다음에 89가 와야 하는데 98로 썼기 때문에 예제 4.2.3의 주석에서 잘못 옮겨 썼다고 설명합니다.

예제 4.2.3

```
#define PI 3.1415926535987932385 // 잘못 옮겨 썼습니다.
```

또는 다음 코드요.

예제 4.2.4

```
#define Pi 3.1415926535897932385 // 이름이 약간 다릅니다.
```

헤더 파일에 정의되었을 수도 있습니다. 이러한 전처리기 심벌에는 타입도 범위도 없습니다. 이들은 전처리기 단계에서 단순히 어휘 수준에서 치환됩니다. C++에서 초기에 거둔 성취는 const로 제한된 타입(절대 const 변수라고 부르지 마세요)의, 범위가 있는 객체를 선언할 수 있다는 점을 깨달은 데 있습니다. 사실 C++20부터는 pi에 대한 표준 정의가 있습니다. <numbers> 헤더에서 찾을 수 있으며 네임스페이스 std::numbers에 정의되어 있습니다.

예제 4.2.5

```
template <>
inline constexpr double pi_v<double> = 3.141592653589793;
inline constexpr double pi = pi_v<double>;
```

어떤 상수는 중요하지만, 그 값은 자의적입니다. PI, E, MONTHS_IN_YEAR와는 다른 방식으로, 개념을 표현하기 위해 명명된 값이 필요한 경우가 있습니다. 이들은 항상 작은 정수의 형태로, 예를 들면 편집은 1, 탐색은 2, 종료는 -1 등입니다. 서로 관련이 있는 정수를 정의하는 광범위한 매크로가 있는 또 다른 코드도 있습니다. Windows SDK에 있는 WinUser.h는 다음과 같습니다.

예제 4.2.6

```
#define WM_CTLCOLORSCROLLBAR        0x0137
#define WM_CTLCOLORSTATIC           0x0138
#define MN_GETHMENU                 0x01E1

#define WM_MOUSEFIRST               0x0200
#define WM_MOUSEMOVE                0x0200
#define WM_LBUTTONDOWN              0x0201
```

왜 0x01E1에서 0x0200으로 건너뛸까요? 아마도 MN_GETHMENU 이후부터는 도메인이 변경됐을 가능성이 크고, MN_GETHMENU 이후 추가 사항이 없다고 보장할 수 없기 때문일 겁니다. 두 번째 니블

nibble[2]을 보면 도메인을 쉽게 알아볼 수 있습니다. 아니면 완전히 자의적이기 때문이었을 수도 있죠. 우리는 절대 알 수 없습니다. 단순한 전처리기 정의로는 이러한 정보를 파악할 수 없습니다.

열거형 타입은 상수를 모으는 방법을 제공하여 정보를 이상적으로 파악할 수 있도록 합니다. 예를 들면 에러값은 특정한 에러 추상화를 만들 수 있습니다.

예제 4.2.7

```
#define OK = 0
#define RECORD_NOT_FOUND = 1
#define TABLE_NOT_FOUND = 2
```

이렇게 선언하는 대신, 다음과 같이 열거형으로 징의할 수 있습니다.

예제 4.2.8

```
enum DB_error {
  OK,
  RECORD_NOT_FOUND,
  TABLE_NOT_FOUND
};
```

열거형enumeration은 기본적으로 0에서 시작하여 열거자enumerator당 1씩 증가하므로, 열거자는 전처리기 상수와 동일한 값을 갖습니다. 열거자는 해당 전처리기 상수의 값을 직접 대체하기 때문에 대문자로 표기합니다. 이는 규칙이 아닌 예외 사항이며 열거자는 일반적으로 소문자를 써야 합니다. 또한 표준 사항이 아닌 스타일의 문제입니다. 이 스타일을 따르면 관습적으로 대문자를 사용하는 전처리기 심벌과의 충돌을 방지할 수 있습니다.

안타깝지만 enum 키워드는 범위도 기본 타입도 정의하지 않습니다. 이 때문에 몇 가지 흥미로운 문제가 발생할 수 있습니다. 미국 주state에 대한 두 글자 코드[3]로 된 열거형을 생각해봅시다. 다음은 그 코드입니다.

---

2 [옮긴이] https://ko.wikipedia.org/wiki/니블
3 [옮긴이] https://en.wikipedia.org/wiki/List_of_U.S._state_and_territory_abbreviations

예제 4.2.9

```
enum US_state {
  ...
  MP, // 퀴즈 문제로 좋겠네요...
  OH,
  OK, // 어라...
  OR,
  PA,
  ...
};
```

중괄호가 일반적인 예상대로 범위를 정의하지 않기 때문에 `OK`는 이제 모호한 식별자가 됩니다. 열거형 자체가 무관한 범위에서 정의되는 경우는 문제가 아닙니다. 그렇지 않은 경우는 열거자를 수정해서 열거형을 모호하지 않게 해야 합니다. `OK`는 확실히 매우 유용한 식별자이니 추가 표현 없이 둘 수는 없습니다. C++11 이전의 세상에서는 여러분이 `S_OK`, `R_OK`, `E_OK` 등과 같은 열거자를 마주했을 텐데, 이로 인해 코드는 다소 읽기 힘들었습니다. 사실 대기업 정도나 되어야지 단일 문자를 사용하는 사치를 누릴 수 있었습니다. 위의 예제에서 여러분은 `DBE_OK`나 `USS_OK`를 사용할 가능성이 훨씬 높았을 겁니다. 열거자 하나에 추가 표현을 붙이면 나머지도 붙여야 될 것 같다는 느낌이 들고, 그 결과 여러분의 코드는 모든 열거자 앞에 두문자어와 밑줄이 붙어서 지저분하게 됩니다.

모호한 식별자 문제는 컴파일 타임에 단순한 에러의 형태로 나타나는데, 지저분하고 불편하긴 하지만 충돌이 발생한 열거자를 약간 더 못나게 만들면 다행히 쉽게 해결할 수 있습니다. 더 은밀하게 퍼지는 또 다른 문제는 암묵적 형 변환입니다. 함수는 기꺼이 `OK`를 반환하거나 `DBE_OK` 쪽을 반환할 더 가능성이 높으며, 해당 값은 `int`로 자유롭게 변환될 수 있습니다. 정반대도 동일합니다. 함수는 `int`를 받을 수 있지만 열거자도 전달받을 수 있습니다. 그렇기 때문에 어떤 열거형의 열거자를 전달하면 다른 열거형의 열거자로 해석될 수 있는 흥미로운 버그가 발생합니다.

4.2.2 범위가 있는 열거형

C++11은 `enum` 키워드를 확장하여 두 가지 새로운 기능을 추가했습니다. 첫 번째 기능은 범위가 있는 열거형scoped enumeration입니다. 선언에 `struct` 또는 `class`라는 키워드를 추가하여 구문을 수정합니다.

예제 4.2.10

```
enum class DB_error { // 범위가 있으니, 이제 소문자 식별자를 씁니다...
  OK, // ...대문자 OK는 일단 제외하고요.
  record_not_found,
  table_not_found
};

enum struct US_state {
  ...
  MP, // 정답은 북마리아나 제도(Northern Mariana Islands)입니다. 굳이 궁금하시다면...
  OH,
  OK,
  OR,
  PA,
  ...
};
```

범위가 있는 열거형은 열거자에 범위를 제공하여 다른 곳에서 똑같이 명명된 열거자와 명확히 구분하는 방식입니다. 범위가 있는 열거자를 사용하는 경우 범위 지정 연산자를 사용하여 범위를 명시적으로 해결합니다. 이는 다음과 같을 겁니다.

예제 4.2.11

```
static_assert(DB_error::OK != US_state::OK);
```

`!=` 기호의 왼쪽과 오른쪽의 타입이 다르기 때문에 명시적인 `operator !=` 오버로드가 필요하므로 이 코드가 컴파일 되지 않는다는 점은 제외해야 하지만 말입니다.

`struct`나 `class`를 언제 사용해야 할지에 대한 가이드는 없습니다. 저는 개인적으로 열거형에 대해 다른 연산을 정의하는 경우에 `class`를 사용합니다. 요일에 대한 열거형을 예로 들어보죠.

예제 4.2.12

```
enum class Day {
  monday,
  tuesday,
  wednesday,
  thursday,
  friday,
  saturday,
  sunday
};
```

요일이 순환할 수 있도록 전위 증가 연산자pre-increment operator를 정의하려 할 수도 있겠네요.

예제 4.2.13

```cpp
constexpr Day operator++(Day& d) {
  switch (d) {
  case Day::monday:    d = Day::tuesday;   break;
  case Day::tuesday:   d = Day::wednesday; break;
  case Day::wednesday: d = Day::thursday;  break;
  case Day::thursday:  d = Day::friday;    break;
  case Day::friday:    d = Day::saturday;  break;
  case Day::saturday:  d = Day::sunday;    break;
  case Day::sunday:    d = Day::monday;    break;
  }
  return d;
}

Day today = Day::saturday;
Day tomorrow = ++today;
```

4.2.3 숨겨진 타입

열거형은 선언이나 정의 시점에서 정의할 수 있는 숨겨진 타입underlying type[4]이 있습니다. 숨겨진 타입을 사용하면 C++11 이후부터 열거형을 정의하지 않고 선언할 수 있다는 한 가지 이점이 있습니다. 타입에 대한 크기를 추론할 수 있기 때문입니다. 숨겨진 타입을 지정하지 않으면 기본값이 사용됩니다. 이러한 열거형은 전방 선언할 수 없습니다. 숨겨진 타입의 기본값은 열거형의 범위 유무에 따라 다릅니다.

범위가 없는 열거형의 경우 숨겨진 타입은 모든 열거형 값을 나타낼 수 있는, 구현에 정의된 정수 타입입니다. 요일 예제를 살펴보면 열거형 값은 0부터 6까지니 숨겨진 타입이 char라고 예상할 수 있습니다. 범위가 있는 열거형의 경우 숨겨진 타입은 int입니다. 약간 낭비 같아 보입니다. 일반적인 구현에서는 char로 충분합니다. 숨겨진 타입을 지정하기 위해 C++11에서 새로운 구문이 추가되었습니다.

---

4   [옮긴이] '기본 타입'이라고 옮기기도 합니다.

```
enum class Day : char {
    monday,
    tuesday,
    wednesday,
    thursday,
    friday,
    saturday,
    sunday
};
```

이 구문은 열거형의 범위 유무에 상관없이 모두 사용할 수 있습니다. 숨겨진 타입은 필요한 경우에 제한적으로 지정해야 합니다. Day 인스턴스를 저장하는 객체에 대한 수 천개의 인스턴스가 있다면 3바이트를 절약하는 것도 눈에 띄는 일이 됩니다. 기본값은 가장 편하게 읽고 쓸 수 있습니다. 하지만 타입을 지정하면 ABI 호환성에 도움이 됩니다.

열거형은 비트 단위 마스킹bitwise masking에 대한 2의 거듭제곱 상수를 정의하는 데도 사용됩니다. 예를 들면 다음과 같습니다.

예제 4.2.15

```
enum personal_quality {
    reliable    = 0x00000001,
    warm        = 0x00000002,
    punctual    = 0x00000004,
    ...
    generous    = 0x40000000,
    thoughtful  = 0x80000000
};
```

generous까지는 숨겨진 타입이 int이지만, thoughtful은 부호가 없는 int가 필요합니다. 일반적인 경우에는 열거자의 값을 지정하면 안 됩니다. 타이핑 에러가 발생하여 스위치switch 문의 성능을 떨어뜨릴 수 있기 때문입니다. 하지만 이 예제는 예외입니다.

C++11 이전에는 일종의 회색 영역이 있었습니다. 어떤 구현에서는 열거자가 최대 표현 가능한 값을 초과하지 않는 한 열거형의 값을 32비트로 고정하여 열거형의 전방 선언을 허용했습니다. 하지만 이는 이식성을 보장하지 않았습니다. 이는 바로 표준에서 구현의 정의 부분에서 발생하는 문제입니다. 따라서 여러분은 모든 대상 구현target implementation이 열거형을 정의하는 방식을 파악해야 합

니다. 현재도 이러한 상황에 해당합니다. 숨겨진 타입을 지정하지 않는, 범위가 없는 열거형의 기본 값은 구현에서 정의한 숨겨진 타입이 됩니다.

4.2.4 암묵적 형 변환

범위가 없는 열거형의 또 다른 문제는 `int`로 자유롭게 변환 가능하다는 점입니다. 예전에 흔했던 버그는 `int`를 받는 함수에 열거형을 전달하는 문제였습니다. 이는 아무 문제없이 허용되는 일반적인 관행이었으나, 열거형의 값은 범위가 다르면 의미가 달라질 수 있습니다.

예제 4.2.16

```
// territory.h
enum US_state { // 범위가 없는 열거형
  ...
  MP, // MP 외에도 미국 본토의 주가 아니지만 코드가 있는 지역은 4개 더 있습니다.5
  OH,
  OK,
  OR,
  PA,
  ...
};
...
void submit_state_information(int); // 흠, 미국 주 코드일까요, 아니면 국가 코드일까요?

// US_reporting.cpp
submit_state_information(OH); // 범위가 없는 열거형의 OH
```

운이 좋으면 `submit_state_information`은 실제로 국가 코드가 아닌 미국 주 코드를 받을 겁니다. 하지만 이 API로는 확신할 방법이 없습니다.

범위가 있는 열거형은 숨겨진 타입으로 변환할 수는 있기는 하지만, `static_cast`나 `std::underlying_type`으로 명시적으로 변환해야 합니다.

---

5 [옮긴이] 예제 4.2.9에서 저자가 MP가 무엇인지 퀴즈를 냈는데 영미권 독자에게 미국 주 축약어 중에 MP가 포함된다고 하면 무엇인지 의아해할 것이라고 생각한 듯합니다. 50개 주에 해당하지는 않지만 우편 코드 등에서 사용하는 축약어로 표현되는 지역은 그 밖에도 더 있습니다. 참고로 MP 외의 4개 지역은 푸에르토리코(PA), 괌(GU), 아메리칸 사모아(AS), 미국령 버진아일랜드(VI)입니다. 저자 나름의 유머 코드로 보입니다.

```
// territory.h
enum struct US_state { // 범위가 있는 열거형
  ...
  MP,
  OH,
  OK,
  OR,
  PA,
  ...
};
...
void submit_state_information(int);

// US_reporting.cpp
submit_state_information(static_cast<int>(US_state::OH));
```

이러한 명시적인 형 변환은 잠재적으로 위험한 행위에 대한 영향을 여러분이 개인적으로 책임져야 함을 나타냅니다. 위의 호출에서 `submit_state_information`이 미국 주를 받도록 했습니다. 형 변환은 항상 이상한 버그를 살펴보기 좋은 시작점입니다.

또 다른 방법으로는 열거형에서 `int`를 생성할 수도 있습니다.

예제 4.2.18

```
// US_reporting.cpp
submit_state_information(int(US_state::OH));
```

당연히 이는 나쁜 API 설계 문제에 해당합니다. 이러한 함수는 매개변수를 더 명시적으로 표현해야 합니다.

예제 4.2.19

```
void submit_state_information(US_state);
```

애석하게도 최선을 다하는 동료에 의존하는 것은 현명하지 않을 때가 있으며, 가장 안전한 방법은 명확성을 추구하는 것입니다.

4.2.5 요약

범위가 없는 **단순한**plain 열거형보다는 범위가 있는 클래스 열거형을 사용하여 믿을 수 있는 기본 숨겨진 타입default underlying type을 활용하고, 심벌의 모호성을 제거disambiguation하세요.

`enum` 선언에 `class` 키워드만 추가하면 되니 비용은 저렴하고, 암묵적 형 변환을 허용하지 않음으로써 타입 안전성을 높입니다. 또한 고유한 열거형을 만들기 위해 덧붙였던 **추가 표현**decoration을 제거하여 가독성도 높일 수 있습니다.

4.2.6 추신

지난 10년간 저는 스콧 마이어스Scott Meyers[6]가 저희 팀을 교육할 자리를 마련해왔습니다. 저희에게는 꽤 큰 일이었으며 스콧은 정말 좋은 내용을 전했습니다. 기억에 남는 것 중 하나는 누군가 `enum`을 다르게 말하는 것을 처음 들은 순간이었습니다. 저는 영국인이고, 이 단어를 '비-컴bee-come'처럼 발음하는 것만 들어봤습니다. 스콧은 '리쥼resume'과 같이, 마치 열거형의 두 번째 음절인 n 이후에 강세가 사라진 것처럼 발음했습니다.[7]

---

6   [옮긴이] 도서 《Effective C++》의 저자로 유명합니다.

7   [옮긴이] youglish.com에서 enum을 검색하면 미국, 영국, 그 밖의 영어 사용 권역의 실제 발음을 들어볼 수 있습니다. https://en.wiktionary.org/wiki/enum에 따르면 enum의 발음은 /'inʌm/과 /'rˈnum/ 두 가지가 있다고 합니다.

4.3

[ES.5] 범위는 작게 유지하라

4.3.1 범위의 본질

'범위scope'란 의미가 과하게 오버로드overload된 또 다른 단어입니다. 컴퓨터 과학에서 비롯한 말이 지만 프로그래밍 언어마다 의미를 약간씩 변형해서 사용합니다. 특히 C++에서 범위란 코드에서 선언의 속성property에 해당하며 가시성visibility[1]과 수명lifetime이 교차하는 영역입니다.

프로그램에서 모든 선언은 하나 이상의 범위에서 나타납니다. 선언은 네임스페이스처럼 중첩될 수 있으며 식별자로 더 많은 범위가 도입될 수 있습니다. 이름은 선언된 범위 내에서만 가시적이지만 객체의 수명은 해당 이름의 범위에 반드시 국한되지는 않습니다. 이 모호함 때문에 엔지니어는 동적 저장 기간을 갖는 객체로 인해 자주 고생합니다.

결정론적 소멸은 C++의 두드러진 특징입니다. 자동 저장 기간 클래스인 객체의 이름이 범위를 벗어나면, 해당 객체는 소멸됩니다. 객체의 소멸자가 호출되어 모든 내용이 정리됩니다. 가비지 컬렉터garbage collector가 마법을 부리듯 청소하기를 기다릴 필요가 없습니다. 일반적인 관리 언어managed language의 경우처럼 가비지 컬렉터가 청소를 수행하면 적절하지 않은 순간에 리소스를 다 써버리거나, 정리cleanup단계가 완전히 생략되는 것 같이 성가시고 결정론적이지 않은 부수 효과가 생깁니다. 하지만 원시 포인터raw pointer의 이름이 범위를 벗어나면 소멸되는 것은 포인터이지 포인터가

---

1   옮긴이 리소스가 유효한 범위 내에서 해당 리소스는 '가시적이다', '가시성이 있다'고 쓸 수 있습니다.

가리키는 객체는 아닙니다. 해당 객체는 이름 없이 남게 되며 따라서 소멸자를 호출할 수단도 남지 않습니다.

동적 저장 기간을 갖는 객체의 수명은 객체 이름의 범위에 느슨하게 바인딩되어 있을 뿐입니다. 사실 포인터에는 다른 이름을 할당할 수 있으며, 처음에 바인딩된 이름의 범위를 벗어나도 살아남습니다. 포인터는 여러 이름을 할당할 수 있으므로 객체가 소멸되어야 하는 시점을 결정할 때 골칫거리가 됩니다. 바로 이 때문에 `std::shared_ptr` 클래스가 있습니다. `std::shared_ptr` 객체에 마지막으로 바인딩된 이름이 범위를 벗어나면, 해당 이름이 가리키는 객체는 소멸됩니다. 이에 대해서는 핵심 가이드라인 I.11 '절대로 원시 포인터(T*)나 참조(T&)로 소유권을 넘기지 말라'에서 살펴봤습니다. 참조 횟수 계산 방식reference counting은 모든 부기bookkeeping를 위해 사용됩니다.[2] 이 방식은 `std::shared_ptr` 객체에 어떤 이름이 바인딩될 때 참조 횟수가 증가하며, 이름이 범위를 벗어나면 횟수가 감소합니다.

객체가 아니라 이름이 범위를 갖는다는 점을 꼭 기억해야 합니다. 객체는 수명, 더 정확하게는 저장 기간storage duration을 갖습니다. 저장 기간은 정적, 동적, 자동, 스레드 지역 네 가지 유형이 있습니다. 그럼 범위는 몇 개일까요? 3개 이상? 사실은 여섯 개이고, 다음과 같습니다.

- 블록block
- 네임스페이스namespace
- 클래스
- 함수 매개변수function parameter
- 열거형
- 템플릿 매개변수template parameter

지금부터 전부 살펴보겠습니다.

---

2 [옮긴이] 메모리 관리를 위해 객체에 이름이 바인딩되는 여부에 따라 참조 횟수가 증감되는 것은 코드의 비즈니스 로직이 아닌 부가적인 작업입니다.

4.3.2 블록 범위

블록 범위는 블록 범위라는 이름을 모르더라도 가장 먼저 떠올릴 수 있는 범위일 겁니다. 블록 혹은 복합문compound statement은 다음 예제처럼 중괄호로 둘러싸인 일련의 문statement입니다.

예제 4.3.1

```
if (x > 15) {
  auto y = 200;
  auto z = do_work(y);
  auto gamma = do_more_work(z);
  inform_user(z, gamma);
}
```

`if` 문의 본문은 단일 블록 범위입니다. 이는 블록 범위 형식의 좋은 예시입니다. 범위가 작습니다. 무슨 일이 일어나는지 알기 쉽습니다. `y`, `z`, `gamma`가 선언되고, `inform_user`가 반환된 다음 범위의 끝부분에서 이들은 소멸됩니다. 블록문은 함수 정의, 제어문control statement 등의 다음에 나타납니다.

범위는 중첩될 수 있습니다. 블록 범위는 다른 중괄호 쌍을 시작하여 중첩할 수 있습니다.

예제 4.3.2

```
if (x > 15) {
  auto y = 200;
  auto z = do_work(y);
  {                               // 새 범위
    auto y = z;                   // 두 번째 y의 범위가 여기서부터 시작합니다.
    y += mystery_factor(8);       // 두 번째 y를 여전히 참조합니다.
    inform_user(y, 12);           // 두 번째 y를 여전히 참조합니다.
  }                               // 두 번째 y의 범위는 여기서 종료됩니다.
  y = do_more_work(z);            // 첫 번째 y의 범위는 여기서 재개됩니다.
  inform_user(z, y);
}
```

이 예제는 불연속discontiguous 범위를 나타내며, 여기에는 몇 가지 흥미로운 점이 있습니다. 심벌 `y`는 중첩된 범위에서 '가려졌으므로shadowed' `y`라는 객체가 두 개 존재하게 됩니다. 첫 번째 `y`는 바깥쪽 범위에 있으며 두 번째 `y`의 범위가 시작되고 나면 해당 범위 내에는 존재하지 못합니다. 첫 번째 `y`는 중첩된 범위가 끝나면 다시 범위 내로 돌아옵니다. 즉 범위가 나누어져 불연속적이라는 뜻입니다.

이 예제는 이번 4.3.2절의 첫 번째 예제만큼 좋지는 않습니다. 현명하지는 않지만 문법적으로는 다 맞습니다. 코드를 다른 곳에서 가져와 붙여 넣을 때 이런 일이 발생하며, 또한 이러한 이유로 코드 붙여넣기는 최후의 수단입니다. 원래 범위와 중첩된 범위는 열 줄 남짓이니 어느 정도 읽을 만하지만, 코드가 수정 및 확장되는 것은 시간문제일 뿐입니다. 그렇게 되면 코드 작성자가 y라는 이름의 두 객체를 혼동할 가능성이 커집니다.

어떤 구현에서는 이렇게 이름을 가리면mask 경고할 것입니다. 제가 실제로 선택한 구현에서 이러한 문제가 생기는 바람에 저희의 무경고 정책no-warnings policy[3]에 상당히 방해가 되었습니다. 제가 고집스레 경고를 사용하지 않도록 했기 때문에 컴파일러를 새 버전으로 업그레이드할 때 상당량의 작업은 이러한 경고를 없애는 작업이었고, 그 과정 동안 놀랍도록 수없이 많은 버그를 발견했습니다.

4.3.3 네임스페이스 범위

블록 범위처럼 네임스페이스 범위는 여는 중괄호 다음에 시작됩니다. 구체적으로는 네임스페이스 식별자 다음에 오는 중괄호입니다.

예제 4.3.3

```
namespace CG30 { // 범위는 여기서 시작합니다.
```

닫는 중괄호 앞에서 선언된 모든 심벌은 선언된 지점부터 가시적입니다visible. 블록 범위와는 달리 동일한 네임스페이스에 대한 모든 하위 정의에서 닫는 중괄호 이후에도 가시적입니다.

예제 4.3.4

```
namespace CG30 {
  auto y = 76; // y의 범위는 여기서 시작합니다.
} // y의 범위는 여기서 인터럽트(interrupt)됩니다.

...

namespace CG30 { // y의 범위는 여기서 재개됩니다.
  auto x = y;
}
```

---

3   옮긴이 개발하면서 나타나는 경고를 최소화하거나 아예 없애는 정책

y의 범위가 인터럽트되었지만, 명시적으로 범위를 지정함으로써 여전히 y를 참조할 수 있습니다. 범위 지정 연산자인 `::`을 사용하며, 연산자 앞에는 해결하고자 하는 범위를 붙입니다. 네임스페이스 CG30에 선언된 y를 참조하려면 `CG30::y`라 씁니다.

네임스페이스 범위가 여는 중괄호 다음에 시작되지 않는 한 가지 경우가 있습니다. 가장 바깥쪽 범위인 경우가 그렇습니다. 이 범위는 전역 네임스페이스 범위라는, 네임스페이스가 시작되는 지점에 해당하며 변환 단위translation unit의 시작 부분입니다. 습관적으로 이 범위를 파일 범위나 전역 범위라고 하지만 이는 C의 산물입니다. 이제 네임스페이스가 있으니 더 정확한 이름을 갖습니다.

전역 네임스페이스 범위는 절대 인터럽트될 수 없기 때문에, 전역 네임스페이스 범위에서 선언된 심벌은 이디서든 가시적입니다. 임청나게 편리하지만, 다른 네임스페이스에서 피연산자operand 타입이 선언되는 `main()`과 연산자 오버로드를 제외하면 전역 네임스페이스 범위에서 네임스페이스 이외의 것을 선언하는 것은 그만큼 엄청나게 끔찍한 생각입니다. 전역은 나쁘다니까요?

익명anonymous 네임스페이스라는 또 다른 특별한 네임스페이스도 있습니다. 익명 네임스페이스에서 선언된 심벌은 심벌을 둘러싼 범위의 끝부분까지 범위에 포함되며 내부적으로 연결되어 있습니다. 다음은 그 예시입니다.

예제 4.3.5

```
namespace {
  auto a = 17; // 현재의 변환 단위에 비공개입니다.
}
```

앞서 연결linkage을 언급했는데, 범위, 저장 기간, 연결을 명확히 구분할 필요가 있습니다. 이름과 객체도 확실히 구분해야 합니다. 이름은 범위를 지정scope resolution하지 않고도 해당 이름이 언제 가시적일지 결정하는 범위가 있습니다. 객체는 객체의 수명을 결정하는 저장 기간이 있습니다. 객체는 이름에 바인딩됩니다.

정적 혹은 스레드 지역 저장 기간을 갖는 객체는 내부 연결이나 외부 연결도 있습니다. 내부 연결은 다른 변환 단위에서 객체로 접근하지 못하도록 합니다. 자동 저장 기간을 갖는 객체는 연결이 없습니다.

동적 저장 기간을 갖는 객체는 이름에 바인딩되지 않으며 연결도 없습니다. 이 객체는 이름에 바인딩되는 포인터에 바인딩됩니다. 이러한 간접성으로 인해 메모리 누수와 관련된 많은 문제가 생기지만 또한 이러한 이유로 C++의 성능은 더 우수합니다. 엔지니어가 가비지 컬렉션에 의존하지 않고 객체의 수명을 정확히 계획schedule할 수 있기 때문입니다.

익명 네임스페이스를 전역 네임스페이스 범위에서 열면 모든 심벌은 변환 단위가 끝날 때까지 전역 네임스페이스 범위에 있게 됩니다. 헤더 파일에서 익명 네임스페이스를 여는 경우는 특히 성가실 수 있습니다. 변환 단위는 일반적으로 #include 지시자가 끝나고도 한참 뒤에 끝나기 때문입니다. 뿐만 아니라 헤더 파일을 재사용한다면 똑같이 정의된 엔티티에 대해 인스턴스가 여러 개 생겨버릴 수 있는데, 의도한 바는 아닐 겁니다. 전역 네임스페이스 범위에서 익명 네임스페이스를 열려면 헤더 파일에서는 하지 마세요.

예제 4.3.6

```
namespace CG30 {
  auto y = 76;
  namespace {
    auto x = 67;
  } // x는 아직 범위 내에 있습니다
  auto z = x;
} // x의 범위는 여기서 인터럽트됩니다.

namespace {
  constexpr auto pi = 3.14159f;
} // pi는 아직 범위 내에 있습니다
```

생각해봐야 할 마지막 네임스페이스 범위는 인라인 네임스페이스 범위입니다. 익명 네임스페이스 범위와 마찬가지로 인라인 네임스페이스에서 선언된 심벌의 범위는 해당 네임스페이스의 끝부분이 아니라 인라인 네임스페이스를 둘러싼 네임스페이스의 끝에서 인터럽트됩니다. 다음과 같이 말입니다.

예제 4.3.7

```
namespace CG30 {
  auto y = 76;
  inline namespace version_1 {
    auto x = 67;
  } // x는 아직 범위 내에 있습니다
  auto z = x;
} // x의 범위는 여기서 인터럽트됩니다
```

알겠지만 네임스페이스는 눈에 보이는 것이 다가 아닙니다. 전역 네임스페이스 범위는 가장 큰 범위이므로 범위를 작게 유지하라는 말은 전역 네임스페이스 범위에서 심벌을 선언하지 말라는 뜻입니다. 가이드라인의 유용한 내용들에 공통성이 있다는 점을 알 수 있죠. 또한 네임스페이스 범위를 작게 유지하면 내용을 추가하기 쉬워집니다. 네임스페이스가 길고 장황하면 일관성이 떨어지므로 그러지 않아야 합니다.

4.3.4 클래스 범위

클래스 범위는 블록 범위의 또 다른 버전입니다. 클래스에 선언된 심벌의 범위는 선언 지점에서 시작하며 클래스 정의 이후에도 유지됩니다. 클래스 범위에는 멤버 함수 매개변수member-function parameter에 대한 모든 기본 인수default argument, 예외 사양exception specification, 멤버 함수 본문이 포함됩니다.

예제 4.3.8

```
class RPM {
  static constexpr int LP = 33;
  static constexpr int Single = 45;

public:
  static constexpr int SeventyEight = 78;
  int RotorMax(int x, int y = LP);
}; // RotorMax, LP, Single, SeventyEight은
   // RPM의 멤버 함수 본문 내에서 범위에 남습니다.

int RPM::RotorMax(int x, int y)
{
  return LP + x + y;
}
```

SeventyEight의 범위가 인터럽트되더라도 SeventyEight는 클래스의 공개 멤버이므로 범위를 명시적으로 지정하면 참조할 수 있습니다. 다시 말하지만, 이는 범위 지정 연산자인 ::를 사용하여 RPM::SeventyEight로 작성합니다. 범위 지정 연산자는 컴파일러가 이름을 탐색해야 하는 장소의 수를 좁힙니다.

클래스 범위를 작게 유지한다는 것은 무슨 의미일까요? 인터페이스를 최소한으로 완전하게 유지한다는 뜻입니다. 인터페이스는 커질수록 일관성을 잃습니다.

우리는 모두 엄청난 인터페이스를 본 적이 있습니다. 프로젝트에 있는 어떤 클래스가 관리자 manager, 전역global, 브로커broker, 블롭Blob[4] 같은 이름을 갖고 떠도는 것들의 고향이 된 인터페이스 말이죠. **클래스의 이름이 나쁘면 API 설계도 나빠집니다.** 클래스의 이름이 넓으면 API도 범위가 넓어집니다. 관리자는 클래스 이름으로는 나쁘면서 또한 광범위합니다. API가 크면 비용이 증가하고 의미는 상실되고 개발에는 제동이 걸립니다. 블롭으로 작업해야 할 때마다 화면 가득한, 운이 좋아도 여러 페이지에 달할 문서를 분석parse해야 할 테니까요.

클래스를 작게 유지하는 몇 가지 기법이 있습니다. 사실 핵심 가이드라인에 나오는 내용도 있습니다. C.45 '데이터 멤버만 초기화하는 기본 생성자를 정의하지 말고 클래스 내 멤버를 초기화하라'와 C.131 '자명한 getter와 setter는 피하라'의 첫 번째 절에서 다룬 내용은 모두 클래스 범위 크기를 줄이는 부수 효과가 있습니다. C.45의 경우 함수 하나를 줄이면 범위도 더 작아진다는 의미로, 클래스 정의가 작아지고 클래스 범위에 속하는 멤버 함수 정의도 하나 줄기 때문입니다. C.131의 경우 동일한 추론이 적용됩니다. 멤버 함수가 준다는 것은 범위도 더 작아짐을 나타냅니다.

핵심 가이드라인 C.4에서는 '클래스의 표현에 직접 접근해야 하는 경우에만 함수를 멤버로 만들라'고 합니다. 이는 멤버 함수를 비멤버 비프렌드 함수로 가능한 한 대체하여 클래스 범위를 좁히는 방식입니다. 이러한 함수는 클래스 근처에서 선언할 수 있지만 클래스 범위에서 꼭 선언되어야 할 필요는 없습니다. 물론 네임스페이스 범위의 크기는 늘어나지만, 모든 선언은 어딘가의 다른 범위에 영향을 줍니다.

클래스의 인터페이스가 특정 크기를 넘지 않게 하는 것만으로도 클래스 범위를 작게 유지할 수 있습니다. 공개 인터페이스의 함수가 10개를 초과할 때마다 추상화를 검사하고, 내부에서 구현할 준비가 된 두 개 이상의 함수가 있는지 확인해야 하는 때라고 판단할 수 있습니다. 클래스 불변 조건class invariant을 두 개로 나누면 더 정제된 한 쌍의 추상화로 도출할 수 있을 겁니다.

같은 방법으로 블롭을 줄일 수 있습니다. 불변 조건을 검사하고(그리고 보통 클래스의 불변 조건은 소수로 시작해서 점차 서서히 양이 늘어납니다), 불변 조건을 모으고 나누면, 불변 조건에 포함된 폭넓은 개념들을 모델링하는 일련의 추상화를 뚜렷하게 할 수 있습니다.

이렇게 가이드라인의 공통된 내용을 통해 범위를 작게 유지하라는 가이드라인은 따르면 몇 배로 보상받을 수 있는 황금률이라는 점을 확실히 이해했기를 바랍니다.

---

4 옮긴이 binary large object

4.3.5 함수 매개변수 범위

설명할 범위는 세 개 남았습니다. 함수 매개변수 범위는 블록 범위와 약간 비슷하지만 함수 시그니처가 추가됩니다. 함수 매개변수의 범위는 함수 시그니처 내의 선언 지점에서 시작하며 함수 선언이 끝나는 부분에서 끝나며, 혹은 함수가 정의된 경우라면 함수 본문이 끝나는 지점에서 범위가 끝납니다. 예제는 다음과 같습니다.

예제 4.3.9

```
float divide(float a, // a의 범위는 여기서 시작합니다.
             float b); // a의 범위는 여기서 끝납니다.

float divide(float a, // a의 범위는 여기서 시작합니다.
             float b) {
  return a / b;
} // a의 범위는 여기서 끝납니다.
```

함수의 `try` 블록을 사용하는 다른 예도 있습니다.

예제 4.3.10

```
float divide(float a, // a의 범위는 여기서 시작합니다.
             float b)
try {
  std::cout << "Dividing\n";
  return a / b;
} catch (...) { // a의 범위는 이 너머에도 계속됩니다.
  std::cout << "Dividing failed, was the denominator zero?\n";
} // a의 범위는 여기서 끝납니다.
```

함수 매개변수 범위는 마지막 `catch` 절의 끝부분에서 끝납니다.

이 범위는 블록 범위 같아 보일 텐데, 함수는 마치 큰 복합문compound statement과 같기 때문에 그렇다고 예상될 겁니다. 여기서 가이드라인 내용이 또 겹쳐집니다. F.3을 생각해보세요. '함수를 작고 단순하게 유지하라.' 이는 함수 범위를 작게 유지하여 수행됩니다. 사실, F.2 '함수는 단일 논리 연산을 수행해야 한다'를 지킨 결과는 작은 범위의 함수로 이어집니다.

4.3.6 열거형 범위

열거형 범위의 본질은 명확해 보이며, 열거형 범위를 작게 유지하라는 것은 직관에 어긋나 보입니다. 결국, 미국 주를 두 글자로 축약한 기호는 56개, 주기율표의 원소는 118개, 성인 인간 신체의 뼈는 206개입니다. 이들은 상수이며, 범위를 작게 유지하라는 원칙과는 독립적입니다.

하지만 이게 전부는 아닙니다. 다음 범위를 보세요.[5]

예제 4.3.11

```
enum US_state_abbreviation { // 범위가 없는 열거형
  ...
  VT,
  VA,
  VI,
  WA,
  WV,
  WI,
  WY
}; // VI(버진 아일랜드Virgin Islands)가 속한 범위는 여기서 끝나지 않습니다.

enum class Element { // 범위가 있는 열거형
  ...
  Nh,
  Fl,
  Mc,
  Lv,
  Ts,
  Og
}; // Lv(Livermorium, 리버모륨)[6]가 속한 범위는 여기서 끝납니다.

US_state_abbreviation southernmost = HI; // HI는 범위 내에 있습니다.
// Element lightweight = H;              // H는 범위 내에 없습니다.
Element lightweight = Element::H;        // H는 범위 내에 있습니다.
```

H의 범위는 인터럽트되지만 범위를 명시적으로 지정함으로써 아직 참조할 수 있습니다. 알고 있겠지만 이는 범위 지정 연산자인 ::를 써서 Element::H로 작성하여 수행됩니다. 범위 지정 연산자는 컴파일러를 통해 "이거 말이야, 여기를 봐!"라고 외칩니다.

---

5 [옮긴이] US_state_abbreviation은 범위가 없는 열거형이므로 VI라는 식별자는 다른 범위에 속할 수도 있습니다. 하지만 Element는 enum class로 정의되어 범위가 있는 열거형이므로 Lv가 속한 범위는 해당 열거형에 한정됩니다.

6 [옮긴이] 원소(Element) 클래스에 속하는 Lv(리버모륨) 역시 원소입니다(원자번호 116번). Lv 뒤의 Ts, Og는 각각 테네신, 오가네손으로 원자번호 117, 118번에 해당합니다. 현재 주기율표상 발견된 원소는 118번까지입니다.

Element라는 이름은 그 자체가 네임스페이스 안에 있을 수도 있습니다. 사실 그렇기를 바랍니다. 전역 네임스페이스 범위에서 네임스페이스가 아닌 다른 것을 선언하는 것은 좋은 생각이 아니기 때문입니다. 만약 그렇다면 여러분은 컴파일러로 `Chemistry::Element::H`와 같이 범위를 지정하여 `Element`라는 이름을 가리키는 것입니다. 이는 .com, .net이나 국가 코드 같은 최상위 도메인이 범위를 결정하는 전역 도메인 네임 시스템Domain Name System, DNS과 비슷해 보일 수 있습니다.

앞의 예제는 또 다른 가이드라인과 공통 지점이 있습니다. Enum.3 '단순 열거형보다는 클래스 열거형을 택하라'는 열거형이 `int`로 변환될 수 있다는 점에서 기인했는데, 이러한 암묵적 형 변환은 4.2장에서 설명한 대로 우려할 만한 결과로 이어질 수 있습니다. 하지만 범위가 있는 열거형인 `enum` 클래스를 사용하면 열거형의 범위를 해당 정의에 맞게 최소화할 수 있습니다. 이로써 범위를 작게 유지할 수 있습니다. 이는 특히 수소를 `H`로 나타내는 경우처럼 단일 문자 식별자인 경우 유리합니다.

4.3.7 템플릿 매개변수 범위

남은 범위도 마저 살펴보겠습니다. 템플릿 매개변수 범위를 검토해보죠. 템플릿 매개변수 이름의 범위는 선언 지점에서 시작하여 해당 매개변수가 도입된 가장 작은 템플릿 선언의 끝부분에서 끝납니다. 예를 들면 다음과 같습니다.

예제 4.3.12

```
template< typename T,            // T의 범위가 시작됩니다.
          T* p >                 // T는 범위 내에 남아 있습니다.
Class X : public std::pair<T, T> // T는 범위 내에 남아 있습니다.
{
  ...
  T m_instance;                  // T는 범위 내에 남아 있습니다.
  …
};                               // T의 범위가 끝납니다.
```

템플릿 인수 범위는 정의된 클래스의 크기와 같은 외부 요인에 따라 범위의 크기가 달라집니다. 클래스 사이즈를 작게 유지하지 않고는 템플릿 인수 범위도 작게 유지할 수 없습니다. 그러니 이 부분에서는 더 설명할 내용은 거의 없습니다.

4.3.8 맥락으로서의 범위

보다시피 범위를 작게 유지하면 몇 배의 보상으로 돌아옵니다. 근본적으로 범위란 어떤 것의 부분에 대해 생각하는 방식입니다. 범위와 관련성이라는 개념은 밀접하게 연관되어 있습니다. 코드는 장chapter으로 구성된 이야기로 볼 수 있는데, 이때 각 장마다 범위가 다릅니다. 코드의 모든 선언은 범위 내에 나타나며, 이상적으로는 전역 범위가 아니어야 하고, 단일 범위 내에 서로 연관된 선언을 두고 최소한의 범위에서 연관성을 집어내는 것이 당연한 절차입니다.

범위는 추상화를 식별하고 묶는enclose **방식입니다.** 범위는 이름의 집합입니다. 클래스 범위이든 함수 범위이든 네임스페이스 범위이든 해당 추상화와 관련된 선언을 포함하는 것이 바로 범위입니다. 범위는 솔루션 도메인의 근본적인 기본 요소입니다. 범위를 작게 유지하라는 것은 또한 추상화를 작게 유지하라는 말이 됩니다.

하지만 모든 범위가 이름을 갖지는 않으며 또한 모든 추상화가 이름을 갖는 것도 아닙니다. 다른 범위 내에서 블록 범위를 개방하여 작고 독립적인self-contained 작업을 수행하기 위해 이 블록 범위를 사용하는 것은 완전히 허용됩니다만, 아마 `std::scoped_lock`에 바인딩해야 할 겁니다. 하지만 중첩된 범위에서는 이름이 숨겨질 위험이 있으니 주의하세요. 기존의 이름을 중첩된 범위에 다시 선언하면 자기도 모르게 해당 이름의 범위를 인터럽트하게 됩니다.

범위와 저장 기간은 연관되어 있지만 항상 서로 바꿔 쓸 수 있는 것은 아닙니다. 예를 들어 전역 네임스페이스 범위를 갖는 이름은 정적 저장 기간을 갖는 객체에 모두 바인딩될 수 있습니다. 하지만 열거형 범위를 갖는 이름은 객체로 전혀 바인딩될 수 없습니다. 열거형 범위를 갖는 이름은 저장이 필요하지 않은 리터럴 상수literal constant에 불과합니다.

범위에서 범위로 주의를 옮길 때는 책을 읽을 때 플롯과 캐릭터에 대한 모델을 구축해야 하는 것처럼 정신적인 맥락을 전환해야 합니다. 범위는 프로그램에 어떤 일이 일어나는지에 대한 즉각적인 맥락으로 간주할 수 있습니다. 범위는 프로그램이 달성하고자 하는 사항인 솔루션 도메인을 쉽게 이해할 수 있는 개별 조각으로 분할합니다. 범위, 맥락, 추상화 간의 상호작용에 숙달하면 어떠한 문제도 관리 가능한 부분들로 쉽게 나누어 프로그래밍을 즐겁게 할 수 있습니다.

4.3.9 요약

- 이름은 범위가 있지만 객체는 범위가 없습니다.

- 범위와 저장 기간을 명확히 구분하세요.

- 가독성은 범위의 크기와 반비례합니다.

- 범위를 작게 유지하여 자동 저장 기간을 갖는 객체에 필요한 리소스를 최소한으로 보유하세요.

- 범위가 중첩될 때 숨겨진 이름에 유의하세요.

- 범위가 있는 열거형을 사용하여 범위를 작게 유지하세요.

- 최소한의 완전한 인터페이스로 범위를 작게 유지하세요.

- 범위를 작게 유지해서 추상화를 최적화하세요.

[Con.5] 컴파일 타임에 계산할 수 있는 값은 constexpr를 사용하라

4.4.1 const부터 constexpr에 이르기까지

C++11 이전에는 const를 사용하는 방법은 두 가지뿐이었습니다. 타입을 const로 제한하여 해당 타입의 인스턴스를 모두 불변으로 만들거나 다음과 같이 비정적nonstatic 멤버 함수를 const로 제한하여 함수 내에서 *this를 const로 만드는 방식이었습니다.

예제 4.4.1

```
class int_wrapper {
public:
  explicit int_wrapper(int i);
  void mutate(int i);
  int inspect() const;

private:
  int m_i;
};

auto const i = int_wrapper{7}; // i는 int_wrapper const 타입입니다.
// i.mutate(5); // 상수 객체에서 상수로 제한되지 않은 멤버 함수는 호출할 수 없습니다.
auto j = i.inspect(); // inspect로부터 값을 할당합니다.
```

위와 같은 내용은 익숙할 겁니다. 특히 3.4장 ES.50 'const를 형 변환하지 말라'를 읽었다면 비정적 멤버 데이터가 const 제한에 자유로울 수 있도록 하는 키워드 mutable도 낯이 익을 겁니다. mutable 키워드는 const로 제한된 멤버 함수에 적용한다는 점에서 상수화 관련 기법입니다.

C++11에 새로 도입된 키워드는 constexpr입니다. 컴파일 타임에 아주 제한된 일련의 함수만을 실행하도록 하여 컴파일 타임 프로그래밍을 향상하기 위한 키워드입니다. 엔지니어들은 이미 전처리기 매크로로 이 작업을 불편한 방식으로 하고 있었습니다. constexpr가 도입되자 이러한 전처리기 매크로는 제거되었고 더 적합한 타입 안전type-safe 함수로 대체되었습니다. 전처리기에서 유스 케이스를 하나 더 제거할 수 있으니 기쁜 일이었죠.

하지만 제약 사항이 있었습니다. 함수당 하나의 표현식만 쓸 수 있었기 때문에 재귀recursion가 부활했고 삼항 연산자를 많이 사용하게 되었습니다. 템플릿 메타프로그래밍에 대한 표준 예제는 팩토리얼factorial과 피보나치 수Fibonacci number를 생성하는 내용이지만, 예제 중에는 삼각법trigonometric 확장과 같은 수학 함수도 많이 있습니다. 단일 표현식은 아주 제한적이기는 했지만 이로써 모두가 함수형 프로그래밍에 대한 사고방식을 연마할 수 있었습니다.

다음은 팩토리얼 예제입니다.

예제 4.4.2

```
constexpr int factorial(int n) {
  return n <= 1 ? 1 // 기저 조건
           : (n * factorial(n - 1)); // 재귀 조건
}
```

물론 이러한 재귀는 컴파일러의 한계를 두드러져 보이게 했습니다. 12!이 32비트 표현representation에서 가능한 가장 큰 팩토리얼이기 때문입니다.[1]

이러한 단일 표현식은 굉장한 인기를 얻었고 C++14에서는 범위가 한층 더 넓어졌습니다. 단일 표현식에 대한 제약은 완화되었으며 constexpr 라이브러리가 등장하기 시작했습니다. 특히 컴파일 타임 해싱hasing이 가능하게 되었습니다. 마치 지니가 요술 램프 밖으로 나온 듯, constexpr가 C++ 전반에 퍼지고 제약이 풀리는 것을 막을 수 있는 것은 아무것도 없었습니다.

이제 여러분은 구식의 평범한 if-then 문으로 팩토리얼 함수를 작성할 수 있습니다.

예제 4.4.3

```
constexpr int factorial(int n) {
  if (n <= 1) return 1; // 기저 조건
```

---

1   [옮긴이] 32비트에서 12!(= 479001600)을 초과하는 정수는 오버플로가 발생합니다.

```
    return n * factorial(n - 1); // 재귀 조건
}
```

C++17에서는 또 다른 혁신이 도입되었습니다. 람다lambda가 `constexpr`가 될 수 있게 된 것입니다. 약간 이상해 보일 수 있지만 람다 표현식을 함수 연산자가 있는 클래스에 대한 문법적 설탕이라 본다면, `constexpr` 람다는 `constexpr` 함수 연산자를 갖는 것입니다. 또한 새로운 구성 요소로 `if constexpr`가 도입되었습니다. 이로써 `std::enable_if`의 일부 사례를 제거했고 함수 템플릿의 오버로드 수를 줄였습니다. SFINAE에 따른 비용이 줄어 코드는 훨씬 단순해졌고, 컴파일 타임이 줄고, 코드를 이해하는 부담도 줄었습니다.

C++20에서는 10년 전이라면 정말 기묘하게 보였을 내용이 도입되었습니다. 그 내용은 `constexpr` 가상 함수, `constexpr` 함수 내의 `try/catch` 블록, `constexpr STL` 알고리즘, 그리고 `constexpr std::string`과 `constexpr std::vector`로 이어지는 `constexpr` 동적 할당과 같은 것이었습니다. 이제 컴파일 타임에 할 수 있는 일이 아주 많아졌습니다. 여러분은 이제 `constexpr`로만 구성된 포괄적인 라이브러리를 만들 수 있습니다. 하나 두시코바Hana Dusíková는 2017년 CppCon에서 컴파일 타임 정규 표현식 라이브러리[2]로 C++ 커뮤니티를 깜짝 놀라게 했습니다.

`constexpr` 기능은 C++의 언어 속 언어가 되어, 여러 곳에서 전처리기를 타입 안전한 범위를 인식하는 변형scope-aware variation으로 대체하고 있습니다.[3] 이번 가이드라인 Con.5는 C++14 시절에 처음 제안되기는 했지만, '가능한 모든 곳에서 `constexpr`를 사용하라' 혹은 '기본적으로 `constexpr`를 사용하라'로 뜻을 확장할 수 있습니다.

4.4.2 C++ 기본값

C++는 잘못된 기본값default으로 악명이 높습니다. 예를 들면 비정적non-static 멤버 함수는 기본적으로 변경 가능mutable하기 때문에 `const`로 만드는 편이 더 안전합니다. 상태를 변경하려면 상태를 검사하기보다는 더 많이 생각하고, 추론하고, 이해해야 합니다. 따라서 비정적 멤버 함수를 변경 가능하도록 둔다면 이는 능동적으로 선택active choice하는 경우여야 합니다. 엔지니어가 '나는 이 함수를 변경 가능하게 만들기로 선택했으니 이 사실을 알릴 것이다'고 생각하는 경우입니다. C++

---

2   https://www.youtube.com/watch?v=3WGsN_Hp9QY

3   Gabriel Dos Reis and Bjarne Stroustrup: General Constant Expressions for System Programming Languages. SAC-2010. The 25th ACM Symposium on Applied Computing. March 2010.

표준에서 비정적 멤버 함수는 마치 const로 제한된 것처럼 작동할 수 있지만, 엔지니어가 상수로 제한하지 않았다면 클라이언트로 정보는 전달되지 않습니다. 기본적으로 변경을 허용하지 않는 것이 허용하는 것보다 안전하기 때문입니다.

이 내용은 타입으로 확장할 수 있습니다. 타입의 인스턴스는 기본적으로 변경 가능합니다. 타입이 const로 제한된 경우만 해당 타입의 인스턴스를 변경할 수 없습니다. 다시 말하지만 변경이 자유로운 것보다는 명시적으로 허용하지 않았다면 변경하지 못하도록 두는 편이 안전합니다. 객체는 상수로 제한되지 않고도 마치 const인 것처럼 작동할 수 있지만, 특별히 명시하지 않는 한 모든 것이 const인 편이 더 명확할 것입니다.

다음 [[no_discard]] 속성은 기본값을 설정하는 또 다른 방식입니다.

예제 4.4.4

```
[[no_discard]] bool is_empty(std::string const& s)
{
   return s.size() == 0;
}
```

에러 코드를 포함하는 반환값을 버리면discard 에러가 무시됩니다. 호출 코드는 최소한 에러를 무시하고 있음을 알아야 합니다. 이와 비슷한 전위 증가pre-increment 및 후위 증가post-increment를 생각해봅시다. 전위 증가 연산은 객체를 증가시킨 뒤 해당 객체를 반환합니다. 후위 증가 연산의 경우 객체의 사본을 가져와 원래 객체를 증가시킨 뒤 사본을 반환합니다. 후위 증가를 사용하면서 반환된 사본을 버리면 사본 저장은 낭비입니다. as-if 규칙도 여기서는 구원 투수가 아닙니다. 가령 두 연산에서 예를 들어 내장 타입built-in type처럼 관찰 가능한 차이가 없다는 점을 컴파일러가 알지 못하면, 후위 증가를 전위 증가로 바꾸는 것은 허용되지 않습니다. [[no_discard]] 속성은 낭비된 코드가 실행됨을 나타냅니다. 마지막으로 empty()는 불리언을 반환하는데 clear()와 종종 혼동됩니다. [[no_discard]] 속성은 객체에 아무 일도 하지 않는 함수가 반환하는 값을 무시한다고 알리며, 해당 호출이 불필요하게 중복된다고redundant 나타냅니다.

하지만 이러한 비판에 직면한다면 C++의 역사에 대해 다시 생각해봐야 합니다. C++는 C를 기반으로 개발되었으며, C 프로그램을 C++ 컴파일러로도 컴파일할 수 있도록 했습니다. 이러한 기본값이 바뀌었다면 C 프로그램은 전부 실행할 수 없었을 것입니다. C++가 성공한 까닭은 상당 부분 기존 코드와의 호환성에 있었습니다. 새 언어를 도입하기는 쉽습니다. 어떤 엔지니어들은 습관적으로 새 언어를 도입하기도 합니다. 그러나 다른 엔지니어가 새 언어를 사용하도록 만들기는 어렵고, 기존 코드를 전부 다시 작성하는 것은 큰 대가가 따르는 일입니다.

4.4.3 constexpr 사용하기

예제에서 봤듯 constexpr 키워드는 간단하게 사용할 수 있습니다. 함수 앞에 constexpr 키워드를 붙이기만 하면 됩니다. 그런데 다음 함수를 생각해보세요.

예제 4.4.5

```
int read_number_from_stdin()
{
  int val;
  cin >> val; // 컴파일 타임에 나올 수 있는 결과는 무엇일까요?
  return val;
}
```

이 함수는 constexpr인 의미가 없습니다. 해당 함수의 평가가 런타임에만 이루어지기 때문입니다.

이렇게 자문할지도 모르겠네요. '그냥 이제는 표준 라이브러리 전체가 constexpr면 안 될까?'

두 가지 주요 이유가 있습니다. 첫째, 모든 표준 라이브러리에서 constexpr 장식을 사용할 수는 없습니다. 예를 들어 파일 스트림 접근은 클라이언트 파일 시스템에 따라 다르니 함수 std::fopen을 constexpr로 두어도 대부분 의미가 없습니다. std::uninitialized_copy 같은 함수도 같은 문제를 겪습니다. constexpr에 대한 맥락에서 초기화되지 않은 메모리란 어떤 의미일까요?

둘째, 아직 제안되지 않은 사항인 경우입니다. '표준 라이브러리를 constexpr로 만들기'라는 제목의 제안서를 내려면 표준을 엄청나게 많이 변경해야 합니다. C++20은 전체 1,840페이지 중 1,161페이지를 표준 라이브러리에 할애했습니다. 이런 제안서는 위원회가 열리는 동안 진지하게 검토되기도 전에 폐기될 것입니다. 게다가 어느 함수가 constexpr가 될 수 있는지 알아내는 작업은 엄청나게 작업량이 많습니다. constexpr 함수가 호출한 모든 함수는 반드시 constexpr여야 합니다. 즉 리프 함수leaf function[4]나 constexpr일 수 없는 함수를 만나기 전까지 constexpr 함수를 추적하다가 시작점으로 되돌아가게 됩니다. 이런 트리 만들기 작업은 즐겁지 않습니다. const가 진지한 프로그래밍

4 　[옮긴이] 트리 구조에서 자식 노드가 없는 노드는 리프 노드(잎 노드)라고 합니다. 여기서 리프 함수는 다른 함수를 호출하지 않는 함수를 일컫습니다.

도구로 처음 도입됐을 때, 호출 그래프를 통해 const를 추적하다가 const가 될 수 없는 함수를 심심찮게 마주했습니다. 일단 추적하기 시작하면 멈출 수가 없는데, const와 constexpr은 둘 다 전파가 잘 되기_viral 때문에 이들이 건드리는 곳마다 퍼지기 때문입니다. 아름다운 동시에 비용이 들죠.

하지만 아직 constexpr가 될 수 있는 후보 컨테이너가 남아 있습니다. std::map과 std::unordered_map과 동일한 API가 있는 자신만의 constexpr map과 unordered_map은 정말 쉽게 작성할 수 있습니다. std::vector, std::string, 순서가 있거나_ordered 없는_unordered constexpr 맵이 있으면 빌드를 구성할 때 사용할 수 있는 컴파일 타임 구문 분석기를 작성할 수 있습니다.

더 간단한 예를 살펴보죠. 테일러 급수_Tylor series를 이용해 $\sin x$를 계산하려고 하며, 코드는 다음과 같습니다.

$$\sin x = \sum_{n=0}^{\infty} (-1)^n \frac{x^{2n+1}}{(2n+1)!}$$

테일러 급수로 사인 값을 계산하기 위해 필요한 함수는 거듭제곱_power 함수와 팩토리얼 함수뿐입니다. 두 함수를 합치면 작업이 완성됩니다.

팩토리얼 함수는 이미 있습니다. 거듭제곱 함수를 추가해봅시다.

예제 4.4.6

```
constexpr double pow(double t, unsigned int power) {
  if (power == 0) return 1.0;
  return t * pow(t, power - 1);
}
```

이제 사인 함수를 추가할 수 있습니다.

예제 4.4.7

```
constexpr double sin(double theta, int term_count) {
  auto result = 0.0;
  while (term_count >= 0) {
    auto sign = pow(-1, (term_count));
    auto numerator = pow(theta, (2 * term_count) + 1); // 분자
    auto denominator = factorial((2 * term_count) + 1); // 분모
    result += (sign * numerator) / denominator;
    --term_count;
```

```
  }
  return result;
}
```

`term_count` 값은 정확도를 요청하는 값입니다.[5] 연속된 각 항term은 이전 마지막 항보다 작으며 결국 이들의 기여분은 무시할 수 있을 정도가 됩니다. `term_count`라는 매개변수를 도입한 또 다른 이유가 있는데 이는 잠시 뒤에 설명하겠습니다. `main` 함수로 이번 예제를 완성할 수 있습니다.

예제 4.4.8

```
#include <numbers>

int main()
{
  return sin(std::numbers::pi / 4.0, 5) * 10000;
}
```

설명하자면 함수를 호출한 다음, 함수를 반환할 수 있도록 정수로 변환합니다. 이번 장 내용을 컴파일러 익스플로러 페이지에서 보면 다음 두 줄의 어셈블리가 나타날 겁니다.

```
mov eax,7071
ret
```

$\sin \pi/4$의 라디안 값은 $1/\sqrt{2}$이고 이는 약 0.7071이니 이 함수의 정확성은 확신할 수 있습니다. 이 함수의 정확도에 관심이 있으면 스칼라 승수scalar multiplier를 100만으로 늘리거나 항 개수를 증가시켜 보면 됩니다.

항 개수를 늘리는 것은 흥미로운 지점입니다. 책 내용을 쓰는 시점에 gcc trunk를 사용해서 항 개수를 6으로 증가시키면 `pow` 함수에 대한 코드가 생성됩니다. `pow` 함수는 더 이상 컴파일 타임 평가를 사용할 수 없으며 계산은 실행 시간execution time으로 연기됩니다. `pow` 함수는 $\pi/4$를 13번 거듭제곱[6]해서 계산해야 하나, 이 지점에서 컴파일러는 우리가 요구하는 사항이 너무 많다고 판단합니다. 또한 항 개수를 8로 늘리면 팩토리얼에 대한 코드도 생성됩니다.

5 　[옮긴이] 테일러 급수는 주어진 함수를 다항식으로 근사합니다. 이때 항의 수 `term_count`가 증가하면 근삿값의 정확도는 높아지지만 계산 비용이 더 듭니다.

6 　[옮긴이] 예제 4.4.7에서 `auto numerator = pow(theta, (2 * term_count) + 1);` 이므로 항의 수가 6이면 13번 거듭제곱합니다.

constexpr의 또 다른 유용한 특성은 constexpr가 제한하는 함수 내에서 정의되지 않은 동작undefined behavior과 부수 효과side effect를 금지한다는 점입니다. 예를 들어 이렇게 위험한 코드를 생각해봅시다.

예제 4.4.9

```cpp
int get_element(const int *p) {
  return *(p + 12);
}

int main() {
  int arr[10]{};
  int x = get_element(arr);
}
```

이 예제에서 문제는 상당히 명확합니다. 함수 get_element는 배열에 요소를 10개만 전달받더라도 배열의 20번째 요소를 읽습니다. 이는 정의되지 않은 동작입니다. 모든 사항을 constexpr로 만들면 어떤 일이 생길지 생각해보세요(constexpr가 될 수 없는 main()은 별개입니다).

예제 4.4.10

```cpp
constexpr int get_element(const int *p) {
  return *(p + 12);
}

int main() {
  constexpr int a[10]{};
  constexpr int x = get_element(a);
  return x;
}
```

그 결과 다음과 같은 컴파일러 에러가 발생합니다.

```
example.cpp
<source>(8):
  error C2131: expression did not evaluate to a constant
<source>(2):
  note: failure was caused by out of range index 12;
        allowed range is 0 <= index < 10
Compiler returned: 2
```

constexpr 함수에서 정의되지 않은 동작을 금지하면 constexpr를 사용하는 곳이 두드러져 보입니다. 정의되지 않은 동작을 금지하는 일은 의도적으로 택해야 하며 정의되지 않은 동작을 악용 exploiting하는 대가를 치를 만한지 판단해야 합니다. 하지만 이렇게 constexpr를 사용할 때는 주의해야 합니다. 다음 코드는 아주 매끄럽게 컴파일됩니다.

예제 4.4.11

```
constexpr int get_element(const int *p) {
  return *(p + 12);
}

int main() {
  constexpr int a[10]{};
  return get_element(a);
}
```

이번 장 내용은 컴파일러 익스플로러로 실험해볼 만한 가치가 있습니다.

constexpr의 부수 효과를 금지한다는 것은 순수 함수pure function[7]가 된다는 뜻입니다. 테스트하기 쉬워지고, 결과도 캐시할 수 있으며 무엇보다도 동기화하지 않고도 동시에 호출할 수 있습니다. 확실히 부담이 덜하죠.

이제 consteval에 대해 설명할 때가 왔습니다. 그러나 먼저 inline에 대해 이야기하겠습니다.

4.4.4 inline

inline은 아주 오래된 키워드입니다. C보다도 먼저 나왔습니다. C++에서는 함수나 객체에 이 키워드를 적용할 수 있습니다. inline은 변환 단위에서 함수를 발견할 수 있다고 나타냅니다. 또한 해당 함수는 함수를 호출하기보다는 인라인 치환inline substitution에 적합한 후보라고 컴파일러로 알려서 최적화의 대상으로 만듭니다. 코드를 그냥 치환하면 되는데 왜 함수를 호출하는 비용을 치르냐는 거죠.

사실, 함수를 호출하지 않으려는 데는 몇 가지 이유가 있습니다.

함수가 호출되면 CPU 문맥을 예약하여 값이 반환된 이후 호출자 함수가 계속되도록 해야 하기 때문입니다. 레지스터 값은 보통 스택에 놓이고, 함수가 실행을 마치면 이 값은 복구됩니다. 선택한

---

7 [옮긴이] 외부의 상태를 변경하지 않는 함수를 뜻하며, 함수형 프로그래밍 패러다임과 관련이 있습니다.

호출 규약에 따라 이 작업을 수행할 쪽이 호출자 함수caller인지 혹은 호출된 함수callee인지 결정됩니다. 문맥 보존에 대한 명령어를 실행하면 프로그램의 크기와 실행 속도에 대한 비용이 발생합니다. 이상적으로 인라인 치환 비용은 이러한 부기 코드보다는 저렴할 것입니다. 하지만 치환된 함수가 특히 크다면 프로그램이 커질 수 있습니다. 그럼에도 불구하고 인라인 치환을 하려는 이유는 코드가 더 빨라지기 때문입니다. 레지스터를 보존하지 않고 다른 어딘가로 점프하여 성능을 향상시키기 위해 몇 바이트 정도의 실행 파일executable의 크기를 맞바꾸는 것이죠.

20세기에 인라인 치환은 꽤 합리적이라 평가받았습니다. 하지만 이제는 명령어 캐시instruction cache가 있습니다. 치환을 하면 명령어 캐시가 가득 차서 캐시 미스cache miss로 이어질 위험이 있습니다. 루프 내에서 인라인 함수가 간헐적으로 호출되는 경우, 이 함수는 루프 바깥에 두는 편이 더 합리적입니다. 컴파일러는 프로세서의 동작 방식에 대해 여러분보다 훨씬 더 많이 압니다. 그러니 컴파일러가 최적화를 결정하도록 합시다. 그리고 as-if 규칙을 통해 컴파일러는 성능을 향상시킬 수 있는 모든 함수를 대상으로 인라인 치환을 수행할 수 있습니다. 결국 함수의 핵심은 다른 어딘가에서 보이지 않으며 편리한 코드 덩어리라는 점입니다. 함수의 위치는 상관없습니다. 함수는 호출 위치call site에 있을 수도 있고 훨씬 멀리 있을 수도 있습니다. 그러므로 인라인 키워드는 대개 불필요한 중복이라는 점을 깨닫게 됩니다. 이 키워드는 함수가 치환 대상이라고 컴파일러에게 힌트를 주지만 이는 요구 사항이 아니며, 그래서도 안 됩니다. 인라인 키워드가 필요한 경우는 함수가 복수의 변환 단위에 나타날 가능성이 있을 때뿐입니다. 이는 대체로 헤더 파일에 함수가 정의된 경우에 해당합니다.

어떤 구현체는 `__forceinline`과 같은 이름으로 자체적으로 정의한 예약어specifier를 제공하기도 합니다. 이는 '이건 제가 결정합니다. 제 발등을 찍을 수 있다는 점도 완벽히 잘 알고 있습니다. 컴파일러 당신이 모르는 것도 저는 더 알고 있습니다'라는 의미입니다. 일반적으로 함수에 인라인 키워드를 쓸 수 없는 경우 컴파일러는 에러를 발생시켜서 실제로 실수를 한 것은 당신이라고 알립니다.

기억해야 할 중요한 사항은 `inline`은 힌트이고, 만약 구현체가 제공한다면 `__forceinline`은 명령어command라는 점입니다.

4.4.5 consteval

`constexpr sin` 함수로 실험해보면 알 수 있듯 컴파일러가 연산을 포기하고 런타임으로 연산을 미루어서 수행하도록 컴파일러에게 상당한 부하를 줄 수 있습니다. `inline`이 컴파일러가 함수 본문 전체

를 지정된 함수에 대한 호출로 치환하도록 하는 힌트인 것처럼, `constexpr` 역시 컴파일러로 하여금 컴파일 타임에 연산을 시도하도록 하는 힌트입니다. 요구 사항은 아니며, 실패할 경우 조용히 실패합니다. `constexpr` 키워드는 컴파일 타임에 **평가될 수 있다**는 의미일 뿐, **반드시** 평가되어야 한다는 의미는 아닙니다. 런타임에만 알 수 있는 값을 전달한다면, 그냥 런타임으로 평가를 미룰 뿐입니다.

런타임으로 평가를 미루지 않으려는 데는 몇 가지 이유가 있습니다. 가령 절대 안정화되지 않는 반복함수계iterative function system[8]와 같이 어떤 특정 상황에서는 통제 불능이 될 수도 있기 때문입니다. 이 경우 컴파일러가 안전하게 함수를 호출할 수 있을 때만 호출하도록 하는 편이 더 안전합니다.

`consteval`은 바로 이를 위한 것입니다. `consteval`은 어떤 함수가 즉시 실행 함수immediate function 임을 지정하며, 이는 곧 해당 함수를 호출할 때마다 컴파일 타임에 계산 가능한 값을 만들어야 한다는 의미입니다. 지정된 함수가 해당 값을 만들 수 없으면 컴파일러가 에러를 발생시킨다는 점에서 `__forceinline`과 비슷합니다.

`consteval`은 신중하게 다루어야 합니다. `consteval`은 사용자에게 표현식이 컴파일 타임에 평가된다는 보장을 하지 않습니다. 사용자에게 요구되는 사항은 컴파일러를 혹사하지 않도록 입력값을 반드시 제한해야 한다는 점입니다. 이러한 제약 조건은 이식성도 없고, 사용자 입장에서는 제약이 실제로 어떤 형태일지 명확하지도 않습니다. 컴파일러 익스플로러에서 `sin` 함수를 폭넓게 실험해봤다면 어떤 구현체는 컴파일 타임에 절대 결과를 계산하지 않는다는 점을 확인했을 겁니다. 이러한 함수를 `consteval`로 표기하면 사용자가 큰 고통a world of pain을 겪게 됩니다. 그러니 먼저 함수를 `constexpr`로 표기한 다음, 런타임 평가를 컴파일 타임에 하려는 경우 `consteval`로 수정하면 됩니다.

4.4.6 constinit

`constinit` 키워드로 이번 장을 마무리하겠습니다. 그러려면 제로 초기화zero initialization와 상수 초기화const initialization를 확실히 알아야 합니다. 아쉽게도 초기화는 책 한 권을 오롯이 바쳐야 하는 큰 주제이므로 우리는 C++ 초기화의 이들 두 측면에 집중하여 살펴보겠습니다.

제로 초기화는 이름을 참 잘 지은 사례입니다. 제로 초기화란 객체의 초깃값을 0으로 설정한다는 의미입니다. C++는 제로 초기화를 위한 특별한 구문syntax이 없다는 작은 문제가 있습니다. 제로 초기화는 다양한 상황에서 이루어지는데 예를 들면 다음과 같습니다.

---

8 [옮긴이] 기하학적 규칙으로 반복된 프랙탈 등이 이 함수계에 해당합니다. 참고: https://ko.wikipedia.org/wiki/프랙탈

예제 4.4.12

```
static int j;
```

일반적으로 객체를 초기화하지 않고 선언할 경우, 기본 생성자default constructor가 없다면 객체의 값을 보장하지 못합니다. `int`는 생성자가 없으니 `j`는 랜덤 비트random bit라고 볼 수 있습니다. 하지만 정적 저장 기간을 갖는 객체는 특별히 예외입니다. `main()` 함수가 호출되기 전, 정적 초기화 과정에 제로 초기화가 이루어지기 때문입니다. 특히 이 값은 `int` 타입으로 명시적으로 변환된 0입니다.

객체가 클래스 타입이라면 모든 기본 클래스base class와 비정적 데이터 멤버는 제로 초기화됩니다. 생성자는 무시된다는 점을 명심하세요. 어떤 구현체는 지정되지 않은 객체에 명령줄 스위치command-line switch로 기본 초기화를 제공합니다. 이는 디버깅에 유용합니다. 기본값은 대개 일반적이지 않은 비트 패턴이기 때문에 초기화되지 않은 객체는 메모리 검사를 통해 수월하게 발견할 수 있기 때문이죠.

상수 초기화는 정적 변수의 초깃값을 컴파일 타임 상수로 설정합니다. 해당 타입에 `constexpr` 생성자가 있고 모든 인수가 상수 표현식이라면, 이 정적 변수는 상수로 초기화됩니다. 해당 타입에 생성자가 없거나 값으로 초기화되었거나 초기화자가 상수 표현식인 경우도 마찬가지로 이러한 정적 변수는 상수로 초기화됩니다.

예제 4.4.13

```
const int j = 10;
```

위 예제에서 `j`는 파일 범위에서 선언된 경우 상수로 초기화되므로 정적 저장 기간을 갖습니다. 상수 초기화는 정적 초기화보다 먼저 수행됩니다. 실제로는 컴파일 타임에 이루어지죠.

`constinit` 키워드는 객체가 정적 초기화되며, 정적 초기화되지 않은 경우 컴파일에 실패한다고 단언assert합니다. 예를 들면 다음과 같습니다.

예제 4.4.14

```
constinit const int j = 10;
```

이 표현식은 단언에 절대 실패하지 않으니 약간 불필요하게 사용한 경우입니다. 다음 예제는 더 흥미롭습니다.

예제 4.4.15

```
// definition.h
constexpr int sample_size() {
  // function definition
}

// client.cpp
constinit const int sample_total = sample_size() * 1350;
```

sample_size()의 작성자가 컴파일 타임에 더 이상 연산할 수 없는 방식으로 함수를 변경하면 이 표현식은 에러가 발생합니다. 이는 중요한 기능입니다. constinit으로 표시된 객체는 런타임이 아닌 컴파일 타임에 평가됩니다. 이를 통해 정적 초기화 순서 실패static initialization order fiasco 문제를 완화할 수 있습니다.

4.4.7 요약

const 키워드를 앞에 붙이면 컴파일 타임에 연산할 수 있는 추가 기회를 얻습니다. 클라이언트 입장에서 비용이 덜 드는 일이므로, 런타임보다는 컴파일 타임 연산을 사용하세요.

- constexpr를 사용하여 컴파일러가 컴파일 타임 시 함수를 사용할 수 있으며 정의되지 않은 동작을 감지할 수 있도록 힌트를 주세요.
- consteval을 사용하여 에러가 발생하더라도 컴파일러가 해당 함수로 컴파일 타임 연산이 가능하도록 하세요.
- constinit을 사용하여 해당 객체가 컴파일 타임에 초기화되어야 한다고 단언하세요.

4.5

[T.1] 템플릿을 사용하여 코드의
추상화 수준을 높이라

4.5.1 이야기

2012년에 저는 베스라는 한 동료와 코드 리뷰를 활발히 했고 그 내용을 해당 분야의 유용한 사례로 남겼습니다. 함수는 화면 하단을 따라 일렬로 배열된 아이콘을 선택하여 임의의 개수만큼 회전하고자 했습니다. 이제 막 C++11로 마이그레이션한 참이었죠.

30분 동안 걷어낸 끝에, 함수는 십여 줄의 불필요한 코드가 없어져 이와 같은 모양이 되었습니다.

예제 4.5.1

```
UIComponent* spin_cards(UIComponent* first,
                        UIComponent* n_first,
                        UIComponent* last) {
  if (first == n_first) return last;
  if (n_first == last) return first;
  UIComponent* write = first;
  UIComponent* next_read = first;
  UIComponent* read = n_first;
  while (read != last) {
    if (write == next_read) {
      next_read = read;
    }
    std::iter_swap(write++, read++);
  }
  spin_cards(write, next_read, last);
  return write;
}
```

여기서 저는 베스에게 세 가지 질문을 했습니다. 첫 질문은 "`write`, `next_read`, `read`에 `auto`를 사용할 생각을 해봤나요?"였습니다. 베스는 눈을 동그랗게 뜨고선, "왜요?"라고 물었습니다. 그다음에는 타입이 아닌 인터페이스로 프로그래밍하는 것에 대해 대화를 나눴습니다. 결국 베스에게 제 말대로 하자고 하여 다음과 같이 코드를 변경했습니다.

예제 4.5.2

```
UIComponent* spin_cards(UIComponent* first,
                        UIComponent* n_first,
                        UIComponent* last) {
  if (first == n_first) return last;
  if (n_first == last) return first;
  auto write = first;
  auto next_read = first;
  auto read = n_first;
  while (read != last) {
    if (write == next_read) {
      next_read = read;
    }
    std::iter_swap(write++, read++);
  }
  spin_cards(write, next_read, last);
  return write;
}
```

그런 다음 물었습니다. "이 함수는 `UIComponent` 인터페이스의 어느 부분을 사용하고 있나요?" 그녀는 저를 주의 깊게 쳐다봤습니다. 우리는 지금까지 수동으로 스왑swap하던 것을 `std::swap`으로 바꿨고, 그다음 다시 `std::iter_swap`으로 바꿨습니다. 저는 `UIComponent`가 단지 전방 반복자forward iterator에 불과하다는 점을 그 순간 이해했고 베스도 스스로 깨닫기를 바랐으나 결국 그녀가 이해하도록 제가 이끌어야 했습니다. 조금 고민한 끝에 베스가 답하기를, "전방 반복자 앞에 템플릿을 만들 수 있었겠네요. 전 할당하고, 비교하고, 역참조하고, 쓰기를 한 것뿐이네요." 30초 뒤, 우리는 이렇게 했습니다.

예제 4.5.3

```
template <typename T>
T* spin_cards(T* first, T* n_first, T* last) {
  if (first == n_first) return last;
  if (n_first == last) return first;
  auto write = first;
  auto next_read = first;
```

```
auto read = n_first; while (read != last) {
  if (write == next_read) {
    next_read = read;
  }
  std::iter_swap(write++, read++);
}
spin_cards(write, next_read, last);
return write;
}
```

저는 베스에게 덜 구체적이면서 더 설명력이 높은 이름을 택하라고 제안했습니다. 베스가 이름 짓기를 어려워하며 고심하는 동안, 함수를 작성하고 테스트하는 데 얼마나 걸렸는지 물었습니다. "2시간 정도요. 바보 같은 에지 케이스edge case 때문에 발목이 잡혔어요."

"음. 이 함수는 rotate라고 하면 될 것 같네요"라고 제가 말하자, 베스는 믿기지 않는다는 듯 저를 쳐다봤고, rotate가 std::rotate를 줄인 표현임을 깨닫자 약간 의기소침해졌습니다. 마지막 결과물을 구현체의 정의와 비교했더니 매우, 아주 많이 비슷했습니다. 물론 std::rotate에 대한 설명은 https://en.cppreference.com/w/cpp/algorithm/rotate에서 찾아볼 수 있습니다.

4.5.2 추상화 수준 높이기

저는 엔지니어링에서 코드를 제거하는 부분을 가장 좋아합니다. 코드가 적어지면 인지 부하도 줄고 코드베이스를 이해하기도 더 쉽습니다. 엔지니어는 가능한 한 단순하고 쉽게 솔루션 도메인을 표현하고자 해야 합니다. 엔지니어에게 '행 단위로' 돈을 주는 것은 프로젝트를 확실히 망하게 하는 방법입니다.

컴파일러의 입출력 간 차이를 생각해봅시다. 일반적으로 수백 행의 코드를 변환 단위로 전달하면 수천 개의 어셈블리 명령어가 목적 파일object file에 포함되어 제공됩니다. 이러한 어셈블리 명령어는 CPU에서 훨씬 더 복잡한 작업을 트리거합니다. 어셈블리는 C++ 소스 코드보다 더 복잡하고 상세합니다. CPU 작업은 어셈블리 명령어보다 한층 더 복잡합니다. 소프트웨어 엔지니어와 언어 설계의 핵심은 복잡성과 상세도detail를 낮추는 일입니다.

일을 배우던 1980년대에 저는 싱클레어 BASIC과 BBC BASIC과 같은 고수준high-level 언어라는 개념과, Z80 어셈블리와 6502 어셈블리 같은 저수준low-level 언어라는 개념을 접했습니다. 문제의 수준은 추상화의 수준에 해당합니다. BASIC과 어셈블리의 차이는 중요합니다. 제가 처음 C를 배우기 시작했을 때, C는 BASIC과 어셈블리를 흡수하였으나 어셈블리만큼 저수준은 아닌데도

C는 저수준 언어로 제공되었습니다. 저는 C를 어셈블리 매크로 프로그래밍 언어처럼 다뤘습니다. 저는 C를 구성하는 방식에 따라 어셈블리 명령어가 어떻게 생성되는지 알 수 있었습니다. 어셈블리의 즉시성immediacy을 BASIC의 명료한 작명법과 함께 활용할 수 있었습니다. BASIC처럼 변수를 작명할 수 있으면서도 이 변수가 차지할 메모리가 어느 정도인지 쉽게 추론할 수 있었습니다. 뒤로 점프할지, 계속할지 결정하기 위한 올바른 플래그 테스트를 통해 제어 루프 구조에 손댈 필요가 없이 만들 수 있었습니다.

어셈블리의 복잡성은 더 나은 식별자와 명확한 구조로 개선되어 어셈블리의 세부 사항을 숨기는 데 도움이 되었습니다. C는 추상화 수준을 높였습니다.

제가 처음 C++를 마주했을 때는 마치 C를 위한 매크로 프로그래밍 언어 같았습니다. 제가 하던 성가신 것들, 이를테면 `malloc`과 `init`을 하나의 함수로 감싸는 것과 같은 일을 새로운 키워드의 형태로 C++ 컴파일러에서 저 대신 수행했습니다. C++는 추상화 수준을 높였습니다.

C와 C++ 두 가지 경우 모두 추상화 수준을 높였으나, 일반적인 경우 눈에 띄는 성능 비용이 발생하지 않았습니다. 컴파일러는 때로 완벽하지 않기에 컴파일러 작성자의 어리석음에 놀라 입을 떡 벌릴 때도 있었지만, 다행히 완전히 이식성이 없는 솔루션에 기댈 수 있었고 장인처럼 한 땀 한 땀 만든 어셈블리 명령어를 삽입하여 추상화 수준을 다시 낮출 수 있었습니다. 마지막으로 컴파일러를 능가할 수 있었던 건 제가 기억하기로는 1991년 즈음이었습니다. 그 이후부터는 컴파일러가 저보다 더 작업을 잘할 수 있었습니다.

중요한 것은, 손수 어셈블리를 만드는 방식으로 돌아간다면 훨씬 더 나빠질 것이라는 점입니다. CPU의 복잡성이 엄청나게 증가했기 때문입니다. 제가 어셈블리를 작성하던 때는 코어가 하나뿐이었고 캐시도 없었으니 데이터 프리페칭prefetching[1]이나 분기 예측branch prediction[2] 같은 것도 없었습니다. 노드 기반 데이터 구조가 아닌 연속된contiguous 데이터 구조[3]를 사용하기로 결정한 것은 의미 있었습니다. 메모리 읽기/쓰기 작업은 하나의 명령어 실행 주기와 거의 같은 시간이 소요되었으므로 빅-오 표기법big-O notation[4]도 의미가 있었습니다.

---

1 [옮긴이] 필요한 데이터를 미리 가져오는 것. 참고: https://ko.wikipedia.org/wiki/프리페처
2 [옮긴이] 실행될 조건문이 어디로 분기될지 예측하는 CPU 기법. 참고: https://ko.wikipedia.org/wiki/분기_예측
3 [옮긴이] 인접 데이터 구조라고도 합니다.
4 [옮긴이] 알고리즘의 복잡도를 나타내는 표기법. 참고: https://ko.wikipedia.org/wiki/점근_표기법

추상화 수준이 높아지면 이식성이 향상됩니다. 저의 아름답고도 영악한 어셈블리 언어는 하나의 프로세서 제품군에서만 작동했습니다. 1980년대 초에는 하나의 프로세서 계열에만 작동할 수 있다는 점이 큰 문제였는데, 주요 게임 플랫폼으로써 서로 경쟁했던 두 가지 가정용 컴퓨터가 Z80과 6502 프로세서에서 실행되었기 때문입니다. 1980년대 중반, 아타리 ST와 코모도어 아미가Amiga뿐만 아니라 초기 애플 맥에서 모두 68000 프로세서를 채택하면서 문제는 간단해졌습니다.

API의 목적은 인터페이스 이면으로 세부 사항을 숨겨 복잡성을 줄이고, 추상화 수준을 높이는 데 있습니다. 언어의 목적은 개별 의미를 이해하는 데 필요한 복잡성을 해당 언어 토큰 뒤로 숨기는 데 있습니다. 추상화 수준을 높이는 것은 소프트웨어 엔지니어의 근본적인 역할입니다.

4.5.3 함수 템플릿과 추상화

실전 프로그래밍에서 추상화 수준을 높이는 것이 중요하다는 확신이 들었기를 바랍니다. 몇 가지 예제를 살펴봅시다.

이번 4.5장을 시작하면서 했던 이야기를 돌아보면, 일련의 아이콘의 회전 순서에 대한 특정 문제의 솔루션을 대상으로 시작했음을 알 수 있을 겁니다. 코드 리뷰를 하는 동안 우리에게는 `std::swap`이 도입된 중요한 순간이 있었습니다. 도입 이전 코드는 다음과 같았습니다.

예제 4.5.4

```
UIComponent* spin_cards(UIComponent* first,
                        UIComponent* n_first,
                        UIComponent* last) {
  if (first == n_first) return last;
  if (n_first == last) return first;
  UIComponent* write = first;
  UIComponent* next_read = first;
  UIComponent* read = n_first;
  while (read != last) {
    if (write == next_read) {
      next_read = read;
    }
    UIComponent tmp = *write;
    *write++ = *read;
    *read++ = tmp;
  }
  spin_cards(write, next_read, last);
  return write;
}
```

`while` 루프 끝에 수동 스왑manual swap이 보일 겁니다. 베스에게 물었습니다. "`std::swap`을 쓰지 않기로 했나요?" 그녀가 대답했습니다. "요점을 이해하지 못했습니다. `UIComponent`는 자명한trivial 객체이고, 스와핑도 자명한데 왜 함수를 호출하나요?"

저는 즉시 "의도를 선언한 것"이라 답했습니다. 이에 대해 핵심 가이드라인 P.3은 '의도를 표현하라'고 합니다. 네, 무슨 일이 일어나는지는 명확합니다. 임시 변수나 객체 등에 할당함으로써 스왑을 수동으로 작성했습니다. 이를 `swap`이라는 한 단어로 바꾸면 훨씬 더 깔끔하고 추가 비용도 들지 않습니다. 가장 단순한 컴파일러도 함수를 호출하여 구현을 치환할 수 있습니다. 게다가 `UIComponent`가 더 이상 자명한 객체가 아니라 자체적으로 특수화한 `swap`이 필요하다면, 코드 세부 내용의 변경에 따른 이점이 있습니다. 이러한 작은 세부 내용을 제거하고 해당 내용을 함수 템플릿으로 대체하면 복잡성은 줄고, 추상화 수준은 높아지며, 코드의 표현력은 더 향상됩니다. 이는 또한 미래에도 대비할 수 있는 내용을 추가하는 것입니다.

물론 표준 라이브러리에는 유용한 함수 템플릿이 이미 많습니다. 특히 `<algorithm>` 헤더가 그렇죠. 루프를 작성하는 경우 해당 루프를 이 헤더에 정의된 함수 템플릿으로 대체할 수 있는 가능성은 상당히 높습니다. 만약 대체할 템플릿이 없다면, 아마 여러분은 새로운 알고리즘을 발견한 것일 수 있습니다. 그런 건 전 세계에 공유해야 합니다.

정말 엄청 진지하게 말하는 겁니다.

`<algorithm>` 헤더에 몇 가지 누락된 사항이 있을 수 있습니다. 예를 들면 C++20에서는 `std::shift_left`와 `std::shift_right`가 표준화되었습니다. 이들은 범위 내 요소를 이동shift시키며, 제가 자주 사용하던 것이었습니다. 그렇게 수많은 사람들이 기본적인 작업을 하고 있을 거라고는 전혀 생각지 못했습니다. 위원회로 이 페이퍼가 올라온 뒤로 제가 참 바보같이 느껴졌습니다. 이 함수를 얼마나 많이 사용하곤 했는지 깨닫자 머리에 전구가 반짝 켜지는 듯했습니다.

`<algorithm>` 헤더의 함수 템플릿은 같은 헤더의 다른 함수를 사용하는 것도 있습니다. 예를 들면 `std::minmax`는 `std::min`과 `std::max`를 사용합니다. 기회가 있을 때마다 추상화 수준을 높이면, 그 결과 항상 코드를 재사용성이 높아져 새로운 코드 행도 가능한 만큼 적어집니다.

루프를 함수 템플릿으로 대체하기 시작하면 코드의 표현력이 크게 향상되고 버그도 덜 발생합니다. 별생각 없이 `std::find_if`를 작성하려 했다면, 그것을 여러분보다 컴파일 환경을 훨씬 더 잘 이해하는 사람이 작성한 테스트와 디버깅을 거친 버전으로 대체하는 편이 옳습니다. 물론 이렇게 하려면 여러분이 `<algorithm>`에 있는 함수 중 하나를 재작성하려 했다는 점을 깨달을 수 있어야 합니다. 이를 가장 잘 나타내는 지표는 루프의 사용입니다.

알고리즘은 많이 있습니다. 이 함수를 보세요.

예제 4.5.5

```
bool all_matching(std::vector<int> const& v, int i) {
  for (auto it = std::begin(v); it != std::end(v); ++it){
    if (*it != i) {
      return false;
    }
  }
  return true;
}
```

`int`에 대한 벡터의 모든 항목이 같은 값을 갖는지 검사하는 단순한 함수입니다. 아주 유용한 함수이기에 `<algorithm>` 헤더에 이미 더 일반적인 버전이 다음과 같이 존재할 정도입니다.

예제 4.5.6

```
template< class InputIt, class UnaryPredicate >
constexpr bool all_of( InputIt first, InputIt last,
                       UnaryPredicate p );
```

혹은 어지러울 정도로 현대적이고 싶고 동시에 `ranges`도 사용하려면 다음과 같습니다.

예제 4.5.7

```
template< ranges::input_range R, class Proj = std::identity,
          std::indirect_unary_predicate<
               std::projected<ranges::iterator_t<R>,Proj>> Pred >
constexpr bool all_of( R&& r, Pred pred, Proj proj = {} );
```

`all_of`라는 이름은 프로그래밍 커뮤니티에서 `all_matching`보다 더 익숙합니다. 이미 있는 것을 다시 만들려고 하지 말고, 원시 루프를 조심하세요. 이런 말을 하는 사람은 제가 처음이 아닙니다. 앞에서도 언급했듯 손 페어런트는 2013년에 'C++ 시즈닝'이라는 전설적인 강연을 한 바 있습니다.[5]

---

5 https://www.youtube.com/watch?v=W2tWOdzgXHA

특히 핵심 가이드라인 T.2 '템플릿을 사용하여 여러 인수 타입에 적용되는 알고리즘을 표현하라'를 고려하세요. 표준 알고리즘은 이에 해당하는 티끌 하나 없는 완벽한 예시입니다.

4.5.4 클래스 템플릿과 추상화

함수 템플릿뿐 아니라 표준 라이브러리에는 몇 가지 유용한 클래스 템플릿이 포함되어 있습니다. 클래스 템플릿은 함수 템플릿에 비하면 꽤 적습니다. 가장 널리 사용되는 것은 `std::vector`, `std::string`, `std::unordered_map`일 겁니다. 이 파이프라인에 컨테이너를 추가하고자 하는 몇 가지 제안이 있지만 함수 템플릿에 비하면 제공되는 빈도는 꽤 낮습니다.

어떤 프로그래밍 코스이든 여러분에게 데이터 구조와 알고리즘에 대한 강의를 제공할 것입니다. 이는 프로그래밍의 빵과 버터 같은 기초에 해당합니다. 프로그래머의 단어장에서 데이터 구조와 알고리즘의 드넓은 범위를 식별함으로써, 새로운 구조를 만들 때인지 아니면 기존 구조를 조정하거나 그대로 사용해야 하는 때인지 배울 수 있습니다. 여러분이 무언가에 이름을 붙이기 때문에 가능한 큰 힘이죠.

표준 라이브러리를 대충 훑어보면 상당 부분이 클래스와 함수 템플릿으로 제공된다는 점이 보일 겁니다. 템플릿은 여러분이 타입에 대해 신경 쓰지 않고도 무언가에 이름을 붙일 수 있도록 하기 때문입니다. 여러분은 '벡터vector'라는 이름을 좋아하지 않을 수도 있겠네요. 저는 확실히 그렇습니다. 이 이름에는 어떤 내용을 담을 것인지에 대한 정보가 없습니다. 이 이름은 컨테이너와 관계가 없습니다. 단지 특정한 방법으로 무언가를 포함하여 이들이 메모리에서 연속적으로 포함되도록 보장할 뿐입니다.

표준 라이브러리 컨테이너에 대한 관습convention을 따르면 여러분의 솔루션 도메인에 적합하며 기존 알고리즘과도 잘 작동하는 데이터 구조를 만들 수 있습니다. 컨테이너에서 반복자를 정의하여 표준 라이브러리로 검색과 정렬을 위임하거나, 데이터 구조에 최적화된 특수화를 제공할 수 있도록 하세요. `std::vector`와 `std::unordered_map`과 같은 방식으로 적합한 멤버 타입을 정의하세요. C++20부터 `std::swap` 특수화 및 3방향 비교 연산자three-way comparison operator[6]를 제공합니다. 이로써 컨테이너는 재사용하고 이해하기 더 쉬워집니다. 여러분의 클라이언트는 컨테이너를 올바르게 작동하는 방법이나 데이터가 저장되는 타입에 대한 세부 사항이 아닌, 데이터가 저장되는 방식

---

6 옮긴이 우주선 연산자(spaceship operator). <=>로 표기하며 A < B, A == B, A > B 세 가지를 비교하는 연산자입니다.

에 대해 생각할 수 있도록 합니다.

타입에 독립적이게 되면 여러분의 코드는 무엇으로 작업하는지보다 무엇을 작업하는지를 설명할 수 있습니다. 이는 auto 키워드로도 지원됩니다. auto 키워드는 여러분이 코드를 읽을 때 불필요한 구현을 제거합니다. 사실, std::string의 전체 정의는 이렇습니다.

예제 4.5.8

```
namespace std {
  template<
    class CharT,
    class Traits = std::char_traits<CharT>,
    class Allocator = std::allocator<CharT>
  > class basic_string;
  using string = basic_string<char>;
}
```

관심사가 std::string뿐이라면 머릿속에 담기에 너무 텍스트가 많습니다. std::char_traits는 여러분이 작성하거나 걱정해야 할 사항이 아닙니다. 할당자를 작성하는 것 역시, 다른 사람들보다 더 하드웨어에 가까이 가서 작업할 것이 아니라면 관여하고 싶지 않을 것입니다. 그러니 일반적으로는 std::allocator만으로 충분합니다.

std::string이 널리 사용된다는 것은 핵심 가이드라인에서 템플릿을 사용하여 코드의 추상화 수준을 높이기 위한 이유로 나열된 이유 중 하나를 역설합니다. 바로 재사용입니다. **저는 추상화를 발견하면 크게 기뻐합니다. 문제 도메인의 일부를 분리했으며 이름을 붙일 수 있는 위치에 있다는 의미이기 때문입니다. 제가 크게 성공한다면, 코드베이스 도처에서 이 이름을 찾아볼 수 있을 것입니다.**

std::string은 아주 좋은 이름입니다. 다른 여러 가지 이름으로 불릴 수도 있었음에도 말이죠. 예를 들어, 표준화 위원회에서 using 선언을 빼먹었을 수도 있고, std::basic_string<char>라고 말한 뒤 자체 using 선언을 적용하여, char_string, ch_string, string_char, string_c 등과 같이 같은 타입이 둥둥 떠 있는 알파벳 수프alphabet soup[7]를 만드는 부담을 졌을지도 모릅니다. 문자열 string은 텍스트text를 나타내기 위한 문자character의 집합을 가리키는 데 여러 언어에서 널리 사용되는 개념입니다. 이 이름에 말장난을 친 경우도 있습니다. 로프rope 혹은 코드cord는 더 작은 문자

---

7 옮긴이 알파벳 수프란 기호나 약어가 많아 이해하기 어려운 표현을 일컫습니다. 문자가 너무 많아 이해가 잘 가지 않는 경우가 이에 해당합니다.

열로 구성된 데이터 구조이며, 글article이나 책과 같은 아주 긴 문자열을 조작하는 데 사용됩니다. 텍스트 편집기를 작성해본 적이 있다면 빠른 삽입 및 삭제를 위해 로프를 사용해본 적이 있을 겁니다.

`std::string`은 표준에서 이름 작명에 관한 한, 뛰어난 성공 사례입니다. 하지만 안타깝게도 우리 위원회는 아직 부족한 부분이 있습니다.

4.5.5 작명은 어렵습니다

제가 '벡터'라는 이름을 싫어하는 이유와, 템플릿으로 코드의 추상화 수준을 높이는 단계가 두 가지인 이유에 대해 설명해야겠네요.

저는 수학적 배경이 있으며 서식스 대학교에서 수학 학위를 받았습니다. 제가 가장 강한 분야는 추상 대수학이었습니다. 첫 학기의 커리큘럼이 기억나는데, 미적분학, 해석학, 선형대수, 철학 입문으로 구성되었죠(당시 영국 대학으로선 약간 독특했습니다). 선형대수는 마틴 던우디Martin Dunwoody 교수님께 배웠고, 모든 것이 작동하는 방식에 대해 눈이 번쩍 뜨이면서 강의마다 큰 즐거움을 느꼈습니다.

선형대수학의 기본 대상은 벡터입니다. 벡터는 덧셈, 스칼라 곱, 벡터 곱(내적)과 같은 일련의 산술 연산을 갖는 값의 n-튜플n-tuple[8]입니다. 이러한 산술 연산을 통해 동시 방정식simultaneous equation, 데카르트 기하학 모델을 풀 수 있으며, 사실 현대 수학의 대부분은 선형대수학에서 나온 것입니다.

이는 `std::vector`와는 상당히 다릅니다. `std::vector`는 산술 값에 대한 고정된 배열이 아니라 모든 것에 대한 동적 배열입니다. 여기에는 정의된 연산자가 없으므로 덧셈이나 곱셈을 할 수 없습니다. `std::vector`와 벡터는 여러 가지를 포함한다는 점에서만 유일하게 비슷합니다. 가장 널리 사용되는 컨테이너 중 하나의 이름이 잘못 지어져서 C++가 이상한 위치에 놓이게 되었습니다.

저는 선형대수를 사용해서 가상 세계를 시뮬레이션하고 이에 대한 물리적 현실을 모델링하는 일을 합니다. 다시 말하면, 저는 벡터 타입을 스스로 정의할 수 있습니다. 예를 들어 제 코드베이스의 `gdg::vector_3f`는 3개의 부동소수점float이 있는 벡터입니다. 이는 3차원에 무언가를 위치시키는 작업뿐 아니라 속도와 가속도를 모델링하는 데 사용합니다. 하지만 `std::vector`를 코드베이스에

8 　옮긴이　n개의 요소를 가진 튜플. 참고: https://ko.wikipedia.org/wiki/튜플

서 보게 된다면 수학자의 생각과는 의미가 다르고, 우리는 이미 너무 익숙해서 눈치채지 못하겠지만 수학이나 다른 언어에서 C++로 넘어오는 사람들에게는 넘어야 할 산일 수 있습니다. 차라리 `dynarray`가 더 나은 이름이었을지도 모릅니다.

추상화는 두 단계로 형성됩니다. 우선 API, 입출력, 문제 도메인과의 관계를 검토하여 추상화를 파악합니다. 그런 다음 이름을 붙입니다. 선행 기술에 대한 문헌을 찾아보고, 이름을 지을 때 갖게 될 책임과 그에 따른 결과를 명심하세요.

4.5.6 요약

- 함수 및 클래스 템플릿은 의미 있는 이름 뒤로 세부 사항과 그에 따른 복잡성을 숨깁니다.
- 표준 라이브러리의 여러 함수 템플릿은 루프를 대체합니다.
- 표준 라이브러리의 여러 알고리즘은 기존 데이터 구조에 정보를 제공할 수 있습니다.
- 클래스 템플릿으로 추상화를 표현하면, 특히 이름을 잘 지으면 폭넓게 재사용 가능합니다.

CHAPTER **4.6**

[T.10] 모든 템플릿 인수의 콘셉트를 명시하라

4.6.1 어떻게 여기까지 왔을까요?

콘셉트concept는 C++20에서 아주 중요한 항목입니다. 콘셉트가 표준에 추가되기까지는 아주 오랜 시간이 걸렸습니다. 콘셉트는 C++98 이후 처음으로 표준화가 시도되었고, 당시에는 C++0x라고 불렸던 C++11에 거의 추가될 뻔했습니다. 하지만 콘셉트는 작업 초안의 11번째 단계에서 빠졌고 기술 명세에 남았습니다. 기술 명세란 구현에 대한 경험을 모으기 위한 것입니다. 콘셉트의 기술 사양이 2015년 말에 공개되면서 컴파일러 구현자들은 성능을 확인해보고 이 기능의 사용 안정성을 확인할 수 있었습니다.

C++17은 2016년 기능 동결feature freezing에 들어갔으나 이때 콘셉트는 C++에 안전하게 추가될 수 있는지 아직 충분히 검증되지 않았습니다. 그러나 2017년 여름 토론토에서 열린 C++20 배포 주기의 첫 번째 위원회 미팅에서 'P0734(워딩 페이퍼, 콘셉트에 대한 C++ 확장 기능)[1]의 변경 사항을 C++의 워킹 페이퍼working paper[2]로 옮기기' 안건 11이 박수를 받으며 통과되었습니다.

여담이지만 이 회의가 제 첫 위원회 회의였습니다. 전에도 스터디 그룹 미팅이나 국가 기구 회의에 참석한 적은 있었지만, 표준을 만드는 사람들과 한 공간에 있는 것은 처음이었습니다. 중요한 진전

---

1 https://www.open-std.org/jtc1/sc22/wg21/docs/papers/2017/p0734r0.pdf

2 [옮긴이] 워킹 페이퍼는 일반적으로 학계에서 아직 동료 평가(peer review)를 받기 전인, 작업 중인 논문을 뜻합니다. 기술 업계에서는 기술 보고서(technical report)와 같은 표현으로도 사용됩니다. 참고: https://en.wikipedia.org/wiki/Working_paper

을 이룬 것은 콘셉트만이 아니었습니다. 안건 12에서는 국가 기구 간 투표를 위한 모듈module이 개선되었고, 안건 13에서는 코루틴 기술 명세에 대한 논의가 진전되었으며, 안건 22에서는 저를 포함하여 편집 위원회를 임명하여 Ranges 기술 명세의 정확성을 검증하도록 했습니다. C++20은 확실히 큰 도약을 이룰 것이 분명했습니다. 제가 처음 봤을 때 기대했던 바는 아니지만, 역사는 직접 참여한 사람들에 의해 만들어지는 것입니다. 여러분이 위원회 회의에 처음 오게 된다면 저를 찾아와 모든 일에 자발적으로 나서주세요.

콘셉트로 돌아가서, 다음 함수 템플릿으로 해결하고자 하는 문제를 살펴봅시다.

예제 4.6.1

```
template <typename T>
T const& lesser(T const& t1, T const& t2) {
  return t1 < t2 ? t1 : t2;
}
```

운이 좋았다면 이런 코드를 한 번도 작성해본 적이 없을 것이며 항상 `<algorithm>` 헤더에서 `std::min`을 사용했을 것입니다. 이름에 `lesser`를 사용한 이유는 `min`은 모든 구현체마다 엄청나게 오버로드되기 때문입니다.

이 함수는 특정 타입으로만 호출될 수 있다는 점에서 까다롭습니다. 이 함수를 참조하는 몇 개의 `std::unordered_map<string, string>`를 컴파일러로 전달하면, 컴파일러는 이것이 작동하지 않을 것이라고 확실하게 나타냅니다. 이러한 피연산자 타입 중에는 `operator<`와 일치하는 것이 없습니다. 출력된 에러는 약간 길지만 무슨 일이 일어나고 있는지는 알 수 있습니다. 다음은 GCC에서 출력된 에러의 일부를 수정한 샘플입니다.

```
<source>: In instantiation of 'const T& lesser(const T&, const T&)
        [with T = std::unordered_map<int, int>]':
<source>:14:31: required from here
<source>:6:15: error: no match for 'operator<' (operand types are
'const std::unordered_map<int, int>' and 'const std::unordered_map<int, int>')
   6 |     return t1 < t2 ?t1 : t2;
     |            ~~~^~~~
In file included from …:
<filename>:1149:5: note: candidate:
  'template<class _IteratorL, class _IteratorR, class _Container>
    bool __gnu_cxx::operator<(
```

```
        const __gnu_cxx::__normal_iterator<_IteratorL, _Container>&,
        const __gnu_cxx::__normal_iterator<_IteratorR, _Container>&)'
1149 |     operator<(const __normal_iterator<_IteratorL, _Container>& __lhs,
     |     ^~~~~~~~
```

에러 메시지는 `std::unordered_map<int, int>`를 템플릿 매개변수로 사용해서 함수 템플릿 `lesser`를 인스턴스화하려 했지만 컴파일러가 사용 가능한 `operator<`를 찾지 못했다고 합니다. 그런 다음 모든 후보 연산자를 나열하여(여기서는 하나뿐이지만 컴파일러 익스플로러에서 시도했을 때는 상당히 많은 후보가 나왔습니다) 사용 가능한 연산자가 없다고 나타냅니다.

이 네 줄짜리 함수의 간단한 에러는 출력 결과 122행이 되었습니다. 에러 발생 가능성이 더 높은 함수로 확장scale up하면 출력된 에러 내용도 훨씬 많아질 것이므로 문제의 근본 원인을 알아내기는 더 어려워집니다. 함수 템플릿의 첫 인스턴스화와 그 이후 발생한 에러 사이 호출 스택이 많을수록 출력 내용을 살피느라 시간을 상당히 많이 쓰게 될 겁니다.

이러한 문제는 항상 우리 곁에 있었지만 문제를 줄일 방법은 있습니다. 가능한 모든 타입에 대해 함수를 오버로드하는 것은 불가능하지만 `std::enable_if`를 사용하면 일련의 타입에 대해 오버로드할 수 있습니다. 이 방법을 사용하려면 여러분 자신과 동료를 아주 싫어해야 할 겁니다만, 여하튼 이렇습니다.

예제 4.6.2

```
template <typename T,
          std::enable_if_t<std::is_arithmetic<T>::value, bool> = true>
T const& lesser(T const& t1, T const& t2);
```

`std::is_arithmetic`라는 이름은 `std::is_const`와 `std::is_trivially_constructible`과 같은 다른 특질traits과 함께 `<type_traits>` 헤더에 있습니다. 예제의 오버로드는 모든 산술 타입(정수 혹은 부동소수점)에 대해 선택됩니다. 이런 템플릿에 익숙하지 않으면 바로 이해되지는 않을 겁니다. 제가 생각하기에는 '전문가 수준' 프로그래밍에 해당하며, 제가 가르칠 때는 학생들이 기본 템플릿 매개변수와 대체 실패는 에러가 아니다SFINAE라는 원칙에 완전히 익숙해질 때까지 이 부분은 남겨 둡니다.

이 기법에 대해 자세히 살펴보지는 않겠습니다. 이제는 더 잘할 수 있으니까요.

4.6.2 매개변수 제한하기

`std::enable_if`라는 템플릿은 내용이 장황하다는 문제가 있으며, 라이브러리 수준에서 함수를 제한합니다. 마치 전송선의 잡음과 같이 많은 구두점 안에 제약 조건constraint이 숨어 있습니다. 제약 조건에서 중요한 것은 `std::is_arithmetic`이라는 이름입니다. 나머지는 C++의 단점을 극복하려는 임시 발판일 뿐입니다.

여러분이 진짜 하고 싶은 말은 다음과 같을 겁니다.

예제 4.6.3

```
template <typename std::is_arithmetic T>
T const& lesser(T const& t1, T const& t2);
```

이 구문은 더 명확합니다. 제약 조건은 타입의 오른쪽에 있습니다. 하지만 아쉽게도 이는 C++ 문법에 맞지 않습니다. 구문 분석하기에 모호하고, 적용할 제약 조건이 두 개 이상이면 복잡해집니다. 다른 방식을 보죠.

예제 4.6.4

```
template <typename T>
where std::is_arithmetic<T>::value
T const& lesser(T const& t1, T const& t2);
```

제약 조건은 템플릿 도입 부분과 함수명 사이의 자체 행에 위치합니다. 앞의 코드와 이 코드 모두 C++의 문법에 맞지 않습니다. `where`라는 키워드는 너무 SQL을 연상케 하니, 다음과 같이 `requires`로 대체합니다.

예제 4.6.5

```
template <typename T>
requires std::is_arithmetic_v<T>
T const& lesser(T const& t1, T const& t2);
```

위 코드는 C++20의 문법에 맞습니다. 더 제약 조건을 두려면 다음과 같이 `requires` 절에 제약 조건을 추가하기만 하면 됩니다.

예제 4.6.6

```
template <typename T>
requires std::is_trivially_constructible_v<T>
and std::is_nothrow_move_constructible_v<T>
T f1(T t1, T t2);
```

위 예제에서 'and'라는 단어를 사용한 것을 보고 잠깐 흠칫했을 수 있습니다. 이 단어가 논리곱logical conjunction이라면 &&이 더 적합하지 않을까요?

취향과 스타일의 문제입니다. 둘 다 사용할 수 있습니다. 'and' 대신 기호로 표기하려면 충분히 그렇게 해도 됩니다. 하지만 저는 기호보다 명확한 영어 표현으로 나타내는 뜻이 더 분명하다고 생각합니다.

위 구문은 여전히 복잡해 보입니다. 선언이 함수 템플릿임을 강조하려면 템플릿을 도입해야 하지만 제약 조건이 존재한다는 것 역시 선언이 함수 템플릿임을 나타냅니다. 둘 다 정말로 필요할까요? 다음과 같은 구문은 안 될까요?

예제 4.6.7

```
T f2(std::is_arithmetic<T> t1, std::is_arithmetic<T> t2);
```

제가 보기에 위 코드는 반드시 산술 타입을 받는 함수처럼 보입니다. 안타깝지만 여기도 구문 분석 문제가 있습니다. 첫 번째 인스턴스 T는 반환 타입이 아니라 정의처럼 보입니다. 갑자기 여기서 auto가 등장합니다만 이는 함수 템플릿이기 때문에 T를 auto로 치환할 수 있는데, 그러면 우리는 해당 정의가 가시적이며 반환 타입을 나타낸다고 안전하게 가정할 수 있습니다. 이 다음에 T를 사용할 때도 문제가 생깁니다. 제한된 타입을 전달한다는 신호를 어떻게 줄 수 있을까요?

C++14에서는 제네릭 람다 표현식generic lambda expression이라는 개념을 도입했습니다. 각 인수에 대한 타입을 지정하지 않고, 그 대신 auto로 표기하여 컴파일러가 타입을 추론하게 합니다. 여기서도 마찬가지로 사용할 수 있습니다.

예제 4.6.8

```
auto f3(std::equality_comparable auto t1, std::equality_comparable auto t2);
```

미묘하게 바뀐 것이 있습니다. `t1`과 `t2`가 같은 타입이어야 하거나, `f1`과 같이 두 타입이 반환되는 타입과 일치해야 한다는 요구 사항은 더 이상 없습니다. 유일한 제약 조건은 `t1`과 `t2` 둘 다 `std::equality_comparable`을 만족해야 한다는 것입니다. 둘 다 같은 타입이어야만 한다면 `t2`의 타입을 `decltype(t1)`으로 나타낼 수 있습니다.

예제 4.6.9

```
auto f3(std::equality_comparable auto t1, decltype(t1) t2);
```

약간 어색하지만, 함수가 매개변수를 하나만 받는다면 `auto`를 이렇게 사용하는 편이 더 보기 좋습니다.

눈치챘겠지만 `std::is_arithmetic`을 더 이상 전달하지 않고 그 대신 `std::equality_comparable`을 전달하고 있습니다. 왜 그럴까요? `std::is_arithmetic`은 클래스 템플릿이지만 `std::equality_comparable`은 콘셉트이기 때문입니다. 이 구문은 콘셉트에서만 사용할 수 있습니다. 이를 충족하는 방법은 곧 살펴보겠습니다.

이 구문은 공간을 덜 차지하면서 사용자에게 더 많은 정보를 전달합니다. 함수 시그니처를 읽으면 동등성 비교 타입equality-comparable type에 제약이 있는 함수 템플릿임을 알 수 있습니다. 게다가 동등성을 비교할 수 없는 인수를 사용하여 함수를 호출하면 컴파일러는 제공된 인수argument를 선언의 요구 사항대로 동등하게 비교할 수 없다고 명확하게 말할 겁니다.

매개변수에 제약을 추가하고자 할 때, 안타깝게도 다음 방식의 구문은 실패합니다.

예제 4.6.10

```
auto f4(std::copyable and std::default_initializable auto t);
```

`auto`가 존재한다는 것은 제약 조건을 지정했다는 의미입니다. 첫 번째 제약 조건은 모호합니다. 이를 해결하려면 여러분이 자신의 콘셉트를 정의해야 합니다.

예제 4.6.11

```
template <typename T>
concept cdi = std::copyable <T>
and std::default_initializable <T>;

auto f4(cdi auto t);
```

`cdi`는 당연히 끔찍한 이름입니다. 이미 언급했지만, 작명은 힘듭니다. 콘셉트는 특히 작명에 민감합니다. `is_copyable_and_default_initializable` 같은 이름은 나쁩니다. 문제를 다른 어딘가로만 옮기기 때문이죠. 실제로 무엇을 의미하는 걸까요?

이런 경우, 우리는 의미를 완벽하게 잘 알고 있습니다. 복사 가능하며 기본값으로 초기화 가능한 것은 준정규semiregular라 합니다. 이는 타입의 분류 체계taxonomy of types에서 잘 알려진 내용이며, 표준 라이브러리는 이 콘셉트를 `<concepts>` 헤더에서 다른 콘셉트와 함께 제공합니다. 타입의 분류 체계에 대해서는 라이너 그림Rainer Grimm의 블로그에서[3] 조금 더 찾아볼 수 있습니다.

`<concepts>` 헤더는 콘셉트가 서로 어떻게 구축되는지를 보여주기 때문에 살펴볼 필요가 있습니다. `std::semiragular`라는 콘셉트는 `std::copyable`과 `std::default_initializable`이라는 콘셉트로 구성됩니다. `std::copyable`은 `std::copy_constructible`, `std::movable`, `std::assignable_from`으로 구성됩니다.

예를 들어 정규와 준정규의 차이를 이해하려면 타입의 분류 체계를 잘 파악해야 합니다. 정규와 준정규라는 용어는 표준 템플릿 라이브러리를 주창한 알렉스 스테파노프Alex Stepanov가 도입했으며, 그의 책《Elements of Programming》[4]에서 이 용어를 다루었습니다.

4.6.3 콘셉트를 추상화하는 법

여기서 문제는 추상화입니다. `is_copyable_and_default_initialize`라는 이름은 단순히 질문을 다시 언급할 뿐입니다. "이 콘셉트를 뭐라고 해야 할까요?" 이건 추상화가 아닙니다. 추상화의 수준을 높인다는 의미는 타입의 분류 체계를 살펴보고 이러한 콘셉트의 교집합에 있는 이름을 파악한다는 뜻입니다.

이는 추상화의 근본적인 부분입니다. 앞서 2.1장 P.11 '지저분한 구조체는 코드에 펼쳐놓지 말고 캡슐화하라'에서 캡슐화, 데이터 은닉, 추상화의 차이를 설명했습니다. 구성 요소의 이름을 개념에 붙이는 것은 그냥 캡슐화일 뿐 추상화는 아닙니다. 확장 가능한 작명 방식도 아닙니다. 여러분은 `<concepts>` 헤더에 정의된 콘셉트가 구성된 방식과 같이 콘셉트를 구성해야 합니다. 콘셉트를 구성하는 메커니즘은 작업 중인 추상화 수준을 드러내며, 솔루션 도메인을 고려한 방식을 반영합니다.

---

3 https://www.modernescpp.com/index.php/c-20-define-the-concept-regular-and-semiregular
4 Stepanov, A, and McJones, P, 2009. *Elements of Programming*. Boston: Addison-Wesley. http://elementsofprogramming.com/

함수 템플릿을 작성할 때 여러분은 제네릭 알고리즘generic algorithm[5]을 캡슐화하려고 할 겁니다. 여러분의 함수에 알맞은 콘셉트는 해당 알고리즘으로 추상화됩니다. 이는 곧 어떤 콘셉트 이름은 단순히 함수 이름을 반영할 뿐이라는 의미일지도 모릅니다. 자명하고 소박한naïve[6] sort 함수를 만들어봅시다.

예제 4.6.12

```
template <typename InIt>
void sort(InIt begin, InIt end)
{
  while (begin != end)                  // (1)
  {
    auto src = begin;                   // (2)
    auto next = std::next(begin);       // (3)
    while (next != end)
    {
      if (*next < *src) {               // (4)
        std::iter_swap(src++, next++);
      }
    }
    --end;
  }
}
```

이것은 버블 소트bubble sort이므로 n^2의 시간이 걸립니다. 그러니 실제 프로덕션 코드에서 보지는 못하겠지만, 우리 목적에는 부합합니다. 우리는 템플릿 매개변수의 필수 기능에 대해서 무엇을 알고 있을까요?

(1)에서 InIt의 두 인스턴스에 대해 동등성 비교가 이루어집니다. 즉 두 인스턴스는 동등성 비교가 가능해야 한다는 의미입니다. (2)는 복사 생성copy construction으로, 두 인스턴스는 복사 생성이 가능해야 합니다. (3)에서 std::next를 호출하는데 이는 두 인스턴스가 증가할 수 있어야 한다는 뜻입니다. (4)에서는 반복된 타입iterated type을 역참조하여 비교해야 합니다. 표준으로 무엇을 할 수 있는지 살펴보고, 이러한 타입 요구 사항에 이름을 붙여봅시다.

---

5 [옮긴이] C++ 표준 템플릿 라이브러리(STL)의 제네릭 알고리즘은 4가지로 분류 가능하다고 하며, 국내 절판된 책이지만 《STL 튜토리얼과 레퍼런스 가이드 2판》(2006, 정보문화사)에서 관련 내용을 찾아볼 수 있습니다.

6 [옮긴이] 저자의 학문적 배경이기도 한 수학 분야에는 naive set theory가 이론이 있으며, 번역어는 '소박한 집합론'입니다. 간단히 말하면 이는 직관적 집합론, 즉 중학생 즈음 배웠던 집합의 개념처럼 집합을 단순히 어떤 대상의 모임으로 간주하는 것이라고 합니다. 프로그래밍 분야에서 '나이브'한 구현이란 어떤 알고리즘이나 내용을 간단히 작성한 코드에 해당합니다.

살펴보면 알겠지만, 선택지가 너무 많습니다. 표준 라이브러리에는 수많은 콘셉트가 있고, 일부 기본 콘셉트에 대해서는 헤더 전체가 할애된 것도 있습니다. 예제를 보면 (1)에서 반복자를 비교할 수 있어야 합니다. 이는 `<concept>` 헤더에 `std::equality_comparable`가 필요하다는 뜻입니다. (2)에서 할당은 `std::copy_constructible`로 지원할 수 있고, (3)은 `<iterator>` 헤더에 있는 `std::incrementable`로 지원할 수 있습니다.

(4)는 더 흥미롭습니다. 반복자가 나타내는 값을 역참조하고 비교해야 하고, 그런 다음 반복자를 역참조하고 반복자가 가리키는 값으로 스왑합니다. 이러한 간접 동작은 `<iterator>` 헤더의 `std::indirectly_readable`과 `<concepts>` 헤더의 `std::swappable`로 지원할 수 있습니다. 값을 비교하려면 조금 더 작업해야 합니다. 두 피연산자를 서로 연관시키는 비교 서술자comparison predicate를 호출해야 합니다. 여기서 다시 `<concepts>`가 `std::invocable`로 우리를 구원합니다. `std::invocable`은 `std::predicate`에서 필요하며, `std::predicate`는 `std::relation`에서 필요하고, `std::relation`은 `std::strict_weak_order`에서 필요합니다.

이 부분은 이러한 함수 템플릿 매개변수에 대한 콘셉트를 시작하기에 좋은 지점이죠.

예제 4.6.13

```
template <typename R, typename T , typename U>
concept sort_concept = std::equality_comparable<T, U>
and std::copy_constructible<T>
and std::incrementable<T>
and std::indirectly_readable<T>
and std::swappable<T>
and std::strict_weak_order<R, T, U>;

void sort(sort_concept auto begin, sort_concept auto end);
```

`sort_concept`이라는 이름이 끔찍하다는 점에 동의하기를 바랍니다.

그렇다면 `sortable`은 어떤가요?

이름을 바꾼 함수 시그니처는 다음과 같습니다.

예제 4.6.14

```
void sort(sortable auto begin, sortable auto end);
```

꺾쇠 기호를 없앴더니 눈이 편안하네요. 매개변수에 이름-`auto`-이름 순으로 나열되었기 때문에 함수 템플릿임을 알 수 있습니다. 정렬 가능하다는sortable 콘셉트에 부합하지 않는 무언가를 전달하면 컴파일러는 "이 타입은 정렬할 수 없습니다. `std::swappable`을 만족하지 않습니다."와 같이 알릴 수 있습니다.

`std::sortable`이 이미 `<iterator>` 헤더에 있는 콘셉트임을 알게 되더라도 그다지 놀라운 일이 아닙니다. `std::sortable`에 대해서는 cppreference.com[7]에 가서 정확히 어떻게 구성되었는지 찾아볼 수 있습니다. 제가 원시적인 `sort` 함수에서 `sortable`로 분해한decomposition 것은 완전한 해결 방법이라기보다는 첫 단계였습니다. 찾아보면 `sortable` 콘셉트의 구성 요소는 더 많습니다. 예를 들면, 제 함수에 `std::assignable_from`과 같은 요소는 누락되었습니다. 그런데 결국 누군가는 콘셉트를 만족하지 못하는 타입으로 함수를 인스턴스화하려 할 것이고, 그러면 컴파일은 실패합니다. 이때 에러 메시지를 해석한 뒤 `std::assignable_from` 콘셉트를 추가하여 `sortable`에 대한 정의를 개선할 수 있습니다.

템플릿 인수에 대한 콘셉트를 명시함으로써 구두점과 코드의 길이를 줄일 수 있고, 관련된 부분에 대한 의미를 명확히 할 수 있습니다. 이는 여러분이 작업하는 추상화 수준을 강조합니다. 이로써 여러분의 API는 더 나은 문서화와 에러 메시지, 더 정확한 오버로딩을 통해 의미가 분명해지고, 표현력과 사용성이 향상됩니다.[8]

4.6.3 콘셉트를 통해 분해하기

참고로 앞의 예제에서 콘셉트의 이름은 타입이 아닌 알고리즘에서 따왔습니다. **콘셉트는 타입이 아니라 알고리즘에서 발견됩니다.** 이는 다음 질문에 대한 답에서 더 강조됩니다. "도메인에 따른 콘셉트는 어떻게 만드나요?"

예를 들어, 급여와 관련된 흥미로운 작업을 수행하는 여러 간편한 함수 템플릿이 있다고 하면, 이러한 함수 템플릿 타입 매개변수의 인스턴스는 모두 급여 쿼리를 알맞게 수행해야 합니다. `requires` 키워드는 다음과 같은 기본적인 콘셉트를 정의하는 데 사용합니다.

---

7 https://en.cppreference.com/w/cpp/iterator/sortable

8 Bjarne Stroustrup: Thriving in a crowded and changing world: C++ 2006-2020. ACM/SIGPLAN History of Programming Languages conference, HOPL-IV. London. June 2020. https:// www.stroustrup.com/hopl20main-p5-p-bfc9cd4--final.pdf

예제 4.6.15

```
template <typename T>
concept payroll_queryable =
requires (T p) { p.query_payroll(); };

void current_salary(payroll_queryable auto employee);
```

이 콘셉트는 타입의 속성이 아니라 수행할 수 있는 일을 추상화한 것입니다. 즉, 속성이 아니라 동작을 설명합니다. 하지만 과도한 제약을 주의하세요. 함수가 다음과 같이 구현된 경우를 생각해봅시다.

예제 4.6.16

```
void current_salary(payroll_queryable auto employee)
{
  std::cout << "unimplemented\n";
}
```

이 함수를 호출하면 컴파일러 에러가 발생합니다.

예제 4.6.17

```
current_salary("Beth");
```

이 함수 템플릿 구현체는 콘셉트를 만족한 것을 사용하지 않았는데도 컴파일러는 관련된 제약 사항이 충족되지 않았다고 알릴 겁니다.

솔루션을 구현하고 추상화를 탐색할 때 타입과 함수의 관점뿐 아니라 타입과 동작의 관점에서 설명할 수 있습니다. 콘셉트의 정수란 솔루션 도메인의 분류 체계taxonomy를 구축할 수 있다는 데 있습니다. 여러분이 표준에서 정의한 타입에 따른 제약을 받지 않는 것처럼, 표준에서 정의한 콘셉트에도 여러분이 제약을 받지는 않습니다. 자신만의 타입을 정의하듯 자신의 콘셉트를 정의할 수 있고, 이러한 콘셉트로 라이브러리 설계를 명확히 하여 그 의미와 사용성을 완전히 전달할 수 있습니다. 타입뿐만 아니라 동작을 파악할 수 있는 메커니즘을 갖추면, 솔루션 도메인을 관리할 수 있는 부분들로 나누고 해당 요인factor을 찾는 과정에 큰 도움이 됩니다.

작명보다 더 힘든 것은 분류 체계뿐입니다. 이름의 이름을 찾는 것이죠. 콘셉트를 통해 솔루션 도메인의 동작에 대한 식별자를 도출할 수 있습니다. 물론 모든 내용을 미친 듯이 식별할 필요도 없고 그래서도 안 되죠. 콘셉트는 템플릿 매개변수에 제약을 두며, 따라서 프로그램이 함수 템플릿으로만 구성된 경우가 아니라면 콘셉트를 전부 다 사용할 수는 없을 겁니다. 모든 세부 사항을 모델링한다는 객체지향 프로그래밍object-oriented programming에 대한 반론[9]이 떠오르네요. 그렇다 하더라도 가장 명확하게 나타내려면 모든 템플릿 인수에 대한 제약 조건을 콘셉트로 명시하세요.

4.6.5 요약

저는 C++를 가르칠 때마다 처음에 두 가지를 조심하라고 합니다. 상태state와 실행execution입니다. 클래스 선언과 접근 수준access level, 함수 템플릿 특수화specialization와 `const` 제한qualification이라는 구문에 대한 복잡한 모든 이야기는 뒤로 하고, C++ 소스 파일은 객체와 함수를 정의합니다. 링커는 객체와 함수를 하나의 바이너리binary로 연결합니다. 운영체제는 파일과 프로세스를 함께 묶습니다. 컴퓨터 과학 강의에서는 데이터 구조와 알고리즘을 가르칩니다. 이제 또 다른 두 가지를 주의해야 합니다. 타입과 콘셉트이죠.

함수 템플릿을 작성할 때 매개변수parameter로 무엇을 하는지 검토하고 그에 따른 제약 조건을 추상화하세요. 요구 사항을 파악하여 콘셉트를 재사용하거나 새로운 콘셉트를 만들고, 인수를 취하는 지점에서 요구 사항의 내용을 설명하세요.

콘셉트를 사용하여 사용자에게 전달될 타입이 무엇인지 알리고 컴파일러가 알맞은 진단 메시지를 제공할 수 있도록 하세요.

가능한 한 표준 콘셉트를 사용하고, 필요할 때 도메인에 따른 콘셉트로 바꾸세요. 표준 콘셉트는 상호 운용이 가능하며interoperable 콘셉트가 나타내는 의미를 이해하는 어려움이 덜합니다. 핵심 가이드라인에는 콘셉트에 관한 다음과 같은 몇 가지 내용이 있습니다.

* T.10 '모든 템플릿 인수의 콘셉트를 명시하라.'
* T.11 '가능하면 항상 표준 콘셉트를 사용하라.'
* T.26 '단순한 구문보다는 사용 패턴으로 콘셉트를 정의하라.'
* T.121 '템플릿 메타프로그래밍은 주로 콘셉트를 모방emulate하기 위해 사용하라.'

---

9   옮긴이 객체지향 프로그래밍에서는 지나치게 세부적인 것까지 모델링하려고 하므로 코드의 유연성이 감소하고 복잡성이 증가할 수 있다는, 객체지향에 대한 반론에 해당합니다.

이는 C++20의 주요 기능에 해당하며 이를 발전시키는 과정에서 기능을 알맞게 사용하는 몇 가지 방법이 이미 알려져 있습니다. C++ 커뮤니티로 사용법이 전파되고 있으니 여러 블로그와 핵심 가이드라인의 업데이트를 지켜보세요.

기본적으로 코드를
잘 작성하라

5.1

[P.4] 프로그램은 최대한 정적으로
타입에 안전해야 한다

5.1.1 타입 안전성은 C++의 보안 기능입니다

제가 C++ 기능 중에서 결정론적 소멸만큼이나 좋아하고 높게 평가하는 것이 타입 안전성입니다. 타입 안전성은 비트 패턴bit pattern의 의미를 프로그램의 다른 부분에 알립니다. 예를 들면 다음은 32비트 정수로 나타낸 1,729의 비트 패턴입니다.[1]

예제 5.1.1

```
std::int32_t Ramanujan_i = 0b0000'0000'0000'0000'0000'0110'1100'0001;
```

다음은 32비트 부호가 없는 정수unsigned integer로 나타낸 1,729의 비트 패턴입니다.

예제 5.1.2

```
std::uint32_t Ramanujan_u = 0b0000'0000'0000'0000'0000'0110'1100'0001;
```

보다시피 둘은 같습니다. 하지만 부동소수점(float)으로 나타낸 1,729의 비트 패턴을 봅시다.

예제 5.1.3

```
float Ramanujan_f = 0b0100'0100'1101'1000'0010'0000'0000'0000;
```

---

1   _{옮긴이} 1,729는 인도 출신의 수학자 스리니바사 라마누잔(Srinivasa Ramanujan)이 특징을 밝힌 숫자로 '택시 수'라고도 합니다. 참고: https://ko.wikipedia.org/wiki/스리니바사_라마누잔#하디-라마누잔_수

이 비트 패턴을 32비트 정수로 해석한 값은 1,155,014,656이 됩니다. 반대로 `Ramanujan_i`를 부동소수점으로 해석하면 2.423 * 10⁻⁴²가 됩니다.

다른 언어는 덕 타이핑duck typing이라는 것을 사용합니다. 이 경우 프로그래머가 항상 자신이 무슨 일을 하는지 정확히 안다는 것을 전제로 합니다. 전제에 따라, 프로그래머가 문자열에 색상을 곱하고 싶다면 그렇게 할 수 있어야 하며, 인터프리터는 해당 요청을 충족하기 위해 최선을 다 할 것이며, 실패할 경우 런타임에서 에러를 발생시킵니다. 런타임 에러보다 컴파일 타임 에러가 더 낫습니다. 컴파일 타임 에러는 에러를 나타내고자 할 때 코드 커버리지 테스트를 하지 않아도 되기 때문입니다. **타입 안전성을 지키면 전반적인 에러 종류를 줄일 수 있습니다.**

C++ 표준에는 타입에 안전하면서도 가독성이 좋은 코드를 작성할 수 있도록 하는 상당히 긴 내용이 있습니다. `long` 인수를 받는 함수에 `short` 인수를 전달하면, 컴파일러는 에러를 발생시키지 않고도 이러한 인수를 받을 수 있는 코드를 만드는 법을 알고 있습니다. `float` 인수를 전달하면 컴파일러는 조용히 런타임 함수 호출을 삽입하여 해당 숫자를 가장 가까운 정수로 반올림하고 해당 비트 패턴을 알맞은 정수 표현으로 변환합니다. 하지만 이러한 함수는 시간을 많이 잡아먹습니다. 제 경력을 돌아보면 컴파일러 출력 내용에서 공급자가 이러한 함수를 구현한 `_ftol` 같은 것을 찾아내서 이러한 함수가 암묵적으로 호출되지 않도록 했던 적도 있습니다.

보다 더 나은 방법은 함수 오버로딩으로 타입별로 여러 버전의 함수를 만드는 것과, 함수 템플릿으로 타입에 무관한 알고리즘을 지정하는 것입니다. 1.2장에서 살펴본 대로 오버로드 확인은 특히 미묘한 부분이 있으며 타입 간 특정 변환을 허용하여 올바른 인수argument가 함수 매개변수parameter로 전달될 수 있도록 합니다.

`_ftol` 함수는 이러한 동작의 사례에 해당합니다.

`auto` 키워드는 여러분이 작성하는 코드에서 타입을 추론하여 타입에 대한 문제를 없앱니다. 다음과 같은 코드를 봅시다.

예제 5.1.4

```
auto Ramanujan = 1729;
```

컴파일러는 `Ramanujan`을 정수로 취급하여 알맞은 비트 패턴으로 해당 정의에서 사용하는 메모리를 채웁니다. 마찬가지로 다음 코드를 보죠.

```
auto Ramanujan = 1729u;
```

혹은 다음과 같은 코드요.

예제 5.1.6

```
auto Ramanujan = 1729.f;
```

이런 코드에 대해 컴파일러는 할당된 것(각각 `unsigned int`와 `float`)에서 타입을 추론하여 메모리를 알맞게 채웁니다.

이 모든 기법은 표현 방식을 고민할 필요가 없도록 하기 위해 존재합니다. 타입에 따라 프로그래밍 하는 시간을 덜 쓰고 인터페이스에 대한 시간을 더 쓴다면, 여러분의 코드는 더 안전해집니다.

5.1.2 공용체

타입 안전성을 뒤엎는 방법은 여러 가지가 있는데, 이 중 대부분은 C에서 비롯한 것입니다. `union` 키워드를 살펴봅시다.

예제 5.1.7

```
union converter {
  float f;
  std::uint32_t ui;
};
```

내용이 `float`나 `unsigned integer`로 해석될 수 있는 타입을 선언했습니다. 앞서 설명했듯 이는 후회와 파멸로 이르는 길입니다. 프로그래머는 항상 어떤 타입으로 표현되고 있는지 알아야 합니다. 프로그래머는 다음과 같은 코드를 작성할 권리가 있긴 합니다.

예제 5.1.8

```
void f1(int);
void f2(float);

void bad_things_happen() {
  converter c;
  c.ui = 1729;
```

```
  f1(c.ui);
  f2(c.f);
}
```

f2를 호출하면 2.423 * 10⁻⁴²가 전달되는데 이는 **아마** 의도였을 수도 있지만 그럴 가능성은 아주 낮아 보입니다.

단일 객체에 여러 타입 중 하나를 올바르게 포함하는 방법은 C++17 표준 라이브러리 타입인 `std::variant`를 사용하는 것입니다. 이는 구별된 공용체discriminated union이며, `variant` 객체는 자신이 어떤 타입을 보유하고 있는지 압니다. 이는 핵심 가이드라인 C.181 '원시naked 공용체를 피하라'를 따른 것입니다. `std::variant`는 다음과 같이 사용하세요.

예제 5.1.9

```
#include <variant>

std::variant<int, float> v;
v = 12;
float f = std::get<float>(v); // std::bad_variant_access를 던질 겁니다
```

특이한 예제라고 생각하겠지만 저는 오래전에 역 제곱근inverse square root을 빠르게 계산하고자 이러한 공용체를 사용했습니다. 코드는 다음과 같습니다.

예제 5.1.10

```
float reciprocal_square_root(float val) {
  union converter {
    float f;
    std::uint32_t i;
  };
  converter c = {.f = val};
  c.i = 0x5f3759df - (c.i >> 1);
  c.f *= 1.5f - (0.5f * val * c.f * c.f);
  return c.f;
}
```

이 끔찍한 코드는 타입 퍼닝type punning을 사용하는데, 타입 퍼닝이란 부동소수점 표현의 특성과 곱셈 및 비트 시프트bit shifting의 속도가 빠르다는 점을 악용하는, C++의 정의되지 않은 동작 undefined behavior입니다. 다행히 SSE 명령어 집합에 `rsqrtss`라는 명령어가 도입되면서 이러한 불필

요한 일을 하지 않을 수 있게 되었는데, C++20부터는 `std::bit_cast`를 사용하여 이를 정확하게 수행할 수 있습니다. 따라서 코드는 다음과 같습니다.

예제 5.1.11

```
float Q_rsqrt(float val)
{
  auto half_val = val * 0.5f;
  auto i = std::bit_cast<std::uint32_t>(val);
  i = 0x5f3759df - (i >> 1);
  val = std::bit_cast<float>(i);
  val *= 1.5f - (half_val * val * val);
  return val;
}
```

이러한 형 변환은 여전히 타입 안전 프로그래밍type-safe programming과 대치하며, 이는 자연스럽게 다음 절의 내용으로 이어집니다.

5.1.3 형 변환

형 변환이란 객체의 타입을 변경하는 행위입니다. 형 변환은 일반적인 컴퓨터 과학 용어이며 C++에서는 좀 더 구체적인 의미를 갖습니다. 객체의 타입을 변경하면 정적 타입 안전성이 손상됩니다. 다음 예제처럼 객체의 타입을 변경해도 안전한 경우도 있습니다.

예제 5.1.12

```
short f2();

long result = f2();
```

여기서 `f2`를 호출한 결과, 암묵적 변환에 의해 `short`에서 `long`으로 변환됩니다. 이는 정수 승격 integral promotion이며, 타입의 표현 범위가 넓어질 뿐입니다. `short` 타입의 객체로 표현할 수 있는 모든 값은 또한 `long` 타입의 객체로도 표현할 수 있습니다. `float`을 `double`로 승격할 때도 마찬가지입니다.

하지만 이처럼 모든 변환이 안전하지는 않습니다. 다음을 봅시다.

예제 5.1.13

```
long f2();

short result = (short)f2();
```

이는 변환될 타입이 명명된 명시적 변환입니다. **f2**가 반환하는 값이 **short** 객체의 표현 범위 내에 있음을 안다면 이는 조건부 안전conditionally safe에 해당합니다. 하지만 완전히 안전한 것은 아닙니다. 함수의 사양이 변경되어 더 큰 수를 반환할 수도 있습니다. 여러분이 위험한 변환을 수행하고 있다고 컴파일러가 진단하는 것이 요구 사항은 아니지만 대부분의 컴파일러는 경고할 겁니다.

이러한 변환 방식은 보통 C 언어 방식의 형 변환으로 알려져 있습니다. 이러한 구문은 C 언어에서 직접 기인합니다. 변환은 C 언어에서 중요합니다. 다음 함수 시그니처를 봅시다.

예제 5.1.14

```
long max(long, long);
```

long 타입의 객체와 **short** 타입의 객체로 이 함수를 호출하여 변환을 할 수 없는 경우 에러가 발생하며 다른 함수를 작성해야 합니다.

예제 5.1.15

```
long max_ls(long, short);
```

(C에는 오버로딩이 없으므로 다른 매개변수 타입을 받는 함수의 버전을 작성할 때는 이름을 다르게 사용해야 합니다.) 다행히 이렇게 길게 코드를 사용하지 않아도 됩니다. 심지어 현재의 C++에서는 걱정할 이유가 훨씬 줄었습니다. 함수 오버로딩과 함수 템플릿으로 더 신중하게 형 변환을 할 수 있습니다.

형 변환은 정말로 상당히 위험합니다. 너무 위험하기 때문에, 이렇게 위험한 일이 발생함을 강조하도록 다음과 같은 새 키워드가 도입되었습니다.

예제 5.1.16

```
static_cast<T>(expr)       // C 스타일의 형 변환처럼 작동합니다.
dynamic_cast<T>(expr)      // 표현식에서 상속된 타입으로 형 변환합니다.
const_cast<T>(expr)        // 상수 제한을 제거합니다.
reinterpret_cast<T>(expr)  // 비트 패턴을 재해석합니다.
```

핵심 가이드라인 ES.48 '형 변환을 지양하라'는 형 변환에 대해 경고합니다. 이를 보면 두려움이 엄습할 겁니다. 어떤 컴파일러는 명시적인 C 언어 방식의 형 변환에 대해 경고하는 명령줄 변환 command-line switch을 제공하여 끔찍한 일이 일어나는 지점을 빠르게 확인할 수 있도록 합니다. 이는 종종 다른 라이브러리의 함수를 호출할 때 발생하고, 그런 라이브러리는 여러분이 작성한 것보다 제대로 작성되어 있지 않은 경우가 많습니다. C 언어 방식의 형 변환을 모두 `static_cast` 호출로 바꾸면 어디서 문제가 생기는지 분명히 나타낼 수 있습니다. 예를 들어 `int`를 `std::pair<std::string, char>`로 형 변환하는 것과 같이 `static_cast`가 무의미한 경우 컴파일러는 여러분에게 다음과 같이 알립니다. C 언어 방식의 형 변환처럼 '값의 범위를 알고 있으니 괜찮을 거야'라고 말입니다.

다음 키워드로 갈수록 상황은 더 위험합니다. `dynamic_cast`을 사용하면 상속 계층구조inheritance hierarchy를 통해 하위 클래스subclass로 형 변환할 수 있습니다. 말만 들어도 걱정이 될 겁니다. `dynamic_cast`을 입력하면 여러분은 논쟁할 때 "알고 있어요, 증거는 필요 없어요"라고 말하는 사람이 됩니다. 당연히 `dynamic_cast`는 실패할 수 있고, 특히 작성자가 잘못 확신하는 경우 실패합니다. 널 포인터null pointer를 반환하거나 `dynamic_cast`를 참조에 적용하면 예외exception가 발생하므로 머쓱해하며 해당 예외를 잡아서 아수라장을 정돈해야 합니다. 이는 설계 스멜design smell[2]입니다. '타입 X에 대한 객체인가?' 하고 여러분이 묻더라도, 이는 타입 시스템의 영역에 해당합니다. 명시적으로 타입을 묻는다면 암묵적으로 타입 시스템을 전복시키고 있는 것입니다.

`const_cast` 키워드를 사용하면 '아주 사악한' 영역에 발을 들이게 됩니다. `const_cast`는 상수성 constness을 버리거나 더 드물게는 `const volatile`로 형 변환시킬 수 있습니다. 이에 대해서는 3.4 장에서 다루었으니 이미 이것이 나쁘다고 알고 있을 겁니다. 예를 들어 어떤 대상에 대해 `const`로 제한된 참조를 전달받은 후 `const` 제한을 제거하면 믿는 호출자의 발등을 찍는 셈이 됩니다. 여러분의 API에서는 '값이 아닌 참조를 통해 이 함수로 객체를 안전하게 전달할 수 있고, 앞서 말한 복사 오버헤드overhead of copying을 피할 수 있으며 변경되지 않을 것이다'고 말했습니다. 하지만 이건 거짓말입니다. 상수성을 버리고 객체를 어떠한 방식으로 변경해야 한다면, 약속한 내용과 모순됩니다. 이래서는 여러분에게 남아 있는 친구가 없을 겁니다. 다시 말하지만 `const_cast`를 사용해야 하는 유일한 경우는 바로 잘못 작성된 라이브러리, 즉 현재 맥락에서는 제대로 `const`를 사용하지 않은 라이브러리를 호출할 때뿐입니다. `const_cast`는 또한 `volatile` 제한qualification을 제거하는

---

2   옮긴이 코드 스멜(code smell)과 같은 류의 표현으로 볼 수 있습니다.

데 사용합니다. `volatile` 키워드와 관련해 사용이 폐지 예정deprecation 사항이 몇 가지 있으니 `const_cast`로 이 키워드를 제거하는 방식은 받아들일 수 있는 유스 케이스가 될 수 있습니다.

마지막으로, `reinterpret_cast` 키워드를 사용하면 자기 발등을 찍는 영역으로 입장하게 됩니다. 이 키워드는 단순히 비트 패턴을 다르게 해석해야 한다고 선언하여 타입을 변환합니다. CPU 사이클 비용은 들지 않으며 (변환을 수행하기 위해 런타임 함수를 삽입하는 `static_cast`나 `dynamic_cast`와는 달리) 단순히 "이제 내가 나설 차례야. 나는 여기서 타입 안전성은 필요 없어"라고 말할 뿐입니다. 어떤 것은 변경할 수 없습니다. `reinterpret_cast`로 `const`나 `volatile`은 제거할 수 없습니다. 이를 위해서는 다음과 같이 연속적으로 형 변환을 수행해야 합니다.

예제 5.1.17

```
int c = reinterpret_cast<int>(const_cast<MyType&>(f3()));
```

이 많은 글자들을 보면 잠시 멈춰서 생각하게 될 겁니다. 자의적인 타입을 위한 핸들을 만들기 위해 이와 같이 호출할 수도 있지만, 솔직히 더 안전한 방법이 있습니다.

이번 장의 앞 부분에서 이미 `std::bit_cast`를 본 적이 있습니다. 이는 더 위험하지만, 언어 수준의 연산은 아니고 라이브러리 기능입니다. 포인터나 참조 타입을 형 변환하는 경우는 `reinterpret_cast`를 사용할 수 없습니다. `std::bit_cast`를 사용해야 합니다. 이는 정적 타입 안전과는 한참 동떨어진, 파멸에 이르는 마지막 단계입니다.

타입 안전성은 보안 기능입니다. 형 변환은 타입 안전성을 손상시킵니다. 형 변환이 일어나는 곳을 강조 표시하고 가능한 한 피하세요.

5.1.4 unsigned

`unsigned` 키워드는 이상한 물고기 같습니다. 이는 정수 타입을 수정하여 해당 타입이 부호가 없는 unsigned 표현임을 나타냅니다. 특히 해당 타입이 2의 보수 표현complement representation을 사용하지 않음을 나타냅니다. 형 변환에 대해 이제 막 읽었는데 정수 표현이 다르다니 약간 속이 거북할 겁니다.

제 경험상, `unsigned`를 잘못 적용하는 가장 흔한 경우는 클래스 불변성class invariant을 잘못 이해한 데서 기인합니다. 엔지니어는 0보다 절대 작을 수 없는 값을 표현하고자 할 수 있고, 따라서 부호가 없는 타입을 선택할 겁니다. 하지만 어떻게 해당 불변성을 단언assert할 수 있을까요? 다음은 절대 실패하지 않습니다.

예제 5.1.18

```
void f1(unsigned int positive)
{
  ... assert(positive >= 0);
}
```

0보다 더 작은 값으로 사용할 수 있는 표현이 없으니 언제나 0보다 크거나 같습니다. 이는 또한 제가 (가장) 싫어하는 코드 리뷰 중의 버그를 나타냅니다.

예제 5.1.19

```
for (unsigned int index = my_collection.size(); index >= 0; --index)
{
  ... // 프로그램은 절대 이 루프를 빠져나가지 못합니다.
}
```

절대 온도나 질량, 화면 좌표를 부호가 없는 타입으로 표현하는 것은 좋은 생각처럼 보일 수 있지만, 산술 연산을 할 때는 문제가 생깁니다. 이 프로그램의 출력 내용은 직관적이지 않습니다.

예제 5.1.20

```
#include <iostream>
int main() {
  unsigned int five = 5;
  int negative_five = -5;
  if (negative_five < five) // signed/unsigned가 맞지 않은 경우(mismatch)
    std::cout << "true";
  else
    std::cout << "false";
  return 0;
}
```

이 결과 false가 출력됩니다. 여러분은 조용한 형 변환silent cast을 당했습니다. 비교 연산을 수행하는 중 negative_five는 암묵적으로 unsigned int로 변환되었습니다. 이는 정수 승격integer promotion, 즉 표현이 넓어진 것입니다. 안타깝지만 이러한 2의 보수 비트 패턴은 당연히 5보다 훨씬 큰 숫자를 표현합니다. 핵심 가이드라인 ES.100 '부호가 있는 것signed과 부호가 없는 것의 산술 연산을 섞지 말라'는 이에 대해 명확히 설명합니다.

auto가 아니라 명시적인 타입을 사용했음을 알아챘을 겁니다. auto를 사용했다면 five의 타입은
int였을 것입니다. 해당 타입을 unsigned int로 만들려면 이렇게 했어야 합니다.

예제 5.1.21

```
auto five = 5u;
```

기본값은 signed입니다. 이는 C++가 올바르게 설정한 기본값입니다.

여러분이 실제로 이를 컴파일해보면 거의 확실히 5번째 행에서 signed/unsigned가 맞지 않은 경
우mismatch라는 경고가 나타날 겁니다. 여러분은 이 코드(에러가 아닌)를 직접 작성할 모든 권한이
있지만, 문제가 될 수 있습니다. 바로 이러한 이유로 여러분은 모든 경고를 주의 깊게 실피고 각각
을 제거해야 합니다.

부호가 있는 것과 없는 것을 섞어서 연산 하면 원치 않으면서도 완전히 예측 가능한 일이 발생한다
는 문제가 있습니다. 부호가 있는 값은 부호가 없는 값으로 승격되며, 값을 비교한 결과는 모두 올
바르지 않다는 결과로 이어집니다. 코드베이스가 더 큰 경우, 라이브러리 중 하나가 부호가 없는 결
과를 내면 다른 라이브러리가 부호가 있는 값만 다룰 때 영향을 끼치게 됩니다. 재난이 닥쳐오네요.

설상가상으로 어떤 코드 저장소에서는 다음 예시와 같은 더 짧은 별칭을 만들어서 unsigned를 모
호하게 사용합니다.

예제 5.1.22

```
using u32 = unsigned int;
```

unsigned 키워드는 마치 위험한 도로에서 조심히 브레이크를 밟으며 주행하라고 불빛이 깜빡이는
신호가 나타난 것처럼 봐야 합니다.

unsigned가 알맞은 선택인 몇 가지 경우가 있습니다. 핵심 가이드라인 ES.101 '비트 조작을 하려면 부
호가 없는 타입을 사용하라'도 이에 해당됩니다. unsigned를 사용해야 하는 경우는 아주 제한적이지
만, 다음과 같습니다.

• 부호가 없는 값을 갖는 하드웨어 레지스터를 모델링하는 경우

• 양이 아닌 크기를 다루는 경우. 예: sizeof로 반환된 값

• 마스크로 비트 조작을 하는 경우. 이러한 값으로 산술 연산을 하지 않기 때문

여기에는 규칙이 있습니다. **비교를 포함해 어떠한 산술 연산을 하는 경우, 부호가 있는 타입을 사용하세요. 부호가 없는 타입으로 추가적인 비트를 표현하면 잘못된 타입을 사용하게 되고, 표현을 넓히거나 위험한 최적화를 수행하고 있음을 알아야 합니다.** 비트필드bitfield 타입이 언젠가 C++에 도입된다면 당연히 이런 문제는 더 많아지겠죠.[3]

안타깝게도 표준 라이브러리에는 훨씬 더 큰 에러가 있습니다. 컨테이너의 모든 `size` 멤버 함수는 `size_t`, 즉 부호가 없는 타입을 반환합니다. 이는 수량quantity과 분량amount의 차이를 오해한 것입니다. 컨테이너의 크기는 컨테이너가 담을 수 있는 요소의 수량에 해당합니다. 객체의 크기는 객체가 점유하는 메모리의 분량에 해당합니다.

다행히 C++20부터는 부호가 있는 `size`를 위한 short에 해당하는 `std::ssize`라는 함수가 도입되는 축복을 맞이했습니다. 이 함수는 부호가 있는 값을 반환합니다. `size` 멤버 함수를 전혀 사용하지 않는다면 다음과 같은 비멤버nonmemeber 함수를 사용하세요.

예제 5.1.23

```
auto collection = std::vector<int>{1, 3, 5, 7, 9};
auto element_count = std::ssize(collection);
```

5.1.5 버퍼와 크기

계속해서 크기size 이야기를 하며 버퍼를 생각해봅시다. 버퍼를 다룰 때는 명심해야 할 두 가지 중요한 사항이 있습니다. 바로 버퍼의 주소와 길이입니다. 버퍼를 오버플로overflow하지 않으면 아무 문제가 없습니다. 버퍼 오버플로buffer overflow는 일종의 런타임 에러이며 발견하기 아주 어려울 수 있습니다.

다음 코드 예제를 봅시다.

예제 5.1.24

```
void fill_buffer(char* text, int length)
{
  char buf[256];
```

---

3 [옮긴이] 현재 C++의 비트필드는 클래스나 구조체의 멤버입니다. 여기서 비트필드 타입이란 이러한 멤버가 아닌 새로운 타입을 뜻합니다.

```
    strncpy(buf, text, length);
    ...
}
```

확실히 발생할 에러는 `length`가 256보다 클 수도 있다는 것입니다. `char` 배열이 충분히 크다고 단언하지 않는다면 위험에 노출됩니다.

참고로 `buf`는 예를 들면 `char[128]`과는 다른 타입인 `char[256]` 타입입니다. 버퍼의 크기는 중요하지만, 포인터를 받는 함수에 배열이 시작하는 부분의 주소를 전달하는 것만으로도 쉽게 손실됩니다. 다음 한 쌍의 함수를 봅시다.

예제 5.1.25

```
void fill_n_buffer(char*);

void src(std::ifstream& file)
{
  char source[256] = {0};
  ... // 파일에서 소스를 채우기
  fill_n_buffer(source);
}
```

`fill_n_buffer`는 `char*`를 받을 것이라 예상하지만 전달되는 것은 `char[256]`입니다. 이는 배열 붕괴array decay라 하며, 해당 타입이 덜 유용한 것으로 붕괴되었으니 이름을 잘 지었네요. 배열의 크기에 대한 정보는 손실되었습니다. `char[256]` 타입은 `char*`로 붕괴되었습니다. `fill_n_buffer`가 이처럼 줄어든 정보를 다룰 수 있기를 희망해야 합니다. 이름에 있는 `n`은 C 표준 라이브러리 방식처럼 널로 종단 문자열null-terminated string을 예상함을 나타내지만, 이는 쉽게 실패할 수 있는 위험한 제안임을 알았으면 좋겠습니다.

이 코드는 추상화의 위험한 수준에서 작동합니다. 메모리를 덮어쓸 위험이 크기 때문에 코드는 안전하지 않습니다. 알맞은 방법은 메모리를 직접 읽고 쓰기보다는 버퍼 추상화를 사용하는 것입니다. 몇 가지 방법으로 가능합니다. `std::string`은 문자를 변경하기에는 다소 무거운 방법이지만 바로 이것이 표준에 있는 내용이며, 여기서 자세히 설명할 사항은 아닙니다. 하지만 버퍼를 읽기만 한다면 `std::string_view`라는 더 가벼운 추상화가 있습니다. 이 놀라운 함수는 특수한 함수(기본 초기화자, 이동 및 복사 생성자, 이동 및 복사 할당 연산자, 소멸자)를 제외하면 `const` 멤버 함수로만 구성된 `std::string`의 더 가벼운 버전입니다. 보통 포인터와 `size`로 구현합니다. 포인터와 `size`, 혹은 포인터로만, 혹은 한 쌍의 반복자로 생성할 수 있습니다. 따라서 아주 유연한 방식이며, 읽기 전용 문자열을 작업할 때 가장 먼저 선택하는 방법입니다.

버퍼에 문자 타입이 아닌 것을 포함하는 경우도 선택지가 있습니다. C++20에서 `std::span`이 라이브러리에 도입되었습니다. 이 함수는 `vector`의 더 가벼운 버전으로, `const` 멤버 함수만으로 구성되었습니다. `std::string_view`와 `std::span`이라는 두 가지 타입은 포인터와 size 쌍으로 된 매개변수를 갖는 함수를 작성하면 안 된다는 뜻입니다. `std::span`이나 `std::string_view`를 사용해서 함수를 버퍼 추상화로 감싸세요.

5.1.6 요약

그 어느 때보다 C++를 수월히 안전하게 작성할 수 있게 되었습니다. C++의 목표는 안전성safety, 그리고 안전성을 통한 보안성security이니 놀랄 만한 일도 아닙니다. 여러분은 타입 안전성을 우선시하여 버퍼 오버플로를 줄이는 span과 같은 추상화를 사용해야 합니다. 산술 연산을 할 때는 부호가 없는 타입을 지양하여 표현에서 충돌이 발생하는 것을 피할 수 있습니다. 그리고 오래되었거나 잘못 작성된 라이브러리를 쓸 때만 형 변환을 하고, C 언어 방식의 공용체보다는 구별된 공용체를 사용해야 합니다. 이 모든 것은 C++가 제공하는 타입 안전성을 최대한 활용하여 더 안전하고, 쉽고, 더 똑똑한 코드를 만들 수 있는 치환replacement 방식입니다.

5.2

[P.10] 가변 데이터보다는 불변 데이터를 택하라

5.2.1 잘못된 기본값

C++는 '잘못된' 기본값을 갖는 언어입니다. 무엇보다도, 객체를 const로 제한하지 않으면 변경 가능한 상태로 만들어진다는 점에서 그렇습니다. 하지만 왜 이를 잘못된 기본값이라 할까요?

데이터에 할 수 있는 일은 읽기, 쓰기 두 가지입니다. 어셈블리어에서는 불러오기loading와 저장하기storing이라고 합니다. 메모리에서 레지스터로 값을 불러오고 레지스터의 값을 메모리로 저장합니다. 먼저 값을 불러오지 않고 메모리에 저장하는 일은 아주 드뭅니다. 마찬가지로 먼저 객체를 읽지 않고 객체에 쓰기를 하는 일도 드뭅니다. 하지만 객체를 읽은 다음 객체에 쓰기를 하지 않는 경우는 아주 흔합니다.

읽기 전용 객체는 읽기-쓰기 객체보다 더 흔하며, 쓰기 전용 객체보다 훨씬 더 흔합니다. 기본값은 가장 흔히 사용하는 선택지여야 하므로, 객체의 기본값은 불변해야 한다고 주장할 수 있습니다.

이는 흥미로운 부수 효과를 낳았습니다. C++에 const 키워드가 없고, mutable 키워드가 더 널리 사용된다고 상상해보세요. 여러분은 아마 함수를 이렇게 작성해야 할 겁니다.

예제 5.2.1

```
void f1(std::string id)
{
  auto write = id_destination(); // write는 불변값입니다
```

```
    ...
}
```

함수를 개발하면서 `write`를 변경 가능하게 만들어야 할 때가 오는데, 이는 해당 값에 불변성에 위배되는 쓰기 작업을 해야 하기 때문입니다. 함수를 다 만들었는데 `write`를 여전히 변경할 수 없다면 어떤 일이 생길지 상상해보세요. 그 즉시 버그가 있다는 증거로 보일 겁니다. `write`와 같은 이름을 붙였는데 이 값을 변경하지 않을 이유가 있나요?

전부 `const`로 선언하고 객체를 변경해야 할 때만 `const`로 제한된 값을 수정하는 것만으로도 이러한 버그를 찾을 수 있습니다. 주기적으로 모든 객체를 `const`로 다시 제한하고 실제로 쓰기가 이루어져야 하는 객체에 대해 컴파일러가 `const` 제한에 대해 불평하는지 검사하면 됩니다. 코드의 명확성을 위해 좋은 방법이죠.

하지만 이것이 불변 데이터를 우선시해야 한다는 주된 이유는 아닙니다.

저는 차가 한 대 있고, 차 안에는 선글라스를 둡니다. 선글라스는 차에서 절대 갖고 나오지 않습니다. 차 밖에서는 다른 선글라스를 씁니다. 선글라스 없이 햇볕 아래를 달리면 위험하기 때문에 가능한 한 피합니다. 즉, 선글라스는 제 얼굴, 그리고 차 문에 있는 선글라스용 주머니 두 군데에 있다는 뜻입니다. 저는 차 문을 열 때 선글라스가 있어야 하는 장소만 살피면 되도록 습관을 들였습니다. 선글라스 자체에 대해 더 생각할 필요는 없죠.

슬프지만 제 차는 전기차가 아닙니다.[1] 이게 제 마지막 내연기관 차량이기를 바랍니다. 여행을 떠나면 저는 연료가 충분한지 확인해야 합니다. 자동차 제조사는 이를 가능한 한 단순하게 만들고자 애씁니다. 대시보드에는 연료 계기판이 있고, 연료를 다시 채우기 전에 얼마만큼 갈 수 있는지 추산된 범위를 나타냅니다. 자동차에는 내장된 안전 마진safety margin이 있고, 저는 필요한 계산을 할 수 있으니 보통 연료를 다 써버리는 일은 없습니다. 영국에는 예를 들어 황무지를 가로지르는 경우처럼 주유소가 없이 길게 뻗은 도로가 있습니다. 이런 도로에서 차가 막혀 탱크의 연료가 너무 많이 소모되면 차 안의 모든 사람은 긴장하게 됩니다.

연료 탱크보다 선글라스에 대해 생각하는 일이 제게는 훨씬 쉽습니다. 선글라스는 한곳에 있으니 이에 대해 생각하지 않고도 가져올 수 있습니다. 탱크의 연료는 항상 양이 변하기 때문에 운전할

---

1   옮긴이 저자 가이 데이비드슨은 잉글랜드 웨일스 녹색당 후보로 입후보한 적이 있습니다.

때 인지 부하cognitive load가 됩니다. 채워진 양이 매번 다른 연료 탱크보다는, 항상 같은 위치에 있는 선글라스에 대해 생각하는 편이 더 쉽죠.

다음 함수를 봅시다.[2]

예제 5.2.2

```
double gomez_radius(double cr, double x1, double x2,
                    double y1, double y2, double rh)
{
  assert(rh > 1.0f);
  auto lt1 = lovage_trychter_number(cr, x1, y1);
  auto lt2 = lovage_trychter_number(cr, x2, y2);
  auto exp = 1;
  while (lt1 > lt2) {
    lt2 *= rh;
    ++exp;
  }
  auto hc = haldwell_correction(cr, lt1, lt2);
  auto gr = (lt1 * lt2 * sqrt(hc)) / rh * exp;
  return gr;
}
```

이 함수는 교과서에서 바로 복사했다고 상상해도 되겠습니다. 이 함수를 이해하려면 `const`를 뿌리기만 하면 됩니다.

예제 5.2.3

```
double gomez_radius(double cr, double x1, double x2,
                    double y1, double y2, double rh)
{
  assert(rh > 1.0f);
  auto const lt1 = lovage_trychter_number(cr, x1, y1);
  auto lt2 = lovage_trychter_number(cr, x2, y2);
  auto exp = 1;
  while (lt1 > lt2) {
    lt2 *= rh;
    ++exp;
  }
  auto const hc = haldwell_correction(cr, lt1, lt2);
```

---

2 [옮긴이] 이 코드는 과학 분야에서 사람 이름을 따서 상수를 명명하는 관례(https://en.wikipedia.org/wiki/List_of_scientific_constants_named_after_people)를 모방해 작성한 내용으로 보입니다. 가령 열역학 분야에 실존하는 '슈테판-볼츠만 상수(Stefan-Boltzmann constant)'처럼, 교과서에 등장할 법한 가상의 인명들을 조어해서 해당 값이 상수임을 표현한 것으로 보입니다.

```
    auto const gr = (lt1 * lt2 * sqrt(hc)) / rh * exp;
    return gr;
}
```

변하는 부분은 두 군데로 줄었습니다. 두 번째 Lovage-Trychter 수와 해당 값의 지수exponent 부분입니다.

중력으로 인한 가속도가 지구 곳곳에서 크게 다르다면 건축이 얼마나 복잡해질지 상상해보세요. 빛의 속도가 상수로 판명된 뒤 발전한 20세기 과학을 생각해보세요. 상수는 좋습니다! 상수가 불변하다는 본질은 우리가 생각할 거리를 줄여줍니다. 어떤 값을 고정fix해야 하면 그렇게 해야 합니다.

5.2.2 함수 선언의 상수성

객체의 기본값을 암묵적으로 const로 둘 수 없지만, 객체가 생성될 때마다 상수로 제한할 수 있습니다. 멤버 함수는 또한 기본적으로 변경 가능합니다. 다시 말하지만 변경이 필요할 때까지는 현명하게 객체를 const로 제한하세요.

하지만 여기에는 조금 미묘한 부분이 있습니다. 3.4장에서 다룬 대로 const는 논리적 상수성과 비트 수준의 상수성 두 가지가 있습니다. const 함수가 무언가를 변경할 때, 변경 대상이 const로 제한하면 안 되는 함수인지, 아니면 변경 가능해야 하는 멤버 데이터인지 스스로 질문해보고, const 멤버 함수에서 멤버 데이터를 바꿀 수 없다는 규칙에서 제외해야 합니다.

이는 API 설계 문제입니다. const 제한은 'const 함수를 연속하여 호출하는 동안 객체의 상태에는 관찰 가능한 차이가 없다'고 사용자에게 알리고자 하는 것입니다. 함수가 비공개 구현의 세부 사항의 상태가 아니라 사실상 추상화의 상태를 변경하는 경우, 이 함수는 const로 제한할 수 없습니다.

예를 들어 메시지를 전달하기 위해 스레드 안전한thread-safe 큐queue를 설계하려고 할 수 있습니다. 이는 스레드 안전성에 대해 학습하는 일반적인 연습 과정입니다. 메모리를 공유하여 스레드 진행 상황을 동기화하기보다는 스레드 간 통신으로 동기화하는 편이 안전합니다. 이는 앞서 언급한 격언의 내용으로 이어집니다. "메모리를 공유하여 통신하지 말고, 통신하여 메모리를 공유하라." 메시지를 전달하는 것이 메모리 공유로 간주되는지에 대한 의견은 사람마다 다를 수 있습니다.

메시지 전달 대기열은 다음과 같은 공용 인터페이스public interface가 있을 수 있습니다.

예제 5.2.4

```
template <typename T>
class message_queue {
public:
  ... // 반복자 &c에 대한 정의
  void push(T);
  T pop();
  const_iterator find(const T&) const;

private:
  mutable std::mutex m_lock;
  ... // 다른 구현의 세부 사항
};
```

일반적으로, 생산자producer와 사용자consumer라는 두 스레드가 있습니다. 생산자 스레드는 메시지를 푸시push하고 사용자 스레드는 메시지를 팝pop합니다. push와 pop 함수는 물론 객체를 변경하지만, 대기열에서 특정 객체를 찾는 find 함수는 객체를 변경하면 안 됩니다. 이 함수를 실행하는 동안 함수는 뮤텍스를 잠가야 하는데, 이는 비상수non-const 작업입니다. find가 const 함수가 아니라면 멤버 데이터를 전부 변경할 수도 있습니다. find는 const이기 때문에 유일하게 변경할 수 있는 값은 뮤텍스이고, 이 값은 mutable로 표기됩니다. 클래스 선언을 읽어 보기만 해도 알 수 있습니다. 사실 뮤텍스 멤버 데이터가 변경될 필요가 없는 경우는 const 멤버 함수가 없을 때뿐입니다. 그럴 때조차도 뮤텍스를 변경 가능하도록 두는 습관을 들이면 좋습니다.

함수 매개변수 역시 기본적으로 변경 가능합니다. 함수 인수는 지역 변수처럼 작동합니다. 어떤 함수가 자신의 인수를 변경하는 일은 드뭅니다. 함수 인수는 작업에 대한 정보를 주기 때문입니다. 물론 <algorithm> 헤더에서 입력 반복자input iterator를 받는 함수는 예외입니다. 어쨌든 함수 매개변수가 const로 선언되는 경우 또한 드물다는 점에서 함수 매개변수를 const로 제한하는 것은 지양해야 합니다. 다음 예제는 정확하기보다는 현학적으로 보일 겁니다.

예제 5.2.5

```
void f(char const* const p);
void g(int const i);
```

이는 스타일과 취향의 문제입니다. const에 관한 스타일과 취향의 또 다른 문제가 있는데, 어디에 넣어야 하는지에 대한 것입니다.

- 참조는 const로 제한할 수 없습니다.

- 포인터는 오른쪽에 const 제한자를 둡니다.

- 멤버 함수는 오른쪽에 const 제한자를 둡니다.

- 타입은 오른쪽과 왼쪽 모두 상수 제한자를 둘 수 있습니다. 이는 East const 와 const West라고 합니다.

참조는 const로 제한할 수 없는데, 애초에 참조는 변경할 수 없기 때문입니다. 즉, 참조하는 대상은 변경할 수 없습니다. const로 참조를 제한한다고 해서 추가되는 의미는 없습니다.

포인터는 타입 이름의 오른쪽에 위치합니다. 포인터의 왼쪽에 const 제한자를 둘 수 있다면 의미가 모호해질 가능성이 있습니다.

예제 5.2.6

```
int const * j; // 제한되는 것은 int인가요, 아니면 포인터인가요?
```

멤버 함수도 마찬가지입니다.

예제 5.2.7

```
int const my_type::f1(); // 반환되는 값은 상수로 제한된 값인가요, 아니면 멤버 함수인가요?
```

const 제한자의 위치를 선택할 수 있는 경우는 타입뿐입니다. const가 어느 쪽에 있어야 하는지 규칙을 정하는 것은 현명하지 않을 수 있지만, 이 글을 읽으며 추측했겠지만 저는 const를 오른쪽에 두는 East const 방식을 선호합니다. 저는 일관성을 좋아하고, 객체를 다음과 같이 선언하면 의미가 더 명확하기 때문입니다.

예제 5.2.8

```
int const& a = ...; // a는 int 타입의 상수 참조
int const* b;       // b는 상수에 대한 int 타입 포인터
int & c = ...;      // c는 int 타입의 참조
int const d;        // d는 int 타입 상수
```

아쉽게도 영어는 여기서 거의 도움이 되지 않습니다. 영어의 형용사는 한정하는qualify 대상의 왼쪽에 위치하기 때문에 const를 오른쪽에 쓰면 조화롭지 않습니다. 그렇지만 일관성은 가독성을 향

상시키며, 이는 융통성 없는 규칙은 아닙니다. 제 편집자는 int뿐만 아니라 const도 이름의 속성을 설명하는 형용사로 취급하도록 자신의 뇌를 성공적으로 훈련했다고 밝혔습니다. 형용사의 순서는 흥미로운 여담이지만 (우리는 왜 'friendly big dog'이 아니라 'big friendly dog'이라고 할까요?) 이 글의 주제를 벗어납니다. 궁극적으로, 일관성보다는 가독성을 지향해야 하며, 더 넓게는 교조주의dogmatism보다는 실용주의pragmatism를 지향해야 합니다. 특히 엔지니어링에서는 말입니다. 매개변수뿐 아니라 반환값에 대해서도 생각해봐야 합니다. 함수가 반환하는 값은 rvalue입니다. 이 값을 const로 제한하는 것은 무의미합니다. 이 값은 곧 할당되거나, 생성되거나, 소멸되기 때문입니다. 그러니 반환 타입을 const로 제한할 이유가 있을까요?

이 질문은 실제로 그럴 이유가 있다는 뜻입니다. 반환된 객체가 rvalue라도 즉시 소멸되지 않으며 함수를 호출할 수 있습니다. 다음 클래스를 보세요.

예제 5.2.9

```
template <typename T>
class my_container {
public:
  ...
  T operator[](size_t);
  T const operator[](size_t) const;
};
```

이 아래첨자 연산자subscript operator, 더 정확하게는 괄호 연산자bracket operator는 객체 반환 시 일반적인 방식인 참조에 의한 반환이 아니라 값에 의한 반환에 사용합니다. 이 컨테이너는 아주 불안정한 반복자가 있을 수 있고, 이러한 반복자는 다른 스레드의 연산에서 무효화invalidate될 수도 있습니다. 이 경우 값에 의한 반환은 안전하게 값을 내보내는 유일한 방법입니다. 이 연산자에는 두 가지 오버로드가 있어서 const 및 const가 아닌 객체의 []에 연산자를 올바르게 사용할 수 있습니다. 다음 코드를 보세요.

예제 5.2.10

```
my_container<Proxies> const p = {a, b, c, d, e};
p[2].do_stuff();
```

멤버 함수 Proxies::do_stuff()가 const 제한으로 오버로드되면, c[2]를 호출하여 반환된 rvalue에서 알맞은 함수가 호출됩니다.

이 예제가 부자연스럽다고 생각하면 다행이며, 저희도 이에 동의합니다. 바로 이 부자연스러운 예제는 const로 제한한 반환 타입이 고의적이고 특이한 단계라는 점을 알리고자 한 것입니다.

마지막으로, 함수 매개변수를 const로 제한할 때 예외가 있는데 이는 포인터나 참조로 인수를 전달하는 경우입니다. 기본적으로 이러한 인수는 const에 대한 참조 혹은 const에 대한 포인터로 받습니다. 이는 호출자에게 전달받은 객체를 변경하지 않는다고 알리는 것입니다. 이는 입력과 입출력 매개변수에 대한 개념을 강화하며, 여기에서 const&을 타입과 식별자에서 분리하라는 4.1장에서 다룬 내용이 유용합니다.

예제 5.2.11

```
int f1(std::vector<int> const& a, int b, std::vector<int> & c);
```

함수가 a와 b라는 두 개의 입력을 사용해서 다른 입력값 c를 변경한다는 점을 바로 알 수 있습니다(어느 값이 변경될 수 있고 호출 지점으로 다시 전파될 수 있는지 생각해보세요). 반환값은 에러 코드일 가능성이 높습니다. const&을 타입과 식별자에서 분리하면 객체가 해당 함수에서 어떤 역할을 하리라 예상되는지 미리 살펴볼 수 있는 제한 사항을 명확하게 나타낼 수 있습니다.

5.2.3 요약

이번 가이드라인에 따라 const를 가능한 모든 곳에 뿌리고 나서 '다 했다'고 말하고 싶은 유혹이 들 겁니다. 하지만 더 세련된 방식으로 접근해야 합니다. const 제한에 대해 올바른 기본값은 없습니다. 대부분의 경우 여러분은 객체를 const로 제한하여 생성하고자 할 것이며 개발을 하면서 이를 업데이트하겠지만, 이는 단순히 const를 타입 옆에 두는 것에 불과하지는 않습니다. const를 쓰면 안 되는 지점이 있죠. 그렇기는 하지만 가이드라인에서 지향하는 방향이 궁극적으로 맞습니다.

- 불변 데이터는 가변 데이터보다 추론하기 쉽습니다.
- 가능한 한, 객체와 멤버 함수를 const로 만드세요.
- 가독성을 위해 East const나 const West 어느 쪽을 사용할지 고려하세요.
- 값으로 전달되었거나 값으로 반환된 함수 매개변수는 상수성을 제대로 전파하는 특정한 경우를 제외하면, const 제한을 통한 이득이 없습니다.

5.3

[I.30] 규칙 위반을
캡슐화하라

5.3.1 일상에서 보기 싫은 것 숨기기

저희 집에는 아무도 들어갈 수 없는 방이 있습니다. 침실이기에는 너무 작고 옷장이기에는 너무 큰데, 유용한 사무실로 쓰기에도 그다지 충분하지 않습니다. 건축가가 무슨 생각을 했는지 모르겠습니다만 저는 이 방의 용도를 알게 되었습니다.

저는 깔끔하게 정돈된 것을 좋아합니다. 저는 모든 것을 위한 공간, 그리고 그 모든 것이 제자리에 있는 공간을 좋아합니다. 즉, 제대로 치우지 않은 물건을 찾느라 시간을 낭비하지 않고 필요할 때 바로 찾을 수 있다는 뜻입니다.

안타깝게도 세상은 항상 제 뜻대로 움직이지는 않습니다. 저는 신중히 물건을 분류해서 비슷한 것들은 함께 모아두지만, 예를 들면 스테이플러나 펀칭기나 스테이플러 침 제거기와 같은 여분이 생길 때가 있습니다. 저는 나이가 든 사람이고 여전히 펜, 스테이플러, A4 링 바인더가 있는 아날로그 세상에 살기 때문이죠.

여분은 바로 그 방에 둡니다.

이러한 정리 방식의 문제는 여분의 스테이플러를 보관하기에 그다지 센스 있는 방법이 아니라는 점입니다. 물건을 한 군데에 모아두고 그게 최선이길 바랄 뿐입니다. 제가 여분의 스테이플러를 갖게 되고 이를 버리기보다는 계속 갖고 있는 이유에 대해 자세히 말하지는 않겠습니다. 제게는 작은 방이 하나 있고, 외부 관찰자에게 이 방은 숨겨져 있으며 잡동사니로 가득 차 있다는 말로 충분합니다. 누군가는 '빽빽하게 찼다'고 말할 수도 있겠네요.

요지는, 의도는 좋을지 몰라도 일이 계획대로 되지 않을 때가 있다는 것입니다.

엔지니어링은 일상에서 실천됩니다. 엔지니어링은 복잡하고, 특히 욕망과 선택이 상충하는 큰 꾸러미가 있는 살아 있는 생명체를 마주할 때 그렇습니다. 최선의 가이드라인과 의도는 낮은 수준의 추상화로 인해 불가피하게 침범당하여 허물어질 수 있습니다. 이번 가이드라인은 이런 끔찍한 것이 드러나는 일을 최소화하도록 권장합니다.

점진적 범위 확장으로 인해 걷잡을 수 없게 된 상황을 옵션 파일을 구문 분석하는 문제로 설명했던 2.1장의 예제를 떠올려보세요. 해결책은 신중하게 관심사를 분리하고 잘 설계된 인터페이스로 추상화하는 것이었습니다. 곰곰이 생각한 뒤, 이 해결책을 통해 스트림으로 제공될 수 있는 모든 소스를 구문 분석할 수 있었습니다. 하지만 이러한 기능이 선행 요구 사항upfront requirement이었다면 어떨까요?

핵심 가이드라인의 이번 항목에서 제공하는 예제는 이와 사실상 비슷합니다. 여기서 프로그램은 입력을 어디서 받는지 정보를 받고, 알맞은 스트림을 캡처해야 합니다. 일반적으로 프로그램은 명령줄에서 실행하며 최대 두 개의 명령줄 매개변수를 받습니다. 입력 소스는 표준 입력, 명령줄, 외부 파일 세 가지입니다. 따라서 첫 번째 매개변수는 입력 소스에 대한 식별자이며 0이나 1또는 2이고, 두 번째 매개변수는 명령어나 파일명입니다. 이 결과 다음과 같은 명령줄이 나올 겁니다.

```
sample.exe 0              표준 입력으로 명령어 실행하기
sample.exe 1 help         help 명령어 실행하기
sample.exe 2 setup.txt    setup.txt에서 이 명령어 실행하기
```

2.1장의 예제 코드를 약간 수정해서 재현하겠습니다.

예제 5.3.1

```cpp
enum class input_source { std_in, command_line, file };

bool owned;
std::istream* input;

switch (source) {
case input_source::std_in:
```

```
  owned = false;
  input = &std::cin;
  break;
case input_source::command_line:
  owned = true;
  input = new std::istringstream{argv[2]};
  break;
case input_source::file:
  owned = true;
  input = new std::ifstream{&argv[2]};
  break;
}
std::istream& in = *input;
```

위에서부터 보면 세 가지 옵션이 있는 `input_source`라는 열거형, `owned`라는 `bool`, `input`이라는 `std::istream`이 있습니다. `source`가 첫 번째 명령줄 매개변수로 초기화된다고 가정해봅시다. `case` 문은 이 인수를 `input_source` 열거형과 비교합니다. `std::istream` 객체는 기존의 `std::istream` 객체나 `std::cin` 혹은 새로운 `std::ifstream`이나 `std::istringstream` 객체를 가리키도록 설정됩니다. 이 결과 문제가 생깁니다. 이따금씩 우리는 스트림을 소멸destroy시켜야 하는데 이때 플래그로 어떤 일이 일어나야 하는지 동적으로dynamically 신호를 줘야 합니다. 플래그가 `true`로 설정되면 스트림은 반드시 소멸되어야 합니다.

이 코드는 핵심 가이드라인을 준수하지 않습니다. 예를 들어 ES.20 '항상 객체를 초기화하라'는 뜻이 상당히 모호한데, 바람직하지 않은 결과를 일으키기 때문에 지키지 않는 경우가 종종 있습니다. 이 예제에서 `owned`와 `input`은 초기화되지 않았습니다. 이들의 값은 아직 준비되지 않았고 작성자는 값에 할당하기를 꺼리며, 사용 직전에 해당 값을 즉시 변경하게 됩니다.

이러한 규칙 위반을 어떻게 캡슐화할 수 있을까요?

5.3.2 체면 차리기

우리는 이미 IILE 패턴을 살펴본 바 있으니, 이를 사용해봅시다.

예제 5.3.2

```
auto input = [&]() -> std::pair<bool, std::istream*> {
  auto source = input_source_from_ptr(argv[1]);
  switch (source) {
  case input_source::std_in:
```

```
    return {false, &std::cin};
  case input_source::command_line:
    return {true, new std::istringstream{argv[2]}};
  case input_source::file:
    return {true, new std::ifstream{argv[2]}};
  }
}();
```

여러분이 IILE에 익숙하다면, 이 내용은 더 개선된 것입니다.

하지만 여기에서는 다른 가이드라인을 무시하고 있습니다. 바로 I.11입니다. '절대로 원시 포인터(T*)나 참조(T&)로 소유권을 넘기지 말라.' 문제는 꽤 명확합니다. 작성자는 함수의 스트림 소유 여부를 반드시 기억해야 합니다. 작성자가 표준 입력을 소멸시키면 안 됩니다. 원시 포인터는 소유권에 대한 정보를 충분히 제공하지 않으므로, 소유된 객체는 추가적인 맥락을 제공해야 합니다. 따라서 작성자는 다음 내용을 확실히 작성해야 합니다.

예제 5.3.3

```
if (input.first) delete input.second;
```

그리고 이는 모든 코드 경로에서 실행되어야 합니다. 이는 클래스를 사용해 모델링할 수 있는 RAII[1]에 대한 작업처럼 들리네요.

이러한 클래스를 `command_stream`이라고 하겠습니다. 이 클래스는 `std::istream`을 선택적으로 소유해야 하므로 다음에서부터 시작할 수 있습니다.

예제 5.3.4

```
class command_stream {
private:
  bool owned; // 아마 std::istream을 소유할 겁니다.
  std::istream* inp; // 여기 std::istream이 있고요.
};
```

위 코드에는 별 내용이 없습니다. 소멸자는 자명합니다trivial.

---

1   RAII는 1.6.3절에서 살펴봤습니다.

예제 5.3.5

```cpp
class command_stream {
public:
  ~command_stream() {
    if (owned) delete inp;
  }

private:
  bool owned; // 아마 std::istream을 소유할 겁니다.
  std::istream* inp; // 여기 std::istream이 있고요.
};
```

생성자는 어느 입력 스트림을 전달forward할지 나타내는 매개변수를 받고 선택 사항으로 파일명이
나 명령을 받습니다. 다행히 우리는 사용할 수 있는 열거형이 있으니 클래스는 이제 다음과 같습
니다.

예제 5.3.6

```cpp
class command_stream {
public:
  command_stream(input_source source, std::string token) {
    switch (source) {
    case input_source::std_in:
      owned = false;
      inp = &std::cin;
      return;
    case input_source::command_line:
      owned = true;
      inp = new std::istringstream{ token };
      return;
    case input_source::file:
      owned = true;
      inp = new std::ifstream{ token };
      return;
  }
  ~command_stream() {
    if (owned) delete inp;
  }

private:
  bool owned; // 아마 std::istream을 소유할 겁니다.
  std::istream* inp; // 여기 std::istream이 있고요.
};
```

그런데 열거형을 `command_stream` 클래스와 연결couple한 것처럼 보이네요. 정말로 그렇게 해야 할까요? 항상 초기에 분리decoupling하는 데 약간 시간을 들이는 편이 좋습니다.

물론 `input_source` 열거형을 클래스로 가져올import 필요는 없습니다. 그 대신 생성자를 3개만 만들면 됩니다. `std::istream`이 `std::cin`인 경우가 가장 단순하며, 이때는 아무것도 생성할 필요가 없고 소유권 문제도 없습니다. 이를 기본 생성자default constructor로 만들 수 있습니다.

예제 5.3.7

```
class command_stream {
public:
  command_stream()
    : owned(false)
    , inp(&std::cin) {}
  ~command_stream() {
    if (owned) delete inp;
  }

private:
  bool owned; // 아마 std::istream을 소유할 겁니다.
  std::istream* inp; // 여기 std::istream이 있고요.
}
```

사실 이보다 더 잘할 수 있는데, 기본 멤버 초기화를 사용하면 됩니다.

예제 5.3.8

```
class command_stream {
public:
  command_stream() = default;
  ~command_stream() {
    if (owned) delete inp;
  }

private:
  bool owned; // 아마 std::istream을 소유할 겁니다.
  std::istream* inp; // 여기 std::istream이 있고요.
};
```

다른 생성 방법은 둘 다 `std::string`만 받으므로 이 둘을 구분해야 합니다. 몇 가지 방법이 있는데, 태그tag를 사용하겠습니다.

태그는 멤버가 없는 구조체struct입니다. 오버로딩은 매개변수 타입으로 수행되므로 함수 오버로드를 가능하게 하는 방법입니다. `from_command_line`이라는 태그를 정의하여 나머지 두 생성자를 구분해봅시다.

예제 5.3.9

```cpp
class command_stream {
public:
  struct from_command_line {};
  command_stream() = default;
  command_stream(std::string filename)
    : owned(true)
    , inp(new std::ifstream(filename))
  {}
  command_stream(std::string command_list, from_command_line)
    : owned(true)
    , inp(new std::istringstream(command_list))
  {}
  ~command_stream() {
    if (owned) delete inp;
  }

private:
  bool owned; // 아마 std::istream을 소유할 겁니다.
  std::istream* inp; // 여기 std::istream이 있고요.
};
```

마지막으로, `command_stream` 클래스가 `std::istream`처럼 동작하도록 해야 하는데, 즉 변환 연산자conversion operator를 제공한다는 뜻입니다.

예제 5.3.10

```cpp
class command_stream {
public:
  struct from_command_line {};
  command_stream() = default;
  command_stream(std::string filename)
    : owned(true)
    , inp(new std::ifstream(filename))
  {}
  command_stream(std::string command_list, from_command_line)
    : owned(true)
    , inp(new std::istringstream(command_list))
  {}
  ~command_stream() {
```

```
    if (owned) delete inp;
  }
  operator std::istream&() { return *inp; }

private:
  bool owned; // 아마 std::istream을 소유할 겁니다.
  std::istream* inp; // 여기 std::istream이 있고요.
};
```

이렇게 하면 됩니다. 모든 내용은 공용 인터페이스 뒤에 깔끔히 숨겨집니다. `owned`와 `inp`의 기본값은 `false`와 `std::cin`입니다. 이는 기본 생성자로 인스턴스가 초기화될 때도 변하지 않고 그대로 유지됩니다. 다른 생성자는 문자열 스트림이나 파일 스트림에서 초기화하는 데 사용됩니다. 따라서 이제 우리의 코드를 다음과 같이 다시 작성할 수 있습니다.

예제 5.3.11

```
auto input = [&]() -> command_stream {
  auto source = input_source_from_ptr(argv[1]);
  switch (source) {
  case input_source::std_in:
    return {};
  case input_source::command_line:
    return {{argv[2]}, command_stream::from_command_line{}};
  case input_source::file:
    return {argv[2]};
  }
}();
```

훨씬 깔끔합니다. 변환 연산자를 통해 이 객체가 마치 `std::istream&` 타입인 것처럼 다룰 수 있게 되었고, 구문에 익숙하고 편안하도록 오버로드된 화살괄호 연산자(`>>`, `<<`)를 사용할 수 있습니다. 이름이 범위scope를 벗어나면 `command_stream` 객체는 소멸되며, 소유권 플래그는 `std::istream` 객체가 올바르게 소멸되도록 보장합니다. 이는 약간 복잡한 구현체이지만 간단한 인터페이스로 추상화된 것입니다.

5.3.3 요약

추상화가 이 책 전반에 걸쳐 계속 나오는 주제라는 점을 깨달았기를 바랍니다. **추상화는 복잡성의 범위를 줄이고 최소화합니다.** 2.1장에서 추상화가 단순한 캡슐화와 데이터 은닉data hiding 이상이라는 점을 살펴본 바 있습니다. 바로 추상화를 통해 복잡성의 수준을 구성하고 객체와 직접 상호작용하는 데 필요한 가장 최소한의 정보만 노출할 수 있다는 점이었습니다.

2.2장에서 어떻게 인수의 수가 증가하는지 살펴보면서 이는 추상화가 누락되었기 때문일 수 있다는 점을 확인했습니다. 이해해야 하는 매개변수가 많다는 복잡성은 해당 매개변수의 역할을 설명하는 추상화 이면으로 숨길 수 있습니다.

4.1장에서 비슷한 변형transformation을 수행하여 복잡한 데이터 뭉치를 하나의 추상화로 모았으며, 여러 `out` 매개변수를 받지 않고 이를 반환하도록 했습니다.

추상화를 동기로 한 핵심 가이드라인 몇 가지가 있습니다. C.8에서 '모든 멤버가 비공개인 경우 `struct`보다는 `class`를 사용하라'고 하는 이유는 추상화 대상을 명시하기 위해서입니다. 클래스 멤버는 기본적으로 비공개private이기 때문에 클래스는 여러분이 살펴볼 필요가 없는 내용이 있음을 나타냅니다.

핵심 가이드라인 ES.1 '다른 라이브러리나 손수 짠 코드보다는 표준 라이브러리를 택하라'에서는 라이브러리 코드의 추상화 수준이 대체로 더 높음을 확인할 수 있습니다. 앞서 언급했듯 엔지니어가 무심코 `std::rotate`나 `std::mismatch`를 단순히 재작성한 경우를 코드 리뷰에서 본 적이 있는데, 표준 라이브러리보다 더 형편없었습니다.

핵심 가이드라인 ES.2 '언어의 기능을 직접 사용하기보다는 알맞게 추상화하라'는 제목 그대로 추상화를 사용하라고 합니다. 이 가이드라인은 응용프로그램 개념은 언어 기능을 직접 사용한 경우보다는 라이브러리를 알맞게 조합한 경우와 더 가깝다고 설명합니다.

'추상 기본 클래스abstract base class'라는 용어는 이름 그 자체로 공개 API만을 제공하여 클라이언트와 구현의 세부 사항을 차단하여 복잡성을 숨기는 엔티티를 설명합니다. 추상화는 C++로 소프트웨어를 개발하는 데 기본적인 사항입니다.

가이드라인을 불가피하게 위반하는 경우, 위반 사항을 최소화하고 숨길 수 있는 기능이 존재합니다. C++의 주요 원칙 중에는 무비용 추상화zero-cost abstraction가 있으니 이를 활용해 최대한 명확하고 이해 가능한 코드를 만드세요.

5.4

[ES.22] 값으로 초기화하기 전까지는 변수를 선언하지 말라

5.4.1 표현식과 문의 중요성

이번 장은 핵심 가이드라인의 ES 섹션인 표현식과 문Expressions and Statements에서 가져온 네 번째 가이드라인입니다. ES 섹션은 항목이 60개가 넘는 분량이기도 하지만, C++의 핵심이기 때문에 더 중요합니다. ES 섹션은 다음 내용으로 시작합니다. "표현식과 문은 동작과 계산을 표현하는 가장 낮은 수준의, 직접적인 방식입니다."

이번 가이드라인은 ES.5 '범위는 작게 유지하라'와 ES.10 '선언당 단 하나의 이름만 선언하라'와 함께 묶입니다. ES.5에서 봤듯 범위를 작게 유지하면 가독성이 크게 향상되는데, 범위가 맥락context을 만들기 때문입니다. 범위가 작으면 리소스 관리도 개선됩니다. 리소스 해제에 결정론적 소멸이 지원되어 리소스를 최소화하여 보유retention할 수 있기 때문입니다. ES.10에서 선언을 C 언어 방식으로 함께 묶기보다는 개별 객체에 나누어 분리해야 함을 살펴봤습니다. 단일 타입 아래에 선언을 묶는 기능은 하위 호환성에 해당하는 기능이지만, 그뿐입니다. C++ 프로그래머에게는 이점이 없으며, 혼란스럽고 복잡하게 될 따름입니다.

가독성을 향상시키는 또 다른 방법은 가능한 마지막 순간까지 객체의 선언을 미루는 것입니다. 함수는 성장하고 변합니다. 그러할 따름입니다. 종종 함수가 엄청나게 확장되는 것을 제때 발견하지 못하고 다루기 힘든 객체나 로직으로 남을 때가 있습니다. 무슨 일이 일어났는지 깨닫게 되면 함수를 유용한 부분으로 나누어 더 작은 함수로 추상화하며 복잡성을 숨기고 소스 파일의 질서를 회복하려고 합니다. 선언과 초기화가 특히 소스에서 서로 가까이 있지 않고 여러 줄에 흩어진 경우 이러한 과정은 더 복잡합니다. 이제 세 가지 프로그래밍 스타일을 간단히 살펴봅시다.

5.4.2 C 언어 방식의 선언

C에서는 모든 코드가 실행되기 전에 함수 위쪽에 모든 변수를 선언해야 했습니다. 함수에서 사용하는 것보다 더 많은 변수를 무심코 선언하는 일은 꽤 흔했습니다. 함수의 알고리즘이 바뀌고, 목적이 바뀌고, 사실상 모든 방식으로 변경됨에 따라 함수를 실행하는 데 필요한 맥락도 변경되며, 불가피하게 일부 변수는 더 이상 필요하지 않게 되었습니다. 예제는 다음과 같습니다.

예제 5.4.1

```
int analyze_scatter_data(scatter_context* sc) {
  int range_floor;
  int range_ceiling;
  float discriminator;
  int distribution_median;
  int distribution_lambda;
  int poisson_fudge;
  int range_average;
  int range_max;
  unsigned short noise_correction;
  char chart_name[100];
  int distribution_mode;
  ... // 그리고 나서 시작합니다.
}
```

이 함수는 10년 전에 처음 작성했고 여러 번 수정을 거쳤습니다. 5년 전에 `distribution_median`은 `distribution_mode`라는 합계로 대체되었는데, 둘 다 중앙값median의 필요 여부는 고려하지 않고 계산되었습니다. 아무도 알고리즘에서 사용하지 않는 부분을 지원하기 위해 선언된 상태를 제거 withdraw하지 않았습니다. 눈에서 멀어지면 마음에서도 멀어지는 법입니다. 게다가 알맞은 위치를 찾기보다는 목록에 추가하는 것이 엔지니어의 습관이기 때문에 `range_average`와 `range_max`는 `range_floor`와 `range_ceiling`으로 분리되었습니다.

프로그래머가 헌신적이고 예리하고 서두르지 않는 사람이라면 해당 변수는 함수에서 제거되어 함수의 명확성은 향상되었을 것이며 나머지 부분은 상태가 서로 어떻게 연관되어 있는지를 분명히 나타내도록 적절하게 함께 모여있었을 것입니다. 프로그래머가 1979년 대중에 공개된 정적 코드 분석 도구static code analysis tool인 린트lint를 사용할 수 있었다면 린트는 미사용 객체에 대해 경고했을 것이며, 작업은 더 수월했을 것입니다. 그렇지 않았다면 해당 함수는 불필요한 비트 몇 개를 스택에서 사용했을 겁니다. 요즘은 as-if 규칙 덕분에 컴파일러가 미사용 변수를 제거하기 때문에 이러한 현상은 잘 보이지 않지만, 오프라인 파일 크기가 컴퓨터의 램을 초과할 수 없었던 1970년대라는 제한된 환경에서는 중요했을 수 있습니다.

이로 인한 또 다른 문제는 변수 재사용입니다. 함수는 루프를 세거나 함수 호출 결과를 저장하기 위해 `int`를 재사용할 수도 있습니다. 다시 말하지만 함수가 변경될 수 있다면 재사용된 변수는 예상치 못한 새로운 의미를 갖게 되어 변수를 재사용하는 것이 부적절할 수 있습니다. 이때의 트레이드오프는 리소스 제약 대비 가독성입니다.

이른 선언early declaration의 추가 영향은 초기화가 다소 무작위적이라는 점입니다. 변수 간 의존성을 도입하여 변수가 초기화되기 전에 사용하기는 쉬웠습니다. 모든 함수는 변수 결합variable coupling에 대해 면밀히 검토해야 했습니다. 코드 한 줄을 옮길 때마다 의존성을 모두 준수하는지 확인해야 했습니다.

이런 방식으로 코드를 작성하면 즐겁지 않습니다. 변수를 여럿 선언한 다음 하나씩 꼼꼼하게 초기화하는 작업은 잇몸이 다 쑤시듯 고통스럽고, 에러도 생기기 쉽습니다. C++는 지연된 선언late declaration을 도입했으며 이에 가장 먼저 영향을 받은 부분은 `struct`와 내장 타입을 안전한 순서로 선언하고 초기화할 수 있게 되었다는 점입니다. 이는 상당한 도약이었습니다. `struct`가 초기화할 준비를 마쳤는지 걱정하기보다는 먼저 모든 의존 데이터를 선언할 수 있고, 초기화하고, 그런 다음 `struct`를 안전하게 초기화하면, 세상 신경 쓸 것이 없습니다.

5.4.3 선언 후 초기화하기

C++으로 넘어왔을 때, C++는 새로운 프로그래밍 방식이었지만 코드는 여전히 C처럼 보였습니다. 저는 다음과 같은 것들을 보곤 했습니다.

예제 5.4.2

```
class Big_type {
  int m_acc;
  int m_bell;
  int m_length;
```

```
public:
  Big_type();
  void set_acc(int);
  void set_bell(int);
  void set_length(int);
  int get_acc() const;
  int get_bell() const;
  int get_length() const;
};

void fn(int a, int b, char* c)
{
  Big_type bt1; bt1.set_acc(a);
  bt1.set_bell(b);
  bt1.set_length(strlen(c));
  …
  Big_type bt2;
  bt2.set_acc(bt1.get_bell() * bt1.get_acc());
  bt1.set_bell(bt2.get_acc() * 12);
  …
}
```

이 코드에는 몇 가지 좋은 점이 있습니다. 데이터는 비공개 private 인터페이스에 있고, 함수 변수는 필요한 곳에 선언되었습니다. 그런데 get과 set 함수는 마음에 들지 않네요. 구현의 세부 사항을 private 인터페이스에 넣으려 굳이 애쓰면서 get과 set 함수를 통해 세부 사항을 노출할 필요가 있을까요? 게다가 대부분의 클라이언트는 공용 public 인터페이스만 확인하면 되는데 private 인터페이스를 정의 맨 윗부분에 둔 이유는 무엇일까요?

이는 C.131 '자명한 getter와 setter는 피하라'에서 살펴봤습니다. 이는 선언한 다음 초기화하던 시절의 잔재였습니다. 생성자가 존재했다면 모든 값을 0으로 설정했을 것입니다. 저는 이러한 프로그래밍 스타일을 지원하기 위한 '모든 데이터 멤버에 getter와 setter가 있어야 한다'는 로컬 규칙을 본 적이 있습니다. 2000년대 초에도 생성자 선언을 꺼리는 경우를 봤는데, 이는 모든 것을 0으로 초기화하여 결국 나중에 값을 덮어써야 하는 것과 관련된 오버헤드 때문이었습니다. 엄격한 결정론이 필요할 때만 저는 동료들을 설득해서 생성자를 작성하고 사용하도록 할 수 있었습니다.

물론 우리는 기본 생성자에 대한 이야기를 하고 있습니다. 기본 생성자는 클래스 설계자가 초깃값이 어떠해야 하는지(보통 0)에 관한 내용입니다. 프로그래머가 비기본 생성자nondefault constructor를 사용하기 시작했을 때, 기본 생성자를 아예 없애기 시작했을 때 위대한 전환이 일어났습니다. 이는

세 번째 프로그래밍 스타일에 해당합니다.[1]

5.4.4 최대한 지연된 선언

기본 생성자는 제 위치가 있으며 기본값이 존재한다고 가정합니다. C++의 일부 초기 구현체는 `std::vector`에 포함되려면 클래스에 기본 생성자가 필요했습니다. 이러한 요구 사항은 멤버 데이터를 통해 전파되어 해당 타입 역시 기본값을 가져야 했고, 혹은 포함하고 있는 클래스에서 기본 생성자를 통해 유의미한 값으로 생성할 수 있어야 했습니다. 다행히 이제는 이럴 필요가 없고, 기본 생성자는 언제나 직접 신중하게 추가해야 한다고 권장합니다.

이 내용이 이번 가이드라인의 제목과 무슨 관련이 있는지 궁금할 겁니다. 간단히 말하면 생성자가 모든 값의 초기 조건을 요구한다면, 인스턴스를 사용할 준비가 되기 전까지는 인스턴스를 만들 수 없다는 말입니다. 앞에서 선언 후 초기화하기 등 초기화 스타일을 살펴봤는데, 객체를 사용할 준비가 되었다는 표시가 없기 때문에 어떤 형태로든 문제가 생기길 기다리는 것과 마찬가지죠. 초기화 과정 중 추가 명령어를 삽입할 수 있지만 이는 함수의 상태가 변하는 과정을 더 혼란스럽게 할 뿐입니다. 어느 객체가 사용할 준비를 마쳤는지 추론하는 일은 불필요한 부담이며, 선언 시점에 완전히 초기화하는 방식을 고수하면 이 부담을 줄일 수 있습니다. `Big_type`을 수정해봅시다.

예제 5.4.3

```cpp
class Big_type {
  int m_acc;
  int m_bell;
  int m_length;

public:
  Big_type(int acc, int bell, int length);
  void set_acc(int);
  void set_bell(int);
  void set_length(int);
  int get_acc() const;
  int get_bell() const;
  int get_length() const;
};

void fn(int a, int b, char* c)
```

1　[옮긴이] 첫 번째 프로그래밍 스타일은 선언 후 초기화, 두 번째는 기본 생성자 사용, 세 번째는 비기본 생성자 사용 및 기본 생성자 제거로 요약할 수 있습니다.

```
{
  Big_type bt1(a, b, strlen(c));
  …
  Big_type bt2(bt1.get_bell() * bt1.get_acc(), bt2.get_acc() * 12, 0);
  …
}
```

bt1과 bt2는 이제 const로 선언되었고 이는 가변 상태보다 더 낫습니다. setter는 그대로 남았지만 이제 더는 필요하지 않을 가능성이 큽니다. 이 코드는 바로 더 쉽게 이해할 수 있습니다.

첫 사용 직전까지 선언을 지연하는 또 다른 이유는 중복redundancy을 제거하기 위해서입니다. 다음 코드를 보세요.

예제 5.4.4

```
class my_special_type {
public:
  my_special_type(int, int);
  int magical_invocation(float);
  …
};

int f1(int a, int b, float c) {
  my_special_type m{a, b};
  if (a > b) return a;
  prepare_for_invocation();
  return m.magical_invocation(c);
}
```

분명한 것은 prepare_for_invocation() 함수 호출이 반환될 때까지 m을 선언할 필요가 없다는 점입니다. 사실 이름이 있는 값을 선언할 필요가 전혀 없습니다. 이 함수를 ES.5 '범위는 작게 유지하라'를 준수하며 다시 작성한다면, 다음과 같습니다.

예제 5.4.5

```
int f2(int a, int b, float c) {
  if (a > b) return;
  prepare_for_invocation();
  return my_special_type{a, b}.magical_invocation(c);
}
```

컴파일러가 생성한 어셈블리는 생성에 따른 부수 효과가 없다고 가정할 때 as-if 규칙에 따라 서로 같을 것이므로 성능 최적화는 이루어지지 않았습니다. 하지만 읽을 코드가 한 줄 줄었을 뿐만 아니라 my_special_type을 선언하고 인스턴스를 사용하는 동안 혼란스러운 코드가 도입될 가능성도 없습니다.

객체의 인스턴스화를 얼마나 지연시켰는지 보세요. 함수 맨 위에서 m이라는 이름의 lvalue로 시작해서 함수 아랫부분에서 rvalue가 되었습니다. 이 함수는 전달받은 것 외의 상태는 없습니다. 다시 말하지만 이 코드는 이해하기 더 쉽습니다. 함수 호출의 실행 순서 외에는 추적할 것이 없기 때문이죠.

5.4.5 맥락에 따른 기능의 지역화

지연된 인스턴스화는 다른 이점이 있습니다. 다음 함수를 보세요.

예제 5.4.6

```
my_special_type f2(int a, int b) {
  int const x = perform_f2_related_checks(a, b);
  int const y = perform_boundary_checks(a, x);
  int const z = perform_initialization_checks(b, y);
  return {y, z};
}
```

함수 끝에서 객체가 인스턴스화되었을 뿐 아니라 반환값 최적화를 통해 복사 생략copy elision이라는 이점을 누릴 수 있습니다.

마지막 예제에서는 P.10 '가변 데이터보다는 불변 데이터를 택하라'에 따라 x, y, z를 const로 선언했습니다. 이 가이드라인을 내장 타입에 적용하기는 자명하게 쉬운 일이지만, 고려 사항이 더 복잡하면 초기화를 더 복잡하게 해야 할 수 있습니다. 다음 코드를 봅시다.

예제 5.4.7

```
int const_var;

if (first_check()) {
  const_var = simple_init();
} else {
  const_var = complex_init();
}
```

`const_var`를 상수로 만들려고 할 때 이 값을 조건문 안에서 할당하면 이름이 범위를 벗어나게 됩니다. 예제의 문제는 다음과 같이 해결할 수 있습니다.

예제 5.4.8

```
int const var = first_check() ? simple_init() : complex_init();
```

하지만 확실히 확장성이 좋지는 않습니다.

그리고 다음 클래스도 생각해보세요.

예제 5.4.9

```
class special_cases {
public:
  special_cases(int, int);
…
private:
  my_special_type m_mst;
};
```

위의 함수 `f2`에서 추론할 수 있듯, `my_special_type`을 생성하려면 더 특정한 조건을 충족해야 합니다. 멤버 데이터 `m_mst`는 어떻게 생성할 수 있을까요? 바로 이런 제안을 할 수도 있겠네요.

예제 5.4.10

```
special_cases::special_cases(int a, int b)
  : m_mst(f2(a, b))
{}
```

하지만 `f2`를 다른 곳에서 사용하기 전까지는 생성자에서만 호출하는 특별한 함수를 만들어야 합니다. 높은 확률로 미래의 여러분일 코드를 유지보수하는 사람 입장에서는 썩 좋은 일이 아니죠. 이는 IILE의 사용 사례에 해당하며, 다음과 같은 단순한 이디엄입니다.

예제 5.4.11

```
special_cases::special_cases(int a, int b)
  : m_mst([=](){ // 매개변수를 받지 않고 값으로 캡처됨
    int const x = perform_f2_related_checks(a, b);
    int const y = perform_boundary_checks(a, x);
    int const z = perform_initialization_checks(b, y);
    return my_special_type{y, z}; }
```

```
  ())                    // 람다 표현식으로 즉시 호출됨
{}
```

람다 표현식을 선언한 다음 즉시 이를 호출했습니다. 작명은 어렵고, 때로 여러분은 무엇을 하는지 그대로 표현한 다음 이를 두문자어acronym로 바꾼 다음 그대로 둬야 할 때가 있습니다(RAII 참고). 이제 초기화 함수는 한 군데에 있습니다.

다른 예제에도 이를 적용할 수 있습니다.

예제 5.4.12

```
int const var = [](){
  if (first_check()) return simple_init();
  return complex_init();
}();
```

객체를 초기화하기 위한 단일 기능은 종종 임시 상태를 만듭니다. 이러한 임시 상태는 문제의 객체가 선언된 이후에는 용도가 사라집니다. 임시 상태는 객체의 의존성에 해당하므로 반드시 같은 범위에서 선언해야 합니다. 이를 람다 표현식으로 번들링하면 값을 내보낼 수 있는 지역 범위를 만들 수 있습니다.

5.4.6 상태 제거하기

지연된 선언은 컨테이너에도 적용할 수 있습니다. 다음 함수를 생각해봅시다.

예제 5.4.13

```
void accumulate_mst(std::vector<my_special_type>& vec_mst,
                    std::vector<int> const& source) {
  auto source_it = source.begin();
  while (source_it != source.end()) {
    auto s_it = source_it++;
    my_special_type mst{*s_it, *s_it};
    vec_mst.push_back(mst);
  }
}
```

`while` 루프 안에서 `my_special_type`이 생성되어 벡터로 푸시됩니다. 아무것도 생성하지 않고 rvalue 인스턴스를 다시 푸시하는 방안도 고려할 수 있습니다.

예제 5.4.14

```cpp
void accumulate_mst(std::vector<my_special_type>& vec_mst,
                    std::vector<int> const& source) {
  auto source_it = source.begin();
  while (source_it != source.end()) {
    auto s_it = source_it++;
    vec_mst.push_back(my_special_type{*s_it, *s_it});
  }
}
```

최적화되지 않은 빌드에서 이는 임시 객체를 만들며 `push_back(my_special_type&&)`을 호출합니다. 이러면 복사 생성자copy constructor가 아니라 이동 생성자move conscturtor가 사용됩니다. 하지만 `emplace_back`을 사용하면 한결 나아질 수 있습니다.

예제 5.4.15

```cpp
void accumulate_mst(std::vector<my_special_type>& vec_mst,
                    std::vector<int> const& source) {
  auto source_it = source.begin();
  while (source_it != source.end()) {
    auto s_it = source_it++;
    vec_mst.emplace_back(*s_it, *s_it);
  }
}
```

함수에서 일부 상태를 제거했습니다. 이러면 이제 프로그램의 성능이 향상되었다고 생각할지도 모르겠네요. 하지만 이러한 각 함수는 모두 같은 일을 하며 컴파일러도 각각 똑같은 어셈블리를 생성할 겁니다. 첫 번째 예제에서 컴파일러는 `my_special_type`이 `while` 루프를 넘어가서 지속되지 않음을 확인할 수 있으므로 `push_back(my_special_type const&)`이 아니라 `push_back(my_special_type&&)`을 호출할 수 있습니다. 세 번째 함수에서는 한층 더 생성을 지연했지만 이는 단순히 복사 생략의 위치를 옮긴 것일 뿐입니다. 객체는 올바른 위치에서 한 번 생성될 것입니다. 복사 생략 덕분이죠. 사실 `emplace_back`은 `push_back`보다 컴파일 비용이 더 듭니다. `emplace_back`은 클래스 템플릿 멤버 함수가 아니라 클래스 템플릿 멤버 함수 템플릿이기 때문입니다. 이는 여러분이 사용하는 선언에 영향을 미칩니다.

이러한 예제에서는 이동 및 복사 생성자가 기본값을 갖도록 하며 또한 자명하다고 상정합니다. 이동 생성자가 없거나 실행 비용이 비싸다면 `emplace_back` 사용을 고려해보세요. 하지만 기본적으로 `push_back`을 사용하고 제자리에서 생성하세요.

5.4.7 요약

'글쎄, 컴파일러가 전부 똑같은 코드를 만든다면 차이는 뭐지? 왜 이 똑같은 것 중 하나를 선택해야 하지?'라고 자문할 수도 있겠네요. 답하자면 이번 가이드라인은 성능에 관한 것이 아니라 유지보수에 관한 것입니다. **사용하는 지점에서 선언하면 코드의 가독성이 향상되지만, 상태를 아예 선언하지 않으면 더 낫습니다. 상태를 추론하려면 메모리가 상당히 필요하지만, 코드베이스가 확장되면 필요한 메모리는 줄어들죠.**

선언을 가능한 한 지연하면 몇 가지 이점이 따라옵니다. 불필요한 상태를 줄일 수 있거나 아예 제거할 수도 있습니다. 범위가 최소화됩니다. 객체는 초기화 이전에 사용되지 않습니다. 가독성이 향상됩니다. 이 모든 것은 안전성을 향상시키고, 때로는 성능도 향상시킵니다. 저는 이 규칙을 황금률처럼 따라야 한다고 생각합니다.

CHAPTER 5.5

[Per.7] 최적화할 수 있도록 설계하라

5.5.1 프레임 레이트 최대화하기

저는 게임으로 먹고삽니다. 더 정확히 말하면, 요즘에는 다양한 분야의 전문가인 수백 명의 사람으로 구성된 한 팀으로 일하면서 게임으로 먹고사는 일을 돕고 있습니다. 애니메이터, 아티스트, 오디오 엔지니어, QA, 프로덕션 업무를 하는 사람들 외에도 엔지니어로 구성된 대규모 팀이 있습니다.

항상 이랬던 것은 아닙니다. 1980년대에는 저 혼자 게임을 만들곤 했고 게임은 프레임 레이트frame rate에 따라 생사가 갈렸습니다. 영국에서 가정용 컴퓨터는 디스플레이에 50 Hz 전력 공급기가 달린 PAL TV 제품군을 사용했습니다. CRT 디스플레이는 교차하는 프레임에서 인터레이스interlace된 이미지를 만들어냈기 때문에 40밀리초 안에 전체 게임 루프를 실행하는 것이 목표였고, 그러려면 초당 25프레임을 만들어야 했습니다.

이 숫자는 물리법칙 혹은 최소한 가정용 전력 공급 장치에 따른 고정된 값이었습니다. 저는 Z80 프로세서에서 실행되는 싱클레어 ZX 스펙트럼용으로 게임을 개발했습니다. 저는 명령어당 실행에 몇 마이크로초가 걸리는지 알고 있었습니다. 신중한 부기 코드bookkeeping를 통해 청크chunk마다 ('함수'라는 단어를 쓰기가 망설여지네요) 몇 개의 스캔 선이 지나갈지sweep 알고 있었습니다. 스캔 선이 625개가 되면 시간이 다 된 거였죠.

물론 미국 시장에 팔 생각은 전혀 하지 못했습니다. 전력은 60 Hz로 공급되었는데 프로세서의 실행 속도는 같았기 때문입니다. 작업을 할 수 있는 시간이 줄었으니 프레임 레이트를 높이기 위해 기능을 줄여야 했습니다. 고해상도 TV가 등장한 이후에는 60 Hz의 1920×1080픽셀이라는 일관성 있는 해상도와 프레임 레이트라는 이점이 생겼습니다. 하지만 안타깝게도 요즘의 시장은 4K TV와 HDTV로 분열되어 이러한 일관성의 시대는 끝났습니다. 하드웨어 경쟁이 4K에서 해결되기를 바라고 있습니다.

1980년대 비디오 게임 개발 이야기로 돌아와, 최적화 과정은 단 한 가지, 더 작은 공간에서 더 빠른 실행만을 의미했습니다. 속도만을 위한 최적화는 존재하지 않았습니다. 램의 양이 고정되었기 때문에 루프 풀기loop unrolling는 돌려 막기 같은 것이었죠. 마찬가지로 크기만을 위해 최적화하면 프레임을 나타내는 데 걸리는 시간이 증가했습니다.

자주 사용한 트릭은 직접 인라인inline을 작성하는 방식이었습니다. 함수를 일단 작성한 다음 디버깅하면 이 함수를 호출할지 그 대신 호출 지점에 코드를 삽입할지 결정할 수 있었습니다. 명령어당 실행 시간이 얼마나 걸릴지 알고 있다면, 그리고 램이 코드를 치환하는 데 드는 비용이 얼마나 들지 안다면 이 방식으로 속도를 향상할 수 있는 지점을 정확하게 찾을 수 있었습니다.

이러한 치환은 루프 풀기와는 다릅니다. 루프 풀기를 하면 루프 시작점으로 다시 점프하여 돌아가는 횟수를 줄이도록 루프 본문이 한 번 이상 복제됩니다. 이는 물론 공간 비용이 듭니다. 하지만 함수 호출 시 함수 본문을 대체하면 때로 공간을 아낄 수 있습니다. 단순히 함수를 복제하는 것만으로 레지스터 보존 측면에서 함수를 호출하는데 필요한 비용이 사라지기 때문입니다.

저는 스택 조작stack manipulation을 특히 좋아했습니다. 프로세서가 점프 명령어가 아닌 호출 명령어를 만나면 프로그램 카운터를 스택에 저장하고 프로그램 카운터를 호출 피연산자call operand로 변경합니다. 프로세서가 반환 명령어를 만나면 스택 내용을 팝하여 프로그램 카운터로 넣습니다. 이는 단일 진입점entry, 단일 반환return이라는 개념을 완벽히 지원하지만 점프 테이블jump table을 만들면 아름답게 뒤집어버릴 수 있습니다. 선택한 함수가 특정한 순서로 실행되어야 한다는 점을 알고 있다면 함수의 주소를 실행되어야 하는 순서의 역순으로 스택에 넣고 나서 반환하면 됩니다. 함수가 실행될 때마다 스택의 다음 함수가 '반환'됩니다. 공간을 아낄 수 있는 좋은 방법이었지만 디버깅이 극도로 어려웠고 이식성도 전혀 없었습니다.

저에게 최적화는 게임을 만들 때 가장 재미있는 부분이었습니다. 마지막 행에 도달했다고 판단할 때까지 조금씩 코드를 갉아먹으면서 함수가 최적화되었다고 선언할 수 있었죠. 최적화를 위해서는 플랫폼에 익숙해야 하고 깊은 이해가 필요합니다. 제가 Z80 프로세서로 작업할 당시에는 레지스터 로딩 명령어가 0x40과 0x7f 사이에 있고 조건부 반환 명령어conditional return instruction는 0xc, 0xd, 0xe, 0xf에서 시작해 0x0이나 0x8에서 끝나며, xor 명령어는 0xA8에서 0xAF에서 b, c, d, e, h, l(hl), a 순서로 실행된다는 내용을 알고 있어야 했습니다.

5.5.2 하드웨어 수준에서 더 나아가 작업하기

지금은 제가 처한 상황이 다릅니다. C++는 하드웨어 수준에 아주 근접하지만 하드웨어상에서 직접 작업하는 언어는 아닙니다. 컴파일러는 이런 차이를 메워주며 제가 Z80 프로세서에 대해 알았던 세부적인 지식을 모두 갖고 있습니다. 현재 저의 경우 컴파일러가 가진 지식이란 멀티 프로세서를 포함하는 x86-64 아키텍처에 대한 것이죠. 저 혼자서는 필요한 세부 사항을 얻지 못합니다. 그렇기 때문에 C++로 옮겨가게 되었죠.

최적화 기법이라는 것도 있지만, 최적화 가능한 코드를 개발하는 기법도 있습니다. 유연성이 전혀 코드를 최적화할 수는 없으며, 최적화된 코드는 종종 이렇게 유연성이 없는 상태가 됩니다. 최적화 가능한 코드는 최적화를 수행할 사람 혹은 컴파일러에게 선택지를 남겨둡니다. 최적화될 수 있는 코드란 무언가를 바꿀 수 있는 선택지가 있는 코드입니다. 사실 '최적화optimize'와 '선택지option'는 둘 다 라틴어 어원이 '선택하다'라는 뜻인 **optare**로 같습니다.

엔지니어는 두 가지 방식으로 코드를 최적화하는 경향이 있습니다. 설계를 향상하거나, 성능을 향상하는 방법입니다. 설계를 향상시킨다는 것은 코드의 이해도와 재사용성을 개선하거나 혹은 요구 사항을 개선하도록 대응한다는 의미입니다. 성능을 향상시킨다는 것은 컴파일러에게 여러분이 하고자 하는 일에 대한 최대한의 정보를 주고 성능을 향상시킬 수 있는 최대한의 선택지 범위를 제공한다는 의미입니다.

핵심 가이드라인 페이지에서는 C 표준에 대해 좋은 예제를 제공합니다. 여기서 재현해봅시다.

예제 5.5.1

```
void qsort(void* base, size_t num, size_t size,
          int(*comp)(const void*, const void*));
```

이 함수는 어떤 메모리에 대한 포인터, 정렬하고자 하는 대상의 수, 정렬 대상의 크기, 정렬 대상의 순서를 지정하는 함수를 받습니다.

먼저 이 함수의 설계를 최적화해봅시다. 첫 번째 문제는 대상이 아니라 메모리를 정렬하는 것처럼 보인다는 점입니다. 추상화 수준이 잘못되었습니다. 함수 이름을 '정렬sort'이라 붙인다면 이 이름은 어떤 대상을 정렬한다는 의미를 나타냅니다. 메모리를 정렬한다는 개념은 무의미합니다. 또한 void* 를 받기 때문에 함수는 호출 지점에서 알 수 있는 정보, 즉 객체의 타입 정보를 버립니다.

C++로 넘어와 void*를 템플릿 매개변수로 바꿔서 즉시 고칠 수 있습니다.

예제 5.5.2

```
template <typename T>
void sort(T* base, size_t num, size_t size,
          int(*comp)(const T*, const T*));
```

이 최적화는 런타임이 아닌 컴파일 타임의 일반적인 에러, 즉 무의미한 비교 함수를 전달한다는 에러를 잡아서 설계를 향상합니다. void*는 아무것도 가리키지 않을 수도 있지만 T*는 반드시 T의 인스턴스를 가리켜야 합니다. 만약 정렬하고자 하는 값이 부동소수점인데 비교 함수가 문자를 정렬하는 경우, sort를 호출하면 잘못된 결과가 나옵니다.

다음으로 size_t 매개변수 2개를 생각해봅시다. 우선 이 매개변수는 문제가 터지길 기다리고 있네요. 클라이언트는 올바른 순서로 신중하게 이러한 매개변수를 전달해야 합니다. 매개변수가 잘못되었더라도 컴파일러가 경고하지 않기 때문입니다. 하지만 size 매개변수는 이제 중복입니다. 저장된 타입은 이제 함수 시그니처에 속하기 때문에 컴파일 타임에 크기size를 알 수 있습니다. 해당 함수 시그니처는 이렇습니다.

예제 5.5.3

```
template <typename T>
void sort(T* base, size_t num, int(*comp)(const T*, const T*));
```

타입으로 함수를 특수화specialize하면 컴파일러로 더 많은 정보를 줄 수 있습니다. 예를 들어 정렬된 객체가 차지하는 메모리의 전체 크기가 L1 캐시의 크기보다 작다면 최적화가 가능합니다.

마지막 매개변수는 함수 포인터입니다. 콜백callback 함수에 해당하죠. sort 함수는 두 객체의 순서를 결정해야 할 때 이 함수를 호출합니다. 여기서 최적화를 수행하기는 어렵지만 sort는 이제 함수 템플릿이니 함수가 컴파일 타임에 인스턴스화될 것이라 볼 수 있습니다. 콜백 함수의 정의가 sort 함수에 있다면 해당 정의는 함수 템플릿 특수화 내에 인라인될 수 있습니다.

더 나은 해결 방법도 있습니다. 콜백 함수를 템플릿 매개변수로 만드는 방법입니다. 다음 시그니처를 봅시다.

예제 5.5.4

```
template <typename T, typename F>
void sort(T* base, size_t num, F fn);
```

`F`에는 몇 가지 제약이 있습니다. `F`는 호출할 수 있어야 하고, `T*` 2개를 받아서 첫 번째 인수가 두 번째보다 순서가 앞서면 음의 정숫값을, 두 인수가 같으면 0을, 첫 번째 인수의 순서가 두 번째 인수보다 나중이면 양의 정숫값을 반환합니다. 결국 이는 원래의 함수 포인터가 하던 일입니다. 하지만 이제 함수 포인터가 아니라 람다lambda 함수를 전달할 수 있으니 인라인 가능성이 더 높아졌습니다. `std::function` 객체나 멤버 함수 포인터 역시 전달할 수 있습니다.

물론 해당 값이 함수에 전달된다는 것을 알기 때문에 함수에 제약 조건을 더 추가하고 `T const&` 한 쌍을 받아서 전달할 수 있는 함수의 범위를 넓히고 널 포인터를 검사할 필요를 없앨 수 있습니다. 그러면 컴파일러가 작업할 수 있는 정보는 더 많아지고 최적화를 할 수 있는 기회도 많아집니다.

다음은 무엇일까요? 글쎄요, 맨 처음의 매개변수 2개가 이제 약간 의심스럽습니다. `qsort` 함수는 정렬된 항목이 메모리에 연속적으로 저장되도록 합니다. 이는 몇 가지 이점이 있습니다. 우선 한 쌍의 반복자만 전달하면 된다는 점입니다. 아마 여러분은 한 쌍의 반복자로 시작할 테고, `std::distance`를 사용하여 요소의 수를 계산할 겁니다. 올바른 추상화 수준에서 작업하려면 정렬하고자 하는 값의 범위를 전달해야 합니다.

예제 5.5.5

```
template <typename InIt, typename F>
void sort(InIt first, InIt last, F fn);
```

산술 연산에 신경 쓸 필요가 없으니 이 표현이 더 안전합니다. 범위의 끝이 어딘지만 함수로 알리면 됩니다. 에러가 발생할 확률을 줄여서 설계를 최적화할 뿐 아니라 컴파일러가 계산하기 위해 코드를 내보낼emit 필요 없이 맨 처음 요소와 마지막 요소의 주소를 알려주어 컴파일 최적화도 수행할 수 있습니다. 이제 우리는 C++20이라는 용감한 신세계에 있으니, `requires` 절을 추가하면 설계를 더 개선할 수 있습니다. 사실 반복자 쌍을 범위로 바꿔서 더 개선할 수도 있습니다.

예제 5.5.6

```
template <typename R, typename F>
void sort(R&& r, F fn);
```

이제 `random_access_range` 콘셉트를 사용해서 의미 있는 제약 조건을 추가해 설계를 한층 단순화하고 컴파일러에 추가 정보를 제공합니다.

예제 5.5.7

```
template <std::ranges::random_access_range R, typename F>
void sort(R&&, F fn);
```

이제 짐작했겠지만 지금까지 한 내용은 C++ 이전 버전에서 C++20 버전에 이르기까지 `sort` 함수가 진화한 과정을 따라온 것입니다. 여전히 `qsort`를 표준 라이브러리에서 찾을 수 있지만, 레거시 환경이 아니라면 이를 사용할 이유는 거의 없습니다. 위에 인용한 함수 시그니처는 표준에서 가져온 것은 아닙니다. 범위는 프로젝션projection으로 작동하며, 프로젝션에 대한 내용은 이번 장의 주제를 벗어납니다.[1] 코드를 완성하자면 다음 오버로드와 같은 모습일 겁니다.

예제 5.5.8

```
template <std::ranges::random_access_range R,
          typename Comp = std::ranges::less, typename Proj = std::identity>
requires std::sortable<std::ranges::iterator_t<R>, Comp, Proj>
constexpr std::ranges::borrowed_iterator_t<R>
sort(R&& r, Comp comp={}, Proj proj={});
```

이 함수는 다음과 같은 성질이 있습니다.

- 범위, 비교 함수, 프로젝션을 받습니다.
- 제공된 타입의 인스턴스로 정렬될 수 있는 범위를 필요로 합니다.
- `constexpr` 함수입니다.
- 마지막 요소로 반복자를 반환합니다.

---

1 [옮긴이] 범위(range)와 프로젝션(projection)은 C++20에서 도입된 기능입니다. 범위는 반복자의 범위를 나타내는 객체이고, 프로젝션은 '투영'이라는 뜻으로, 범위의 각 요소를 변환하는 데 사용하는 함수입니다. 참고로 수학에서는 투영 벡터, 투영 변환 같은 개념이 있습니다.

이 함수는 또한 qsort보다 컴파일러로 정보를 더 제공하며 호출 지점call site을 더 명확하게 만듭니다.

하지만 저 많은 글자를 보면 선언의 크기가 상당히 커질 수 있음을 고려해야 합니다. 안됐지만 컴파일 타임에 선언 크기도 증가할 겁니다. qsort처럼 단순히 호출 지점에 함수 호출을 삽입하는 대신, 컴파일러는 먼저 템플릿 매개변수를 추론하고 제약 조건을 승인하여 인스턴스화한 다음 함수 템플릿을 최적화하며 인라인 값을 고려합니다. 이건 컴파일 타임 실행을 런타임 실행으로 바꾸고 있는 것이죠.

더 빠르게 만들기 위해서는 시간이 듭니다. 현명한 투자입니다. 그 시간은 쓰세요. 성능 향상을 촉진하기 위해 설계를 변경할 수 있도록 준비하세요. 하지만 모든 함수를 시간을 재가며 너무 꼼꼼하게 찾지는 마세요. 시간 투자가 필요한지 먼저 확인해보세요.

5.5.3 추상화를 통한 최적화

이 장의 제목인 "최적화가 가능하도록 설계하라Design to enable optimization"를 다시 떠올려봅시다. 방금 수행한 단계는 추상화에 대한 장에 포함될 수도 있습니다. 우리는 함수의 성능상 특징을 향상시켰을 뿐 아니라 함수의 추상화도 향상시켰으며, 성능과 추상화는 종종 함께 향상됩니다. 하지만 이런 질문을 해야 합니다. 최적화가 너무 이르지는 않았을까요?

1990년대 동안 저는 "최적화를 너무 일찍 하면 만악의 근원이 된다."는 경고를 정말 자주 들었습니다. 요구 사항이 안정화되기 전에 누군가 함수를 직접 최적화하느라 시간을 쓰고 있다면 보통 듣던 말입니다. 이 말 자체는 도널드 커누스나 토니 호어Tony Hoare가 한 말로, 도널드 커누스나 토니 호어가 서로의 말을 인용했을 수도 있습니다. 두 사람 다 뛰어난 컴퓨터 과학자입니다. 우리는 전설적이라고 말할 수 있을 정도의 거인의 어깨 위에 서 있습니다. 호어는 퀵 정렬quicksort, 커누스는 텍TeX을 고안했습니다. 그들이 하는 말에 주의를 기울여야 할 뿐만 아니라 이해해야 하고, 이 말이 언제 잘못 적용되는지도 알아야 합니다.

1974년 12월에 발표한 논문 <go to 문으로 구조적 프로그래밍하기>[2]에서 도널드 커누스는 다음과 같이 썼습니다.

---

2   "Structured Programming with go to Statements", *Computing Surveys*, Volume 6, Number 4, December 1974.

효율성이라는 성배가 남용된다는 점은 의심할 여지가 없습니다. 프로그래머는 프로그램에서 중요하지 않은 부분의 속도에 대해 생각하고 걱정하느라 엄청난 시간을 낭비합니다. 이러한 효율성을 위한 시도는 디버깅과 유지보수를 고려하면 매우 부정적인 영향을 미칩니다. 낭비되는 시간 중 97%에 달하는 작은 효율성에 대해서는 잊어버려야 합니다. 너무 이른 최적화는 만악의 근원입니다.

하지만 중요한 3%의 기회는 놓치면 안 됩니다. 좋은 프로그래머는 그런 생각에 안주하지 않고, 중요한 코드를 신중하게 살피는 현명한 사람입니다. 하지만 이는 코드를 파악한 이후라야 가능합니다. 프로그램에서 실제로 어느 부분이 중요한지 선험적으로a priori 판단하는 실수는 흔합니다. 측정 도구를 사용한 경험이 있는 프로그래머의 일반적인 경험에 의하면 그들의 직관적 추측은 실패합니다. 이러한 측정 도구로 7년간 작업하고 나니, 이제부터 작성될 모든 컴파일러는 프로그램에서 가장 비용이 비싼 부분이 어디인지 나타내는 피드백을 프로그래머에게 제공하도록 설계해야 한다고 확신하게 되었습니다. 일부러 끄지 않는 이상 이러한 피드백은 자동으로 제공되어야 한다고 말입니다.

80퍼센트의 실행 시간이 코드의 20퍼센트에서 발생한다는 파레토 법칙Pareto principle[3]을 잘못 적용하는 경우가 흔합니다. 이 법칙대로라면 그 20퍼센트의 코드를 알아볼 수 있는 개발 과정의 끝부분이 최적화할 타이밍입니다. 하지만 소스 전반에서 이 20퍼센트가 사용된다면, 안전하게 수정한다는 것은 거의 불가능합니다. 게다가 커누스가 말한 대로, 성능에서 핫스팟을 상정하고서 프로그램을 살펴보기는 극히 어렵습니다. 이러면 엔지니어 입장에서 어떤 특정한 부분에 시간을 들이는 것이 성능에 어떤 영향을 미칠지 알 수 없기 때문에 코드를 개선할 동기가 사라지게 됩니다.

최적화는 요구 사항이 안정화되면 리팩터링refactoring과 함께 수행해야 합니다. 프로그램 단위의 최적화는 어리석은 일이죠. 올바른 알고리즘을 선택하면 크게 성능을 향상시킬 수 있으며, 알고리즘으로 대체할 수 있는 코드를 만들면 최적화를 할 수 있습니다. CPU가 빨라지기를 그저 기다릴 수도 있었던 때가 있었지만, 이제 그런 시기는 지나갔습니다.

3%라는 수치가 무슨 의미인지 생각해봅시다. 코드 100줄당 3줄입니다. 여러분의 함수는 얼마나 긴가요? 5줄짜리 짧은 함수는 상태가 괜찮을 수도 있지만, 더 긴 함수는 자세히 검토해서 이득을 볼 수 있습니다. 가장 좋은 최적화란 여러분이 하려는 일을 더 명확하게 만드는 것이고, 컴파일러로 전달하는 정보가 극대화되는 것입니다. 예를 들면 여러분이 직접 만든 루프를 기존 알고리즘으

---

3 울긴이 80대 20 법칙이라고도 합니다.

로 바꾸는 것이죠.

`sort` 예제로 돌아가보면 `qsort`와 `std::ranges::sort`의 한 가지 차이는 반환 타입입니다. `qsort`는 `void`를 반환하지만 `std::ranges::sort`는 범위의 끝과 동일한 반복자를 반환합니다. 필수는 아니지만 경우에 따라 유용합니다. 최적화가 가능하도록 설계하는 한 가지 방식은 반환되는 정보의 양이 다른 함수 군을 제공하는 것이며, 이러한 함수 모두 동일한 기본 알고리즘을 사용해서 구현하는 것입니다.

표준 알고리즘은 이를 지원합니다. `std::is_sorted`는 범위와 비교 함수를 받고 `bool`을 반환해서 요소의 정렬 여부를 나타냅니다. `std::is_sorted_until`은 정렬이 범위가 중단된 위치에 있는 반복자를 반환합니다. `std::is_sorted`는 `std::is_sorted_util`을 호출로 구현하여 반환값이 범위의 끝에 있는지 확인할 수 있습니다.

마찬가지로, `std::mismatch`는 두 범위를 비교하며 서술자predicate를 충족하지 않는 첫 번째 요소를 찾습니다. 이 서술자는 동등성 연산자equality operator이며 `std::mismatch`가 요소가 아니라 범위의 끝을 반환한다면 두 범위는 같습니다. `std::equal`은 이를 특수화한 것입니다.

이 두 함수가 의미하는 바는 한 가지 아이디어를 지원하지만 서로 다른 추상화 수준에서 작업한다는 점입니다. 여러분이 작업하는 추상화 수준에 맞는 함수를 선택하면 됩니다. 그리고 그렇게 함으로써 컴파일러가 최적의 코드를 생성하기 위해 당장 해야 하는 일보다 더 많지도 적지도 않은 정보를 제공할 수 있습니다.

5.5.4 요약

최적화는 컴파일러가 제일 잘할 수 있는 영역입니다. 소스에서 생성될 코드에 대해 여러분이 생각하는 바도 있겠지만 이는 컴파일러가 실제로 수행하는 일입니다. 여러분의 의도를 컴파일러에게 가능한 완전히 그리고 정확하게 알리는 일은 바로 컴파일러를 최대한 활용하는 열쇠가 됩니다.

합성composition을 위한 인터페이스 설계에 집중하세요. 함수를 개발하면서 함수를 합성하는 부분을 부수적인 개별 함수로 표현할 수 있는지 스스로 질문해보세요. 직접 최적화하는 방식은 코드를 향상하는 유일한 방법도 아니며 대부분 성급한 최적화일 가능성이 높습니다. 함수를 신중히 합성하고 제대로 일반화하면 최적화할 더 나은 기회를 얻습니다.

모든 것에는 비용이 듭니다. 여러분은 CPU 명령어가 몇 나노초가 걸리는지, 스레드 문맥 교환 context switch에 몇 마이크로 초가 걸리는지, 1 KB 버퍼를 지구 반대편으로 보내는 데 몇 밀리초가 걸리는지 등을 알고 있을 수도 있습니다. 시간 단위가 다른 작업을 비교하기보다는 비슷한 작업을 비교하는 게 낫습니다. 같은 시간 단위 내의 작업은 컴파일러에 맡기세요.

5.6

[E.6] 메모리 누수를 방지하려면 RAII를 사용하라

5.6.1 결정론적 소멸

이 책에서 내내 결정론적 소멸deterministic destruction에 대해 열심히 이야기했습니다만, 이는 C++의 가장 큰 특징임을 거듭 말씀드립니다. 그러나 여기에는 아쉽게도 객체 저장 기간에 대한 작은 문제가 있습니다.

저장 기간storage duration의 종류는 네 가지입니다. 정적static 저장 기간을 갖는 객체는 `main()`이 실행되기 전에 생성되며 `main()`이 반환된 후 소멸됩니다. 자동automatic 저장 기간을 갖는 객체는 선언되자마자 생성되며 객체의 이름이 범위를 벗어나면 소멸됩니다. 스레드 지역thread-local 저장 기간을 갖는 객체는 스레드가 시작될 때 생성되며 스레드가 끝나면 소멸됩니다. 동적 저장 기간이란 사용자가 지정한 동작을 뜻합니다. 동적dynamic 저장 기간을 갖는 객체는 `new` 연산자를 사용하면 생성되고 `delete` 연산자를 사용하면 소멸됩니다. 이러한 연산자는 사용자가 작성한 소스 코드에 있습니다. 즉, 에러에 취약합니다. 이러한 에러는 두 종류가 있습니다. 객체가 소멸된 이후 `delete` 사용을 잊어버린 채 해당 객체를 사용하는 경우, 그리고 완전히 객체를 잃어버리는 경우입니다. 여기서 우리가 걱정하는 에러는 후자입니다. 객체를 잃는다는 것은 누수leaking라 합니다.

다음은 가장 단순한 누수 예제입니다.

예제 5.6.1

```
#include <vector>
int main() {
  new std::vector<int>;
}
```

문법적으로는 완벽하게 맞습니다. 방금 컴파일러 익스플로러에서 여러 컴파일러로 시도해보니 전부 경고 없이 컴파일되었습니다. 실행 시 `new` 연산자는 `std::operator new`를 호출하며 `std::vector<int>`의 인스턴스를 생성하는 데 필요한 메모리를 요청하는데, 보통 워드word 3개가 필요합니다. 메모리는 할당되고 나서 `new` 연산자로 반환되며 `std::vector<int>`의 기본 생성자를 호출하여 이 3개 워드를 채웁니다. 이어서 `main()`이 종료됩니다.

이 객체는 이름에 바인딩되어 있지 않습니다. 그럴 필요가 없었습니다. `new` 연산자는 명령받은 대로 자신의 작업을 합니다. `new` 연산자를 이름에 바인딩하지 않았으므로 이 객체는 삭제되지 않았고 즉시 누수가 발생했습니다. 메모리는 `main()`이 종료exit되어도 자동으로 해제되지 않았습니다. 하지만 프로세스가 끝날 때 운영체제가 알맞게 정리cleanup했을 가능성이 큽니다. 아무 소멸자도 호출하지 않았지만 메모리는 회수되었을 겁니다.

이번에는 그다음으로 단순한 누수 예제입니다.

예제 5.6.2

```
#include <vector>
int main() {
  auto vi = new std::vector<int>;
}
```

보다시피 `new` 연산자의 연산 결과를 이름에 바인딩했습니다. 그러나 안타깝게도 객체를 삭제하기 전에 이름이 범위를 벗어났습니다. 이름이 범위를 벗어났을 때 소멸되는 것은 `std::vector<int>` 객체가 아니라 이 객체를 가리키는 포인터였습니다. `vi`라는 타입은 `std::vector<int>*`이며, 이와 같은 객체가 범위를 벗어나면 포인터가 가리키는 객체는 소멸되지 않고 포인터 자신만 소멸됩니다.

스마트 포인터가 도입된 C++11 이전에는 이러한 문제가 가장 흔했습니다. 이제는 이렇게 할 수 있습니다.

예제 5.6.3

```
#include <vector>
#include <memory>
int main() {
  auto vi = std::unique_ptr<std::vector<int>>(new std::vector<int>);
}
```

약간 복잡하네요. C++14에서 `std::make_unique`가 도입된 이후부터는 이렇게 할 수 있게 되었습니다.

예제 5.6.4

```
#include <vector>
#include <memory>
int main() {
  auto vi = std::make_unique<std::vector<int>>();
}
```

훨씬 명확합니다. 여러분도 동의하길 바랍니다. `vi`는 더 이상 `std::vector<int>*` 타입이 아닙니다. 이제는 `std::unique_ptr<std::vector<int>>` 타입의 객체입니다.

`vi`의 생명주기는 이제 약간 다릅니다. 생성 시 메모리 주소에서 초기화되지 않으며, 이름이 범위를 벗어나면 존재하지 않습니다. `vi`는 메모리 주소뿐 아니라 객체를 소멸하는 방식에 대한 명령어로도 초기화됩니다. `vi`가 범위를 벗어나면 바인딩된 객체의 소멸자를 호출하므로, 결국 `std::vector<int>` 객체가 소멸됩니다.

객체를 생성할 때 소멸시키는 방법에 대한 세부 사항도 포함한다는 이디엄을 '자원 획득은 초기화Resource Acquisition is initialization, RAII'라고 합니다. 메모리의 생명주기는 객체의 수명에 종속됩니다. RAII는 비야네 스트롭스트룹이 만든 말이며 그의 책《The C++ Programming Language》에 처음 나왔습니다.

RAII 개념은 소멸자의 주요 이점입니다. 이 개념은 메모리뿐 아니라 명시적으로 관리해야 하는 생명주기가 있는 모든 리소스에 적용할 수 있습니다. 이번 장의 나머지 부분에서 한 가지 예를 살펴보겠습니다.

앞의 예제는 메모리 누수를 시연하기 위해 일부러 만든 것이라는 점을 짚고 넘어갑시다. 예제 내용은 스택stack에서 벡터를 생성하여 객체에 자동 저장 기간을 부여하면 모두 고칠 수 있었을 것입니다.

항상 동적 저장 기간보다는 자동 저장 기간을 택해야 합니다. 동적 저장 기간은 객체가 현재 범위를 벗어나서도 수명이 유지되어야 하는 경우에만 필요합니다. C++를 처음 접하는 사람이라면 약간 놀랍고 궁금할 수 있습니다. `new` 연산자를 본 적이 없을 수도 있고, 스마트 포인터로 소멸 비용이 저렴한 큰 객체를 생성했을 수도 있습니다. 원시 포인터의 사용을 지양하여 메모리 누수를 피하라는 조언을 들어본 적이 있을 겁니다. 하지만 메모리 누수만이 유일한 누수는 아닙니다.

5.6.2 파일 누수 없애기

윈도우 프로그래머라면 함수 `CreateFile`에 익숙할 것입니다. 이 함수는 파일이나 입출력 장치를 만들거나 열고 해당 객체에 대한 핸들을 반환합니다. 이 핸들은 `void*`의 별칭인 `HANDLE` 타입입니다. 핸들은 `ReadFile`, `WriteFile`, `SetFilePointer` 등 파일과 관련된 모든 함수를 호출하는 데 사용됩니다. 해당 객체가 더 이상 필요하지 않으면 `CloseHandle`을 호출하여 운영체제로 리소스를 해제합니다.

표준 라이브러리도 마찬가지 방식으로 파일을 처리합니다. 스트림(<streams>) 라이브러리를 사용하지 않는 경우, 함수 `std::fopen`은 파일이나 입출력 장치를 만들거나 열고 구현 방법에 따라 정의된implement-defined `FILE`이라는 타입을 가리키는 포인터를 반환합니다. 이 포인터는 `std::fread`, `std::fwrite`, `std::fseek` 등과 같은 파일 관련 함수를 호출하는 데 사용됩니다. 해당 객체가 더 이상 필요하지 않으면 `std::fclose`를 호출하여 운영체제로 리소스를 반환합니다.

윈도우 함수와 표준 라이브러리의 작업은 상당히 유사하다는 점을 알 수 있습니다. `std::fread`는 마지막 인수로 `FILE` 포인터를 받고, `ReadFile`은 `FILE` 포인터를 첫 번째 인수로 받습니다. 그리고 `std::fread`는 주어진 크기의 여러 객체를 읽으며 `ReadFile`은 바이트를 읽습니다. 원리는 같습니다. 운영체제에서 제공하는 핸들로 파일을 조작할 수 있다는 것입니다.

이러한 핸들은 마치 메모리처럼 누수가 발생할 수 있습니다. 예제 5.6.1로 돌아와서, 다음은 `std::fopen`의 가장 단순한 누수 예제입니다.

예제 5.6.5

```
#include <cstdio>
int main() {
  std::fopen("output.txt", "r");
}
```

std::fopen은 FILE*을 반환하는데, 이 포인터는 이름에 바인딩되어 있지 않으므로 즉시 누수가 발생합니다. 예제 5.6.2도 std::fopen 버전으로 다시 봅시다.

예제 5.6.6

```cpp
#include <cstdio>
int main() {
  auto file = std::fopen("output.txt", "r");
}
```

FILE은 아직 누수가 발생합니다. 이 예제의 FILE은 이름에 바인딩되었지만, 운영체제로 리소스를 반환하는 std::fclose를 호출하지 않았습니다.

다행히 C++ 표준 라이브러리는 iostream 라이브러리라는 구원 투수가 있습니다. 이 라이브러리는 올바르게 생명주기가 관리되는 객체를 선택할 수 있도록 합니다 std::unique_ptr은 메모리 리소스가 범위를 벗어나면 해당 리소스를 해제하는데, iostream 라이브러리 객체 역시 마찬가지입니다. 예를 들면 다음과 같습니다.

예제 5.6.7

```cpp
#include <fstream>
int main()
{
  auto file = std::fstream{ "output.txt" };
}
```

파일을 열려면 파일명을 std::fstream 객체 생성자로 전달해야 합니다. 그러면 파일을 열고 read, write, seekp, seekg같은 멤버 함수를 호출할 수 있고, 소멸자를 호출하면 파일이 닫힙니다.

모든 사람이 iostream 라이브러리를 선호하지는 않습니다. 이 라이브러리는 추상 기본 클래스로 설계되었기 때문에 성능이 비효율적이라는 부담이 있습니다. 1990년대 초반의 라이브러리이기 때문입니다. 그 뒤 우리는 C++ 라이브러리 설계에서 합성의 가치 등 많은 것을 알게 되었으니, 다시 설계한다면 다른 접근법을 취할 것이라고 생각합니다. 약속한 기능을 제공하는 여전히 완벽한 라이브러리이긴 하지만, 많은 프로그래머는 자신만의 방법으로 자체 파일 처리 라이브러리를 밑바닥부터 구현하려는 유혹을 받습니다.

파일 누수 문제를 해결하는 더 쉬운 방법이 있습니다. 한 가지 방법은 std::unique_ptr 같은 객체를 생성하는 것인데, 이 객체는 메모리를 가리키는 포인터가 아니라 파일을 갖습니다. 다음은 그예제입니다.

예제 5.6.8

```cpp
#include <cstdio>
class FILE_holder {
public:
  FILE_holder(std::FILE* f) : m_f(f) {}
  ~FILE_holder() { std::fclose(m_f); }
  operator std::FILE*() { return m_f; }

private:
  std::FILE* m_f;
};

int main()
{
  auto file = FILE_holder(std::fopen("output.txt", "r"));
}
```

여기서 누수는 발생하지 않았습니다. 물론 다른 문제는 있습니다. 해당 객체를 떠나서 할당하면 객체가 너무 일찍 닫힐 수 있습니다. 사실은 std::unique_ptr과 같은 방식이 필요합니다만 여기서는 new 연산자가 아닌 std::fopen으로 생성한 객체가 필요합니다.

다행히 표준 위원회에서는 이에 대해 고려했습니다. std::unique_ptr은 매개변수가 하나가 아니라 두 개인 클래스 템플릿입니다. 첫 번째 매개변수는 객체가 포함하는 객체 타입이며, 두 번째 매개변수는 삭제자deleter입니다. 두 번째 매개변수의 기본값은 생성자와 괄호 연산자가 있는 std::default_delete라는 아주 단순한 객체입니다. 소박한 구현체naïve implementation는 다음과 같습니다.

예제 5.6.9

```cpp
template<class T>
struct default_delete {
  constexpr default_delete() noexcept = default;
  template<class U>
  default_delete(const default_delete<U>&) noexcept {}
  void operator()(T* p) const { delete p; }
};
```

std::unique_ptr 인스턴스를 만들 때 delete를 직접 작성해서 사용하기보다는 std::FILE에 대한 템플릿을 특수화하면 됩니다. 방법은 예제처럼 간단합니다.

예제 5.6.10

```
#include <memory>
#include <cstdio>

template <>
struct std::default_delete<std::FILE> {
  void operator()(std::FILE* f) { std::fclose(f); }
};

int main()
{
  auto file = std::unique_ptr<std::FILE>(std::fopen("output.txt", "r"));
}
```

특수화를 통해 delete 연산자를 호출하지 않고 괄호 연산자를 std::fclose에 대한 호출로 간단히 치환했습니다. file이 범위를 벗어나면 std::FILE*을 포함하는 std::unique_ptr 객체는 소멸되며, 이 객체가 소멸되는 동안 std::FILE* 객체가 닫힙니다.

5.6.3 왜 굳이 이렇게 할까요?

이상적으로는 리소스와 관련된 모든 클래스는 해당 리소스의 생명주기를 올바르게 관리하는 생성자와 소멸자가 있어야 합니다. 살펴봤던 std::FILE*의 경우 이를 따르지 않은 객체를 위한 탈출구가 있었지만, 리소스가 포인터로 노출되지 않을 때는 어떻게 해야 할까요?

운영체제가 우리 대신 모든 일을 하는데도 불구하고 우리가 직접 정리하느라 고생하는 것처럼 보일 수 있습니다. 프로세스가 종료되면 프로세스 관련 핸들도 모두 닫히고, 메모리도 모두 해제되며, 모든 것은 재사용 준비를 마친 상태가 됩니다. 어쨌든 해당 환경에서 알아서 처리할 텐데 왜 우리가 리소스 누수에 신경을 써야 할까요?

몇 가지 이유가 있습니다. 첫 번째는 리소스 누수가 너무 빨리 발생하면 리소스 요청 시 운영체제에서 요청하는 리소스가 없다고 경고하며 해당 요청을 거부하는 상황이 닥칩니다. 프로그램이 오래 살아 있는 경우가 특히 그렇습니다. 배포된 컴퓨터가 가동되는 시간 내내 실행되도록 설계된 경우죠.

두 번째는 들이면 좋은 습관이기 때문입니다. 스스로 리소스를 정리하는 것이 선택 사항이라는 말은 즉 개발 주기상 의사 결정 시점을 두었다는 뜻입니다. 누수 가능성이 있는 것을 만들 때마다 누수 방지를 위한 작업에 시간을 들일지 결정하는 시간을 써야 하죠. 항상 스스로 정리하는 습관을 들이세요.

세 번째는 특히 파일의 경우, 운영체제에서 실행 중인 응용프로그램이 파일을 열어 둔 상태일 때 프로그램이 끝날 때까지 사용자는 해당 파일을 수정하거나 옮기거나 삭제하지 못합니다. 사용자가 원치 않는 파일을 삭제하기 위해 컴퓨터를 재부팅해야 하는 등 상당히 짜증나는 상황이 생길 수 있습니다.

마지막으로, 운영체제가 모든 정리를 수행한다는 가정은 꼭 안전하지는 않습니다. 오래된legacy 서드 파티 라이브러리를 사용하는 경우, 리소스 누수는 오랜 기간 영향을 미치는 결과를 낳을 수 있습니다. 다음 코드를 봅시다.

예제 5.6.11

```
int open_database(const char*);
void close_database(int);

int main()
{
  auto db = open_database("//network/customer.db");
}
```

여러분의 컴퓨터에서 떨어진 어딘가에 데이터베이스가 존재합니다. 이 코드는 연결을 열고, 이후 연결에 누수가 발생합니다. 운영체제는 누수가 발생한 뒤 어떤 일을 해야 하는지 아무것도 모릅니다. 운 좋게 데이터베이스 서버가 잘 작성된 소프트웨어여서 타임아웃 기간 안에 사용되지 않으면 연결을 분배하고hand out 닫을 수도close 있습니다. 하지만 안전한 가정은 아니죠.

그런데 `std::default_delete`는 특수화할 수 없습니다. `open_database`가 포인터를 반환하지 않기 때문입니다. `reinterpret_cast`를 사용해서 `int`를 포인터로 바꾸고 싶을 수도 있지만, 그러면 컴파일러를 속이는 셈이므로 코드 리뷰 때 따가운 눈총을 받게 될 겁니다. 제대로 된 해결책은 다음과 같이 프록시proxy를 만드는 것입니다.

예제 5.6.12

```
#include <memory>

int open_database(const char*);
void close_database(int);

struct DATABASE_PROXY {
  DATABASE_PROXY(int db_) : db(db_) {}
  operator int() { return db; }
  int db;
};

template <>
struct std::default_delete<DATABASE_PROXY> {
  void operator()(DATABASE_PROXY* p) { close_database(*p); }
};

int main()
{
  auto db = std::unique_ptr<DATABASE_PROXY>
              (new DATABASE_PROXY(open_database("//network/customer.db")));
}
```

`DATABASE_PROXY` 클래스는 반환된 타입을 래핑하므로 자유 공간free store에서 사본을 할당하여 이 사본을 `std::unique_ptr` 생성자로 전달할 수 있습니다. 또한 `int`보다 더 큰 객체도 가능한데, 함수가 `struct`를 반환한다면 설계의 일환으로 리소스 관리가 알맞게 이루어지기를 바랄 수도 있습니다.

5.6.4 미래의 가능성까지 고려해야 하는가

`std::default_delete`를 특수화하기 위해서만 `struct`를 생성하는 작업은 너무 커 보입니다. 하지만 이는 '오래된 코드를 다루는 일'에 속합니다. 우리는 지난 40년간 C++ 개발에서 프로그래밍 커뮤니티로서 많은 것을 학습했고, 그 내용 대부분은 C++ 표준의 개정판으로 신중하게 인코딩되었습니다. 당시에는 잘 작성된 듯 보였으나 이후에 나온 이디엄이나 관행의 이점이 없는 코드를 받아들이는 데는 항상 비용이 듭니다.

예를 들면 형 변환은 C 코드를 작성할 때는 상충하는 타입을 다루는 아주 일반적이고 수용할 법한 방법이었습니다. C++는 타입 시스템을 철학적으로 강화하였으며 `static_cast`와 `reinterpret_` cast와 같은 형 변환 키워드를 실용적으로 도입했습니다. 둘 다 못생긴[1] 키워드이긴 하지만, 여러분이 C++의 중요한 부분, 정확히 말하면 타입 안전성을 깨뜨린다는 사실을 일깨워줍니다.

RAII를 모델링하는 현대적인 방식은 생성자와 소멸자를 올바르게 사용하는 것입니다. 모든 리소스는 생성자로 획득하고 소멸자로 해제해야 하며, 할당 연산자를 통해 올바르게 관리해야 합니다. 리소스는 알맞은 자체 특수 함수가 있는 자체 클래스에서 추상화하여 클라이언트 클래스가 리소스를 관리하는 부담을 덜 수 있도록 해야 합니다. 이 부분에서는 5의 법칙the rule of five 혹은 0의 법칙the rule of zero[2]을 권장합니다.

하지만 향후 라이브러리 펀더멘털 버전 3[3]의 [scopeguard]라는 섹션에서 더 명시적으로 지원할 것입니다. 여기서는 <experimental/scope>라는 헤더를 서술하는데, 헤더 이름은 표준에 채택될 때 수정될 수도 있습니다. 이 헤더는 다음 네 개의 클래스를 제공합니다.

예제 5.6.13

```
template <class EF> class scope_exit;
template <class EF> class scope_fail;
template <class EF> class scope_success;
template <class R, class D> class unique_resource;
```

처음 3개 클래스는 EF 함수 객체를 래핑하고 범위를 종료할 때 이를 호출합니다. 한편 std::experimental::unique_resource는 리소스를 소유하고 관리하는 리소스 핸들 R에 대한 범용universal RAII 래퍼이며, std::experimental_unique_resource가 소멸될 때 삭제자 D를 통해 리소스를 해제dispose합니다.

처음 3개 클래스는 단일 범위에서는 RAII에 유용합니다. 함수가 극도로 긴 경우 범위 종료 방식은 여러 가지일 수 있지만, 이들 클래스는 범위가 어떻게 종료되든 확실히 정리합니다. 종료 시 예외와 성공 여부를 구분하고 싶다면 std::experimental::scope_fail과 std::experimental::scope_success라는 옵션을 사용할 수 있습니다. 예를 들면 다음과 같습니다.

---

1 [옮긴이] 저자는 코드의 가독성을 중요시하는 경향이 있습니다. 스네이크 케이스를 사용하는 등 표현이 길어져서 못생겼다(ugly)는 주관적 판단을 덧붙인 것으로 보입니다.

2 [옮긴이] 기본은 3의 법칙으로 소멸자, 복사 생성자, 복사 할당 연산자 중 하나라도 선언했다면 나머지도 모두 선언해야 한다는 내용입니다. 5의 법칙은 여기에 이동 생성자와 이동 할당 연산자가 추가됩니다. 0의 법칙은 이들이 필요하지 않도록 설계한다는 내용입니다. 아래 참고 링크에 관련 내용 및 《Effective C++》의 저자 스콧 마이어스 등의 블로그 게시글 링크도 포함되어 있습니다. 참고: https://en.cppreference.com/w/cpp/language/rule_of_three

3 https://www.open-std.org/jtc1/sc22/wg21/docs/papers/2020/n4873.html

예제 5.6.14

```
void grow(vector<int>& v) {
  std::experimental::scope_success guard([]{
    std::cout << "Good!" << std::endl; });
  v.resize(1024);
}
```

이 함수를 빠져나가는 방법은 두 가지입니다. `v.resize(1024)`가 성공하거나 에러를 던지는 경우입니다. `std::experimental::scope_success` 객체는 `resize`에 성공했을 때만 표준 출력을 작성합니다.

`std::experimental::unique_resource`[4]는 `std::unique_ptr`과 아주 비슷합니다. 하지만 `std::unique_ptr`과는 달리, `std::experimental::unique_resource`는 리소스가 포인터일 필요가 없습니다.

`std::fopen` 예제를 다시 봅시다.

예제 5.6.15

```
#include <experimental/scope>
#include <cstdio>

int main()
{

  using std::experimental::unique_resource;
  auto file = unique_resource(
      std::fopen("output.txt", "r"),
      [](auto fp){ std::fclose(fp); });
}
```

하지만 문제가 있습니다. `std::fopen`이 실패하면 어떻게 될까요? `std::fopen`의 결괏값 혹은 이러한 방법으로 래핑하고자 하는 리소스가 유효하지 않은 값임을 알릴 방법이 필요합니다.

함수 시그니처가 다소 길지만 `std::make_unique` 함수 템플릿과 비슷한 것도 있습니다.

---

4 `std::experimental` 네임스페이스는 C++ 표준 위원회가 승인한 실험적 기능을 위해 사용됩니다. 실험적인 기능에서 시작한 엔티티는 긍정적인 피드백을 충분히 받으면 `std` 네임스페이스로 들어가게 됩니다.

예제 5.6.16

```
template <class R, class D, class S=decay_t<R>>
std::experimental::unique_resource<decay_t<R>, decay_t<D>>
  std::experimental::make_unique_resource_checked
      (R&& resource, const S& invalid, D&& d)
  noexcept(std::is_nothrow_constructible_v<decay_t<R>, R> &&
          std::is_nothrow_constructible_v<decay_t<D>, D>);
```

이 함수 템플릿은 리소스 타입, 그리고 리소스 타입에 대해 유효하지 않은 값, 삭제자_{deleter} 함수 객체를 받아서 `std::experimental::unique_resource` 객체를 반환합니다. 리소스가 유효하지 않은 값에 해당하면 삭제자 함수 객체는 호출되지 않습니다.

여기서 `std::fopen` 예제를 어떻게 다시 작성했는지 봅시다.

예제 5.6.17

```
#include <experimental/scope>
#include <cstdio>

int main()
{
  auto file = std::experimental::make_unique_resource_checked(
      std::fopen("potentially_nonexistent_file.txt", "r"),
      nullptr,
      [](auto fptr){ std::fclose(fptr); });
}
```

이 예제를 살펴보면, 파일을 여는 데 성공하면 `std::fclose`를 호출할 의도로 `std::fopen`의 결괏값으로 `std::experimental::make_unique_resource_checked`를 호출합니다. `std::fopen`이 반환한 값이 `nullptr`이면 `std::fclose`는 호출하지 않습니다.

5.6.5 어디에서 얻을 수 있나요?

이러한 도구를 여러분의 도구모음에 두면 유용할 겁니다. 하지만 아쉽게도 구현의 공급자_{vendor}가 반드시 제공하지는 않습니다. 제가 좋아하는 공급자는 `<experimental/scope>`를 제공하지는 않지만 몇 가지 실험적인 기능 항목이 있습니다.

그렇다고 하여 여러분이 직접 구현하는 것을 막지는 않습니다. 앞서 언급한 각주의 링크[5]에 있는 기술 사양에 자세한 전체 사양이 있습니다. [scopeguard]를 검색해보세요. 대괄호 안의 태그는 안정적인 인덱스stable index라고 합니다. 여기서 이 4개 클래스와 비멤버 함수가 어떻게 작동해야 하는지 전체 사양을 확인할 수 있습니다. 읽는 데는 15분도 걸리지 않습니다. 여러분이 구현을 구상하는 것보다는 시간이 덜 들 겁니다.

스스로 구현하면 세 가지 이점이 있습니다. 주된 이점은 여러분이 사용하는 객체가 표준으로 채택될 가능성이 높을 때는 소스 코드를 최소한만 변경하면 된다는 점입니다. 두 번째 이점은 표준 사양을 만드는 방식과 라이브러리 기능을 구현하는 법을 학습할 수 있다는 점입니다. 세 번째 이점은 기술 사양에서 실수한 부분이나 모호한 부분을 발견한 경우 해당 정보를 에디터에게 전달하여 표준에 채택되기 전에 수정할 수 있도록 한다는 점입니다. 한번 표준에 들어간 것은 수정하기가 상당히 어렵습니다. 물론 표준을 배포하기 전에 모든 오류를 미리 발견하는 것이 바람직하죠.

마지막으로, C++에 추가하면 유용한 사항이라고 생각한다면 위원회로 알려서 표준에 포함되기 위해 우선순위를 산정해달라고 요청해야 합니다. 반면 오버엔지니어링이라서, 너무 복잡하고 불필요해서 표준에 포함될 자격이 없다고 생각하는 경우 또한 주장의 내용을 페이퍼로 제시하여 위원회에 알려도 됩니다. 표준 위원회는 C++ 표준을 개선하기 위해 자원봉사를 하는 여러 국가와 기업의 대표로 구성됩니다. 위원회는 C++ 커뮤니티의 요구를 지원하는 C++ 표준을 전달하기 위해 만족도desirability, 실행 가능성feasibility, 합의의 달성achievement of consensus에 대한 합리적인 토론을 통해 전 세계에서 요청하는 사항을 작업합니다. 이 과정은 더딜 수 있습니다. 수십 개의 기업, 산업, 국가에서 온, 백 명이 넘는 사람들의 동의를 얻는 과정은 느리기 때문입니다.

이 일이 자원봉사의 성격을 띤다는 점을 강조하겠습니다. 회원 자격에 대한 테스트나 사적인 초대나 비밀 악수[6] 같은 것은 없습니다. 위원회 미팅에 참석하여 이 절차를 돕는 것만으로도 참여할 수 있습니다. 행동 강령code of conduct을 통해 모든 행동을 중재하며, 절차를 열린 상태로 투명하게 유지합니다.

참여 방법은 여러 경로가 있습니다. 영국 거주자인 제 경우, 영국 표준 기관British Standards Institute에 연락하여 BSI C++ 패널 가입에 필요한 세부 사항을 요청했습니다(케이트가 사는 캐나다에서는 캐나다

---

5   옮긴이 https://www.open-std.org/jtc1/sc22/wg21/docs/papers/2020/n4873.html
6   옮긴이 서로 같은 집단의 구성원임을 확인하는 방법

표준 위원회Standards Council of Canada에 해당합니다. 미국은 국제 정보기술 표준화 위원회International Committee for Information Technology입니다). 표준화 개발 기구는 각 나라별 고유 이름이 있고, 자체 비용 구조가 있어서 무료 참여가 가능한 경우도 있고 멤버십 요금을 부과하는 경우도 있습니다. 여러분의 국가의 표준화 기구에 연락하여 질문할 수 있습니다. 완전한 참여를 원치 않는 경우라도 여러분의 견해를 국가 기구에 알릴 수 있습니다.

C++ 표준 위원회에는 모든 국가의 대표가 있지는 않지만 새로운 국가를 언제나 환영하며 자국의 표준화 기구에 참여할 준비가 된 사람이면 누구든지 공식으로 참여할 수 있습니다. 한 사람이 국가 기구를 만드는 경우도 있습니다. 2017년, 하나 두시코바는 CppCon에 참여하여 그녀가 개발한 컴파일 타임 정규 표현식 구문 분석기에 대해 짧은 발표를 진행했습니다. 그녀는 위원회 주요 인원의 주목을 끌었고, 이어서 체코의 국가 기구를 만들었으며 현재는 스터디 그룹 7 리플렉션의 의장입니다.

http://isocpp.org/std에 방문하여 표준화 과정에 대해 더 알아볼 수 있습니다. 이 사이트에서는 국가 기구에 연락하는 방법, 위원회 회의의 표준화 개발 과정에 참여하는 방법, 문제점 보고 방법, 제안서 제출 방법을 찾아볼 수 있습니다. 또한 작업 방식을 설명하는 표준 문서도 확인할 수 있습니다. ISO 프로그래밍 언어 위원회에 대한 페이지도 https://www.iso.org/committee/45202.html에서 볼 수 있습니다. 이 페이지의 참여 회원 링크에서 참여 국가와 각국의 표준화 개발 기구의 명칭과 해당 기구의 참여 상태를 볼 수 있습니다. 특히 P-멤버participating member는 투표권이 있고 O-멤버observing member는 투표권이 없습니다. 여러분의 국가가 해당 리스트에 없다면 여러분의 국가에는 표준화 개발 기구가 없거나, 표준화 개발 기구가 ISO 표준화 위원회에 가입하지 않은 것입니다. 이제 여러분이 해야 할 일이 얼마나 많은지 알게 되었을 겁니다.

위원회에 참여하여 표준을 만드는 일은 소프트웨어 엔지니어링 문제를 해결하기 위해 C++가 여러분의 손에 닿는 언어로 계속 존재할 수 있는 데 도움이 될 것입니다.

마치며 _____

케이트와 제가 이 책을 집필하기 시작했을 때는 책을 쓰는 과정에서 어떤 일이 생길지 알지 못했습니다. 글쓰기의 재미 중에는 자기가 잘 모르는 것을 발견하는 재미가 있습니다. 저는 크리에이티브 어셈블리에서 엔지니어링 실무장으로 일하면서 언어나 라이브러리 기능의 사용법에 대해 짧은 글을 자주 쓰곤 하는데, 글로 명확히 쓰는 과정을 통해 제 머릿속 내용도 더 명확해집니다.

천 단어 수준을 넘어 9만 단어의 글을 쓰면서 한층 더 큰 경험을 했습니다. 제가 이 책에서 한 가지 배운 점은 추상화의 중요성, 그리고 올바른 추상화 수준에서 작업하는 것의 중요성이었습니다. 가이드라인 대부분은 추상화를 개선하기 위한 조언이라 볼 수 있습니다. 5.3장의 말미에 이에 대한 몇 가지 가이드라인을 소개했습니다.

저는 대학을 갓 졸업하여 졸업생 프로그래머 이니셔티브graduate programmer initiative에 참여하고자 하는 이들을 인터뷰하는 또 다른 일도 합니다. 일반적으로 C++의 학습 초기에 학생들은 프로그램에서 객체의 상태를 조건부로 읽고 쓰는 함수를 작성하는 데 집중합니다. 이러한 학생들은 클래스를 불변 조건으로 만든 추상화라기보다는 상태를 저장하는 그릇으로 취급할 겁니다.

진심으로 바라건대, 여러분이 이 책을 읽고 나면 프로그램이란 일련의 작업이 스크립팅된 것이 아니라 당면한 문제를 모델링하는 작은 추상화 집합이라는 개념에 초점을 맞추기를 바랍니다. C++는 제로 오버헤드 추상화zero-overhead abstraction 기능과 하드웨어 수준의 성능 향상 가능성bare-metal performance opportunity이 혼합되었다는 특징이 있습니다. 성능 향상의 이점만 취하고 추상화 기능은 버린다면 코드는 유지보수가 어려워지고, 다른 코드베이스에 통합하기도 어려워집니다.

또한 나머지 핵심 가이드라인에 대해서도 계속 관심을 가져주길 바랍니다. C++가 성장하듯 가이드라인도 성장해야 하며, 가이드라인 작성자들은 개선 사항과 이를 뒷받침하는 내용이 담긴 풀 리퀘스트를 언제나 환영합니다. 마찬가지로 C++ 표준의 개발 과정을 더 자세히 살펴보고 언어나 라이브러리 개발에도 참여하기를 바랍니다.

C++ 재단이 창립되면서 지난 10년 동안 C++ 커뮤니티도 생기가 활발히 넘쳤으며 C++ 사상 최대 업데이트인 C++20의 배포로 이 분위기는 절정에 달하고 있습니다. 콘퍼런스, 밋업, 블로그를 통해 커뮤니티가 지속적으로 성장하지 않았더라면 이렇게 될 수 없었을 겁니다. 저는 C++를 사랑하고, 이 언어로 문제를 해결하는 일을 아주 즐깁니다. 따라서 제가 마지막으로 바라는 점은, 커뮤니티가 지속되고 성장하도록 여러분이 더욱 참여하여 학습한 내용을 우리 모두에게 공유해줬으면 한다는 점입니다.

감사합니다.

가이 데이비드슨

후기(허브 서터)

이 책의 세목 '아름나운 C++'는 기억하기 쉬운 제목일 뿐만 아니라 제 개인적인 복표이기도 하고, 제가 C++의 진화 과정에서 가장 높이 평가하는(바라는) 것입니다. C++가 복잡하다는 말은 맞지만 C++를 예전 C++98이나 '클래스가 있는 C'가 아니라, 모던한 방식modern style으로 작성하면 더 명확하고, 더 아름다운 코드를 만들 수 있습니다.

그런데 C++를 모던한 방식으로 작성하다는 것은 어떤 의미일까요? 바로 이 질문에 대한 답을 권위 있는 하나의 문서로 만들고자 비야네 스트롭스트룹과 저는 C++ 핵심 가이드라인을 작성했습니다. 또한 저희는 여러분이 정적 분석 도구를 사용해 C++ 코드를 '모던한 스타일'로 유지할 수 있도록 '시행 방법' 절을 함께 설계했습니다. 핵심 가이드라인은 백과사전처럼 구성할 수밖에 없었습니다. 포괄적인 내용을 찾아볼 수 있는 참고 문헌과 같은 방식입니다. 하지만 백과사전은 교과서나 소설과 달리 앞에서 뒤로 쭉 읽기에는 끔찍한 것입니다.

이 책은 주요 가이드라인의 정수를 뽑아내서 이를 모던한 C++에 대한 이야기로 전달합니다. 케이트와 가이는 각 장에서 이야기의 플롯을 발전시키면서 유쾌하고 읽기 쉬운 내러티브로 전달하여 독자를 즐겁고, 밝고, 만족스러운 여정으로 인도합니다. 이 책을 재미있게 읽었다면 저와 마찬가지로 여러분도 저자들이 이 가이드라인에 자신의 전문 지식과 경험을 녹여낸 방식을 잘 알아보았을 것입니다. C++가 진화하고 성장하면서 추가된 많은 기능들은 우리가 의도하는 바를 직접적으로 표현할 수 있도록 하여 코드를 더 단순하게 읽고 쓰고 유지보수하도록 했다는 점을 저자들은 잘 이해하고 있습니다. 그리하여 아름다우면서 또한 가독성이 좋고 유지보수가 가능하며 탄탄하면서 전문가 수준의 코드를 가능하게 합니다.

수십 년 동안 비야네 스트롭스트룹이 말해왔듯 C++ 안에서는 작고 우아한 언어가 밖으로 나오기 위해 고군분투하고 있습니다. C++를 모던한 방식으로 사용한다는 것은 이 작고 우아한 언어로 작성하는 경험으로 한발 더 나아가는 중요한 단계입니다. 앞으로도 C++가 계속 진화하면서 모던 코드에서 '본연의 C++'가 한층 더 아름답게 성장하기를 바랍니다.

허브 서터

진솔한 서평을 올려주세요!

이 책 또는 이미 읽은 제이펍의 책이 있다면, 장단점을 잘 보여주는 솔직한 서평을 올려주세요.
매월 최대 5건의 우수 서평을 선별하여 원하는 제이펍 도서를 1권씩 드립니다!

- **서평 이벤트 참여 방법**
  ❶ 제이펍 책을 읽고 자신의 블로그나 SNS, 각 인터넷 서점 리뷰란에 서평을 올린다.
  ❷ 서평이 작성된 URL과 함께 review@jpub.kr로 메일을 보내 응모한다.

- **서평 당선자 발표**
  매월 첫째 주 제이펍 홈페이지(www.jpub.kr)에 공지하고, 해당 당선자에게는 메일로 연락을 드립니다.
  단, 서평단에 선정되어 작성한 서평은 응모 대상에서 제외합니다.

독자 여러분의 응원과 채찍질을 받아 더 나은 책을 만들 수 있도록 도와주시기 바랍니다.